财务会计与实务

主　编　韦绪任　冯　香　申仁柏
副主编　卫梦竹　周　珍　王文冠

北京理工大学出版社
BEIJING INSTITUTE OF TECHNOLOGY PRESS

内容简介

本教材根据最新修改的《中华人民共和国会计法》《中华人民共和国公司法》《中华人民共和国证券交易法》编写。在全面经济改革的背景下，采用了最新的业务案例。本教材由韦绪任、冯香、申仁柏担任主编，融入了大量的实战业务案例，理论与实战紧密结合，力求达到学以致用的目标。在编写上，本教材采用项目形式，总共分为十二个项目，每个项目都有学习目标、引例、案例分析、习题与实训，理论与实战结合。

本教材适合应用型本科院校、高职高专经济管理类专业学生使用。

版权专有　侵权必究

图书在版编目（CIP）数据

财务会计与实务 / 韦绪任，冯香，申仁柏主编. —北京：北京理工大学出版社，2019.7（2023.8 重印）

ISBN 978-7-5682-7131-8

Ⅰ. ①财⋯　Ⅱ. ①韦⋯ ②冯⋯ ③申⋯　Ⅲ. ①财务会计-高等职业教育-教材　Ⅳ. ①F234.4

中国版本图书馆 CIP 数据核字（2019）第 119332 号

出版发行 / 北京理工大学出版社有限责任公司	
社　　址 / 北京市海淀区中关村南大街 5 号	
邮　　编 / 100081	
电　　话 /（010）68914775（总编室）	
（010）82562903（教材售后服务热线）	
（010）68944723（其他图书服务热线）	
网　　址 / http：//www.bitpress.com.cn	
经　　销 / 全国各地新华书店	
印　　刷 / 唐山富达印务有限公司	
开　　本 / 787 毫米 × 1092 毫米　1/16	责任编辑 / 王晓莉
印　　张 / 19.75	文案编辑 / 王晓莉
字　　数 / 470 千字	责任校对 / 周瑞红
版　　次 / 2019 年 7 月第 1 版　2023 年 8 月第 3 次印刷	责任印制 / 李志强
定　　价 / 52.00 元	

图书出现印装质量问题，请拨打售后服务热线，本社负责调换

前 言

财务会计与实务是会计学、财务管理、会计电算化、审计专业的专业基础课程，同时也是会计专业、财务管理专业、会计电算化专业的核心课程。财务会计与实务在会计基础与实务的基础上进行了内容深化和扩展，从内容上、实际应用上都具有新的特点和要求；财务会计与实务给会计人员提供了会计职业必备的专业知识，同时也是会计知识体系的重要组成部分。

本教材根据市场经济环境的变化，结合最新修订的《企业会计准则》和《企业会计准则——应用指南》及相关的法律、法规和规章制度，总结丰富的会计教学经验与会计实战经验编写完成。

在应用型人才培养的要求下，本教材整合高校教学模式及专业会计培训模式，具有以下几个方面的特点。

一是教学内容创新。本教材结合高校财经类人才培养模式及会计专业培训模式，创新了编写教材内容，融入了大量的时代元素。本教材采用项目编写的形式，每一个项目都有幽默活跃的引例、学习目标，引导学生切入学习要点和目标；每一个项目后面都有项目小结，充分地概括本项目内容的要点，让学生更好地把握所学内容。

二是理论与实践结合度高。本教材在编写过程中，融入了大量的实践案例，以实践工作的应用性为导向安排内容。每一个项目后面都有大量的习题与实训，包括思考题、选择题、判断题、业务题，让学生在学习中即达到实践应用的效果。

三是适应性强。本教材主要针对财经类专业的学生，难度适中，便于教学，在内容的编排上深入浅出，通俗易懂。

本教材共分为十二个项目，由韦绪任副教授担任第一主编，负责编写教材大纲和编写组织管理工作，并负责各项目的修改并最终定稿；冯香老师担任第二主编、申仁柏教授担任第三主编，卫梦竹老师、周珍老师和王文冠老师担任副主编。其中，项目六、项目七、项目八、项目十、项目十二由韦绪任编写；项目一、项目二、项目三、项目四、项目九、项目十一、附录由冯香编写；项目五由申仁柏、卫梦竹和周珍联合编写，王文冠协助编写了本书的习题案例。

　　本教材在编写过程中,参考了大量的国内外相关专家学者的著作和相关文献资料,在此表示衷心的感谢!

　　由于编者水平有限,教材中难免存在疏漏或不足之处,恳请广大读者和同行批评指正,以便再版时进一步修订和完善。

韦绪任

2019. 4. 18

目 录

项目一 财务会计的认知 （1）

任务一 认识财务会计 （1）
一、财务会计的定义 （1）
二、财务会计的目标 （1）
三、财务会计的特点 （2）

任务二 认识会计基本假设与会计基础 （3）
一、会计基本假设 （3）
二、会计基础 （4）

任务三 理解会计信息质量要求 （5）
一、可靠性 （5）
二、相关性 （5）
三、可理解性 （6）
四、可比性 （6）
五、实质重于形式 （6）
六、重要性 （7）
七、谨慎性 （7）
八、及时性 （7）

任务四 认识会计要素与会计要素计量属性 （8）
一、资产 （8）
二、负债 （9）
三、所有者权益 （10）
四、收入 （11）
五、费用 （12）
六、利润 （12）
七、会计要素计量属性 （13）

· 1 ·

项目小结 ………………………………………………………………………（14）
　　习题与实训 ……………………………………………………………………（14）
项目二　货币资金、应收款项的认知与核算 ……………………………………（17）
　任务一　认识货币资金与应收款项 ……………………………………………（17）
　　一、货币资金的定义 ……………………………………………………………（17）
　　二、应收款项概述 ………………………………………………………………（20）
　任务二　货币资金的核算 ………………………………………………………（21）
　　一、库存现金的核算 ……………………………………………………………（21）
　　二、银行存款的核算 ……………………………………………………………（23）
　　三、其他货币资金的核算 ………………………………………………………（26）
　任务三　应收款项的核算 ………………………………………………………（30）
　　一、应收票据的核算 ……………………………………………………………（30）
　　二、应收账款的核算 ……………………………………………………………（33）
　　三、预付账款的核算 ……………………………………………………………（35）
　　四、其他应收款的核算 …………………………………………………………（36）
　任务四　应收款项减值的核算 …………………………………………………（37）
　　一、应收款项减值概述 …………………………………………………………（37）
　　二、应收款项减值的核算 ………………………………………………………（38）
　　项目小结 ………………………………………………………………………（39）
　　习题与实训 ……………………………………………………………………（40）
项目三　金融资产的认知与核算 …………………………………………………（43）
　任务一　认识金融资产 …………………………………………………………（43）
　　一、以公允价值计量且其变动计入当期损益的金融资产 ……………………（44）
　　二、以摊余成本计量的金融资产 ………………………………………………（44）
　　三、以公允价值计量且其变动计入其他综合收益的金融资产 ………………（45）
　任务二　交易性金融资产的核算 ………………………………………………（45）
　　一、交易性金融资产的计量 ……………………………………………………（45）
　　二、交易性金融资产的业务处理 ………………………………………………（46）
　任务三　债权投资的核算 ………………………………………………………（49）
　　一、债权投资的计量 ……………………………………………………………（49）
　　二、债权投资的业务处理 ………………………………………………………（49）
　任务四　其他债权投资的核算 …………………………………………………（54）
　　一、其他债权投资的计量 ………………………………………………………（54）
　　二、其他债权投资的业务处理 …………………………………………………（54）
　任务五　其他权益工具投资的核算 ……………………………………………（58）
　　一、其他权益工具投资的计量 …………………………………………………（58）
　　二、其他权益工具投资的业务处理 ……………………………………………（58）

  任务六 金融资产减值的核算 ·· (61)
   一、金融资产减值损失的确认 ··· (61)
   二、金融资产减值损失的计量 ··· (61)
  项目小结 ·· (63)
  习题与实训 ·· (63)

项目四 存货的认知与核算 ·· (67)

  任务一 认识存货 ·· (67)
   一、存货概述 ··· (67)
   二、存货的确认条件 ·· (68)
   三、存货的分类 ·· (68)
  任务二 存货的成本与计量 ·· (69)
   一、存货初始成本的确认 ·· (69)
   二、发出存货成本的确认方法 ··· (70)
   三、期末计量 ··· (76)
  任务三 原材料的核算 ·· (76)
   一、原材料核算概述 ·· (76)
   二、应设置的会计科目 ··· (76)
   三、按实际成本法核算 ··· (77)
   四、按计划成本法核算 ··· (80)
  任务四 周转材料的核算 ··· (83)
   一、周转材料的定义 ·· (83)
   二、周转材料的主要内容 ·· (83)
   三、应设置的会计科目 ··· (84)
   四、周转材料的主要业务处理 ··· (84)
  任务五 委托加工物资的核算 ·· (86)
   一、委托加工物资的定义 ·· (86)
   二、委托加工物资的业务处理 ··· (87)
  任务六 库存商品的核算 ··· (89)
   一、库存商品的定义 ·· (89)
   二、库存商品的业务处理 ·· (90)
  任务七 存货清查与期末计量 ·· (92)
   一、存货清查 ··· (92)
   二、存货的期末计量 ·· (94)
  项目小结 ·· (95)
  习题与实训 ·· (95)

项目五 长期股权投资的认知与核算 ·· (99)

  任务一 认识长期股权投资 ·· (99)

一、长期股权投资概述 ………………………………………………………（99）
　　二、长期股权投资的核算范围 ………………………………………………（100）
　　三、长期股权投资的核算方法 ………………………………………………（101）
任务二　长期股权投资的初始计量 ………………………………………………（101）
　　一、合并方式取得的长期股权投资 …………………………………………（101）
　　二、非合并方式取得的长期股权投资 ………………………………………（103）
任务三　长期股权投资的成本法核算 ……………………………………………（104）
　　一、成本法的定义 ……………………………………………………………（104）
　　二、成本法下的业务处理 ……………………………………………………（104）
任务四　长期股权投资的权益法核算 ……………………………………………（106）
　　一、权益法的定义 ……………………………………………………………（106）
　　二、权益法下的业务处理 ……………………………………………………（106）
任务五　长期股权投资减值 ………………………………………………………（110）
　　一、长期股权投资减值概述 …………………………………………………（110）
　　二、长期股权投资减值的判断 ………………………………………………（111）
　　三、计提长期股权投资减值准备的业务处理 ………………………………（111）
项目小结 ……………………………………………………………………………（111）
习题与实训 …………………………………………………………………………（112）

项目六　固定资产的认知与核算 …………………………………………………（116）
任务一　认识固定资产 ……………………………………………………………（116）
　　一、固定资产概述 ……………………………………………………………（116）
　　二、固定资产的分类 …………………………………………………………（117）
　　三、固定资产的计价 …………………………………………………………（118）
　　四、应设置的会计科目 ………………………………………………………（118）
任务二　固定资产的初始计量 ……………………………………………………（119）
　　一、外购方式取得固定资产的核算 …………………………………………（119）
　　二、自行建造固定资产的核算 ………………………………………………（122）
　　三、投资者投入固定资产的核算 ……………………………………………（126）
　　四、租入固定资产的核算 ……………………………………………………（126）
　　五、其他方式取得固定资产的核算 …………………………………………（128）
任务三　固定资产的折旧 …………………………………………………………（128）
　　一、折旧概述 …………………………………………………………………（128）
　　二、固定资产折旧的方法 ……………………………………………………（129）
　　三、固定资产折旧的业务处理 ………………………………………………（132）
任务四　固定资产的后续支出 ……………………………………………………（132）
　　一、固定资产后续支出的处理原则 …………………………………………（133）
　　二、资本化支出的核算 ………………………………………………………（133）
　　三、费用化支出的核算 ………………………………………………………（135）

任务五　固定资产的处置 ………………………………………………………… (136)
　　　一、固定资产终止确认的条件 …………………………………………………… (136)
　　　二、固定资产处置的业务处理 …………………………………………………… (136)
　　任务六　固定资产清查与固定资产期末计价 ……………………………………… (139)
　　　一、固定资产清查 ………………………………………………………………… (139)
　　　二、固定资产期末计价 …………………………………………………………… (140)
　　项目小结 ……………………………………………………………………………… (141)
　　习题与实训 …………………………………………………………………………… (142)

项目七　无形资产、投资性房地产与其他资产 ……………………………………… (146)

　　任务一　无形资产的认知与核算 …………………………………………………… (146)
　　　一、无形资产概述 ………………………………………………………………… (146)
　　　二、无形资产的核算 ……………………………………………………………… (148)
　　任务二　投资性房地产的认知与核算 ……………………………………………… (155)
　　　一、投资性房地产概述 …………………………………………………………… (155)
　　　二、投资性房地产的取得 ………………………………………………………… (157)
　　　三、投资性房地产的后续计量 …………………………………………………… (158)
　　　四、房地产的转换 ………………………………………………………………… (161)
　　　五、投资性房地产的处置 ………………………………………………………… (165)
　　任务三　其他资产的认知与核算 …………………………………………………… (166)
　　项目小结 ……………………………………………………………………………… (166)
　　习题与实训 …………………………………………………………………………… (167)

项目八　负债的认知与核算 …………………………………………………………… (171)

　　任务一　认识负债 …………………………………………………………………… (171)
　　　一、负债概述 ……………………………………………………………………… (171)
　　　二、负债的分类 …………………………………………………………………… (172)
　　任务二　短期借款的核算 …………………………………………………………… (173)
　　　一、短期借款概述 ………………………………………………………………… (173)
　　　二、短期借款的业务处理 ………………………………………………………… (173)
　　任务三　应付职工薪酬的核算 ……………………………………………………… (174)
　　　一、应付职工薪酬概述 …………………………………………………………… (174)
　　　二、应付职工薪酬的业务处理 …………………………………………………… (175)
　　任务四　应交税费的核算 …………………………………………………………… (180)
　　　一、应交税费核算概述 …………………………………………………………… (180)
　　　二、应交增值税 …………………………………………………………………… (180)
　　　三、应交消费税 …………………………………………………………………… (185)
　　　四、其他应交税费 ………………………………………………………………… (187)
　　任务五　应付账款、预收账款的核算 ……………………………………………… (190)

一、应付账款的核算 ……………………………………………… (190)
　　二、预收账款 ……………………………………………………… (192)
　任务六　长期借款的核算 …………………………………………… (193)
　　一、长期借款概述 ………………………………………………… (193)
　　二、长期借款的业务处理 ………………………………………… (194)
　任务七　应付债券、长期应付款的核算 …………………………… (195)
　　一、应付债券 ……………………………………………………… (195)
　　二、长期应付款 …………………………………………………… (197)
　项目小结 ………………………………………………………………… (199)
　习题与实训 ……………………………………………………………… (200)

项目九　所有者权益的认知与核算 ……………………………………… (203)
　任务一　认识所有者权益 …………………………………………… (203)
　　一、所有者权益概述 ……………………………………………… (203)
　　二、应设置的会计科目 …………………………………………… (204)
　任务二　实收资本的核算 …………………………………………… (205)
　　一、实收资本概述 ………………………………………………… (205)
　　二、实收资本的增加 ……………………………………………… (205)
　任务三　资本公积的核算 …………………………………………… (211)
　　一、资本公积概述 ………………………………………………… (211)
　　二、资本公积的核算 ……………………………………………… (211)
　任务四　留存收益的核算 …………………………………………… (213)
　　一、留存收益概述 ………………………………………………… (213)
　　二、留存收益的业务处理 ………………………………………… (214)
　项目小结 ………………………………………………………………… (216)
　习题与实训 ……………………………………………………………… (217)

项目十　收入、费用的认知与核算 ……………………………………… (220)
　任务一　收入的认知与核算 ………………………………………… (220)
　　一、收入概述 ……………………………………………………… (220)
　　二、销售商品收入 ………………………………………………… (222)
　　三、提供劳务收入 ………………………………………………… (230)
　　四、让渡资产使用权收入 ………………………………………… (235)
　任务二　费用的认知与核算 ………………………………………… (236)
　　一、费用概述 ……………………………………………………… (236)
　　二、营业成本 ……………………………………………………… (238)
　　三、期间费用 ……………………………………………………… (242)
　　四、税金及附加 …………………………………………………… (245)
　项目小结 ………………………………………………………………… (246)

习题与实训 ………………………………………………………………… (246)

项目十一　利润的认知与核算 ………………………………………………… (250)
任务一　认识利润 ………………………………………………………… (250)
　　一、利润概述 ……………………………………………………………… (250)
　　二、利润计算的相关公式 ………………………………………………… (251)
任务二　利润的核算 ……………………………………………………… (252)
　　一、资产减值损失的核算 ………………………………………………… (252)
　　二、公允价值变动损益的核算 …………………………………………… (253)
　　三、投资收益的核算 ……………………………………………………… (253)
　　四、营业外收入的核算 …………………………………………………… (253)
　　五、营业外支出的核算 …………………………………………………… (254)
　　六、政府补助 ……………………………………………………………… (255)
任务三　所得税费用的认知与核算 ……………………………………… (259)
　　一、所得税费用概述 ……………………………………………………… (259)
　　二、暂时性差异 …………………………………………………………… (259)
　　三、当期所得税 …………………………………………………………… (260)
　　四、递延所得税 …………………………………………………………… (261)
　　五、所得税费用 …………………………………………………………… (261)
任务四　本年利润的核算 ………………………………………………… (262)
　　一、账结法 ………………………………………………………………… (262)
　　二、表结法 ………………………………………………………………… (263)
　　三、本年利润的结转 ……………………………………………………… (263)
　　项目小结 …………………………………………………………………… (264)
　　习题与实训 ………………………………………………………………… (264)

项目十二　财务会计报告的认知与应用 …………………………………… (268)
任务一　认识财务会计报告 ……………………………………………… (268)
　　一、财务会计报告概述 …………………………………………………… (268)
　　二、财务会计报告的构成 ………………………………………………… (269)
　　三、财务报表的分类 ……………………………………………………… (269)
任务二　资产负债表的认知与应用 ……………………………………… (270)
　　一、资产负债表的定义 …………………………………………………… (270)
　　二、资产负债表的作用 …………………………………………………… (270)
　　三、资产负债表的结构与内容 …………………………………………… (271)
　　四、资产负债表的格式 …………………………………………………… (271)
　　五、资产负债表编制的基本方法 ………………………………………… (273)
任务三　利润表的认知与应用 …………………………………………… (278)
　　一、利润表的定义 ………………………………………………………… (278)

二、利润表的作用 …………………………………………………………… (278)
三、利润表的内容及基本格式 ……………………………………………… (278)
四、利润表的编制方法 ……………………………………………………… (281)
任务四　现金流量表的认知与应用 …………………………………………… (284)
一、现金流量表概述 ………………………………………………………… (284)
二、现金流量及其分类 ……………………………………………………… (285)
三、现金流量表的结构和内容 ……………………………………………… (285)
四、现金流量表的编制方法 ………………………………………………… (287)
五、工作底稿法和"T"型账户法 ………………………………………… (290)
任务五　所有者权益变动表的认知与应用 …………………………………… (292)
一、所有者权益变动表概述 ………………………………………………… (292)
二、所有者权益变动表的内容和结构 ……………………………………… (292)
三、所有者权益变动表的编制 ……………………………………………… (294)
任务六　财务报表附注的认知与应用 ………………………………………… (295)
一、财务报表附注的定义及作用 …………………………………………… (295)
二、财务报表附注的主要内容 ……………………………………………… (296)
项目小结 …………………………………………………………………………… (296)
习题与实训 ………………………………………………………………………… (296)

参考文献 ………………………………………………………………………… (301)

项目一

财务会计的认知

学习目标

➢ 掌握会计六要素的定义、特征、确认条件及具体应用。
➢ 理解财务会计的定义、特点，会计要素计量属性及会计信息质量要求。
➢ 了解财务会计的内涵与目标。

引例

会计老韦的账

有一天资深会计老韦到外地出差，路过一个新开的餐厅，老韦一看餐厅的广告牌写着吃饭打7折，于是决定在这家餐厅吃午饭。最后账单显示共消费1 900元，服务员要老韦付1 900元，老韦诧异道："不是说打7折吗？"仔细一看，广告牌下面写着一行小字：满2 000元起。于是老韦再点了一杯100元的饮料送给服务员喝，最后共消费2 000元，他付了1 400元高兴地走了。通过老韦的故事，你有什么启发呢？

任务一 认识财务会计

一、财务会计的定义

财务会计，是指以货币为主要计量单位，遵循一定的原则、在法律法规的要求下运用一系列专门的方法，对企业已发生的交易或事项进行确认、计量和报告，为会计信息使用者提供决策有用信息的经济管理活动。

二、财务会计的目标

财务会计的目标，是指企业通过财务会计报告的形式对外提供企业某一特定日期财务状况、某一会计期间经营成果及现金流量等会计信息，为会计信息使用者提供决策有用的会计信息，同时反映管理层受托责任的履行情况。财务会计的报告使用者包括投资者、债权人、政府及其有关部门和社会公众等。满足信息使用者的信息需求是企业财务会计报告编制的出发点，如果企业提供的财务会计报告包含的会计信息与会计信息使用者的决策无关，那么财务会计报告就没有实际作用。财务会计报告应当首先满足投资者的信息需求，另外，企业财务会计报告的外部使用者还有债权人、政府及有关部门、社会公众等。

例题【1-1】 下列各项中，属于企业财务会计报告目标的有（　　）。
A. 反映某一特定日期财务状况　　　B. 反映某一会计期间经营成果
C. 反映某一特定日期现金流量　　　D. 反映管理层受托责任履行情况

（一）投资者对会计信息的需求

投资者是企业财务会计报告的主要使用者，财务会计报告反映的会计信息应当如实反映企业在特定日期所拥有或控制的资源及资源的分布情况，如实反映企业在某一会计期间形成的各项收入、利得、费用、损失、利润的金额及其变化情况，如实反映企业在某一会计期间发生的各项经营活动、投资活动和筹资活动等所形成的现金流入和现金流出情况等，为投资者准确评价企业的资产状况、偿债能力和发展能力等。财务报告应有助于投资者进行理性的投资决策，有助于投资者评估与投资有关的未来现金流量的金额、时间和风险等。

（二）债权人对会计信息的需求

债权人主要通过企业的财务会计报告掌握其贷款的安全性、债务人能否如期偿还贷款本金并支付利息，从而决定是否贷款给企业。在信息不对称的情况下，债权人首先关注的是其债权的安全和完整，贷款的风险决定了贷款的利息。一般风险越高，债权人要求的利率就越高；反之，就越低。

（三）政府及有关部门对会计信息的需求

政府及有关部门通过财务会计报告提供的信息了解企业是否履行了所承担的义务，企业是否存在违法违规行为，企业是否按照国家的法律法规开展经济活动等，如税务部门通过企业提供的财务会计报告并结合其他途径的调查结果，判断企业是否存在偷税漏税行为，保障税收按时征收；财政部门根据企业提供的财务会计报告，结合当地的经济发展水平，综合分析企业的整体发展能力，并进一步反映某行业的发展状况。

（四）社会公众等对会计信息的需求

企业是社会经济的细胞，它可以通过多种方式为国民经济作出贡献，而企业财务会计报告通过提供企业发展前景和活动范围的信息，可以帮助公众了解企业。

此外，财务会计报告除了供上述外部使用者使用以外，也可以为企业内部使用者所使用，如企业内部各层的管理人员和企业职工。

例题【1-2】 下列各项中，属于会计信息使用者的有（　　）。
A. 投资者　　　B. 银行　　　C. 管理层　　　D. 政府部门

三、财务会计的特点

财务会计具有以下四个方面的特点。

（1）从服务对象来看，财务会计主要是为企业外部信息使用者提供关于企业某一特定日期财务状况、某一会计期间经营成果、现金流量等会计信息，为信息使用者提供决策的有用信息。

（2）从提供信息的规范来看，财务会计应当按照会计法律体系的要求提供信息，符合会计准则和国家统一会计制度的规范。

（3）从核算的过程来看，财务会计应当严格按照会计法律体系规定的程序和一系列标准化处理的方法，以货币为主要计量单位，综合反映企业已经发生的各项经济活动，定期提供有关企业过去和现在的经济活动情况及其结果的会计信息。

（4）从信息的报告来看，财务会计有规定的或公认的报告格式并且要定期编制。

从上述内容可以看到，会计信息服务对象的外向性、所提供会计信息的历史性、执行会计核算规范的强制性、会计核算过程的程序化、会计报告内容和格式的固定化等是企业财务会计的主要特征。

任务二　认识会计基本假设与会计基础

一、会计基本假设

会计基本假设是企业会计确认、计量和报告的前提，是对会计核算所处的时间、空间环境所作的合理假定。会计基本假设是会计确认、计量和报告的基础，也是一系列会计原则和会计方法得以运用的前提条件。会计基本假设包括会计主体、持续经营、会计分期和货币计量。

（一）会计主体

会计主体，是指企业会计确认、计量和报告的空间范围，是会计核算的特定组织或单位。为了向会计信息使用者反映不同主体的财务状况、经营成果和现金流量等会计信息，应当明确提供会计信息的主体，将不同的主体区别开来；不同的主体各自提供财务会计报告，如实反映各自的财务状况、经营成果和现金流量等会计信息，为信息使用者提供决策有用的信息。在会计主体假设下，特定主体应当把自身发生的交易或事项进行会计确认、计量和报告，反映特定主体自身的交易或事项，不能越界处理业务，反映其他主体的会计信息。如H公司只能反映H公司的会计信息，不能反映其他公司的会计信息。

会计主体和法律主体不是一个相同的范畴，一般而言，法律主体必然是会计主体，但会计主体不一定是法律主体。一个公司作为一个独立的法律主体，应当建立独立的财务系统，进行独立核算，反映公司自身的财务状况、经营成果和现金流量等会计信息。

例题【1-3】法律主体一定是会计主体，但会计主体不一定是法律主体。（　　）

（二）持续经营

持续经营，是指在可预见的将来，企业按照当前的规模和状态继续经营下去，不会停业，也不会大规模削减业务。在持续经营的假设下，企业的债权可以按时收回，债务可以按时清偿，因此，会计确认、计量和报告是围绕持续经营展开的。会计一系列的核算方法、计量原则的使用均在持续经营基本假设下进行，企业能否持续经营下去，对企业会计原则、会计方法的选择有很大影响。明确这个基本假设，就意味着会计主体将按照既定用途使用资产，按照既定的合约条件清偿债务，会计人员就可以在此基础上选择会计原则和会计方法。

例题【1-4】 持续经营是指在可预见的将来，企业按照当前的规模和状态继续经营下去，不会停业，也不会大规模削减业务。（　　）

（三）会计分期

会计分期，是指将一个企业持续经营的生产经营活动划分为一个个连续的、长短相同的期间。会计分期的目的，在于通过会计期间的划分，将持续经营的生产经营活动划分成连续、相等的期间，据以结算盈亏，按期编制财务会计报告，从而及时向财务会计报告使用者提供有关企业财务状况、经营成果和现金流量的信息。

在会计分期假设下，企业应当划分会计期间，分期结算账目和编制财务会计报告。会计期间通常分为年度和中期。中期，是指短于一个完整的会计年度的报告期间。由于会计分期，才产生了当期与以前期间、以后期间的差别，才使不同类型的会计主体有了记账的基准，进而产生折旧、摊销等会计处理方法。

例题【1-5】 中期是指一年的一半（即半年）或一个月的一半（即半月）。（　　）

（四）货币计量

货币计量，是指会计主体在会计确认、计量和报告时以货币计量，反映会计主体的生产经营活动。在会计的确认、计量和报告过程中之所以选择货币为基础进行计量，是由货币的本身属性决定的。货币是商品的一般等价物，是衡量一般商品价值的共同尺度，具有价值尺度、流通手段、贮藏手段和支付手段等特点。其他计量单位，如重量、长度等，只能从一个侧面反映企业的生产经营情况，无法在量上进行汇总和比较，不便于会计计量和经营管理，只有选择货币尺度进行计量，才能充分反映企业的生产经营情况，所以，《企业会计准则——基本准则》规定，会计确认、计量和报告选择货币作为计量单位。

例题【1-6】 会计基本假设包括（　　）。
A. 会计分期　　　　B. 货币计量　　　　C. 会计主体　　　　D. 持续经营

二、会计基础

会计基础，是指企业确认、计量和报告的基础，是明确收入、费用等要素入账的时间依据，包括权责发生制和收付实现制。

权责发生制基础要求，凡是当期已经实现的收入和已经发生或应当负担的费用，无论款项是否收付，都应当作为当期的收入和费用，计入当期利润表；凡是不属于当期的收入和费用，即使款项已在当期收付，也不应当作为当期的收入和费用。

收付实现制是与权责发生制相对应的一种会计基础，它是以实际收到或支付资金的时点作为确认收入和费用的依据，不考虑经济业务是否发生。

在实务中，单位的交易或者事项的发生时间与相关货币收支时间有时并不完全一致。例如，款项已经收到，但销售并未实现；或者款项已经支付，但并不是为本期生产经营活动而发生的。为了更加真实、公允地反映特定会计期间的财务状况和经营成果，我国会计准则明确规定，企业在会计确认、计量和报告中应当以权责发生制为基础；行政单位在会计确认、计量和报告中应当以收付实现制为基础；事业单位在会计确认、计量和报告中应当以收付实现制为基础，但带经营性质的业务在会计确认、计量和报告中应当以权责发生制为基础。

例题【1-7】 WXR 有限责任公司 2019 年 10 月发生了下列经济业务。

（1）销售 F 产品 50 000 元，其中 30 000 元已收到并存入银行，尚有 20 000 元未收到。

（2）收到上月为外单位提供的劳务收入 50 000 元，存入银行。

（3）用银行存款支付本月的水电费用 900 元。

（4）用银行存款预付下半年房租 15 000 元。

（5）用银行存款支付上月借款利息 20 000 元。

（6）预收 E 产品销售款 200 000 元，存入银行。

（7）本月提供的劳务收入 80 000 元尚未收到。

（8）本月应承担年初已支付的保险费 3 000 元。

要求：

（1）计算在权责发生制下 10 月份应确认的收入、费用。

（2）计算在收付实现制下 10 月份应确认的收入、费用。

任务三　理解会计信息质量要求

会计信息质量要求是对企业财务会计报告中所提供会计信息质量的基本要求，它规范了财务会计报告中所提供的会计信息。会计信息质量要求主要包括可靠性、相关性、可理解性、可比性、实质重于形式、重要性、谨慎性和及时性等。

一、可靠性

可靠性要求企业应当以实际发生的交易或者事项为依据进行确认、计量和报告，如实反映会计信息及其他相关信息，保证会计信息真实可靠、内容完整。

为了保证会计信息的质量，可靠性要求企业应做到以下几个方面：一是以实际发生的交易或者事项为依据进行确认、计量；二是保证会计信息的完整；三是在财务会计报告中反映的会计信息应当是客观中立的。

例题【1-8】 为了达到年初制定的预期业绩目标，人为增加会计业务违背了（　　）的质量要求。

A. 可靠性　　　　B. 重要性　　　　C. 可理解性　　　　D. 谨慎性

二、相关性

相关性要求企业提供的会计信息应当与会计信息使用者的经济决策需要相关，有助于信息使用者对企业过去、现在或未来的财务状况、经营成果、现金流量等作出评价或者预测。

单位提供的会计信息是否有用、是否具有价值，关键要看提供的会计信息与使用者的经济决策需要是否相关，是否有助于信息使用者提高决策水平。会计信息的相关性应当能够反映以下两个方面。

一是提供证实或者修正过去预测的有力依据，能够真实反映企业过去的情况，有利于信息使用者评价企业过去的情况。

二是具有预测价值，有利于使用者根据财务会计报告所提供的会计信息预测企业未来的财务状况、经营结果和现金流量等情况。

例题【1-9】 企业提供的会计信息应当与会计信息使用者的决策相关，反映的是相关性的信息质量要求。（　　）

三、可理解性

可理解性要求企业提供的会计信息应当清晰明了，便于投资者等财务会计报告使用者理解和使用。

企业提供会计信息的目的在于满足信息使用者的经济决策需要，然而，只有让信息使用者了解会计信息的内涵、理解财务会计报告的内容，才能帮助信息使用者提高决策水平。这就要求企业财务会计报告提供的会计信息应当清晰明了，易于理解，提高会计信息的有用性，实现财务会计报告的目标，满足向信息使用者提供决策有用信息的要求。

例题【1-10】 企业提供的会计信息应当让所有人都看得懂、学得会，反映了会计信息质量的可理解性要求。（　　）

四、可比性

可比性要求企业提供的会计信息应当相互可比。可比性主要包括纵向可比和横向可比两个方面。

（一）纵向可比

纵向可比是指同一企业在不同时期发生的相同或相似的业务，应当采用一致的会计政策，不得随意变更。纵向可比的作用是方便会计信息使用者了解企业财务状况、经营成果和现金流量等的变动趋势，比较同一企业在不同时期的会计信息，全面地评价企业的过去、预测未来，从而作出经济决策。因此，会计信息质量的纵向可比性要求同一企业在不同时期发生的相同或相似的经济业务，应当采用一致的会计政策，不得随意变更。

（二）横向可比

横向可比是指不同企业在同一会计期间发生的相同或者相似的经济业务，应当采用国家统一规定的会计政策，确保会计信息口径一致、相互可比。横向可比的作用是方便信息使用者评价同一时期不同企业的财务状况、经营成果和现金流量等会计信息。因此，会计信息质量的横向可比性要求不同企业在同一会计期间发生的相同或者相似的经济业务，应当采用国家统一规定的会计政策，确保会计信息口径一致、相互可比，以使不同企业按照一致的确认、计量和报告要求提供会计信息。

例题【1-11】 可比性要求不同企业发生的所有业务都能够相互可比。（　　）

五、实质重于形式

实质重于形式要求企业应当按照交易或者事项的经济实质进行会计确认、计量和报告，不仅仅以交易或者事项的法律形式为依据。

在实务中,企业发生的多数交易或者事项的经济实质和法律形式是一致的,但是,也存在经济实质和法律形式不一致的情况。例如,以融资租赁方式租入的资产,虽然从法律形式来讲企业并不拥有其所有权,但是由于租赁合同中规定的租赁期相当长,往往接近该资产的使用寿命;租赁期结束时承租企业有优先购买该资产的选择权;在租赁期内承租企业有权支配资产并从中受益等,从经济实质来看,企业能够控制融资租入资产所创造的未来经济利益,在会计确认、计量和报告上就应当将以融资租赁方式租入的资产视为企业的资产,列入企业的资产负债表。

例题【1-12】 以融资租赁方式租入的固定资产可以视同企业自有资产管理,体现了会计信息质量的可靠性要求。( )

六、重要性

重要性要求企业提供的会计信息应当反映与企业的财务状况、经营成果和现金流量等有关的所有重要交易或者事项。

在实务中,如果某会计信息的省略或者错报会影响会计信息使用者作出正确的经济决策,该信息就具有重要性。重要性要根据企业所处环境和实际情况综合分析,一般要依赖会计职业判断,具有一定的主观性。重要性一般从项目的性质和金额两方面加以判断。

例题【1-13】 企业发生的所有的业务都是同等重要的,都应当单独列示。( )

七、谨慎性

谨慎性要求企业在对交易或者事项进行会计确认、计量和报告时应当保持必要的谨慎,不应高估资产或收益,也不应低估负债或费用。

例题【1-14】 企业为了调整利润,计提资产减值准备,体现了谨慎性的质量要求。( )

八、及时性

及时性要求企业对已经发生的交易或者事项,应当及时进行确认、计量和报告,不得提前或延后。

会计信息具有时效性,在特定的时间有利于会计信息使用者作出经济决策,过期的会计信息,对信息使用者就没有什么价值。在会计确认、计量和报告过程中贯彻及时性,一是要及时收集会计信息,即在经济交易或者事项发生后,及时收集整理各种原始单据或者凭证;二是要及时处理会计信息,即按照会计准则的规定,及时对经济交易或者事项进行确认或者计量,并编制财务会计报告;三是要及时传递会计信息,即按照国家规定的有关时限,及时将编制的财务会计报告传递给财务会计报告使用者,便于其及时使用和作出决策。

例题【1-15】 下列关于会计信息质量要求的表述正确的有( )。
A. 可比性要求企业采用相同的会计政策
B. 实质重于形式要求企业不仅仅以交易或事项的法律形式为依据
C. 及时性对相关性和可靠性起着制约作用

D. 重要性要求企业提供的会计信息应当反映与企业财务状况、经营成果和现金流量有关的所有重要交易或者事项

任务四　认识会计要素与会计要素计量属性

会计要素是对会计对象按经济特征作出的基本分类，属于会计对象的具体化。企业会计要素按照其性质分为资产、负债、所有者权益、收入、费用和利润，其中，资产、负债和所有者权益侧重于反映企业的财务状况，收入、费用和利润侧重于反映企业的经营成果。

一、资产

(一) 资产的定义

资产，是指企业过去的交易或者事项形成的，由企业拥有或者控制的，预期会给企业带来经济利益的资源。资产具有以下三个方面的特征。

1. 资产由企业过去的交易或者事项形成

资产应当由企业过去的交易或者事项所形成，过去的交易或者事项主要包括购买、生产、建造等行为或其他交易或者事项。只有过去的交易或者事项才能产生资产，企业预期在未来发生的交易或者事项不能确认为资产。例如，企业有购买某项存货的意愿或者计划，但是购买行为尚未发生，就不符合资产的定义，不能因此而确认存货资产。

2. 资产属于企业拥有或者控制的经济资源

资产作为一种资源，应当由企业拥有或者控制，具体是指企业享有某项资源的所有权，或者虽然不享有某项资源的所有权，但企业能控制该资源。

企业拥有资产的所有权，表明企业能够从资产中获取一定的经济利益。在判断资产是否属于某企业时，考虑的首要因素是对资产的所有权；当然，在特殊情况下，企业虽然没有资产的所有权，但其能够实际控制某项资产，这也可以表明企业能够从资产中获取一定的经济利益，符合资产的定义。

3. 资产预期能给企业带来经济利益

资产预期会给企业带来经济利益，是指资产具有能够直接或者间接导致现金和现金等价物流入企业的潜力。这种潜力既包括来自企业日常的生产经营活动，也包括非日常活动；带来的经济利益既包括现金或者现金等价物，也包括转化为现金或者现金等价物的形式、减少现金或者现金等价物流出的形式。

(二) 资产的确认条件

某一项资源确认为资产，除了要符合资产的定义，还应当同时满足两个条件。

1. 与该资源有关的经济利益很可能流入企业

能给企业带来经济利益是资产的一个基本特征，不能给企业带来经济利益的资源不应确认为资产。在实务中，某些资源能否给企业带来经济利益具有不确定性，与资源有关的经济利益能否流入企业或者能够流入企业的金额具有不确定性。因此，资产的确认还应当与对经济利益流入的不确定性程度的判断结合起来。当与该资源相关的经济利益很可能流入企业的

时候，该资源可以确定为资产；当与该资源相关的经济利益可能或者极小可能流入企业的时候，该资源不确定为资产。

2. 该资源的成本或者价值能够可靠计量

可靠计量是所有会计要素确认的重要前提，资产的确认也如此。只有当该资源的成本或者价值能够可靠计量时，才能确认为资产。在实务中，企业取得的许多资产都需要付出成本。例如，企业购买或者生产的存货、企业购置的厂房或者设备等，对于这些资产，只有实际发生的成本或者生产成本能够可靠计量，才能视为符合资产确认的可计量条件。

例题【1-16】 下列各项中，属于资产的有（　　）。
A. 应收票据　　　　　　　　　B. 固定资产
C. 无形资产　　　　　　　　　D. 预收账款

例题【1-17】 企业拥有的资源，只要满足资产的定义就属于企业的资产。（　　）

例题【1-18】 企业经营租入的办公室，属于企业的固定资产。（　　）

二、负债

(一) 负债的定义

负债也叫债务，是指企业过去的交易或者事项形成的，预期会导致经济利益流出企业的现时义务。负债具有以下三个方面特征。

1. 负债由企业过去的交易或者事项形成

只有过去的交易或者事项才形成负债，企业将在未来发生的承诺、签订的合同等交易或者事项，不形成负债。因此，某一交易或事项是否形成企业的负债，首先得判断该交易或事项是不是过去发生的，如果该交易或事项不是过去发生的，那就不满足负债的定义。

2. 负债是企业承担的现实义务

负债必须是企业现实条件下承担的义务，即企业在现实条件下已承担的义务；未来发生的交易或者事项形成的义务，或者由或有事项引起的潜在义务，均不应当确认为负债。

现实条件下承担的义务可以是法定义务，也可以是推定义务。法定义务是指具有约束力的合同或者法律、法规规定的义务，通常在法律意义上需要强制执行。推定义务是指根据企业多年来的习惯做法、公开的承诺或者公开宣布的经营政策而导致企业将承担的责任，这些责任也使有关各方形成了企业将履行义务承担责任的合理预期。

3. 负债预期会导致经济利益流出企业

预期会导致经济利益流出企业是负债的一个本质特征。只有某一项义务在履行时会导致经济利益流出企业，才属于负债；如果某一项义务在履行时不会导致经济利益流出企业，就不属于负债。在履行现时义务清偿负债时，导致经济利益流出企业的形式多种多样，例如，用现金偿还或以实物资产形式偿还，以提供劳务形式偿还，部分转移资产、部分提供劳务形式偿还，将负债转为资本等。

(二) 负债的确认条件

某一项现时义务是否确认为负债，除了需要符合负债的定义外，还应当同时满足以下两个条件。

1. 与该义务有关的经济利益很可能流出企业

从负债的定义可以看到,预期会导致经济利益流出企业是负债的一个本质特征。在实际工作中,履行某项义务所引起的经济利益流出具有不确定性,尤其是与推定义务相关的经济利益需要依赖会计职业判断和主观性的估计。因此,负债的确认应当与对经济利益流出的不确定性程度的判断结合起来,只有履行某项现时义务很可能导致相关的经济利益流出企业时,才能将其确认为负债。

2. 未来流出的经济利益的金额能够可靠计量

在确认负债的过程中,除了要满足经济利益很可能流出企业,还应当满足未来流出的经济利益的金额能够可靠计量。对于法定义务,一般根据合同或协议确定金额;对于推定义务,应当结合企业的具体情况综合判断应确定的金额。

例题【1-19】负债是企业承担的一项现时义务,既包括法定义务,也包括推定义务。(   )

例题【1-20】下列各项中,属于企业负债的有(   )。
A. 应付账款   B. 应付票据   C. 长期借款   D. 应付债券

三、所有者权益

(一) 所有者权益的定义

所有者权益也称股东权益,是指企业资产减去负债后,所有者享有的剩余权益。所有者权益实际上是企业全部的资产扣除负债后,所有者对企业净资产的要求权,即股东对企业资产的剩余索取权。

所有者权益的来源包括所有者投入的资本、直接计入所有者权益的利得和损失以及留存收益等,具体包括实收资本(或股本)、资本公积(股本溢价或资本溢价、其他资本公积)、盈余公积(法定盈余公积、任意盈余公积)和未分配利润。

所有者投入的资本,是指所有者按投资合同或协议约定实际投入企业的资本,既包括构成企业注册资本或者股本的金额,也包括投入资本超过注册资本或股本部分的金额。

直接计入所有者权益的利得和损失,是指不应直接计入当期损益、会导致所有者权益发生增减变动的、与所有者投入资本或者向所有者分配利润无关的利得或者损失。直接计入所有者权益的利得和损失主要包括可供出售金融资产的公允价值变动额、现金流量套期中套期工具公允价值变动额等。

留存收益,是指企业历年实现的净利润留存于企业的部分,主要包括盈余公积和未分配利润。

(二) 所有者权益的确认条件

所有者权益体现的是所有者在企业中的剩余权益,因此,所有者权益的确认主要依赖于资产、负债、收入、费用、利得和损失,尤其是资产和负债的确认;所有者权益金额的确定也主要取决于资产和负债的计量。例如,企业接受投资者投入的资产,在该资产符合资产确认条件时,就相应地符合了所有者权益的确认条件;当该资产的价值能够可靠计量时,所有者权益的金额也就可以确定了。

例题【1-21】 所有者权益的确认只依赖于资产、负债这两项会计要素。(　　)

例题【1-22】 下列各项中,属于所有者权益的有(　　)。
A. 实收资本(或股本)　　　　　　　B. 资本公积
C. 盈余公积　　　　　　　　　　　D. 未分配利润

四、收入

(一) 收入的定义

收入,是指企业在日常活动中形成的、会导致所有者权益增加的、与所有者投入资本无关的经济利益的总流入。收入具有以下三个方面的特征。

1. 收入是企业在日常活动中形成的

日常活动,是指企业为完成其经营目标所从事的经常性活动以及与之相关的辅助性活动。例如,工业企业制造并销售产品即属于日常活动,超市销售货物属于日常活动,建筑公司建造房子属于日常活动等。明确界定日常活动是为了将收入与利得相区分,因为企业非日常活动所形成的经济利益的流入应当确认为利得。

2. 收入会导致所有者权益增加

与收入相关的经济利益的流入应当会导致所有者权益增加,不会导致所有者权益增加的经济利益的流入不符合收入的定义,不应确认为收入。例如,企业向银行借入款项,尽管也导致了企业经济利益的流入,但该流入并不导致所有者权益增加,反而使企业承担了一项现时义务。企业对因借入款项所导致的经济利益的增加,不应将其确认为收入,应当确认为负债。

3. 收入是与所有者投入资本无关的经济利益的总流入

收入应当会导致经济利益的流入,且可能表现为资产的增加。例如,企业销售商品,应当收到现金或者有权在未来收到现金,这表明该交易符合收入的定义。但是在实务中,经济利益的流入有时是所有者投入资本的增加导致的,所有者投入资本的增加不应当确认为收入,应当将其直接确认为所有者权益。

(二) 收入的确认条件

企业收入的来源多种多样,不同收入来源的特征有所不同,其收入确认条件也往往存在差别,如销售商品、提供劳务、让渡资产使用权等。一般而言,收入只有在经济利益很可能流入企业从而导致企业资产增加或者负债减少,且经济利益的流入额能够可靠计量时才能予以确认。收入的确认至少应当符合以下三个条件:一是与收入相关的经济利益很可能流入企业;二是经济利益流入企业的结果会导致资产增加或者负债减少;三是经济利益的流入额能够可靠计量。

例题【1-23】 不是所有流入企业的经济利益都属于企业的收入。(　　)

例题【1-24】 某项经济利益流入企业,只要满足收入的定义,就属于企业的收入。(　　)

例题【1-25】 下列各项中,属于企业收入的有(　　)。
A. 预收客户的货款　　　　　　　　B. 销售货物,款项已收到
C. 提供劳务,款项已收　　　　　　D. 接受捐赠的款项

五、费用

(一) 费用的定义

费用,是指企业在日常活动中发生的、会导致所有者权益减少的、与向所有者分配利润无关的经济利益的总流出。费用具有以下三个方面的特征。

1. 费用是企业在日常活动中形成的

费用必须是在企业在日常活动中形成的,这里日常活动的界定与收入定义中涉及的日常活动的界定相一致。日常活动所产生的费用通常包括销售成本、职工薪酬、折旧费、无形资产摊销等。将费用界定为日常活动所形成的,是为了将其与损失相区分,企业非日常活动所形成的经济利益的流出应当确认为损失。

2. 费用会导致所有者权益减少

与费用相关的经济利益的流出应当会导致所有者权益减少,不会导致所有者权益减少的经济利益的流出不符合费用的定义,不应确认为费用。如代客户或第三方垫付的款项,不属于费用。

3. 费用是与向所有者分配利润无关的经济利益的总流出

费用的发生应当会导致经济利益的流出,从而导致资产减少或者负债增加,其表现形式包括现金或者现金等价物的流出,存货、固定资产和无形资产等的流出或者消耗等。企业向所有者分配利润也会导致经济利益流出,但该经济利益的流出属于所有者权益的抵减项目,不应确认为费用。

(二) 费用的确认条件

费用的确认除了应当符合定义外,还应当满足以下三个条件:一是与费用相关的经济利益很可能流出企业;二是经济利益流出企业的结果会导致资产减少或者负债增加;三是经济利益的流出额能够可靠计量。

例题【1-26】 不是所有流出企业的经济利益都属于企业的费用。(　　)

例题【1-27】 某项经济利益流出企业,只要满足费用的定义,就属于企业的费用。(　　)

例题【1-28】 下列各项中,属于企业费用的有(　　)。

A. 管理费用　　　　B. 销售费用　　　　C. 营业外支出　　　　D. 财务费用

六、利润

(一) 利润的定义

利润,是指企业在一定会计期间的经营成果,主要体现为一段时间内企业通过从事经营活动而获取的利润或者发生的亏损。一般而言,如果企业通过经营活动获取了一定数额的利润,表明该企业的经营成果好,所有者权益会增加;如果企业通过经营活动发生亏损,表明该企业的经营成果不好,所有者权益会减少。在实际工作中,利润往往是评价企业经营管理活动业绩的一项直观的、重要的指标,也是会计信息使用者进行决策时的重要参考依据。

利润包括收入减去费用后的净额以及直接计入当期利润的利得和损失等。其中，收入减去费用后的净额反映的是企业日常经营活动的业绩；直接计入当期利润的利得和损失，在发生时不计入收入和费用，而直接计入当期营业外收入和营业外支出。直接计入当期利润的利得和损失最终会引起所有者权益发生增减变动并与所有者投入资本或者向所有者分配利润无关。企业应当严格区分收入和利得、费用和损失，全面、准确地反映企业的经营业绩。

（二）利润的确认条件

利润反映的是收入减去费用再加上利得减去损失后的净额。因此，利润的确认主要依赖于收入和费用以及利得和损失的确认，其金额的确定也主要取决于收入、费用、利得和损失计量。

例题【1-29】下列各项中，反映企业经营成果的要素有（　　）。
A. 负债　　　　　　B. 收入　　　　　　C. 费用　　　　　　D. 利润

例题【1-30】利润的确认只依赖收入、费用两项会计要素。（　　）

七、会计要素计量属性

会计计量，是指将符合确认条件的会计要素登记入账并列报于财务报表并确定其金额的过程。企业应当按照规定的会计要素计量属性进行会计计量，确定相关金额。会计要素计量属性主要包括历史成本、重置成本、可变现净值、现值和公允价值。

（一）历史成本

历史成本又称实际成本，是指取得或制造某项财产物资时所实际支付的现金或者其他等价物。在历史成本计量下，资产按照其购置时支付的现金或现金等价物的金额，或者按照购置资产时所付出的对价的公允价值计量；负债按照因承担现时义务而实际收到的款项或者资产的金额，或者承担现时义务的合同金额，或者按照日常活动中为偿还负债预期需要支付的现金或者现金等价物的金额计量。

（二）重置成本

重置成本又称现行成本，是指按照当前市场条件，重新取得同样一项资产所需支付的现金或现金等价物金额。在重置成本计量下，资产按照现在购买相同或者相似资产所需支付的现金或者现金等价物的金额计量；负债按照现在偿付该项债务所需支付的现金或者现金等价物的金额计量。

（三）可变现净值

可变现净值，是指在企业生产经营过程中，以预计售价减去进一步加工成本和销售所必需的预计税金、费用后的净值。在可变现净值计量下，资产按照其正常对外销售所能收到现金或者现金等价物的金额扣减该资产至完工时估计将要发生的成本、估计的销售费用以及相关税金后的金额计量。

（四）现值

现值，是指对未来现金流量以恰当的折现率进行折现后的价值，是考虑货币时间价值因素的一种计量属性。在现值计量下，资产按照预计从其持续使用和最终处置中所产生的未来现金流入量的折现金额计量；负债按预计期限内需要偿还的未来现金流出量的折现金额计量。

（五）公允价值

公允价值，是指在有序的市场交易中，熟悉情况的交易双方自愿进行资产交换或者债务清偿的金额。在公允价值计量下，资产和负债按照在公平交易中，熟悉情况的交易双方自愿进行资产交换或者债务清偿的金额计量。

例题【1-31】 会计要素计量属性包括（　　）。
A. 历史成本　　　　　　　　　B. 重置成本
C. 公允价值　　　　　　　　　D. 现值
E. 可变现净值

项目小结

财务会计是以货币为主要计量单位，遵循一定的原则、运用一系列专门的方法，对已发生的交易或事项进行确认、计量和报告，为会计信息使用者提供决策有用信息的经济管理活动。

企业财务会计的目标是指企业通过财务会计报告的形式对外提供关于企业某一特定日期财务状况、某一会计期间经营成果及现金流量等会计信息，为会计信息使用者提供决策有用的会计信息，同时反映管理层受托责任的履行情况。

会计基本假设是企业会计确认、计量和报告的前提，是对会计核算所处的时间、空间环境所作的合理假定。会计基本假设是会计确认、计量和报告的基础，也是一系列会计原则和会计方法得以运用的前提条件。会计基本假设包括会计主体、持续经营、会计分期和货币计量。

会计基础是指企业确认、计量和报告的基础，是明确收入、费用等要素入账的时间依据，包括权责发生制和收付实现制。

会计信息质量要求是对企业财务会计报告中所提供会计信息质量的基本要求，它规范了财务会计报告中所提供的会计信息。会计信息质量要求包括可靠性、相关性、可理解性、可比性、实质重于形式、重要性、谨慎性和及时性等。

会计要素是对会计对象按经济特征作出的基本分类，属于会计对象的具体化。企业会计要素按照其性质分为资产、负债、所有者权益、收入、费用和利润。其中，资产、负债和所有者权益侧重于反映企业的财务状况，收入、费用和利润侧重于反映企业的经营成果。

会计要素计量属性主要包括历史成本、重置成本、可变现净值、现值和公允价值。

习题与实训

一、思考题

1. 财务会计的目标是什么？
2. 财务会计的要素有哪些？

3. 财务会计的基本假设有哪些内容？
4. 财务会计的信息质量要求有哪些？

二、单选题

1. 我国实行公历制会计年度是基于（　　）的会计基本假设。
   A. 会计主体   B. 货币计量
   C. 会计分期   D. 持续经营

2. 形成权责发生制和收付实现制不同的记账基础，进而出现应收、应付、预收、预付、折旧、摊销等会计处理方法所依据的会计基本假设是（　　）。
   A. 货币计量   B. 会计年度
   C. 持续经营   D. 会计分期

3. 下列有关会计主体的表述中，不正确的是（　　）。
   A. 会计主体是指会计所核算和监督的特定单位和组织
   B. 会计主体就是法律主体
   C. 由若干具有法人资格的企业组成的企业集团也是会计主体
   D. 会计主体界定了从事会计工作和提供会计信息的空间范围

4. 以下不应作为负债处理的项目是（　　）。
   A. 应付账款   B. 应交税费
   C. 预收款项   D. 预付款项

5. 会计主要的计量单位是（　　）。
   A. 货币   B. 劳动量
   C. 实物   D. 价格

6. 根据权责发生制原则，以下属于本期的收入和费用的是（　　）。
   A. 支付明年的房屋租金   B. 本期已经收款，但商品尚未制造完成
   C. 当期按照税法规定预缴的税费 D. 商品在本期销售，但货款尚未收到

7. 会计分期是把企业持续经营过程划分为若干个起讫日期较短的会计期间，其起讫日期通常为（　　）。
   A. 一个会计日度   B. 一个会计月度
   C. 一个会计年度   D. 一个会计季度

8. 负债是指由于过去的交易、事项形成的企业需要以（　　）等偿付的现时义务。
   A. 资产或劳务   B. 资本或劳务
   C. 资产或债权   D. 收入或劳务

9. 界定从事会计工作和提供会计信息的空间范围的会计基本假设是（　　）。
   A. 会计职能   B. 会计主体
   C. 会计内容   D. 会计对象

10. "商誉"科目按所归属的会计要素分类，属于（　　）类科目。
    A. 资产   B. 负债
    C. 所有者权益   D. 成本

三、多选题

1. 下列项目中，可以作为一个会计主体进行核算的有（　　）。

A. 销售部门　　　　　　　　　B. 分公司
C. 母公司　　　　　　　　　　D. 企业集团

2. 根据权责发生制原则，应计入本期的收入和费用的有（　　）。

A. 前期提供劳务未收款，本期收款　　B. 本期销售商品一批，尚未收款
C. 本期耗用的水电费，尚未支付　　　D. 预付下一年的报刊费

3. 下列会计科目中，属于负债类科目的有（　　）。

A. 长期借款　　　　　　　　　B. 应交税费
C. 累计折旧　　　　　　　　　D. 应付利息

4. 下列各项中，属于流动负债的有（　　）。

A. 应付票据　　　　　　　　　B. 应付账款
C. 应付利息　　　　　　　　　D. 应付债券

5. 下列会计要素中，动态会计要素有（　　）。

A. 资产　　　　　　　　　　　B. 负债
C. 收入　　　　　　　　　　　D. 费用

四、判断题

1. 由于有了持续经营这个会计基本假设，才产生了当期与其他期间的区别，从而出现了权责发生制与收付实现制的区别。（　　）

2. 法律主体不一定是会计主体，但会计主体一定是法律主体。（　　）

3. 持续经营假设是假设企业可以长生不老，即使进入破产清算，也不应该改变会计核算方法。（　　）

4. 所有者权益和负债的区别包括两者的对象不同、两者体现的经济关系不同、两者的偿还期限不同、两者承担的风险不同。（　　）

5. 会计上所称的"资产"仅指过去的交易或事项形成的、由企业拥有、预期会给企业带来经济利益流入的资源。（　　）

项目二

货币资金、应收款项的认知与核算

学习目标

➢ 掌握库存现金、银行存款、其他货币资金、应收账款、应收票据、其他应收款、预付账款的核算与管理。

➢ 理解库存现金、银行存款清查的核算以及应收款项减值的核算。

➢ 了解库存现金、银行存款、其他货币资金、应收及预付款项的内容和特点。

引例

韦大爷"钱途"的困惑

韦大爷经营着一个规模不小的公司,公司的货币资金一直比较紧张,主要是因为材料、人工等都不能赊账,而公司销售的商品大部分都是赊销的,资金回笼压力非常大,经常有小客户破产而收不到货款的情况,应收账款的坏账率很高。韦大爷百思不得其解:为什么其他公司资金周转那么快、资金回笼那么快,问题在哪里呢?你知道吗?

任务一 认识货币资金与应收款项

一、货币资金的定义

货币资金,是指企业生产经营活动中处于货币形态的流动资产,主要包括库存现金、银行存款和其他货币资金。

(一)库存现金

库存现金,是指存放在企业财务部门、由出纳人员保管的货币。库存现金是企业流动性最强的资产,企业应当严格遵守国家有关规定加强对现金的管理,正确地进行现金收支的核算，监督现金使用的合法性与合理性。

1. 现金的使用范围

根据《中华人民共和国现金管理暂行条例》（简称《现金管理暂行条例》）规定，企业可以采用现金支付的范围包括以下八个方面。

(1) 职工工资、津贴。

(2) 个人劳务报酬。

(3) 根据国家规定颁发给个人的科学技术、文化艺术、体育等各种奖金。

(4) 各种劳保、福利费用以及国家规定的对个人的其他支出。

(5) 向个人收购农副产品和其他物资的款项。

(6) 出差人员必需随身携带的差旅费。

(7) 结算起点以下的零星支出（1 000元以下）。

(8) 中国人民银行确定需要支付现金的其他支出。

除上述情况可以用现金支付外，其他款项的支付应当通过银行存款账户结算；当然，上述业务也可采用银行存款账户结算。

2. 库存现金的限额规定

库存现金的限额，是指为了保证企业日常零星开支的需要，允许企业留存现金的最高额度。库存现金的限额根据企业的开户银行的管理制度，结合企业现金需要量核定，一般按照企业3~5天日常零星开支的额度确定，边远地区和交通不便地区企业的库存现金限额，可按多于5天但最长得不超过15天的日常零星开支的需要确定。经开户银行核定后的现金限额，企业必须严格遵守，超过限额规定的现金应于当日下班前存入银行。需要增加或减少现金限额的企业，应向开户银行提出申请，由开户银行核定。

注意：工资薪酬、货款、差旅费等大额开支，不属于库存现金限额的范围。

3. 现金收支的规定

企业现金收支应当依照下列相关规定处理。

(1) 企业现金收入应当于当日送存开户银行，当日送存确有困难的，由开户银行确定送存时间，但不宜推迟过长时间。

(2) 企业支付现金，可以从企业库存现金中支付或从开户银行提取支付，不得从本企业的现金收入中直接支付，即不得"坐支"现金；因特殊情况需要坐支现金，应事先报经有关部门审查批准，并在核定的范围和限额内进行，同时，收支的现金必须入账。

(3) 企业从开户银行提取现金时，应如实写明提取现金的用途，由本企业财会部门负责人签字盖章，并经开户银行审查批准后予以支付。

(4) 因采购地点不确定、交通不便、抢险救灾及其他特殊情况必须使用现金的企业，应向开户银行提出书面申请，由本企业财会部门负责人签字盖章，并经开户银行审查批准后予以支付。

此外，不准用不符合会计制度规定的凭证顶替库存现金，即不得"白条顶库"；不准谎报用途套取现金；不准用银行账户代其他单位和个人存入或支取现金；不准拿企业收入的现金以个人名义储存；不准保留账外公款，即不得"公款私存"，不得设置"小金库"等。

（二）银行存款

银行存款，是企业存放在银行或其他金融机构的货币。企业应当根据业务需要，按照规定在其所在地银行开设账户，运用所开设的账户，进行存款、取款以及各种收支业务的结算。银行存款的收付应严格执行银行结算制度的规定。

银行存款账户主要包括以下四种。

1. 基本存款账户

基本存款账户是企业办理日常转账结算和现金收付的账户。企业的工资、奖金等现金的支取，只能通过基本存款账户办理。一个企业只能开立一个基本存款账户，其他银行结算账户的开立必须以基本存款账户的开立为前提，凭基本存款账户开户登记证办理相关手续，并在基本存款账户开户登记证上进行相应登记。

2. 一般存款账户

一般存款账户是企业因借款或其他结算需要，在基本存款账户开户银行以外的银行等金融机构开立的银行结算账户。一般存款账户不得办理现金支取。

3. 临时存款账户

临时存款账户是企业因临时经营活动需要开立的账户，临时存款账户主要用于临时经营活动发生的资金收付，该账户按规定可以支取现金，该账户的存立期最长不得超过两年。

4. 专用存款账户

专用存款账户是企业对特定用途的资金，由企业向开户行出具相应证明而开设的账户，如企业的社保基金账户、住房公积金账户。

（三）其他货币资金

其他货币资金，是指企业除了库存现金、银行存款以外的各项货币资金，主要包括银行汇票存款、银行本票存款、信用卡存款、信用证保证金存款、存出投资款、外埠存款。

1. 银行汇票存款

银行汇票，是指由银行签发的，承诺自己在见票时按照实际结算金额无条件支付给收款人或者持票人的票据。银行汇票的出票银行为银行汇票的付款人。单位和个人各种款项的结算，均可使用银行汇票。银行汇票可以用于转账，填明"现金"字样的银行汇票也可以用于支取现金。银行汇票存款即用于银行汇票结算的专用款项。

2. 银行本票存款

银行本票，是指由银行签发的，承诺自己在见票时无条件支付确定的金额给收款人或持票人的票据。单位和个人在同一票据交换区域需要支付的各种款项，均可使用银行本票。银行本票可以用于转账，注明"现金"字样的银行本票可以用于支取现金。银行本票存款即用于银行本票结算的专用款项。

3. 信用卡存款

信用卡存款，是指企业为取得信用卡而存入银行信用卡专户的款项。信用卡是银行卡的一种。信用卡按使用对象分为单位卡和个人卡；按信用等级分为金卡和普通卡；按是否向发卡银行交存备用金分为贷记卡和准贷记卡。

4. 信用证保证金存款

信用证保证金存款，是指采用信用证结算方式的企业为开具信用证而存入银行信用证保证金专户的款项。企业向银行申请开立信用证，应按规定向银行提交开证申请书、信用证申请人承诺书和购销合同。

5. 存出投资款

存出投资款，是指企业已存入证券公司用于购买各种有价证券的货币资金，通常用于企业通过证券公司在二级市场购入股票、债券、基金等投资。

6. 外埠存款

外埠存款，是指企业为了到外地进行临时或零星采购，而汇往采购地银行开立采购专户的款项。该账户的存款不计利息、只付不收、付完清户，除了采购人员可从中提取少量现金外，一律采用转账结算。

二、应收款项概述

应收款项是企业拥有的各项债权，即在未来可以获取资金、商品或劳务的权利，应收款项主要包括应收账款、应收票据、预付账款、应收股利、应收利息、其他应收款等。

（一）应收账款

应收账款，是指企业因销售商品、提供劳务等经营活动应收取的款项。应收账款可以通过以下三个方面理解：一是应收账款是企业因销售活动引起的债权；二是应收账款是指流动资产性质的债权，不包括长期资产性质的债权；三是应收账款是企业应收客户的款项，不包括企业付出的各类存出保证金，如投标保证金和租入包装物保证金。

（二）应收票据

应收票据，是指企业因销售商品、产品、提供劳务等而收到的商业汇票。商业汇票按其承兑人不同，分为商业承兑汇票和银行承兑汇票两种；商业汇票按其是否计息可分为不带息商业汇票和带息商业汇票两种。不带息商业汇票的票据到期值等于面值；带息商业汇票的票据到期值等于其面值加上到期应计利息。在我国，一般使用的商业汇票是不带息商业汇票。

（三）预付账款

预付账款，是指企业按照购货合同或协议的规定预付给供应单位的款项。

按照权责发生制原则，预付账款虽款项已经付出，但对方的义务尚未尽到，要求对方履行义务仍是本企业的权利，因此，预付账款和应收账款一样，都是企业的短期债权。但是，两者又有所区别。应收账款是企业销货引起的，是应向购货方收取的款项；而预付账款是企业购货引起的，是预先付给供货方的款项。

（四）应收股利

应收股利，是指企业因股权投资而应收取的现金股利以及应收其他单位的利润。应收股利包括企业购买股票实际支付的款项中所包括的已宣告发放但尚未领取的现金股利和企业对外投资应分得的现金股利或利润等，但不包括应收的股票股利。

（五）应收利息

应收利息，是指企业因债券投资或贷款而应收取的利息。应收利息包括购买债券的价款中已到付息期但尚未领取的债券利息，和分期付息到期还本的债券或贷款在持有期间产生的利息；不包括企业到期一次还本付息的债券或贷款应收取的利息。

（六）其他应收款

其他应收款，是指企业除应收票据、应收账款和预付账款等以外的其他各种应收、暂付款项。通过其他应收款核算的项目主要包括以下内容。

（1）应收的各种赔款、罚款。
（2）应收出租包装物的租金。
（3）应向职工收取的各种垫付款项。
（4）备用金（向企业各职能科室、车间等拨付的备用金）。
（5）存出的保证金，如租入包装物支付的押金。
（6）其他各种应收、暂付的款项。不包括企业拨出用于投资、购买物资的各种款项。

任务二　货币资金的核算

一、库存现金的核算

为了核算企业库存现金的收入、支出和结存情况，企业应当设置"库存现金"科目。该科目属于资产类科目，借方登记库存现金的增加，贷方登记库存现金的减少；期末余额在借方，表示企业持有库存现金的余额。为了全面、连续地反映和监督库存现金的增、减和结存情况，企业应当设置库存现金总账和库存现金日记账，分别进行库存现金的总分类核算和明细分类核算。

（一）库存现金的业务处理

（1）从银行提取现金时的会计分录：

借：库存现金（根据支票存根所记载的金额）
　　贷：银行存款

（2）将现金存入银行时的会计分录：

借：银行存款（根据银行退回的进账单）
　　贷：库存现金

（3）支付职工预借现金时的会计分录：

借：其他应收款（按支出凭证所记载的金额）
　　贷：库存现金

（4）收到职工偿还现金时的会计分录：

借：库存现金（按实际收回的现金）
　　管理费用
　　销售费用
　　贷：其他应收款

（5）因其他原因收到现金时的会计分录：

借：库存现金
　　贷：营业外收入等

(6) 因其他原因支付现金时的会计分录：
借：营业外支出等
　　贷：库存现金

例题【2-1】 2019 年 1 月 5 日，WXR 有限责任公司签发一张现金支票提取现金 20 000 元备用。

提取现金时的会计分录如下：
借：库存现金　　　　　　　　　　　　　　　　　　　　　　20 000
　　贷：银行存款　　　　　　　　　　　　　　　　　　　　　　20 000

例题【2-2】 2019 年 1 月 10 日，WXR 有限责任公司职工小韦预借差旅费 5 000 元，以现金支付。

预借差旅费时的会计分录如下：
借：其他应收款——小韦　　　　　　　　　　　　　　　　　5 000
　　贷：库存现金　　　　　　　　　　　　　　　　　　　　　　5 000

例题【2-3】 2019 年 1 月 10 日，WXR 有限责任公司以现金支付上月职工工资 50 000 元。

支付职工工资时的会计分录如下：
借：应付职工薪酬　　　　　　　　　　　　　　　　　　　　50 000
　　贷：库存现金　　　　　　　　　　　　　　　　　　　　　　50 000

例题【2-4】 2019 年 1 月 10 日，WXR 有限责任公司职工小王报购买办公用品共计 3 000 元，以现金支付。

支付购买办公用品款时的会计分录如下：
借：管理费用　　　　　　　　　　　　　　　　　　　　　　3 000
　　贷：库存现金　　　　　　　　　　　　　　　　　　　　　　3 000

例题【2-5】 2019 年 1 月 11 日，WXR 有限责任公司向贫困户小张捐款 6 000 元，以现金支付。

捐赠时的会计分录如下：
借：营业外支出　　　　　　　　　　　　　　　　　　　　　6 000
　　贷：库存现金　　　　　　　　　　　　　　　　　　　　　　6 000

(二) 库存现金的清查

为了保证库存现金的安全完整，企业应当定期或不定期地对库存现金进行清查。在实务中，对库存现金的清查一般采用实地盘点法，由清查人员和出纳人员共同清查并在库存现金盘存表上签名盖章；对于清查的结果应当编制库存现金盘点报告表，交给领导审批。库存现金清查的目的主要包括检查账实是否相符，是否有挪用现金、用白条顶库、私借公款等情况。

在清查中，如果存在账款不符，有待查明原因的现金短缺或溢余，应先通过"待处理财产损溢"账户核算，按管理权限报经批准后，按照不同的情况分别处理。

如果是现金短缺，属于应由责任人赔偿或保险公司赔偿的部分，计入其他应收款；属于无法查明的其他原因，计入管理费用。如果是现金溢余，属于应支付给有关人员或单位的，计入其他应付款；属于无法查明原因的，计入营业外收入。

(1) 库存现金盘亏时的会计分录：

① 审批前的会计分录：

借：待处理财产损溢——待处理流动资产损溢
　　贷：库存现金

② 审批后的会计分录：

借：其他应收款——××（由责任人赔偿的金额）
　　管理费用（无法查明原因的金额）
　　贷：待处理财产损溢——待处理流动资产损溢

(2) 库存现金盘盈时的会计分录：

① 审批前的会计分录：

借：库存现金
　　贷：待处理财产损溢——待处理流动资产损溢

② 审批后的会计分录：

借：待处理财产损溢——待处理流动资产损溢
　　贷：其他应付款
　　　　营业外收入

例题【2-6】 2019年4月30日，WXR有限责任公司在对库存现金进行清查时，发现盘亏500元。

盘亏现金时的会计分录如下：

借：待处理财产损溢——待处理流动资产损溢　　　　　　　　　　　　500
　　贷：库存现金　　　　　　　　　　　　　　　　　　　　　　　　500

例题【2-7】 承例题【2-6】，上述库存现金盘亏，无法查明原因，按规定转入管理费用。

审批后的会计分录如下：

借：管理费用　　　　　　　　　　　　　　　　　　　　　　　　　　500
　　贷：待处理财产损溢——待处理流动资产损溢　　　　　　　　　　500

例题【2-8】 2019年5月31日，WXR有限责任公司在对现金进行清查时，发生溢余800元。

盘盈现金时的会计分录如下：

借：库存现金　　　　　　　　　　　　　　　　　　　　　　　　　　800
　　贷：待处理财产损溢——待处理流动资产损溢　　　　　　　　　　800

例题【2-9】 承例题【2-8】，库存现金溢余原因不明，经批准计入营业外收入。

审批后的会计分录如下：

借：待处理财产损溢——待处理流动资产损溢　　　　　　　　　　　　800
　　贷：营业外收入——库存现金盘盈利得　　　　　　　　　　　　　800

二、银行存款的核算

为了核算银行存款的增加、减少和结存情况，企业应当设置"银行存款"科目。该科目属于资产类科目,借方登记银行存款的增加,贷方登记银行存款的减少;期末余额在借方,表示企业银行存款的余额。为了全面、连续地反映和监督银行存款的增、减和结存情况,企业应当设置银行存款总账和银行存款日记账,分别进行企业银行存款的总分类核算和明细分类核算。

(一) 银行存款的业务处理

(1) 从银行提取现金时的会计分录:

借:库存现金
　　贷:银行存款(根据支票存根所记载的提取金额)

(2) 将现金存入银行时的会计分录:

借:银行存款(根据银行退回的进账单)
　　贷:库存现金

(3) 支付前欠供应商款项时的会计分录:

借:应付账款
　　应付票据
　　贷:银行存款(按支出凭证所记载的金额)

收到客户偿还货款时的会计分录:

借:银行存款(按实际收回的金额)
　　贷:应收账款
　　　　应收票据

例题【2-10】 2019年1月3日,WXR有限责任公司签发一张现金支票提取现金40 000元备用。

提取备用金时的会计分录如下:

借:库存现金　　　　　　　　　　　　　　　　　　　　　40 000
　　贷:银行存款　　　　　　　　　　　　　　　　　　　　40 000

例题【2-11】 2019年1月10日,WXR有限责任公司出纳小韦将超过限额规定的现金存入银行,金额为12 000元。

将现金存入银行时的会计分录如下:

借:银行存款　　　　　　　　　　　　　　　　　　　　　12 000
　　贷:库存现金　　　　　　　　　　　　　　　　　　　　12 000

例题【2-12】 2019年1月10日,WXR有责任公司签发转账支票支付上月欠供应商的货款,金额为23 200元。

偿还货款时的会计分录如下:

借:应付账款　　　　　　　　　　　　　　　　　　　　　23 200
　　贷:银行存款　　　　　　　　　　　　　　　　　　　　23 200

例题【2-13】 2019年1月11日,WXR有限责任公司以银行存款支付产品展览费,金额为7 000元,不考虑相关税费。

支付产品展览费时的会计分录如下:

借：销售费用　　　　　　　　　　　　　　　　　　　　　　　　7 000
　　贷：银行存款　　　　　　　　　　　　　　　　　　　　　　　　　7 000

（二）银行存款的对账

为了保证银行存款的安全完整，企业应当定期或不定期地与银行对账。对账的结果如果相符，说明银行存款账务处理一般没有问题；对账的结果如果不相符，说明存在错账或未达账项，应当进一步查找原因。

所谓未达账项，是指银行与企业之间，由于凭证传递上存在时间差，于是出现一方已登记入账，而另一方尚未登记入账的情况。银行存款的未达账项具体包括四种情况。

（1）银行已收，企业未收。
（2）银行已付，企业未付。
（3）企业已收，银行未收。
（4）企业已付，银行未付。

对于未达账项，企业应该通过编制"银行存款余额调节表"进行调节。调节后，若无记账差错，双方调整后的余额相等；调节后，双方余额如果仍不相符，说明记账有差错，需进一步查找原因，找出错误并更正。

调节后的银行存款余额，表示企业实际的存款余额。

需要注意的是，银行存款余额调节表是用来核对企业和银行的记账有无错误，不能作为记账的依据。对于未达账项，无须进行账面调整，待结算凭证收到后再进行账务处理。

例题【2-14】 WXR 有限责任公司 2019 年 5 月 31 日银行存款日记账的余额为 5 400 000 元，银行转来对账单的余额为 8 300 000 元。经过核对，属于未达账项导致的差异，具体有以下 4 笔未达账项。

（1）WXR 有限责任公司送存转账支票 6 000 000 元，并已登记银行存款增加，但银行尚未记账。

（2）WXR 有限责任公司开出转账支票 4 500 000 元，但持票单位尚未到银行办理转账，银行尚未记账。

（3）WXR 有限责任公司委托银行代收某公司购货款 4 800 000 元，银行已收妥并登记入账，但企业尚未收到收款通知，尚未记账。

（4）银行代企业支付水电费 400 000 元，银行已入账，但 WXR 有限责任公司未收到银行付款通知，尚未记账。

编制的银行存款余额调节表如表 2-1 所示。

表 2-1　银行存款余额调节表　　　　　　　　　　　　　　单位：元

项目	金额	项目	金额
企业银行存款日记账余额	5 400 000	银行对账单余额	8 300 000
加：银行已收企业未收的款项合计	4 800 000	加：企业已收银行未收的款项合计	6 000 000
减：银行已付企业未付的款项合计	400 000	减：企业已付银行未付的款项合计	4 500 000
调节后余额	9 800 000	调节后余额	9 800 000

三、其他货币资金的核算

为了核算企业持有的除库存现金、银行存款以外的货币资金,企业应当设置"其他货币资金"总账科目,并设置"外埠存款""银行汇票存款""银行本票存款""信用卡存款""信用证保证金存款""存出投资款"等明细科目进行明细核算。"其他货币资金"科目属于资产类科目,借方登记增加,贷方登记减少;期末余额在借方,表示企业持有其他货币资金的余额。

其他货币资金的业务处理主要包括以下几个方面。

(一)银行汇票存款的业务处理

银行汇票存款的业务处理一般包括申请银行汇票、消费结算、退回剩余款三个部分。

(1)填写"银行汇票申请书",将款项交存银行时的会计分录:

借:其他货币资金——银行汇票
　　贷:银行存款

(2)持银行汇票购货,收到有关发票账单时的会计分录:

借:材料采购(计划成本法)
　　在途物资(实际成本法)
　　原材料
　　库存商品
　　应交税费——应交增值税(进项税额)(能抵扣的增值税税额)
　　贷:其他货币资金——银行汇票存款

(3)采购完毕收回剩余款项时的会计分录:

借:银行存款
　　贷:其他货币资金——银行汇票

例题【2-15】 WXR有限责任公司为增值税一般纳税人,2019年5月10日向银行申请办理银行汇票用以购买原材料,将款项2 500 000元交存银行转作银行汇票存款。WXR有限责任公司购入原材料一批,取得的增值税专用发票上注明的原材料价款为2 000 000元,增值税税额为260 000元,已用银行汇票办理结算,多余款项240 000元退回开户银行,企业已收到开户银行转来的多余款收账通知。

① 申请银行汇票时的会计分录如下:

借:其他货币资金——银行汇票　　　　　　　　　　　　2 500 000
　　贷:银行存款　　　　　　　　　　　　　　　　　　　　　　2 500 000

② 用银行汇票购买材料时的会计分录如下:

借:原材料　　　　　　　　　　　　　　　　　　　　　2 000 000
　　应交税费——应交增值税(进项税额)　　　　　　　　　260 000
　　贷:其他货币资金——银行汇票　　　　　　　　　　　　　2 260 000

③ 收到退回开户银行的多余款项时的会计分录如下:

借:银行存款　　　　　　　　　　　　　　　　　　　　240 000
　　贷:其他货币资金——银行汇票　　　　　　　　　　　　　　240 000

（二）银行本票存款的业务处理

银行本票存款的业务处理一般包括申请银行本票和消费结算两个部分。

(1) 填写"银行本票申请书"，将款项交存银行时的会计分录：

借：其他货币资金——银行本票
　　贷：银行存款

(2) 持银行本票购货、收到有关发票账单时的会计分录：

借：材料采购（计划成本法）
　　在途物资（实际成本法）
　　原材料
　　库存商品
　　应交税费——应交增值税（进项税额）（增值税能抵扣的金额）
　　贷：其他货币资金——银行本票

例题【2－16】 WXR 有限责任公司为取得银行本票，2019 年 5 月 10 日向银行填交"银行本票申请书"，并将 20 000 元银行存款转作银行本票存款。此后，WXR 有限责任公司用银行本票购买办公用品 20 000 元（含税），取得增值税普通发票。

① 申请银行本票时的会计分录如下：

借：其他货币资金——银行本票　　　　　　　　　　　　20 000
　　贷：银行存款　　　　　　　　　　　　　　　　　　　　　　20 000

② 购买办公用品时的会计分录如下：

借：管理费用　　　　　　　　　　　　　　　　　　　　20 000
　　贷：其他货币资金——银行本票　　　　　　　　　　　　　　20 000

（三）信用卡存款的业务处理

信用卡存款的业务处理一般包括申请信用卡、消费结算和销卡退回剩余款三个部分。

(1) 企业应填制"信用卡申请表"，连同支票和有关资料一并送存发卡银行。

申请信用卡或续存资金时的会计分录：

借：其他货币资金——信用卡存款
　　贷：银行存款

(2) 购物或支付有关费用时的会计分录：

借：管理费用
　　销售费用等
　　应交税费——应交增值税（进项税额）（能抵扣的增值税税额）
　　贷：其他货币资金——信用卡存款（根据收到银行转来的信用卡存款的付款凭证）

(3) 企业的持卡人如不需要继续使用信用卡时，应持信用卡主动到发卡银行办理销户。销户时，单位卡科目余额转入企业基本存款户，不得提取现金。

注销信用卡时的会计分录：

借：银行存款
　　贷：其他货币资金——信用卡

例题【2-17】WXR 有限责任公司于 2019 年 5 月 5 日向银行申请信用卡，向银行交存 50 000 元。6 月 10 日，该企业用信用卡向某饭店支付招待费 8 000 元（含税），取得增值税普通发票。

① 申请信用卡时的会计分录如下：

借：其他货币资金——信用卡　　　　　　　　　　　　　　　50 000
　　贷：银行存款　　　　　　　　　　　　　　　　　　　　　50 000

② 用信用卡付款时的会计分录如下：

借：管理费用　　　　　　　　　　　　　　　　　　　　　　　8 000
　　贷：其他货币资金——信用卡　　　　　　　　　　　　　　　8 000

（四）信用证保证金存款的业务处理

信用证保证金存款的业务处理一般包括申请信用证保证金、消费结算和撤销保证金退回剩余款三个部分。

（1）企业填写"信用证申请书"，将信用证保证金交存银行时的会计分录：

借：其他货币资金——信用证保证金存款（根据银行盖章退回的"信用证申请书"回单）
　　贷：银行存款

（2）企业接到开证行付款通知时的会计分录：

借：材料采购（计划成本法）
　　在途物资（实际成本法）
　　原材料
　　库存商品
　　应交税费——应交增值税（进项税额）（能抵扣的增值税税额）
　　贷：其他货币资金——信用证保证金（根据供货单位信用证结算凭证）

（3）将未用完的信用证保证金存款余额转回开户银行时的会计分录：

借：银行存款
　　贷：其他货币资金——信用证保证金存款

例题【2-18】WXR 有限责任公司于 2019 年 4 月 1 日向银行交存 800 000 元申请信用证，用来进行国际结算。4 月 10 日，WXR 有限责任公司收到银行转来的境外销货单位信用证结算凭证以及所附发票账单、海关进口增值税专用缴款书等有关凭证，材料价款 600 000 元，增值税税额为 78 000 元，材料已验收入库。

① 交存信用证保证金时的会计分录如下：

借：其他货币资金——信用证保证金存款　　　　　　　　　　800 000
　　贷：银行存款　　　　　　　　　　　　　　　　　　　　　800 000

WXR 有限责任收到银行收款通知，该境外销货单位开出的信用证余款 122 000 元已经转回银行账户。

② 用信用证保证金结算时的会计分录如下：

借：原材料　　　　　　　　　　　　　　　　　　　　　　　600 000
　　应交税费——应交增值税（进项税额）　　　　　　　　　　78 000

贷：其他货币资金——信用证保证金存款　　　　　　　　　　　　678 000
③ 退回信用证余款时的会计分录如下：
　　借：银行存款　　　　　　　　　　　　　　　　　　　　　　　122 000
　　　贷：其他货币资金——信用证保证金存款　　　　　　　　　　　122 000

（五）存出投资款的业务处理

存出投资款的业务处理一般包括划出款项、投资结算和转回剩余款三个部分。
（1）向证券公司划出资金时，应按实际划出的金额编制会计分录：
　　借：其他货币资金——存出投资款
　　　贷：银行存款
（2）购买股票、债券等时的会计分录：
　　借：交易性金融资产
　　　　投资收益
　　　　应交税费——应交增值税（进项税额）
　　　　应收股利等
　　　贷：其他货币资金——存出投资款
（3）投资结束，将投资款转回银行账户时的会计分录：
　　借：银行存款
　　　贷：其他货币资金——存出投资款

例题【2-19】 WXR有限责任公司于2019年4月5日将银行存款900 000元存入华创证券账户。4月10日，在二级市场上购入A公司股票100 000股作为交易性金融资产，每股7元，另支付手续费10 000元，不考虑相关税费。
① 将资金转入证券账户时的会计分录如下：
　　借：其他货币资金——存出投资款　　　　　　　　　　　　　　900 000
　　　贷：银行存款　　　　　　　　　　　　　　　　　　　　　　900 000
② 购买股票时的会计分录如下：
　　借：交易性金融资产——成本　　　　　　　　　　　　　　　　700 000
　　　　投资收益　　　　　　　　　　　　　　　　　　　　　　　 10 000
　　　贷：其他货币资金——存出投资款　　　　　　　　　　　　　 710 000

（六）外埠存款的业务处理

外埠存款的业务处理一般包括异地汇款开户、消费结算、销户退回款项三个部分。
（1）将款项汇往外地开立采购专用账户时的会计分录：
　　借：其他货币资金——外埠存款（根据汇出款项凭证）
　　　贷：银行存款
（2）收到采购人员转来供应单位发票账单等报销凭证时的会计分录：
　　借：材料采购（计划成本法）
　　　　在途物资（实际成本法）
　　　　原材料

库存商品
　　　应交税费——应交增值税（进项税额）（能抵扣的增值税税额）
　　　　贷：其他货币资金——外埠存款
（3）采购完毕收回剩余款项时的会计分录：
　　借：银行存款
　　　　贷：其他货币资金——外埠存款

例题【2-20】 WXR 有限责任公司派采购员小红到异地采购原材料，2019 年 5 月 10 日，公司委托开户银行汇款 1 000 000 元到采购地设立采购专户。5 月 20 日，采购员交来从采购专户付款购入材料的有关凭证，增值税专用发票上的原材料价款为 800 000 元，增值税税额为 104 000 元。5 月 25 日，收到开户银行的收款通知，该采购专户中的结余款项已经转回。

① 将款项汇到采购专户时的会计分录如下：
　　借：其他货币资金——外埠存款　　　　　　　　　　　　　　1 000 000
　　　　贷：银行存款　　　　　　　　　　　　　　　　　　　　1 000 000
② 支付材料款时的会计分录如下：
　　借：原材料　　　　　　　　　　　　　　　　　　　　　　　800 000
　　　　应交税费——应交增值税（进项税额）　　　　　　　　　104 000
　　　　贷：其他货币资金——外埠存款　　　　　　　　　　　　904 000
③ 退回多余款项时的会计分录如下：
　　借：银行存款　　　　　　　　　　　　　　　　　　　　　　96 000
　　　　贷：其他货币资金——外埠存款　　　　　　　　　　　　96 000

任务三　应收款项的核算

一、应收票据的核算

　　为了核算因销售商品、提供劳务等而收到的商业汇票，企业应设置"应收票据"科目。该科目属于资产类科目，借方登记应收票据的增加，贷方登记应收票据的减少；期末余额在借方，表示企业持有的应收票据的余额。企业应当按照开出、承兑商业汇票的单位进行明细核算，同时应当设置"应收票据备查簿"。

　　应收票据的业务处理一般包括收到应收票据、票据贴现、背书转让、票据到期收回款项四个部分。

（一）收到商业汇票的业务处理

收到商业汇票时的会计分录：
　　借：应收票据（按票面金额）
　　　　贷：主营业务收入（按销售价款）
　　　　　　其他业务收入
　　　　　　应交税费——应交增值税（销项税额）

例题【2-21】 WXR 有限责任公司 2019 年 5 月 1 日向 A 公司销售商品一批，货款为 30 000 元，增值税销项税额为 3 900 元，同日收到 A 公司签发并承兑的期限为 3 个月、面值为 33 900 元的不带息商业承兑汇票一张。

收到商业汇票时的会计分录如下：

借：应收票据——A 公司　　　　　　　　　　　　　　　　33 900
　　贷：主营业务收入　　　　　　　　　　　　　　　　　　　30 000
　　　　应交税费——应交增值税（销项税额）　　　　　　　　3 900

（二）商业汇票贴现的业务处理

1. 商业汇票贴现额的计算

贴现，是指企业以未到期票据向银行等金融机构融通资金，银行等金融机构按票据的应收金额扣除一定期间的利息后的余额支付给企业的融资行为。

商业汇票贴现额的计算公式如下。

$$贴现息 = 票据到期值 \times 贴现率 \times 贴现期$$

$$贴现额 = 票据到期值 - 贴现息$$

票据有带息与不带息之分，其到期值的计算及账务处理也有所不同。不带息票据到期值即票据面值，而带息票据到期值等于票据面值与票据利息之和，其中票据到期利息的计算公式如下。

$$票据到期利息 = 应收票据面值 \times 票面利率 \times 时间$$

票面利率有年利率、月利率、日利率之分。如需将年利率换算成月利率或日利率，每月统一按 30 天计算，全年按 360 天计算。三者之间的关系如下。

$$月利率 = 年利率 \div 12$$

$$日利率 = 月利率 \div 30 （或 = 年利率 \div 360）$$

时间，是指从票据生效之日起到票据到期之日止的时间间隔。通常有以下两种表示方法。

第一种以月表示，即按月计息。计算时一律以次月对日为一个月（如从 3 月 15 日至 4 月 15 日）；月末签发的票据，不论月份大小，以到期月份的月末为到期日（如 1 月 31 日签发票据，期限为一个月的票据于 2 月 28 日或 29 日到期，期限为两个月的票据于 3 月 31 日到期）。计算利息的利率要换算成月利率。

例题【2-22】 WXR 有限责任公司收到一张面值为 50 000 元、利率为 10%、期限为 6 个月的商业汇票。票据出票日为 3 月 18 日，票据到期日应为 9 月 18 日。该商业汇票到期应计利息 = 50 000 × 10% × 6/12 = 2 500（元）。

第二种以日数表示，即按日计息。计算时以实际日历天数计算到期日及利息，到期日那天不计息，称为"算头不算尾"。

例题【2-23】 将上例中的商业汇票改为 180 天到期，其面值、利率不变，出票日仍为 3 月 18 日，则票据到期日应为 9 月 14 日（3 月 18 日至月底计 14 天；4 月共计 30 天；5 月共计 31 天；6 月共计 30 天；7 月共计 31 天；8 月共计 31 天；至 9 月 13 日共 180 天，按"算头不算尾"的办法，到期日应为 9 月 14 日，14 日不计息）。该商业汇票到期应计利息 = 50 000 × 10% × 180/360 = 2 500（元）。

2. 商业汇票贴现的业务处理

持未到期的应收票据向银行贴现时的会计分录：

借：银行存款（按实际收到的金额，即票据到期值减去贴现息后的净额）
　　　财务费用（贴现息）
　　贷：应收票据

例题【2-24】 WXR 有限责任公司 2019 年 4 月 30 日售给 A 公司一批产品，货款总计 1 000 000 元，适用增值税税率为 13%。A 公司交来一张出票日为 5 月 1 日、面值为 1 130 000 元、期限为 3 个月的商业承兑无息票据。该企业 6 月 1 日持票据到银行贴现，贴现率为 12%，不考虑其他因素。

① 5 月 1 日收到票据时的会计分录如下：

　　借：应收票据　　　　　　　　　　　　　　　　　　　　1 130 000
　　　　贷：主营营业收入　　　　　　　　　　　　　　　　　　　　1 000 000
　　　　　　应交税费——应交增值税（销项税额）　　　　　　　　　130 000

② 6 月 1 日到银行贴现时的会计分录如下：

票贴现息 = 1 130 000 × 12% × 2/12 = 22 600（元）；贴现额 = 1 130 000 - 22 600 = 1 107 400（元）。

　　借：银行存款　　　　　　　　　　　　　　　　　　　　1 107 400
　　　　财务费用　　　　　　　　　　　　　　　　　　　　　　22 600
　　　　贷：应收票据　　　　　　　　　　　　　　　　　　　　　1 130 000

3. 商业汇票贴现后的业务处理

（1）已贴现的商业承兑汇票到期，因承兑人的银行存款不足支付，申请贴现的企业收到银行退回的商业承兑汇票时（带追索权），按商业汇票的票面金额入账。

退回贴现款时的会计分录：

　　借：应收账款
　　　　贷：银行存款

（2）如果申请贴现企业的银行存款余额不足，银行作逾期贷款处理。应按商业汇票的票面金额入账。

无力退回贴现款时的会计分录：

　　借：应收账款
　　　　贷：短期借款

例题【2-25】 接上例，假设到 8 月 1 日，WXR 有限责任公司已办理贴现的应收票据到期。

① 若 A 公司无力向贴现银行支付票款，退回贴现款时的会计分录如下：

　　借：应收账款——M 公司　　　　　　　　　　　　　　1 130 000
　　　　贷：银行存款　　　　　　　　　　　　　　　　　　　　　1 130 000

② 若该 WXR 有限责任公司银行存款余额不足。无力退回贴现款时的会计分录如下：

　　借：应收账款——M 公司　　　　　　　　　　　　　　1 130 000
　　　　贷：短期借款　　　　　　　　　　　　　　　　　　　　　1 130 000

（三）商业汇票背书转让的业务处理

企业可以将持有的尚未到期的商业汇票背书转让。

背书转让时的会计分录：

借：材料采购

　　在途物资

　　原材料

　　库存商品等

　　应交税费——应交增值税（进项税额）

　　银行存款（借方差额）

　　贷：应收票据（按商业汇票的票面金额）

　　　　银行存款（贷方差额）

（四）商业汇票到期的业务处理

应收的商业汇票到期，应分别根据以下情况进行处理。

（1）商业汇票到期收回款项时的会计分录：

借：银行存款

　　贷：应收票据

例题【2-26】 承例题【2-21】，2019年6月1日，WXR有限责任公司收回为期3个月的商业承兑汇票33 900元。

收回票据款时的会计分录如下：

借：银行存款　　　　　　　　　　　　　　　　　　　　　　　33 900

　　贷：应收票据　　　　　　　　　　　　　　　　　　　　　　　33 900

（2）因付款人无力支付票款，收到银行退回的商业承兑汇票、委托收款凭证、未付票款通知书或拒绝付款证明等，按应收票据的票面金额入账。

票据到期收不到款项时的会计分录：

借：应收账款

　　贷：应收票据

例题【2-27】 承例题【2-21】，2019年6月1日，WXR有限责任公司为期3个月的商业承兑汇票到期，A公司无力支付票款且未签发新票据。

票据到期收不到款项时的会计分录如下：

借：应收账款——A公司　　　　　　　　　　　　　　　　　　　33 900

　　贷：应收票据——A公司　　　　　　　　　　　　　　　　　　33 900

二、应收账款的核算

（一）应收账款的业务处理

为了核算销售商品、提供劳务等应收但尚未收回的款项，企业应当设置"应收账款"科目。该科目属于资产类科目，借方登记应收账款的增加，贷方登记应收账款的减少，期末余额一般在借方，表示企业尚未收回的应收账款；如果期末余额在贷方，表示企业预收的账款。"应收账款"科目应当按照债务人进行明细核算。

应收账款的业务处理一般包括确认应收账款、收回应收账、计提坏账准备三个部分。

(1) 确认收入时的会计分录：

借：应收账款（按照应收的金额）
　　贷：主营业务收入
　　　　其他业务收入
　　　　应交税费——应交增值税（销项税额）

(2) 收回应收账款时的会计分录：

借：银行存款
　　财务费用（涉及现金折扣的金额）
　　贷：应收账款

注意：销货方代垫的运杂费、装卸费等，也通过"应收账款"科目核算。

(二) 应收账款业务处理的注意事项

(1) 在没有商业折扣的情况下，应收账款应按应收的全部金额入账。

例题【2-28】 WXR 有限责任公司赊销给 A 公司商品一批，货款合计 20 000 元，适用的增值税税率为 13%，代垫运杂费 1 000 元（假设运费不考虑增值税）。

① 确认收入时的会计分录如下：

借：应收账款　　　　　　　　　　　　　　　　　　　　　　　23 600
　　贷：主营营业收入　　　　　　　　　　　　　　　　　　　　20 000
　　　　应交税费——应交增值税（销项税额）　　　　　　　　　2 600
　　　　银行存款　　　　　　　　　　　　　　　　　　　　　　1 000

② 收到货款时的会计分录如下：

借：银行存款　　　　　　　　　　　　　　　　　　　　　　　23 600
　　贷：应收账款　　　　　　　　　　　　　　　　　　　　　　23 600

(2) 在有商业折扣的情况下，应收账款和销售收入按扣除商业折扣后的金额入账。

例题【2-29】 WXR 有限责任公司赊销商品一批，按价目表的价格计算，货款金额总计 100 000 元，给买方的商业折扣为 10%，适用的增值税税率为 13%。代垫运杂费 5 000 元（假设运费不考虑增值税）。

① 确认收入时的会计分录如下：

借：应收账款　　　　　　　　　　　　　　　　　　　　　　　106 700
　　贷：主营业务收入　　　　　　　　　　　　　　　　　　　　90 000
　　　　　　　　　　　　　　　　　　　　　　　[100 000 × (1 - 10%)]
　　　　应交税费——应交增值税（销项税额）　　　　　　　　　11 700
　　　　　　　　　　　　　　　　　　　　　　　　　(90 000 × 13%)
　　　　银行存款　　　　　　　　　　　　　　　　　　　　　　5 000

② 收到货款时的会计分录如下：

借：银行存款　　　　　　　　　　　　　　　　　　　　　　　106 700
　　贷：应收账款　　　　　　　　　　　　　　　　　　　　　　106 700

（3）在有现金折扣的情况下，采用总价法核算

例题【2-30】 WXR 有限责任公司赊销一批商品，货款为 100 000 元，适用的增值税税率为 13%，代垫运杂费 4 000 元，规定的付款条件为：2/10、$n/30$。

① 销售业务发生时，根据有关销货发票，WXR 有责任公司编制的会计分录如下：

借：应收账款　　　　　　　　　　　　　　　　　　　　117 000
　　贷：主营业务收入　　　　　　　　　　　　　　　　　　　100 000
　　　　应交税费——应交增值税（销项税额）　　　　　　　　13 000
　　　　银行存款　　　　　　　　　　　　　　　　　　　　　 4 000

② 客户于 10 天内付款的会计分录如下：

借：银行存款　　　　　　　　　　　　　　　　　　　　114 660
　　财务费用　　　　　　　　　　　　　　　　　　　　　 2 340
　　　　　　　　　　　　　　　　　　　　　（117 000×2%）
　　贷：应收账款　　　　　　　　　　　　　　　　　　　 117 000

③ 客户超过 10 天付款，则不享受现金折扣，会计分录如下：

借：银行存款　　　　　　　　　　　　　　　　　　　　117 000
　　贷：应收账款　　　　　　　　　　　　　　　　　　　 117 000

三、预付账款的核算

为了核算预付账款的增减变动及其余额，企业应设置"预付账款"科目。该科目属于资产类科目，借方登记预付账款的增加，贷方登记预付账款的减少；期末余额在借方，表示预付的款项，期末余额在贷方，则表示应付的款项。预付账款不多的企业，也可以不设"预付账款"科目，而将预付账款业务在"应付账款"科目核算。

预付款项的业务处理一般包括按合同约定预付货款、购买货物结算、补付货款和退回多付款项四个部分。

（1）因购货而预付款项时的会计分录：

借：预付账款
　　贷：银行存款

（2）收到所购物资时的会计分录：

借：材料采购
　　在途物资
　　原材料
　　库存商品等
　　应交税费——应交增值税（进项税额）
　　贷：预付账款（按应付金额）

（3）补付货款时的会计分录：

借：预付账款
　　贷：银行存款

(4) 退回多付款项时的会计分录：

借：银行存款
    贷：预付账款

例题【2-31】 WXR 有限责任公司向 B 公司采购材料 500 吨，单价 200 元，所需支付的款项总额为 100 000 元。按照合同规定向 B 公司预付货款的 50%，验收货物后补付其余款项。一个月后，收到 B 公司发来的 500 吨材料，验收无误，增值税专用发票记载的货款为 100 000 元，增值税税额为 13 000 元。WXR 有限责任公司以银行存款补付所欠款项 63 000 元。

① 预付 50% 货款时的会计分录如下：

借：预付账款——B 公司   50 000
    贷：银行存款   50 000

② 收到材料时的会计分录如下：

借：原材料   100 000
    应交税费——应交增值税（进项税额）   13 000
    贷：预付账款——B 公司   113 000

③ 补付货款的会计分录如下：

借：预付账款——B 公司   63 000
    贷：银行存款   63 000

四、其他应收款的核算

为了核算其他应收款的增减变动及其余额情况，企业应设置"其他应收款"科目。该科目属于资产类科目，借方登记其他应收款的增加，贷方登记其他应收款的减少，余额一般在借方，表示应收未收的其他应收款项；期末如为贷方余额，则反映企业尚未支付的其他应付款。

其他应收款的业务处理一般包括发生其他应收款和结算转销其他应收款两个部分。

(1) 发生其他应收款时的会计分录：

借：其他应收款
    贷：存款现金
        银行存款等

(2) 结算转销其他应收款时的会计分录：

借：库存现金
    管理费用
    销售费用等
    贷：其他应收款

例题【2-32】 WXR 有限责任公司的采购部门实行定额备用金制度，会计部门以现金支票支付备用金定额 6 000 元。

① 以现金支票支付备用金定额时的会计分录如下：

借：其他应收款——采购部——备用金   6 000
    贷：银行存款   6 000

② 采购部门凭发票报销部门办公费时的会计分录如下：
　　借：管理费用　　　　　　　　　　　　　　　　　　　　　5 000
　　　　贷：银行存款　　　　　　　　　　　　　　　　　　　　　5 000

例题【2－33】 2019年5月3日，WXR有限责任公司管理人员小韦预借差旅费2 000元。以现金支付，6月10日，小韦出差归来，报销差旅费1 500元，余款以现金交回。

① 预借差旅费时的会计分录如下：
　　借：其他应收款——小韦　　　　　　　　　　　　　　　　　2 000
　　　　贷：库存现金　　　　　　　　　　　　　　　　　　　　　2 000

② 小韦出差回来结算差旅费时的会计分录如下：
　　借：管理费用　　　　　　　　　　　　　　　　　　　　　　1 500
　　　　库存现金　　　　　　　　　　　　　　　　　　　　　　　500
　　　　贷：其他应收款——小韦　　　　　　　　　　　　　　　　2 000

例题【2－34】 2019年5月10日，WXR有限责任公司用现金支付C公司包装物押金1 200元。

支付押金时的会计分录如下：
　　借：其他应收款——C公司　　　　　　　　　　　　　　　　1 200
　　　　贷：库存现金　　　　　　　　　　　　　　　　　　　　　1 200

例题【2－35】 2019年5月15日，WXR有限责任公司帮职工小王垫付医药费2 200元，用现金支付。

代垫医药费时的会计分录如下：
　　借：其他应收款——小王　　　　　　　　　　　　　　　　　2 200
　　　　贷：库存现金　　　　　　　　　　　　　　　　　　　　　2 200

任务四　应收款项减值的核算

一、应收款项减值概述

应收款项是企业在日常生产经营过程中发生的各项债权，包括应收票据、应收账款、预付账款、应收股利、应收利息、其他应收款等。企业应当严格地将不同内容的应收款项分类加以核算，以正确反映各种短期债权的发生及收回情况，保证企业这部分资产的安全完整，加速企业流动资金的周转。

企业应当在资产负债表日对以公允价值计量且其变动计入当期损益的金融资产以外的金融资产的账面价值进行检查，有客观证据表明相关金融资产发生减值的，应当计提减值准备。

为了核算企业应收款项减值的情况，企业应设置"坏账准备"科目。该科目属于资产类备抵项目，贷方登记坏账准备的增加，借方登记坏账准备的减少，期末余额一般在贷方，表示已经计提尚未注销的坏账准备金额。坏账准备在期末资产负债表上列作各项应收款项的减项。

二、应收款项减值的核算

应收账款减值的核算一般包括三个方面：一是期末按一定方法确定应收款项的减值损失，计提坏账准备的核算；二是实际发生坏账时的核算；三是已确认的坏账又收回的核算。

(1) 资产负债表日提计坏账准备时的会计分录：

借：信用减值损失
　　贷：坏账准备（按应计提坏账准备的金额）

本期应计提的坏账准备大于其账面余额的，应按其差额计提；本期应计提的坏账准备小于其账面余额的，应按其差额做相反的会计分录。

(2) 发生坏账时的会计分录：

借：坏账准备（按确实无法收回的金额）
　　贷：应收账款等

(3) 已确认并转销的应收款项以后又收回时的会计分录：

借：应收账款等
　　贷：坏账准备（按实际收回的金额）

同时

借：银行存款
　　贷：应收账款等

例题【2-36】 WXR 有限责任公司对应收账款采用按年末应收账款余额百分比法计提坏账准备，预计的计提百分比为 3‰，对应收账款预计未来产生的现金流量不进行折现。WXR 有限责任公司第一年年末应收账款余额为 2 500 000 元。第二年应收账款中客户 X 公司所欠 9 000 元账款已超过 3 年，确认为坏账；第二年年末，WXR 有限责任公司应收账款余额为 3 000 000 元。第三年应收账款中客户 Y 公司破产，所欠 20 000 元账款中有 8 500 元无法收回，确认为坏账；第三年年末，WXR 有限责任公司应收账款余额为 2 600 000 元。第四年，X 公司所欠 9 000 元账款又收回，年末应收账款余额为 3 200 000 元。根据 WXR 有限责任公司各年应收账款发生减值的具体情况，编制会计分录。

① 第一年年末，提取坏账准备时的会计分录如下：

借：信用减值损失　　　　　　　　　　　　　　　　　　　7 500
　　贷：坏账准备　　　　　　　　　　　　　　　　　　　　7 500

② 第二年，确认坏账时的会计分录如下：

借：坏账准备　　　　　　　　　　　　　　　　　　　　　9 000
　　贷：应收账款——X 公司　　　　　　　　　　　　　　　9 000

③ 第二年年末，计提坏账准备时的会计分录如下：

借：信用减值损失　　　　　　　　　　　　　　　　　　　10 500
　　　　　　　　　　　　　　　　　　　　　　　　　　（9 000+1 500）
　　贷：坏账准备　　　　　　　　　　　　　　　　　　　　10 500

④ 第三年，确认坏账时的会计分录如下：

借：坏账准备　　　　　　　　　　　　　　　　　　　　　　　　　　8 500
　　　　贷：应收账款　　　　　　　　　　　　　　　　　　　　　　　　　　　8 500
⑤ 第三年年末，计提坏账准备时的会计分录如下：
　　借：信用减值损失　　　　　　　　　　　　　　　　　　　　　　　　7 300
　　　　　　　　　　　　　　　　　　　　　　　　（260 000×3‰－500）
　　　　贷：坏账准备　　　　　　　　　　　　　　　　　　　　　　　　　　7 300
⑥ 第四年，收回已确认为坏账的应收 X 公司账款 9 000 元时的会计分录如下：
　　借：应收账款——X 公司　　　　　　　　　　　　　　　　　　　　　9 000
　　　　贷：坏账准备　　　　　　　　　　　　　　　　　　　　　　　　　　9 000
　　借：银行存款　　　　　　　　　　　　　　　　　　　　　　　　　　9 000
　　　　贷：应收账款——X 公司　　　　　　　　　　　　　　　　　　　　　9 000
⑦ 第四年年末，计提坏账准备时的会计分录如下：
　　借：坏账准备　　　　　　　　　　　　　　　　　　　　　　　　　　7 200
　　　　　　　　　　　　　　　　　　　　　　　　　　　（16 800－9 600）
　　　　贷：信用减值损失　　　　　　　　　　　　　　　　　　　　　　　　7 200

项目小结

　　货币资金是指企业生产经营活动中处于货币形态的流动资产，主要包括库存现金、银行存款和其他货币资金。货币资金的管理与核算主要包括对库存现金、银行存款和其他货币资金的管理与核算，属于流动资产核算的重要组成部分。

　　库存现金是指通常存放于企业财会部门、由出纳人员经管的货币。

　　银行存款是指企业存入银行或其他金融机构的各种款项。

　　其他货币资金是指企业除库存现金、银行存款以外的各项货币资金，主要包括银行汇票存款、银行本票存款、信用卡存款、信用证保证金存款、存出投资款、外埠存款等。

　　应收款项是指企业拥有的各项债权，即在未来可以获取资金、商品或劳务的权利，应收款项主要包括应收账款、应收票据、预付账款、应收股利、应收利息、其他应收款等。应收款项包括的内容属于流动资产的重要组成部分。

　　应收账款是指企业因销售商品、提供劳务等经营活动应收取的款项。

　　应收票据是指企业因销售商品、提供劳务等而收到的商业汇票，包括银行承兑汇票和商业承兑汇票。

　　预付账款是指企业按照购货合同或协议的规定预付给供应单位的款项。

　　应收股利是指企业因股权投资而应收取的现金股利以及应收其他单位的利润。

　　应收利息是指企业因债券投资或贷款而应收取的利息。

　　其他应收款是指企业除应收票据、应收账款和预付账款等以外的其他各种应收、暂付款项。

习题与实训

一、思考题
1. 对库存现金的使用有哪些规定？
2. 如何进行银行存款的对账？
3. 其他货币资金的内容包括哪些？如何进行核算？
4. 如何进行应收款项的减值核算？

二、单选题
1. 预付账款不多的企业，可以不设置"预付账款"科目，而将发生的预付账款计入（　　）核算。
   A. "应付账款"科目的借方　　　　B. "应付账款"科目的贷方
   C. "应收账款"科目的借方　　　　D. "应收账款"科目的贷方
2. "库存现金"日记账和"银行存款"日记账的登记时间是（　　）。
   A. 序时登记　　B. 定期登记　　C. 汇总登记　　D. 合并登记
3. 库存现金清查过程中，无法查明原因的现金短款，经批准应该计入"（　　）"科目。
   A. 管理费用　　　　　　　　　　B. 财务费用
   C. 其他应收款　　　　　　　　　D. 营业外支出
4. 当发现无法查明原因的现金溢余时，经批准后，应该计入"（　　）"科目。
   A. 待处理财产损溢　　　　　　　B. 营业外收入
   C. 其他应收款　　　　　　　　　D. 管理费用
5. 按照现金内部控制制度的要求，下列说法不正确的是（　　）。
   A. 现金要实行日清月结　　　　　B. 各种现金开支要进行审批
   C. 单位的库存现金可以以个人名义存入银行　D. 库存的纸币和铸币应实行分类保管
6. 根据内部控制制度的要求，出纳人员不可以（　　）。
   A. 登记现金和银行存款日记账
   B. 保管库存现金和各种有价证券
   C. 保管会计档案
   D. 保管空白收据、空白支票以及有关印章
7. 下列不通过"其他货币资金"科目核算的是（　　）。
   A. 存出投资款　　　　　　　　　B. 信用证保证金存款
   C. 信用卡存款　　　　　　　　　D. 备用金
8. 银行汇票存款通过"（　　）"科目核算。
   A. 银行存款　　　　　　　　　　B. 其他货币资金
   C. 应付票据　　　　　　　　　　D. 应收票据
9. 企业到外地进行临时或零星采购时，汇往采购地银行开立采购专户的款项是（　　）。
   A. 外埠存款　　　　　　　　　　B. 银行汇票存款
   C. 银行本票存款　　　　　　　　D. 在途货币资金

10. 某企业 2019 年年末应收账款的账面余额为 1 000 万元，由于债务人发生严重财务困难，预计 3 年内只能收回部分货款，经过测算预计未来现金流量的现值为 800 万元，"坏账准备"期初余额为 0。2019 年末应收账款应计提坏账准备（   ）万元。

A. 200   B. 0   C. 800   D. 1 000

三、多选题

1. 下列有关库存现金清查的做法，正确的有（   ）。
   A. 在盘点库存现金时，出纳人员必须在场
   B. 库存现金的清查应采用实地盘点法
   C. 库存现金盘点报告表由盘点人员和出纳人员共同签章方能生效
   D. 经领导批准，借条、收据可以抵充现金

2. 下列各项中，属于货币资金项目的有（   ）。
   A. 库存现金   B. 银行存款
   C. 其他货币资金   D. 商业汇票

3. 库存现金盘盈的账务处理中，可能贷记的科目有（   ）。
   A. 管理费用   B. 营业外收入
   C. 销售费用   D. 其他应付款

4. 下列应通过"其他应收款"科目核算的项目有（   ）。
   A. 应收出租包装物租金   B. 存出保证金
   C. 应收投资利润   D. 应收的各种赔款、罚款

5. 下列各项中，应在"坏账准备"科目贷方反映的有（   ）。
   A. 提取的坏账准备
   B. 收回前期已确认为坏账并转销的应收账款
   C. 发生的坏账损失
   D. 冲销的坏账准备

四、判断题

1. 企业在银行的实有存款数一定是银行存款日记账上列明的余额。（   ）
2. 一般而言，对于库存现金，每日终了应由稽核人员进行清点核算。（   ）
3. 预付账款可以在"应付账款"科目核算，因此，预付货款应作为企业的一项负债。（   ）
4. 企业和银行对账，如果核对不相符，那么一定是存在错账。（   ）
5. 支付给某职工工资 1 200 元，由于超过了结算起点 1 000 元，因此，不能用库存现金支付，必须通过银行进行转账结算。（   ）

五、业务题

1. WXR 公司 2019 年 5 月 31 日银行存款日记账余额为 476 000 元，银行对账单余额为 486 000 元。经逐笔核对，发现有以下几笔未达账项。

   （1）企业偿还 A 公司货款 50 000 元已登记入账，但银行尚未登记入账。
   （2）企业收到销售商品款 70 200 元已登记入账，但银行尚未登记入账。
   （3）银行划转电费 9 800 元已登记入账，但企业尚未收到付款通知单，未登记入账。

(4) 银行收到外地汇入货款 40 000 元已登记入账，但企业尚未收到收款通知单，未登记入账。

要求：

根据上述给定资料，填列"表 2-2 银行存款余额调节表"。

表 2-2 银行存款余调节表
2019 年 5 月 31 日
单位：元

项目	金额	项目	金额
加：银行已收，企业未收款	(1)	加：企业已收、银行未收款	(2)
减：银行已付、企业未付款	(3)	减：企业已付、银行未付款	(4)
调节后余额	(5)	调节后余额	(6)

2. WXR 有限责任公司对赊销商品给予现金折扣优惠，其折扣条件为 2/10、1/20、n/30。该公司采用应收账款余额百分比法计提坏账准备，2019 年 12 月 31 日"坏账准备"科目贷方余额为 2 574 元。2020 年发生下列经济业务。

(1) 2 月 10 日，赊销给 A 公司商品一批，货款为 10 000 元，增值税税额为 1 300 元。

(2) 2 月 28 日，A 公司支付本月 10 日赊购商品的货款及增值税税额的转账支票一张，款项已存入银行。

(3) 3 月 18 日，销售给 B 公司商品一批，货款为 20 000 元，增值税税额为 2 600 元；运杂费 500 元，以转账支票付讫，今一并向银行办妥托收手续。

(4) 6 月 20 日，向 C 公司定购商品一批，预付货款 15 000 元。

(5) 8 月 21 日，B 公司因商品外观质量不符要求而拒付货款。经联系后，决定给予对方 5% 的折让，今收到对方汇来扣除折让后的全部款项。

(6) 9 月 25 日，应收 D 公司货款 1 640 元，因该企业已破产无法收回货款，经批准，将该应收货款转作坏账损失。

(7) 12 月 30 日，E 公司还来前欠货款 560 元，已存入银行。该款已于今年 6 月转作坏账损失予以确认。

(8) 12 月 31 日，应收账款账户余额为 254 000 元，坏账准备的计提比例为 5‰。计提本年度坏账准备。

要求：

根据以上经济业务，编制相关的会计分录。

项目三

金融资产的认知与核算

学习目标

➢ 掌握交易性金融资产、债权投资、其他债权投资、其他权益工具投资的确认、初始计量和后续计量。

➢ 了解交易性金融资产、债权投资、其他债权投资、其他权益工具投资的划分。

引例

韦大宝公司的投资困惑

韦大宝公司从二级证券市场上购入100万元的股票和300万元的债券,市场又不太稳定,韦大宝公司就如何管理这些投资很是困惑。到底是作为交易性金融资产管理还是债权投资管理,韦大宝公司一直把握不准。这两笔投资该如何管理、如何确认收益、如何避免减值和损失呢?你知道如何帮助韦大宝公司解惑吗?

任务一 认识金融资产

金融资产主要包括货币资金、应收及预付款项、贷款、债权投资、其他债权投资、其他权益工具投资等。

企业应当根据其管理金融资产的业务模式和金融资产的合同现金流量特征,对金融资产进行分类。金融资产一般划分为以下三类:①以公允价值计量且其变动计入当期损益的金融资产;②以摊余成本计量的金融资产;③以公允价值计量且其变动计入其他综合收益的金融资产。上述分类一经确定,不得随意变更,特殊情况需要重新划分的,应当根据企业会计准则的相关要求执行。

一、以公允价值计量且其变动计入当期损益的金融资产

企业划分为以摊余成本计量的金融资产、以公允价值计量且其变动计入其他综合收益的金融资产以外的金融资产，应当划分为以公允价值计量且其变动计入当期损益的金融资产。以公允价值计量且其变动计入当期损益的金融资产，可以进一步分为交易性金融资产和直接指定为以公允价值计量且其变动计入当期损益的金融资产。这两种情况均通过"交易性金融资产"科目核算。

（一）交易性金融资产

交易性金融资产，是指企业为了近期内出售而持有的债券投资、股票投资和基金投资。交易性金融资产持有期限很短，持有目的是短期内获利。一般可以在二级市场上自由买卖的有价证券才可以作为交易性金融资产管理。

（二）直接指定为以公允价值计量且其变动计入当期损益的金融资产

企业不能随意将某项金融资产直接指定为以公允价值计量且其变动计入当期损益的金融资产。只有满足下列条件之一时，企业才能将某项金融资产直接指定为以公允价值计量且其变动计入当期损益的金融资产。

（1）该指定可以消除或明显减少由于该金融资产的计量基础不同而导致的相关利得或损失在确认和计量方面不一致的情况。设立这项条件，目的在于通过直接指定为以公允价值计量，并将其变动计入当期损益，以消除会计上可能存在的不配比现象。

（2）企业的风险管理或投资策略的正式书面文件已载明，将该金融资产组合等以公允价值为基础进行管理、评价并向关键管理人员报告。此项条件强调企业日常管理和评价业绩的方式，而不是关注金融工具组合中各组成部分的性质。

二、以摊余成本计量的金融资产

金融资产同时符合下列条件时，应当划分为以摊余成本计量的金融资产：①企业管理该金融资产的业务模式是以收取合同现金流量为目标；②该金融资产的合同条款规定，在特定日期产生的现金流量，仅为对本金和以未偿付本金金额为基础的利息的支付。企业应当设置"债权投资""贷款""应收账款"等科目，对以摊余成本计量的金融资产进行核算。

（一）债权投资的定义

债权投资，是指企业持有的按实际摊余成本计量、到期日固定、回收金额可确定，且有明确意图和有能力持有至到期的非衍生金融资产。企业不能将下列非衍生金融资产划分为债权投资。

（1）在初始确认时即被指定为以公允价值计量且其变动计入当期损益的非衍生金融资产。

（2）在初始确认时被指定为可供出售的非衍生金融资产。

（3）符合贷款和应收款项定义的非衍生金融资产。

(二) 债权投资的特点

1. 到期日固定、回收金额可确定

到期日固定、回收金额可确定，是指有关合同明确了投资者在确定的期间内获得或应收取现金流量（如投资利息和本金等）的金额和时间。因此，首先，从投资者角度看，如果不考虑其他条件，在将某项投资划分为债权投资时可以不考虑可能存在的发行方的重大支付风险。其次，由于要求到期日固定，从而不能将权益工具投资划分为债权投资。最后，如果符合其他条件，不能由于某债务工具投资是浮动利率投资而不将其划分为债权投资。

2. 有明确意图持有至到期

有明确意图持有至到期，是指投资者在取得投资时意图就是明确的，除非遇到一些企业所不能控制、预期不会重复发生且难以合理预计的独立事件，否则将持有至到期。

3. 有能力持有至到期

有能力持有至到期，是指企业有足够的财力资源，并不受外部因素影响将投资持有至到期。

企业应当于每个资产负债表日对债权投资的意图和能力进行评价。发生变化的，应当将其重分类。

三、以公允价值计量且其变动计入其他综合收益的金融资产

金融资产同时符合下列条件的，应当划分为以公允价值计量且其变动计入其他综合收益的金融资产：①企业管理该金融资产的业务模式既以收取合同现金流量为目标又以出售该金融资产为目标；②该金融资产的合同条款规定，在特定日期产生的现金流量，仅为对本金和以未偿付本金金额为基础的利息的支付。企业应当设置"其他债权投资"科目对以公允价值计量且其变动计入其他综合收益的金融资产进行核算。

任务二 交易性金融资产的核算

一、交易性金融资产的计量

企业初始确认交易性金融时，应当按照公允价值计量，相关交易费用应当在发生时直接计入当期损益（投资收益）。其中，交易费用是指可直接归属于购买、发行或处置金融工具新增的外部费用。新增的外部费用，是指企业不购买、发行或处置金融工具就不会发生的费用，主要包括支付给代理机构、咨询公司、券商等的手续费和佣金及其他必要支出，不包括债券溢价、折价、融资费用、内部管理成本及其他不直接相关的费用。

企业取得交易性金融资产所支付的价款中包含的已宣告但尚未发放的现金股利或已到计息期但尚未领取的利息，应当单独确认为应收股利或应收利息。

交易性金融资产应当按照公允价值进行后续计量，持有交易性金融资产期间产生的公允价值变动，应当计入当期损益（公允价值变动损益）。

二、交易性金融资产的业务处理

为了核算企业持有的以公允价值计量且变动计入当期损益的金融资产，企业应设置"交易性金融资产"科目。该科目属于资产类科目，借方登记交易性金融资产的成本、公允价值大于账面价值的变动，贷方登记交易性金融资产的公允价值低于账面价值的变动、出售交易性金融资产的账面价值；期末余额在借方，表示交易性金融资产的公允价值。企业应当在"交易性金融资产"科目下设置"成本""公允价值变动"明细科目进行明细核算。

（一）交易性金融资产的取得

取得交易性金融资产时的会计分录：

借：交易性金融资产——成本（按取得时公允价值入账）
　　投资收益（发生的交易费用）
　　应交税费——应交增值税（进项税额）
　贷：其他货币资金等

例题【3-1】 WXR 有限责任公司 2019 年 1 月 1 日从上海证券交易所购入 A 公司 10 000 000 股股票，每股股票的价格为 3.2 元（每股包含 0.2 元已宣告但尚未发放的现金股利），另外支付交易费用 200 000 元（不考虑增值税）。公司将其划分为交易性金融资产，款项已通过证券账户支付，不考虑增值税及其他因素。

取得交易性金融资产时的会计分录如下：

借：交易性金融资产——成本　　　　　　　　　　　　　　　　30 000 000
　　应收股利　　　　　　　　　　　　　　　　　　　　　　　 2 000 000
　　投资收益　　　　　　　　　　　　　　　　　　　　　　　　 200 000
　贷：其他货币资金——存出投资款　　　　　　　　　　　　　 32 200 000

（二）交易性金融资产的股利或利息

持有交易性金融资产期间，被投资单位宣告发放现金股利，或在资产负债表日按分期付息、一次还本债券投资的票面利率计算利息时的会计分录：

借：应收股利（被投资单位宣告发放的现金股利×投资持股比例）
　　应收利息（资产负债表日计算的应收取的利息）
　贷：投资收益

例题【3-2】 承例题【3-1】，2019 年 7 月 1 日，A 公司宣告每股派发现金股利 0.1 元，WXR 有限责任公司按比例分得现金股利 1 000 000 元，不考虑其他因素。

确认应收股利时的会计分录如下：

借：应收股利　　　　　　　　　　　　　　　　　　　　　　　1 000 000
　贷：投资收益　　　　　　　　　　　　　　　　　　　　　　　1 000 000

（三）交易性金融资产的公允价值变动

资产负债表日，交易性金融资产的公允价值高于其账面余额的差额或交易性金融资产的公允价值低于其账面余额的差额，一方面计入"交易性金融资产——公允价值变动"科目，另一方面计入"公允价值变动损益"科目。

(1) 公允价值上升时的会计分录：
借：交易性金融资产——公允价值变动
　　贷：公允价值变动损益
(2) 公允价值下降时的会计分录：
借：公允价值变动损益
　　贷：交易性金融资产——公允价值变动

例题【3-3】 接例题【3-1】，2019年12月31日，A公司每股股票的公允价值为3.5元；2020年1月31日，A公司股票每股公允价值为3.3元；不考虑其他因素。

① 2019年12月31日，确认公允价值上升时的会计分录如下：

借：交易性金融资产——公允价值变动　　　　　　　　　　5 000 000
　　　　　　　　　　　　　　　　　　　　［(3.5-3.0)×10 000 000］
　　贷：公允价值变动损益　　　　　　　　　　　　　　　5 000 000

② 2020年1月31日，确认公允价值下降时的会计分录如下：

借：公允价值变动损益　　　　　　　　　　　　　　　　　2 000 000
　　　　　　　　　　　　　　　　　　　　［(3.3-3.5)×10 000 000］
　　贷：交易性金融资产——公允价值变动　　　　　　　　　2 000 000

(四) 交易性金融资产的出售

出售交易性金融资产，应按实际收到的金额，计入"其他货币资金"等科目；按其账面余额，计入"交易性金融资产——成本、公允价值变动"科目；按其差额，计入"投资收益"科目。

出售交易性金融资产时的会计分录：

借：其他货币资金——存出投资款（按实际收到的金额入账，即价款扣除手续费）
　　贷：交易性金融资产——成本
　　　　　　　　　　　　——公允价值变动（也可能在借方）
　　　　投资收益（按借方与贷方差额入账，也可能在借方）

例题【3-4】 承例题【3-3】，WXR有限责任公司2020年3月1日将持有A公司10 000 000股股票全部出售，取得价款36 000 000元，不考虑手续费和其他因素。

WXR有限责任公司编制的会计分录如下：

借：其他货币资金——存出投资款　　　　　　　　　　　36 000 000
　　贷：交易性金融资产——成本　　　　　　　　　　　30 000 000
　　　　　　　　　　　　——公允价值变动　　　　　　　3 000 000
　　　　投资收益　　　　　　　　　　　　　　　　　　　3 000 000

例题【3-5】 2019年5月13日，WXR有限责任公司支付价款1 050 000元从二级市场购入乙公司发行的股票100 000股，每股价格10.50元（含已宣告但尚未发放的现金股利0.50元），另支付交易费用3 000元，款项通过证券账户支付。WXR有限责任公司将持有的乙公司股票划分为交易性金融资产，且持有乙公司股权后对其无重大影响。5月23日，收到乙公司发放的现金股利；6月30日，乙公司股票价格涨到每股14元；8月15日，将持有的乙公司股票全部售出，每股售价16元，不考虑增值税和其他因素。

① 5月13日，购入乙公司股票时的会计分录如下：

借：交易性金融资产——成本　　　　　　　　　　　　1 000 000
　　应收股利　　　　　　　　　　　　　　　　　　　　 50 000
　　投资收益　　　　　　　　　　　　　　　　　　　　　3 000
　　　贷：其他货币资金——存出投资款　　　　　　　　1 053 000

② 5月23日，收到乙公司发放的现金股利时的会计分录如下：

借：其他货币资金——存出投资款　　　　　　　　　　　 50 000
　　　贷：应收股利　　　　　　　　　　　　　　　　　　50 000

③ 6月30日，确认股票公允价值上升时的会计分录如下：

借：交易性金融资产——公允价值变动　　　　　　　　　400 000
　　　贷：公允价值变动损益　　　　　　　　　　　　　 400 000

④ 8月15日，将乙公司股票全部售出时的会计分录如下：

借：其他货币资金——存出投资款　　　　　　　　　　1 600 000
　　　贷：交易性金融资产——成本　　　　　　　　　　1 000 000
　　　　　　　　　　　　——公允价值变动　　　　　　 400 000
　　　　　投资收益　　　　　　　　　　　　　　　　　 200 000

例题【3-6】 2019年1月1日，WXR有限责任公司用银行存款从二级市场购入丙公司债券，支付价款合计 2 080 000元，其中，包括已到付息期但尚未领取的利息 40 000元，交易费用 40 000元。该债券面值为 2 000 000元，剩余期限为3年，票面年利率为 4%，每半年末付息一次。WXR有限责任公司将其划分为交易性金融资产。2019年1月10日，收到丙公司债券 2018年下半年利息 40 000元；2019年6月30日，丙公司债券的公允价值为 2 400 000元（不含利息）；2019年7月10日，收到丙公司债券 2019年上半年利息；2019年12月31日，丙公司债券的公允价值为 2 200 000元（不含利息）；2020年1月10日，收到丙公司债券 2019年下半年利息；2020年6月20日，通过二级市场出售丙公司债券，取得价款 2 500 000元。不考虑其他因素。

① 2019年1月1日，从二级市场购入丙公司债券时的会计分录如下：

借：交易性金融资产——丙公司债券——成本　　　　　2 000 000
　　应收利息——丙公司　　　　　　　　　　　　　　　 40 000
　　投资收益　　　　　　　　　　　　　　　　　　　　 40 000
　　　贷：银行存款　　　　　　　　　　　　　　　　 2 080 000

② 2019年1月10日，收到该债券 2018年下半年利息时的会计分录如下：

借：银行存款　　　　　　　　　　　　　　　　　　　　 40 000
　　　贷：应收利息——丙公司　　　　　　　　　　　　　40 000

③ 2019年6月30日，确认丙公司债券公允价值上升时的会计分录如下：

借：交易性金融资产——丙公司债券——公允价值变动　　 400 000
　　　　　　　　　　　　　　　　　　（2 400 000－2 000 000）
　　　贷：公允价值变动损益——丙公司债券　　　　　　 400 000

④ 2019年6月30日，确认2019年上半年利息时的会计分录如下：

借：应收利息——丙公司　　　　　　　　　　　　　　40 000
　　　　贷：投资收益——丙公司债券　　　　　　　　　　　　　40 000
　　　　　　　　　　　　　　　　　　　　　　　（2 000 000×4%÷2）
⑤ 2019 年 7 月 10 日，收到丙公司债券 2019 年上半年利息时的会计分录如下：
　　借：银行存款　　　　　　　　　　　　　　　　　　40 000
　　　　贷：应收利息——丙公司　　　　　　　　　　　　　　40 000
⑥ 2019 年 12 月 31 日，确认丙公司债券公允价值下降时的会计分录如下：
　　借：公允价值变动损益——丙公司债券　　　　　　　200 000
　　　　　　　　　　　　　　　　　　　　　（2 400 000－2 200 000）
　　　　贷：交易性金融资产——丙公司债券——公允价值变动　200 000
⑦ 2019 年 12 月 31 日，确认 2019 年下半年利息时的会计分录如下：
　　借：应收利息——丙公司　　　　　　　　　　　　　　40 000
　　　　贷：投资收益　　　　　　　　　　　　　　　　　　40 000
⑧ 2020 年 1 月 10 日，收到丙公司债券 2019 年下半年利息时的会计分录如下：
　　借：银行存款　　　　　　　　　　　　　　　　　　40 000
　　　　贷：应收利息——丙公司　　　　　　　　　　　　　　40 000
⑨ 2020 年 6 月 20 日，通过二级市场出售丙公司债券时的会计分录如下：
　　借：银行存款　　　　　　　　　　　　　　　　　2 500 000
　　　　贷：交易性金融资产——丙公司债券——成本　　　　2 000 000
　　　　　　　　　　　　　　　　　　——公允价值变动　　200 000
　　　　　　投资收益　　　　　　　　　　　　　　　　　300 000

任务三　债权投资的核算

一、债权投资的计量

　　企业初始确认债权投资时，应当按照公允价值计量。债权投资相关交易费用应当计入初始确认金额中。

　　债权投资应当采用实际利率法，按实际摊余成本进行后续计量。其中，实际利率法是指按照金融资产或金融负债的实际利率计算其摊余成本及各期利息收入或利息费用的方法。实际摊余成本是指该金融资产或金融负债的初始确认金额经过下列调整后的结果：①扣除已偿还的本金；②加上或减去采用实际利率法将该初始确认金额与到期日金额之间的差额进行摊销形成的累计摊销额；③扣除已发生的减值损失。

二、债权投资的业务处理

　　为了核算企业债权投资的增减变动及其余额，企业应设置"债权投资"科目。该科目属于资产类科目，借方登记债权投资价值的增加，贷方登记债权投资价值的减少；期末余额在借方，表示企业债权投资的实际摊余成本。企业应当在"债权投资"科目下设置"成本"

"利息调整""应计利息"等科目进行明细核算。

(一) 债权投资的取得

取得债权投资时的会计分录:

借: 债权投资——成本 (按投资的面值入账)
　　　　　　——利息调整 (按借方与贷方的差额入账, 也可能在贷方)
　　　应收利息 (已到付息期但尚未领取的利息)
　贷: 银行存款等

例题【3-7】 2019年1月1日, WXR有限责任公司支付价款 10 000 000 元 (包括交易费用) 从上海证券交易所购入 A 公司同日发行的 5 年期公司债券, 面值为 12 500 000 元, 票面利率为 4.72%, 市场利率为 10%, 于每年年末支付本年度的利息, 本金最后一次偿还。WXR有限责任公司有明确的意图和能力将该债券持有至到期, 不考虑其他因素。

取得债权投资时的会计分录如下:

借: 债权投资——成本　　　　　　　　　　　　　　　12 500 000
　贷: 银行存款　　　　　　　　　　　　　　　　　　10 000 000
　　　债权投资——利息调整　　　　　　　　　　　　 2 500 000

(二) 债权投资的利息

1. 分期付息到期还本债权投资

资产负债表日, 债权投资属于分期付息到期还本的, 应当将按照其面值乘以票面利率计算确定的利息计入"应收利息"科目, 将按照债权投资的实际摊余成本乘以实际利率计算确定的利息收入计入"投资收益"科目。

确认利息时的会计分录:

借: 应收利息 (按面值乘以票面利率计算的金额)
　贷: 投资收益 (按债权投资的摊余成本乘以实际利率计算确定的金额)
　　　债权投资——利息调整 (按借方与贷方的差额入账, 也可能在借方)

2. 到期一次还本付息债权投资

资产负债表日, 债权投资属于到期一次还本付息的, 应当将按面值乘以票面利率计算确定的利息计入"债权投资——应计利息"科目, 将按债权投资的实际摊余成本乘以实际利率计算确定的利息收入计入"投资收益"科目。

确认利息时的会计分录:

借: 债权投资——应计利息 (按面值乘以票面利率计算的金额)
　贷: 投资收益 (按债权投资的摊余成本乘以实际利率计算确定的金额)
　　　债权投资——利息调整 (按借方与贷方的差额入账, 也可能在借方)

例题【3-8】 接例题【3-7】, 2019年12月31日, WXR有限责任公司确认利息收入 590 000 元。

确认利息时的会计分录如下:

借: 应收利息　　　　　　　　　　　　　　　　　　　590 000
　　债权投资——利息调整　　　　　　　　　　　　　410 000

贷：投资收益　　　　　　　　　　　　　　　　　　　　　　　　1 000 000

（三）债权投资的出售

企业出售债权投资，应按实际收到的金额计入"银行存款"等科目，按其账面余额计入"债权投资——成本、利息调整、应计利息"科目，按其差额，计入"投资收益"科目。

出售债权投资时的会计分录：

借：银行存款等
　　债权投资减值准备（已计提的减值准备在出售时转销）
　　贷：债权投资——成本
　　　　　　　　——利息调整（有可能在借方）
　　　　　　　　——应计利息

投资收益（按差额入账，也可能在借方）

例题【3-9】 接例题【3-8】，2020年1月1日，WXR有限责任公司由于财务困难，无法将对A公司的债券持有者到期，并于当日全部处置，收到价款1 300万元，不考虑手续费和其他因素。

出售债权投资时的会计分录如下：

借：银行存款　　　　　　　　　　　　　　　　　　　　　　　　13 000 000
　　债权投资——利息调整　　　　　　　　　　　　　　　　　　　2 090 000
　　贷：债权投资——成本　　　　　　　　　　　　　　　　　　12 500 000
　　　　投资收益　　　　　　　　　　　　　　　　　　　　　　　2 590 000

例题【3-10】 2019年1月1日，WXR有限责任公司支付价款5 000万元（包含交易费用）从上海证券交易所购入A公司同日发行的5年期公司债券，面值为6 000万元，票面利率为5.6%，于每年末支付本年利息，本金最后一次偿还。WXR有限责任公司有明确的意图和能力将该债券持有至到期，不考虑其他因素。已知：(P/F，10%，5) = 0.620 9，(P/A，10%，5) = 3.790 8。

计算实际利率 r：

由 $6\,000 \times 5.6\% \times (P/A, r, 5) + 6\,000 \times (P/F, r, 5) = 5\,000$ 推导出 $r = 10\%$。各年数据如表3-1所示。

表3-1　2019—2023年数据　　　　　　　　　　　　　　　　　　单位：万元

年份	期初摊余成本	实际利息收入	现金流入	期末摊余成本
2019	5 000	500	336	5 164
2020	5 164	516.4	336	5 344.4
2021	5 344.4	534.44	336	5 542.84
2022	5 542.84	554.28	336	5 761.12
2023	5 761.12	574.88	6 336	0

① 2019年1月1日，取得A公司发行的债券时的会计分录如下：

借：债权投资——成本　　　　　　　　　　　　　　　　　　　　6 000

贷：银行存款　　　　　　　　　　　　　　　　　　　　　　　　5 000
　　　　　债权投资——利息调整　　　　　　　　　　　　　　　　　　1 000
② 2019 年 12 月 31 日，确认利息收入时的会计分录如下：
　　借：应收利息　　　　　　　　　　　　　　　　　　　　　　　　　336
　　　　　　　　　　　　　　　　　　　　　　　　　　　　（6 000×5.6%）
　　　　债权投资——利息调整　　　　　　　　　　　　　　　　　　　164
　　　贷：投资收益　　　　　　　　　　　　　　　　　　　　　　　　500
　　　　　　　　　　　　　　　　　　　　　　　　　　　　　（5 000×10%）

③ 收到 2019 年度利息时的会计分录如下：
　　借：银行存款　　　　　　　　　　　　　　　　　　　　　　　　　336
　　　贷：应收利息　　　　　　　　　　　　　　　　　　　　　　　　336
2019 年年末债权投资的实际摊余成本 = 5 000 + 164 = 5 164（万元）。
④ 2020 年 12 月 31 日，确认利息收入时的会计分录如下：
　　借：应收利息　　　　　　　　　　　　　　　　　　　　　　　　　336
　　　　债权投资——利息调整　　　　　　　　　　　　　　　　　　180.4
　　　贷：投资收益　　　　　　　　　　　　　　　　　　　　　　　516.4
　　　　　　　　　　　　　　　　　　　　　　　　　　　　　（5 164×10%）

⑤ 收到 2020 年度利息时的会计分录如下：
　　借：银行存款　　　　　　　　　　　　　　　　　　　　　　　　　336
　　　贷：应收利息　　　　　　　　　　　　　　　　　　　　　　　　336
2020 年年末债权投资摊余成本 = 5 164 + 180.4 = 5 344.4（万元）。
⑥ 2021 年 12 月 31 日，确认利息收入时的会计分录如下：
　　借：应收利息　　　　　　　　　　　　　　　　　　　　　　　　　336
　　　　债权投资——利息调整　　　　　　　　　　　　　　　　　　198.44
　　　贷：投资收益　　　　　　　　　　　　　　534.44（5 344.4×10%）

⑦ 收到 2021 年度利息时的会计分录如下：
　　借：银行存款　　　　　　　　　　　　　　　　　　　　　　　　　336
　　　贷：应收利息　　　　　　　　　　　　　　　　　　　　　　　　336
2021 年年末债权投资摊余成本 = 5 344.4 + 198.44 = 5 542.84（万元）。
⑧ 2022 年 12 月 31 日，确认利息收入时的会计分录如下：
　　借：应收利息　　　　　　　　　　　　　　　　　　　　　　　　　336
　　　　债权投资——利息调整　　　　　　　　　　　　　　　　　　218.28
　　　贷：投资收益　　　　　　　　　　　　　　　　　　　　　　　554.28
　　　　　　　　　　　　　　　　　　　　　　　　　　　　（5 542.84×10%）

⑨ 收到 2022 年度利息时的会计分录如下：
　　借：银行存款　　　　　　　　　　　　　　　　　　　　　　　　　336
　　　贷：应收利息　　　　　　　　　　　　　　　　　　　　　　　　336
2022 年年末债权投资摊余成本 = 5 542.84 + 218.28 = 5 761.12（万元）。

⑩ 2023年12月31日，确认利息收入时的会计分录：

借：应收利息 336

  债权投资——利息调整 238.88

    （1 000 − 164 − 180.4 − 198.44 − 218.28）

  贷：投资收益 574.88

⑪ 收到2023年度利息时的会计分录：

借：银行存款 336

  贷：应收利息 336

⑫ 到期出售债券收回投资款时的会计分录：

借：银行存款 6 000

  贷：债权投资——成本 6 000

2023年年末债权投资摊余成本 = 5 761.12 + 238.88 − 6 000 = 0（万元）。

例题【3−11】 承例题【3−10】，假定WXR有限责任公司购买的债券不是分次付息，而是到期一次还本付息，且利息不是以复利计算。已知：$(P/F, 8\%, 5) = 0.680\,6$，$(P/F, 10\%, 5) = 0.620\,9$。此时WXR有限责任公司所购买债券的实际利率$r$采用插值法计算。

$(336 \times 5 + 6\,000) \times (P/F, r, 5) = 5\,000$

当$r = 8\%$时，$(336 \times 5 + 6\,000) \times 0.680\,6 = 5\,227.008$

当$r = 10\%$时，$(336 \times 5 + 6\,000) \times 0.620\,9 = 4\,768.512$

$(r − 8\%) \div (10\% − 8\%) = (5\,000 − 5\,227.008) \div (4\,768.512 − 5\,227.008)$，由此得出$r \approx 8.99\%$。

① 2019年1月1日，取得A公司发行的债券时的会计分录如下：

借：债权投资——成本 6 000

  贷：银行存款 5 000

    债权投资——利息调整 1 000

② 2019年12月31日，确认利息收入时的会计分录如下：

借：债权投资——应计利息 336

    （6 000 × 5.6%）

  ——利息调整 113.5

  贷：投资收益 449.5

    （5 000 × 8.99%）

2019年末债权投资摊余成本 = 5 000 + 336 + 113.5 = 5 449.5（万元）。

③ 2020年12月31日，确认利息收入时的会计分录如下：

借：债权投资——应计利息 336

  ——利息调整 153.91

  贷：投资收益 489.91

    （5 449.5 × 8.99%）

2020年末债权投资摊余成本 = 5 449.5 + 336 + 153.91 = 5 939.41（万元）。

2021年、2022年和2023年的计算方法同上。

任务四　其他债权投资的核算

一、其他债权投资的计量

企业初始确认其他债权投资时，应当按照公允价值计量。企业取得其他债权投资产生的相关交易费用应当计入初始确认金额，取得其他债权投资所支付的价款中包含的已宣告但尚未发放的债券利息，应当单独确认为应收利息。

其他债权投资的后续计量，应当按照公允价值计量，且不扣除将来处置该金融资产时可能发生的交易费用。其他债权投资公允价值变动形成的利得或损失，除减值损失和外币货币性金融资产形成的汇兑差额外，应当直接计入其他综合收益，在该债权投资终止确认时转出，并转入投资收益。

二、其他债权投资的业务处理

为了核算企业持有的其他债权投资的增减变动及其余额，企业应设置"其他债权投资"科目。该科目属于资产类科目，借方登记其他债权投资取得的成本、公允价值大于账面价值的变动，贷方登记其他债权投资公允价值小于账面价值的变动及处置转出的公允价值；期末余额在借方，表示企业持有其他债权投资的公允价值。

（一）其他债权投资的取得

企业取得其他债权投资，应按债券的面值，计入"其他债权投资——成本"科目，按支付的价款中包含的已到付息期但尚未领取的利息，计入"应收利息"科目，按实际支付的金额，计入"银行存款"等科目，按借方与贷方的差额，计入"其他债权投资——利息调整"科目。

取得其他债权投资时的会计分录：

借：其他债权投资——成本（按债券的面值）

　　应收利息（已到付息期但尚未领取的利息）

　　其他债权投资——利息调整（借方与贷方的差额，也可能在贷方）

　贷：银行存款等

（二）其他债权投资的利息

1. 分期付息债权投资

资产负债表日，其他债权投资为分期付息的，应将按面值乘以票面利率计算确定的金额计入"应收利息"科目，将按其他债权投资的实际摊余成本乘以实际利率计算确定的金额计入"投资收益"科目，按借方与贷方的差额，计入"其他债权投资——利息调整"科目。

资产负债表日计算利息时的会计分录：

借：应收利息（按债券的面值乘以票面利率确定的金额）

　贷：投资收益（按其他债权投资的实际摊余成本乘以实际利率确定的金额）

　　其他债权投资——利息调整（借方与贷方的差额，也可能在借方）

2. 到期一次还本债权投资

资产负债表日，其他债权投资属于到期一次还本付息的，应将按面值乘以票面利率计算确定的金额计入"其他债权投资——应计利息"科目，按其他债权投资的实际摊余成本乘以实际利率计算确定的金额计入"投资收益"科目，按借方与贷方的差额，计入"其他债权投资——利息调整"科目。

资产负债表日计算利息时的会计分录：

借：其他债权投资——应计利息（按债券面值乘以票面利率计算确定的金额）
　　贷：投资收益（按其他债权投资的实际摊余成本乘以实际利率计算确定的金额）
　　　　其他债权投资——利息调整（借方与贷方的差额，也可能在借方）

例题【3-12】 2019年1月1日，WXR有限责任公司购买了一项债券，剩余年限为5年，划分为其他债权投资，公允价值为90万元，交易费用为5万元。该债券面值为100万元，票面利率为4%，实际利率为5.16%，每年末付息、到期还本，不考虑其他因素。

① 2019年1月1日，购入该债券时的会计分录如下：

借：其他债权投资——成本　　　　　　　　　　　1 000 000
　　贷：银行存款　　　　　　　　　　　　　　　　950 000
　　　　其他债权投资——利息调整　　　　　　　　 50 000

② 2019年年末，计提利息时的会计分录如下：

借：应收利息　　　　　　　　　　　　　　　　　　40 000
　　其他债权投资——利息调整　　　　　　　　　　 9 020
　　贷：投资收益　　　　　　　　　　　　　　　　 49 020

③ 收到利息时的会计分录如下：

借：银行存款　　　　　　　　　　　　　　　　　　40 000
　　贷：应收利息　　　　　　　　　　　　　　　　 40 000

（三）其他债权投资的公允价值变动

资产负债表日，其他债权投资的公允价值高于或低于其账面余额的差额，应当一方面计入"其他债权投资——公允价值变动"科目，另一方面计入"其他综合收益"科目。

（1）确认公允价值上升时的会计分录：

借：其他债权投资——公允价值变动
　　贷：其他综合收益

（2）确认公允价值下降时的会计分录：

借：其他综合收益
　　贷：其他债权投资——公允价值变动

（四）其他债权投资的出售

出售其他债权投资，应按实际收到的金额，计入"银行存款"等科目，按其账面余额，计入"其他债权投资——成本、公允价值变动、利息调整、应计利息"科目，按其差额，计入"投资收益"科目；同时，将原计入"其他综合收益"科目的金额转入"投资收益"科目。

出售其他债权投资时的会计分录：

借：银行存款等
　　贷：其他债权投资——成本
　　　　　　　　　　——公允价值变动（有可能在借方）
　　　　　　　　　　——利息调整（有可能在借方）
　　　　　　　　　　——应计利息
　　　　投资收益（借方与贷方的差额，也可能在借方）

同时：

借：其他综合收益（从其他综合收益中转出的公允价值累计变动额）
　　贷：投资收益

或：

借：投资收益
　　贷：其他综合收益（从其他综合收益中转出的公允价值累计变动额）

例题【3-13】 2016年1月1日，WXR有限责任公司支付价款5 000万元（含交易费用）购入A公司同日发行的5年期公司债券（作为其他债权投资），面值为6 000万元，票面利率为5.6%，于每年末支付本年利息，本金最后一次偿还，实际利率为10%。2016年12月31日，该债券公允价值为5 800万元；2017年12月31日，该债券公允价值为6 500万元；2018年12月31日公允价值为6 300万元；2019年12月31日，该债券公允价值为6 900万元。2020年1月1日，WXR有限责任公司出售全部债券，取得价款7 100万元，不考虑减值损失等因素。

① 2016年1月1日，购入A公司债券时的会计分录如下：

借：其他债权投资——成本	60 000 000
贷：银行存款	50 000 000
其他债权投资——利息调整	10 000 000

② 2016年12月31日，确认利息收入时的会计分录如下：

借：应收利息	3 360 000
	（60 000 000×5.6%）
其他债权投资——利息调整	1 640 000
贷：投资收益	5 000 000
	（50 000 000×10%）

③ 收到利息时的会计分录如下：

借：银行存款	3 360 000
贷：应收利息	3 360 000

④ 2016年12月31日，确认债券公允价值上升时的会计分录如下：

借：其他债权投资——公允价值变动	6 360 000
	[58 000 000 - (50 000 000 + 1 640 000)]
贷：其他综合收益	6 360 000

⑤ 2017年12月31日，确认利息收入时的会计分录如下：

借：应收利息 3 360 000
　　其他债权投资——利息调整 1 804 000
　　贷：投资收益 5 164 000
　　　　　　　　　　　　　　　　　(51 640 000×10%)

⑥ 收到利息时的会计分录如下：
借：银行存款 3 360 000
　　贷：应收利息 3 360 000

⑦ 2017年12月31日，确认债券公允价值上升时的会计分录如下：
借：其他债权投资——公允价值变动 5 196 000
　　　　[65 000 000－(58 000 000+1 804 000)]
　　贷：其他综合收益 5 196 000

⑧ 2018年12月31日，确认利息收入时的会计分录如下：
借：应收利息 3 360 000
　　其他债权投资——利息调整 1 984 400
　　贷：投资收益 5 344 400
　　　　　　　　　　　　　　　　　(53 444 000×10%)

⑨ 收到利息时的会计分录如下：
借：银行存款 3 360 000
　　贷：应收利息 3 360 000

⑩ 2018年12月31日，确认债券公允价值下降时的会计分录如下：
借：其他综合收益 3 984 400
　　贷：其他债权投资——公允价值变动 3 984 400
　　　　[(65 000 000+1 984 400)－63 000 000]

⑪ 2019年12月31日，确认利息收入时的会计分录如下：
借：应收利息 3 360 000
　　其他债权投资——利息调整 2 182 840
　　贷：投资收益 5 542 840
　　　　　　　　　　　　　　　　　(55 428 400×10%)

⑫ 收到利息时的会计分录：
借：银行存款 3 360 000
　　贷：应收利息 3 360 000

⑬ 2019年12月31日，债券的公允价值上升时的会计分录如下：
借：其他债权投资——公允价值变动 3 817 160
　　　　[69 000 000－(63 000 000+2 182 840)]
　　贷：其他综合收益 3 817 160

⑭ 2020年1月1日，出售债券时的会计分录如下：
借：银行存款 71 000 000
　　其他债权投资——利息调整 2 388 760

    其他综合收益   11 388 760
  贷：其他债权投资——成本   60 000 000
      ——公允价值变动   11 388 760
    投资收益   13 388 760

注意：此笔分录由两笔分录合成。

任务五　其他权益工具投资的核算

一、其他权益工具投资的计量

  企业初始确认其他权益工具投资时，应当按照公允价值计量，其中，其他权益工具投资的公允价值，应当以市场交易价格为基础确定。企业取得其他权益工具投资产生的相关交易费用应当计入初始确认金额，取得其他权益工具投资所支付的价款中包含的已宣告但尚未发放的现金股利，应当单独确认为应收股利。

  其他权益工具投资的后续计量，应当按照公允价值计量，且不扣除将来处置该金融资产时可能发生的交易费用。其他权益工具投资公允价值变动形成的利得或损失，除减值损失和外币货币性金融资产形成的汇兑差额外，应当直接计入其他综合收益，在该金融资产终止确认时转出，并转入留存收益。

二、其他权益工具投资的业务处理

  为了核算企业持有的其他权益工具投资的增减变动及其余额，企业应设置"其他权益工具投资"科目。该科目属于资产类科目，借方登记其他权益工具投资取得的成本、公允价值大于账面价值的变动，贷方登记其他权益工具投资公允价值小于账面价值的变动及处置转出的公允价值，期末余额在借方，表示企业持有其他权益工具投资的公允价值。

  （一）其他权益工具投资的取得

  企业取得其他权益工具投资，应按其公允价值与交易费用之和，计入"其他权益工具投资——成本"科目，按支付的价款中包含的已宣告但尚未发放的现金股利，计入"应收股利"科目，按实际支付的金额，计入"其他货币资金"等科目。

  取得其他权益工具投资时的会计分录为：

  借：其他权益工具投资——成本（公允价值与交易费用之和）
    应收股利（已宣告但尚未发放的现金股利）
   贷：其他货币资金——存出投资款等

例题【3-14】 2019年5月20日，WXR有限责任公司从证券市场购入乙公司股票1 000 000股，占乙公司有表决权股份的5%，支付价款5 100 000元，其中，证券交易税、交易费用8 000元，已宣告但尚未发放的现金股利100 000元。WXR有限责任公司将其划分为其他权益工具投资。2019年6月20日，WXR有限责任公司收到乙公司发放的2018年现金股利100 000元。

  ① 2019年5月20日购入股票时的会计分录如下：

借：其他权益工具投资——成本　　　　　　　　　　　　　　5 000 000
　　　应收股利　　　　　　　　　　　　　　　　　　　　　　100 000
　　贷：其他货币资金——存出投资款　　　　　　　　　　　　5 100 000

股票的单位成本 =（5 100 000 - 100 000）÷ 1 000 000 = 5（元/股）。

② 2019 年 6 月 20 日收到现金股利时的会计分录：

借：其他货币资金——存出投资款　　　　　　　　　　　　　　100 000
　　贷：应收股利　　　　　　　　　　　　　　　　　　　　　100 000

（二）其他权益工具投资的股利

持有其他权益工具投资期间，被投资单位宣告发放现金股利时，企业按照持股比例所享有的金额，一方面计入"应收股利"科目，另一方面计入"投资收益"科目。

（1）宣告发放现金股利时的会计分录：

借：应收股利
　　贷：投资收益

（2）收到现金股利时的会计分录：

借：其他货币资金等
　　贷：应收股利

（三）其他权益工具投资的公允价值变动

资产负债表日，其他权益工具投资的公允价值高于或低于其账面余额的差额，应当一方面计入"其他权益工具投资——公允价值变动"科目，另一方面计入"其他综合收益"科目。

（1）确认公允价值上升时的会计分录：

借：其他权益工具投资——公允价值变动
　　贷：其他综合收益

（2）确认公允价值下降时的会计分录：

借：其他综合收益
　　贷：其他权益工具投资——公允价值变动

例题【3-15】 承例题【3-14】，2019 年 6 月 30 日，乙公司股票收盘价为每股 5.20 元。2019 年 12 月 31 日，乙公司股票收盘价为每股 4.90 元。

① 2019 年 6 月 30 日，确认股票公允价值上升时的会计分录如下：

借：其他权益工具投资——公允价值变动　　　　　　　　　　200 000
　　　　　　　　　　　　　　　　　　　　　[（5.20 - 5.00）× 1 000 000]
　　贷：其他综合收益　　　　　　　　　　　　　　　　　　　200 000

② 2019 年 12 月 31 日，确认股票公允价值下降时的会计分录：

借：其他综合收益　　　　　　　　　　　　　　　　　　　　　300 000
　　　　　　　　　　　　　　　　　　　　　[（4.90 - 5.20）× 1 000 000]
　　贷：其他权益工具投资——公允价值变动　　　　　　　　　300 000

（四）其他权益工具投资的出售

出售其他权益工具投资，应按实际收到的金额，计入"其他货币资金"等科目；按其账面余额，计入"其他权益工具投资——成本、公允价值变动"科目，按借方与贷方的差额，调整年初留存收益项目，计入"盈余公积""利润分配——未分配利润"科目；同时，将原计入"其他综合收益"科目的金额转入"投资收益"科目。

出售其他权益工具投资时的会计分录：

借：其他货币资金等
　　贷：其他权益工具投资——成本
　　　　　　　　　　　——公允价值变动（有可能在借方）
　　　　盈余公积
　　　　利润分配——未分配利润

同时
借：其他综合收益（从其他综合收益中转出的公允价值累计变动额）
　　贷：盈余公积
　　　　利润分配——未分配利润

或
借：盈余公积
　　利润分配——未分配利润
　　贷：其他综合收益（从其他综合收益中转出的公允价值累计变动额）

例题【3-16】 2019年1月6日，WXR有限责任公司于从证券市场上购入B公司发行在外的股票30万股作为其他权益工具投资，每股支付价款6元。2019年12月31日，该股票公允价值为200万元；2020年5月11日，将上述股票对外出售，收到款项210万元存入银行，不考虑其他因素。

① 2019年1月6日，购入股票时的会计分录如下：

借：其他权益工具投资——成本　　　　　　　　　　　　　　　　1 800 000
　　贷：其他货币资金——存出投资款　　　　　　　　　　　　　　　1 800 000

② 2019年12月31日，确认股票公允价值上升时的会计分录如下：

借：其他权益工具投资——公允价值变动　　　　　　　　　　　　　200 000
　　贷：其他综合收益　　　　　　　　　　　　　　　　　　　　　　　200 000

③ 2020年5月11日，出售股票时的会计分录如下：

借：其他货币资金——存出投资款　　　　　　　　　　　　　　　2 100 000
　　贷：其他权益工具投资——成本　　　　　　　　　　　　　　　1 800 000
　　　　　　　　　　　　——公允价值变动　　　　　　　　　　　　200 000
　　　　盈余公积　　　　　　　　　　　　　　　　　　　　　　　　10 000
　　　　利润分配——未分配利润　　　　　　　　　　　　　　　　　90 000

同时
借：其他综合收益　　　　　　　　　　　　　　　　　　　　　　　200 000
　　贷：盈余公积　　　　　　　　　　　　　　　　　　　　　　　　20 000
　　　　利润分配——未分配利润　　　　　　　　　　　　　　　　180 000

任务六　金融资产减值的核算

一、金融资产减值损失的确认

企业应当在资产负债表日对以公允价值计量且其变动计入当期损益的金融资产以外的所有金融资产的账面价值进行减值测试。如果有客观证据表明某项金融资产发生减值的，应当对其确认减值损失，并计提相应的减值准备。

金融资产发生减值的客观证据是指金融资产初始确认后实际发生的、对该金融资产的预计未来现金流量有影响，且企业能够对该影响进行可靠计量的事项。金融资产发生减值的客观证据，包括以下九个方面。

（1）证券发行方或债务人发生非常严重的财务困难。

（2）债务人已经违反了合同条款，如偿付利息或本金发生违约或逾期等。

（3）债权人出于经济利益或法律等方面因素的考虑，对发生财务困难的债务人作出相应的让步。

（4）债务人很可能破产或进行企业财务重新组合。

（5）因发行方发生重大财务困难，该金融资产无法在活跃市场继续进行交易。

（6）无法辨认一组金融资产中的某项资产的现金流量是否已经减少，但根据公开的数据对其进行总体评价后发现，该组金融资产自初始确认以来的预计未来现金流量确实已经减少并且可以计量，如该组金融资产的债务人支付能力逐步恶化，或债务人所在国家或地区失业率提高、担保物在其所在地区的价格明显下降、所处行业不景气等。

（7）发行方经营所处的技术、市场、经济或法律环境等发生重大不利变化，使权益工具投资人可能无法收回投资成本。

（8）权益工具投资的公允价值发生严重或非暂时性下跌。

（9）其他表明金融资产发生减值的客观证据。

二、金融资产减值损失的计量

（一）债权投资减值损失的计量

（1）债权投资以摊余成本进行后续计量，其发生减值时，应当将该债权投资的账面价值与预计未来现金流量现值之间的差额确认为减值损失，计入"信用减值损失"科目。以摊余成本进行后续计量的金融资产的预计未来现金流量现值，应当按照该金融资产的原实际利率折现确定，并考虑相关担保物的价值。原实际利率是初始确认该金融资产时计算确定的实际利率。对于浮动利率贷款、应收款项或债权投资，在计算未来现金流量现值时可采用合同规定的现行实际利率作为折现率。即使合同条款因债务人或金融资产发行方发生财务困难而重新商定或修改，在确认减值损失时，仍用条款修改前所计算的该金融资产的原实际利率计算。

（2）对于存在大量性质类似且以摊余成本进行后续计量的金融资产的企业，在考虑金融资产减值测试时，应当先将单项金额重大的金融资产区分开来，单独进行减值测试。如有客观证据表明其已发生减值，应当确认减值损失，计入当期损益。对单项金额不重大的金融资产，可以单独进行减值测试，或将其包括在具有类似信用风险特征的金融资产组合中进行减值测试。在实务中，企业可以根据具体情况确定单项金额重大的标准。该项标准一经确定，应当持续运用，不得随意变更。

单独测试未发现减值的金融资产（包括单项金额重大和不重大的金融资产），应当包括在具有类似信用风险特征的金融资产组合中再进行减值测试。已单项确认减值损失的金融资产，不要包括在具有类似信用风险特征的金融资产组合中进行减值测试。

（3）对以摊余成本进行后续计量的金融资产确认减值损失后，如有客观证据表明该金融资产价值已恢复，且客观上与确认该损失后发生的事项有关（如债务人的信用评级已提高等），应在原确认的减值损失范围内按已恢复的金额予以转回，计入当期损益。但是，该转回后的账面价值不应当超过假定不计提减值准备情况下该金融资产在转回日的摊余成本。

（4）外币金融资产发生减值的，预计未来现金流量现值应先按外币确定，在计量减值时再按资产负债表日即期汇率折算为以记账本位币反映的金额。该项金额小于相关外币金融资产以记账本位币反映的账面价值的部分，确认为减值损失，计入当期损益。

（5）债权投资确认减值损失后，利息收入应当按照确认减值损失时对未来现金流量进行折现采用的折现率作为利率计算确认。

（6）债权投资减值的账务处理。

确定债权投资发生减值的，按应减记的金额，一方面计入"信用减值损失"科目；另一方面计入"债权投资减值准备"科目。

确认债权投资发生减值时的会计分录：

借：信用减值损失

　　贷：债权投资减值准备

对于已确认减值损失的债权投资，如有客观证据表明该金融资产价值已恢复，且客观上与确认该损失后发生的事项有关的，应在原确认的减值损失范围内恢复。

减值损失恢复时的会计分录：

借：债权投资减值准备

　　贷：信用减值损失

（二）以公允价值计量且变动计入其他综合收益的金融资产减值损失的计量

确定以公允价值计量且其变动计入其他综合收益的金融资产发生减值的，应按减记的金额，一方面计入"信用减值损失"科目，另一方面计入"其他综合收益——信用减值准备"科目。

计提减值损失时的会计分录：

借：信用减值损失

　　贷：其他综合收益——信用减值准备

注意：指定为以公允价值计量且其变动计入其他综合收益的非交易性权益工具投资不需计提减值准备。

项目小结

交易性金融资产是指企业为了近期内出售而持有的债券投资、股票投资和基金投资。

债权投资是指企业持有的按实际摊余成本计量、到期日固定、回收金额可确定，且企业有明确意图和有能力持有至到期的非衍生金融资产。

其他债权投资与其他权益工具投资是指初始确认时即被指定为可供出售的非衍生金融资产，以及没有划分为债权投资、贷款和应收款项、以公允价值计量且其变动计入当期损益的金融资产。

交易性金融资产初始计量应当按照公允价值计量，相关交易费用应当直接计入当期损益；交易性金融资产后续计量，应当按照公允价值计量，且不扣除将来处置该金融资产时可能发生的交易费用。

债权投资初始计量，应当按照公允价值计量。债权投资相关交易费用应当计入初始确认金额；债权投资后续计量，应当采用实际利率法，按摊余成本计量。

其他债权投资与其他权益工具投资初始计量，应当按照公允价值计量，相关交易费用应当计入初始确认金额。其中，金融资产的公允价值应当以市场交易价格为基础确定。

企业应当在资产负债表日对以公允价值计量且其变动计入当期损益的金融资产以外的所有金融资产的账面价值进行减值测试。如果有客观证据表明某项金融资产发生减值的，应当对其确认减值损失，并计提相应的减值准备。

习题与实训

一、思考题

1. 企业如何结合自身业务特点和风险管理要求对金融资产进行分类？
2. 企业如何核算交易性金融资产？
3. 企业如何核算债权投资？
4. 企业如何核算其他债权投资与其他权益工具投资？

二、单选题

1. 企业购入的在活跃市场中有报价的债券投资，不可能划分为（　　）。
   A. 交易性金融资产　　　　　　　　　B. 债权投资
   C. 贷款和应收款项　　　　　　　　　D. 其他债权投资与其他权益工具投资

2. 2019年3月8日，A公司以银行存款35万元取得一项股权投资并作为交易性金融资产核算，支付的价款中包括已宣告但尚未发放的现金股利2万元，另支付相关交易费用0.5万元。则A公司该项交易性金融资产的初始入账价值为（　　）万元。
   A. 36　　　　　　　B. 35.5　　　　　　　C. 33　　　　　　　D. 33.5

3. 关于金融资产的说法中，不正确的是（　　）。
   A. 交易性金融资产以公允价值进行初始计量
   B. 其他债权投资与其他权益工具投资以公允价值计量

C. 其他债权投资与其他权益工具投资以实际摊余成本计量

D. 债权投资以实际摊余成本进行后续计量

4. 2019 年 7 月 1 日，A 公司从二级市场以 30 万元（含已到付息期但尚未领取的利息 1 万元）购入乙公司发行的债券，另发生交易费用 0.1 万元，划分为交易性金融资产。2019 年 12 月 31 日，该交易性金融资产的公允价值为 35 万元。假定不考虑其他因素，2019 年 12 月 31 日，A 公司应就该资产确认的公允价值变动损益为（　　）万元。

 A. 5　　　　　　B. 5.1　　　　　　C. 6.1　　　　　　D. 6

5. 2019 年 1 月 1 日，B 公司从证券市场上购入 C 公司分期付息、到期还本的债券 10 万张，以银行存款支付价款 1 058.91 万元，另支付相关交易费用 10 万元。该债券系 C 公司于 2018 年 1 月 1 日发行，每张债券面值为 100 元，期限为 3 年，票面年利率为 5%，购入债券的实际年利率为 4%，每年 1 月 5 日支付上年度利息。B 公司将其作为债权投资管理。则 2019 年 1 月 1 日，B 公司购入该债券的初始入账金额为（　　）万元。

 A. 1 010　　　　B. 1 068.91　　　　C. 1 018.91　　　　D. 1 160

6. 2019 年 1 月 1 日，甲公司按面值购入乙公司当日发行的 5 年期不可赎回债券，将其划分为债权投资。该债券面值为 100 万元，票面年利率为 10%，分期付息、到期一次还本，每年 12 月 31 日支付当年利息。2019 年 12 月 31 日，该债券的公允价值上涨至 118 万元。假定不考虑其他因素，2019 年 12 月 31 日甲公司该债券投资的账面价值为（　　）万元。

 A. 100　　　　　B. 110　　　　　　C. 118　　　　　　D. 128

7. 2019 年 1 月 1 日，R 公司从二级市场购入 Y 公司面值为 30 万元的债券，支付的总价款为 29 万元（其中包括已到付息期但尚未领取的利息 0.5 万元），另支付相关交易费用 0.1 万元，R 公司将其划分为其他债权投资。该资产入账时对应的"其他债权投资——利息调整"科目的金额为（　　）万元。

 A. 0.9（借方）　　B. 0.9（贷方）　　C. 1.4（借方）　　D. 1.4（贷方）

8. 甲公司于 2019 年 11 月 22 日自证券市场购入 M 公司发行的股票 10 万股，共支付价款 58 万元，其中包括交易费用 0.6 万元以及已宣告但尚未发放的现金股利 1 万元，甲公司将购入的 M 公司股票作为交易性金融资产核算。2019 年 12 月 31 日，M 公司股票每股收盘价为 5.2 元。则 2019 年 12 月 31 日甲公司对该项交易性金融资产应进行的会计处理为（　　）。

 A. 确认公允价值变动损益 -4.4 万元　　　B. 确认公允价值变动损益 -5 万元

 C. 确认投资收益 -4.4 万元　　　　　　D. 确认资产减值损失 -5 万元

9. 下列与其他权益工具投资相关的交易或事项中，不应计入当期损益的是（　　）。

 A. 其他权益工具投资发生的减值损失

 B. 其他权益工具投资持有期间取得的现金股利

 C. 取得其他权益工具投资发生的相关交易费用

 D. 外币其他权益工具投资持有期间产生的汇兑差额

10. 新华公司于 2019 年 1 月 1 日从证券市场上购入 M 公司于 2018 年 1 月 1 日发行的债券作为其他债权投资，该债券的期限为 3 年，票面年利率为 5%，每年 1 月 5 日支付上年度的利息，到期一次归还本金、最后一次利息。购入债券时的实际年利率为 6%。新华公司购入债券的面值为 2 000 万元，实际支付价款为 1 911.52 万元，另支付相关交易费用 40 万元。2019 年 12 月 31 日该债券的公允价值为 2 000 万元。2019 年 12 月 31 日该项债券的价值为（　　）万元。

A. 1 963.24　　　　B. 1 862.61　　　　C. 2 000　　　　D. 2 063.34

三、多选题

1. 下列各项中，属于企业金融资产的有（　　）。
   A. 贷款
   B. 应收票据
   C. 无形资产
   D. 债权投资

2. 下列关于以公允价值计量且其变动计入当期损益的金融资产的说法中，正确的有（　　）。
   A. 以公允价值计量且其变动计入当期损益的金融资产包括交易性金融资产和直接指定为以公允价值计量且其变动计入当期损益的金融资产
   B. 企业取得的拟近期内出售的股票投资应划分为交易性金融资产
   C. 以公允价值计量且其变动计入当期损益的金融资产初始确认时，应按公允价值和相关交易费用之和计量
   D. 直接指定为以公允价值计量且其变动计入当期损益的金融资产，主要是指企业基于风险管理、战略投资需要等所作的指定

3. 下列各项中，不属于取得金融资产时发生的交易费用的有（　　）。
   A. 融资费用
   B. 内部管理成本
   C. 支付给代理机构的手续费
   D. 企业为发行金融工具所发生的差旅费

4. 下列有关债权投资的相关说法中，正确的有（　　）。
   A. 债权投资在活跃的交易市场上有报价
   B. 债权投资在初始确认时，应当按照公允价值和相关交易费用之和作为初始入账金额
   C. 企业在确定债权投资实际利率时，应当在考虑金融资产所有合同条款的基础上预计未来现金流量，同时应考虑未来信用损失的影响
   D. 确定债权投资的实际利率应在该债权投资预期存续期间或适用的更短期间内保持不变

5. 关于金融资产的说法中，正确的有（　　）。
   A. 交易性金融资产以公允价值进行初始计量和后续计量
   B. 其他债权投资与其他权益工具投资以公允价值计量且公允价值变动计入其他综合收益
   C. 其他债权投资与其他权益工具投资以实际摊余成本计量
   D. 债权投资以实际摊余成本进行后续计量

四、判断题

1. 债权投资在持有期间应当按照面值和票面利率计算确认利息收入，计入投资收益。（　　）

2. 企业拥有的可以在市场上出售、但企业准备持有至到期的长期债券，应该作为其他债权投资进行管理。（　　）

3. 其他权益工具投资和交易性金融资产的相同点是都按公允价值进行后续计量,且公允价值变动计入当期损益。(   )

4. 企业对债权投资初始确认金额与到期日金额之间的差额既可以采用实际利率法进行摊销,也可采用直线法进行摊销。(   )

5. 会计期末,如果交易性金融资产的成本高于市价,应该计提交易性金融资产跌价准备。(   )

五、业务题

1. 2019 年 3 月 1 日,甲公司以每股 10 元的价格自二级市场购入乙公司股票 12 万股,支付价款 120 万元,另支付相关交易费用 0.8 万元。甲公司将其作为其他权益工具投资核算。2019 年 4 月 10 日,甲公司收到乙公司本年 3 月 20 日宣告发放的现金股利 6 万元。2019 年 12 月 31 日,乙公司股票的市场价格为每股 9.8 元,甲公司预计该下跌是暂时性的。2020 年 3 月 20 日,甲公司以每股 10.5 元的价格将乙公司股票对外出售,出售时发生相关税费 0.5 万元,扣除相关税费后取得的净价款为 125.5 万。不考虑其他因素。

要求:

(1) 编制上述相关经济业务的会计分录。

(2) 计算甲公司因该项其他权益工具投资累计应确认的损益。

2. 2019 年 5 月 10 日,甲公司以 62 万元(含已宣告但尚未领取的现金股利 2 万元)购入乙公司股票 20 万股作为交易性金融资产,另支付手续费 0.6 万元。5 月 30 日,甲公司收到现金股利 2 万元。2019 年 6 月 30 日该股票每股市价为 3.2 元;2019 年 8 月 10 日,乙公司宣告分派现金股利,每股 0.20 元;8 月 20 日,甲公司收到分派的现金股利。至 2019 年 12 月 31 日,甲公司仍持有该交易性金融资产,乙公司股票期末每股市价为 3.6 元。2020 年 1 月 3 日,甲公司以 63 万元的价格出售该交易性金融资产。

要求:

(1) 编制上述经济业务的会计分录。

(2) 计算该交易性金融资产的累计损益。

项目四

存货的认知与核算

学习目标

> 掌握存货取得、发出和期末计价及其核算方法,原材料实际成本法的核算,原材料计划成本法的核算,库存商品的核算,周转材料的核算,委托加工物资的核算。
> 理解存货的清查和处理方法。
> 了解存货的定义及其特征、存货的分类和内容。

引例

韦会计的"存货"烦恼

韦会计大学毕业后,到一个大型超市当会计。月底到仓库盘点时,不去不知道,一去吓一跳,几千平方米的仓库到处堆满各种商品。韦会计简直不敢相信自己的眼睛,那么多存货,怎么盘点呢?韦会计迷茫了,不知从何处下手,不知道该如何盘点和核对,该如何记录,该如何写报告。一连串的问题困惑着韦会计。你知道怎么办吗?

任务一 认识存货

一、存货概述

(一)存货的定义

存货,是指企业在日常活动中持有以备出售的产成品或商品、处在生产过程中的在产品、在生产过程或提供劳务过程中耗用的材料与物料等。存货主要包括原材料、在产品、半成品、产成品、库存商品、周转材料等。但是,为工程准备的各种工程物资,不属于存货。

（二）存货的特征

存货具有以下三个方面的特征。

1. 存货是有形资产

存货具有实物形态，无形资产没有实物形态，这是存货和无形资产相区分的一个重要特点。

2. 有较强的流动性

在企业经营活动中，存货处于不断销售、耗用、购买或重置中，具有较强的变现能力和较强的流动性。

3. 有实效性和发生潜在损失的可能性

在正常的生产经营过程中，存货能够规律地转变成货币资产或其他资产，但长期不能耗用的存货，就可能变成积压物资或降价销售，从而造成企业损失。

二、存货的确认条件

某项资源是否属于存货，应当同时满足存货的定义和确认条件。存货的确认条件包括两个方面。

（一）与该存货有关的经济利益很可能流入企业

企业在确认存货时，需要判断与该项存货相关的经济利益是否很可能流入企业，这主要通过判断与该项存货所有权相关的风险和报酬是否转移到了企业来确定。一般而言，取得存货的所有权是与存货相关的经济利益很可能流入本企业的一个重要标志。在实务中，企业在判断与存货相关的经济利益是否很可能流入企业时，主要结合该项存货所有权的归属情况进行分析。

（二）该存货的成本能够可靠计量

作为企业资产的组成部分，要确认存货，企业必须能够对其成本进行可靠计量。存货的成本能够可靠计量必须以取得确凿、可靠的证据为依据，并且具有可验证性。如果存货成本不能可靠计量，则不能确认为企业的存货。

三、存货的分类

存货按不同的管理要求有不同的分类，一般将存货分为原材料、在产品、半成品、产成品、库存商品、周转材料六种。

（一）原材料

原材料，指企业在生产过程中经加工改变其形态或性质并构成产品、主要实体的各种原料及主要材料、辅助材料、外购半成品（外购件）、修理用备件（备品备件）、包装材料、燃料等。

（二）在产品

在产品，指企业正在制造尚未完工的产品，包括正在各个生产工序加工的产品和已加工完毕但尚未检验或已检验但尚未办理入库手续的产品。

（三）半成品

半成品，指经过一定生产过程并已检验合格交付半成品仓库保管，但尚未制造完工成为产成品，仍需进一步加工的中间产品。

（四）产成品

产成品，指工业企业已经完成全部生产过程并验收入库，可以按照合同规定的条件送交订货单位或者可以作为商品对外销售的产品。企业接受外来原材料加工制造的代制品和为外单位加工修理的代修品，制造和修理完成验收入库后，应视同企业的产成品。

（五）库存商品

库存商品，指企业已完成全部生产过程并已验收入库，合乎标准规格和技术条件，可以按照合同规定的条件送交订货单位，或可以作为商品对外销售的产品以及外购或委托加工完成验收入库用于销售的各种商品。

（六）周转材料

周转材料，指企业能够多次使用但不符合固定资产定义的材料，主要包括低值易耗品和包装物。

任务二　存货的成本与计量

一、存货初始成本的确认

《企业会计准则第1号——存货》规定：企业应当按照成本对存货进行初始计量。存货的成本主要包括采购成本（购买价款、相关税费、运输费、装卸费等）、加工成本和使存货达到目前场所和状态所发生的合理的必要的支出。企业存货主要是外购取得和自行建造取得。不同方式取得的存货，其成本构成是不同的，主要包括以下三种情况。

（一）外购存货的成本

企业外购存货主要包括原材料和商品。外购存货的成本即存货的采购成本，指企业物资从采购到入库前所发生的全部支出，包括购买价款、相关税费、运输费、装卸费、保险费以及其他可归属于存货采购成本的费用。

商品流通企业在采购商品过程中发生的运输费、装卸费、保险费以及其他可归属于存货采购成本的相关费用，应计入所购商品成本。在实务中，企业也可以将发生的运输费、装卸费、保险费、其他可归属于存货采购成本的费用等进货费用先进行归集；期末，按照所购商品的存销情况进行分摊。

（二）加工取得存货的成本

企业通过进一步加工取得的存货，主要包括产成品、在产品、半成品、委托加工物资等，其成本由采购成本和加工成本构成。某些存货还包括使存货达到目前场所和状态所发生的其他成本，如可直接认定的产品设计费用等。在加工取得存货的成本中，采购成本是由所使用或消耗的原材料采购成本转移而来的，因此，计量加工取得的存货成本，重点是要确定存货的加工成本。

存货加工成本由直接人工和制造费用构成,其实质是企业在进一步加工存货的过程中追加发生的生产成本,因此,不包括直接由材料存货转移来的价值。

(三)其他方式取得存货的成本

企业取得存货的其他方式主要包括接受投资者投资、非货币性资产交换、债务重组、企业合并以及存货盘盈等。

1. 投资者投入存货的成本

投资者投入存货的成本,应当按照投资合同或协议约定的价值确定,但合同或协议约定的价值不公允的除外。在投资合同或协议约定的价值不公允的情况下,按照该项存货的公允价值作为其入账价值。

2. 通过非货币性资产交换、债务重组、企业合并等方式取得的存货的成本

企业通过非货币性资产交换、债务重组、企业合并等方式取得的存货,其成本应当分别按照《企业会计准则第 7 号——非货币性资产交换》《企业会计准则第 12 号——债务重组》和《企业会计准则第 20 号——企业合并》等的规定确定。但是,这些方式取得的存货的后续计量和披露应当执行《企业会计准则第 1 号——存货》的规定。

3. 盘盈存货的成本

盘盈的存货应按其重置成本作为入账价值,并通过"待处理财产损溢"科目进行会计处理,按管理权限报经批准后,冲减当期管理费用。

在确定存货成本的过程中,以下各项费用均不得计入存货成本,在其发生时直接计入当期损益。

(1)非正常消耗的直接材料、直接人工及制造费用,应计入当期损益,不得计入存货成本。

(2)仓储费用,指企业在采购入库后发生的储存费用,应计入当期损益。但是,在生产过程中为达到下一个生产阶段所必需的仓储费用则应计入存货成本。

(3)不能归属于使存货达到目前场所和状态的其他支出,不符合存货的定义和确认条件,应在发生时计入当期损益,不得计入存货成本。

二、发出存货成本的确认方法

企业发出存货的计价方法主要包括实际成本法和计划成本法。发出存货如采用实际成本法核算,期末存货的余额就是存货的实际成本,不需要调整;如采用计划成本法核算,期末应将存货的计划成本调整为实际成本。

(一)实际成本法

企业应当根据管理的要求、存货的流转方式等具体情况,合理地选择发出存货成本的确认方法,对于用途相同的存货,应当采用一致的成本确认方法。企业如果选择实际成本法核算发出存货成本,具体方法包括先进先出法、个别计价法、月末一次加权平均法和移动加权平均法。

1. 先进先出法

先进先出法是假设"先入库的存货先发出,不考虑存货的实际流转方式",并根据这种假设的成本流转顺序来确认发出存货成本的一种常用方法。采用先进先出法，先购入的存货成本在后购入存货成本之前转出，据此确认发出存货以及期末存货的实际成本。

先进先出法的优点是可以随时结转发出存货的成本，成本核算比较准确。先进先出法的缺点是成本计算过程比较繁杂，工作量比较大；在持续通货膨胀的时候，期末存货的成本接近于市价，而发出存货的成本偏低，会导致高估企业当期利润和库存存货的价值；在持续通货紧缩的时候，则会低估企业存货价值和当期利润。

例题【4-1】 WXR有限责任公司2019年4月份W商品的入库、出库、结存的成本数据资料如表4-1所示。

表4-1　W商品购销明细账（先进先出法）　　　　　　　　　单位：元

日期		摘要	收入			发出			结存		
月	日		数量	单价	金额	数量	单价	金额	数量	单价	金额
4	1	期初余额							200	10	2 000
4	4	购入	100	12	1 200				200 100	10 12	2 000 1 200
4	12	销售				200 50	10 12	2 000 600	50	12	600
4	13	购入	200	14	2 800				50 200	12 14	600 2 800
4	18	销售				50 50	12 14	600 700	150	14	2 100
4	20	购入	100	15	1 500				150 100	14 15	2 100 1 500
4	27	销售				100	14	1 400	50 100	14 15	700 1 500
4	30	本期合计	400	—	5 500	450		5 300	50 100	14 15	700 1 500

根据表4-1可知，12日发出的250件W商品，按先进先出法的流转顺序，应先发出期初库存存货200×10=2 000（元），然后再发出4日购入的50件，即50×12=600（元），其他以此类推。从表中可以看出，使用先进先出法得出的发出存货成本和期末存货成本分别为5 300元和2 200元。

发出存货成本=200×10+50×12+50×12+50×14+100×14=5 300（元）；期末存货成本=50×14+100×15=2 200（元）。

2. 个别计价法

个别计价法亦称个别认定法、具体辨认法、分批实际法，是假设存货的实物流转与成本流转相同，按照各种存货逐一辨认各次发出存货和期末存货所属的购进批别或生产批别，分别按其购入或生产时所确定的单位成本计算各批发出存货和期末存货成本的方法。个别计价法把每一种存货的实际成本作为计算发出存货成本和期末存货成本的基础。

个别计价法的优点是成本计算非常准确,符合存货的实际情况;缺点是在存货收发频繁的情况下,其发出成本分辨的工作量较大,核算工作比较繁杂。因此,个别计价法适用于数量较少、单位价值较高的存货,如金银、珠宝、专用器具、名贵字画等贵重物品。

例题【4-2】WXR 有限责任公司 2019 年 4 月份 W 商品的入库、出库、结存的成本数据资料如表 4-2 所示。

表 4-2 W 商品购销情况　　　　　　　　　　　　　　　　单位:元

日期		摘要	收入			发出			结存		
月	日		数量	单价	金额	数量	单价	金额	数量	单价	金额
4	1	期初余额							200	10	2 000
4	4	购入	100	12	1 200				300		
4	12	销售				250			50		
4	13	购入	200	14	2 800				250		
4	18	销售				100			150		
4	20	购入	100	15	1 500				250		
4	27	销售				100			150		
4	30	本期合计	400	—	5 500	450	—		150		

假设经过具体辨认,本期发出存货的单位成本如下:4 月 12 日发出的 250 件存货中,150 件是期初结存存货,单位成本为 10 元;100 件为 4 日购入存货,单位成本为 12 元。4 月 18 日发出的 100 件存货是 13 日购入的,单位成本为 14 元;4 月 27 日发出的 100 件存货中,50 件为期初结存,单位成本为 10 元;50 件为 20 日购入的,单位成本为 15 元。则按照个别计价法,WXR 有限责任公司 4 月份 W 商品收入、发出与结存情况如表 4-3 所示。

表 4-3 W 商品购销明细账(个别计价法)　　　　　　　　单位:元

日期		摘要	收入			发出			结存		
月	日		数量	单价	金额	数量	单价	金额	数量	单价	金额
4	1	期初余额							200	10	2 000
4	4	购入	100	12	1 200				200 100	10 12	2 000 1 200
4	12	销售				150 100	10 12	1 500 1 200	50	10	500
4	13	购入	200	14	2 800				50 200	10 14	500 2 800
4	18	销售				100	14	1 400	50 100	10 14	500 1 400

续表

日期		摘要	收入			发出			结存		
月	日		数量	单价	金额	数量	单价	金额	数量	单价	金额
4	20	购入	100	15	1 500				50 100 100	10 14 15	500 1 400 1 500
4	27	销售				50 50	10 15	500 750	100 50	14 15	1 400 750
4	30	本期合计	400	—	5 500	450	—	5 350	100 50	14 15	1 400 750

从表4-3中可知，W公司本期发出存货成本=150×10+100×12+100×14+50×10+50×15=5 350（元）；期末结存存货成本=期末结存存货成本+本期购入存货成本-本期发出存货成本=200×10+100×12+200×14+100×15-5 350=2 150（元）。

3. 月末一次加权平均法

月末一次加权平均法，是指以本月全部进货数量加上月初结存存货数量作为权数，去除本月全部进货成本加上月初存货成本，计算出存货的加权平均单位成本，以此为基础计算本月发出存货的成本和期末存货的成本的一种方法。计算公式如下。

存货单位成本=[月初库存存货的实际成本+∑（本月各批进货的实际单位成本×本月各批进货的数量）]÷（月初库存存货数量+本月各批进货数量之和）

本月发出存货成本=本月发出存货的数量×存货单位成本

本月月末库存存货成本=月末库存存货的数量×存货单位成本

或

本月月末库存存货成本=月初库存存货的实际成本+本月购入存货的实际成本-本月发出存货的实际成本

采用月末一次加权平均法核算的优点是月末一次性计算存货的加权平均单价，计算比较简单，有利于节约成本计算工作；缺点是只有到月末才能计算平均单价，平时无法从账上反映存货的发出成本和结存存货的成本，不利于存货成本的日常管理与控制。

例题【4-3】 WXR有限责任公司2019年4月份W商品的入库、出库、结存的成本数据资料如表4-4所示。

表4-4 W商品的购销情况　　　　　　　　　　　　　　　　　　　单位：元

日期		摘要	收入			发出			结存		
月	日		数量	单价	金额	数量	单价	金额	数量	单价	金额
4	1	期初余额							200	10	2 000
4	4	购入	100	12	1 200				300		

续表

日期		摘要	收入			发出			结存		
月	日		数量	单价	金额	数量	单价	金额	数量	单价	金额
4	12	销售				250			50		
4	13	购入	200	14	2 800				250		
4	18	销售				100			150		
4	20	购入	100	15	1 500				250		
4	27	销售				100			150		
4	30	本期合计	400	—	5 500	450	—		150		

4月份W商品平均单位成本=（期初结存存货成本+本期购入存货成本）÷（期初存货结存数量+本期购入存货数量）=（200×10+100×12+200×14+100×15）÷（200+100+200+100）=12.5（元）；4月份W商品的发出存货成本=450×12.5=5 625（元）；4月份W商品的期末结存成本=7 500-5 625=1 875（元）。

4. 移动加权平均法

移动加权平均法，是指以每次进货的成本加上原有库存存货的成本，除以每次进货数量加上原有库存存货的数量，据以计算加权平均单位成本，作为在下次进货前计算各次存货发出成本的一种方法。计算公式如下。

存货单位成本=（原有库存存货的实际成本+本次进货的实际成本）÷（原有库存存货数量+本次进货数量）

本次发出存货的成本=本次发出存货数量×本次发货前存货的单位成本

本月月末库存存货成本=月末库存存货的数量×本月月末存货单位成本

采用移动平均法的优点是方便企业管理层及时掌握存货发入库、出库和结存的情况，通过计算确定的平均单位成本以及发出和结存的存货成本比较真实客观；缺点是每次存货入库都需要重新计算平均单位成本，计算工作量比较大，核算过程比较繁杂，对收发货较频繁的企业不适用。

例题【4-4】 WXR有限责任公司2019年4月份W商品的入库、出库、结存的成本数据资料如表4-5所示。

表4-5 W商品的购销情况　　　　　　　　单位：元

日期		摘要	收入			发出			结存		
月	日		数量	单价	金额	数量	单价	金额	数量	单价	金额
4	1	期初余额							200	10	2 000
4	4	购入	100	12	1 200				300	10.7	3 200
4	12	销售				250	10.7	2 675	50	10.7	535

续表

日期		摘要	收入			发出			结存		
月	日		数量	单价	金额	数量	单价	金额	数量	单价	金额
4	13	购入	200	14	2 800				250	13.3	3 335
4	18	销售				100	13.3	1 330	150	13.3	1 995
4	20	购入	100	15	1 500				250	14	3 495
4	27	销售				100	14	1 400	150	14	2 095
4	30	本期合计	400	—	5 500	450	—	5 405	150	尾数调整	2 095

从表4-5中可以看出，存货的平均成本从期初的10元变为期中的10.7元、13.3元，再变成期末的14元。各平均成本计算如下。

4月4日购入存货后的平均单位成本=(200×10+100×12)÷(200+100)≈10.7（元）；4月13日购入存货后的平均单位成本=(50×10.7+200×14)÷(50+200)≈13.3（元）；5月20日购入存货后的平均单位成本=(150×13.3+100×15)÷(150+100)≈14（元）。

如表4-5所示，采用移动加权平均成本法得出的本期发出存货成本和期末结存存货成本分别为5 405元和2 095元。

（二）计划成本法

计划成本法，是指存货的入库、出库和结余均按计划成本计价，同时通过设置相应成本差异科目，记录和结转实际成本与计划成本的差额，期末将发出和结存存货的成本调整为实际成本的一种计价方法。

发出存货应负担的成本差异，必须按月分摊，不得在季末或年末一次计算。发出存货应负担的成本差异，除委托外部加工发出存货可以按月初成本差异率计算外，都应使用当月的实际成本差异率；如果月初的成本差异率与本月成本差异率相差不大的，也可按月初的成本差异率计算。计算方法一经确定，不得随意变更。以材料为例，计算公式如下：

期初材料成本差异率=期初结存材料的成本差异/期初结存材料的计划成本×100%

本期材料成本差异率=（期初结存材料的成本差异+本期验收入库材料的成本差异）/（期初结存材料的计划成本+本期验收入库材料的计划成本）×100%

本月发出材料应负担的成本差异=本月发出材料的计划成本×材料成本差异率

本月发出材料的实际成本=本月发出材料的计划成本±本月发出材料应负担的成本差异

本月结存材料的实际成本=本月结存材料的计划成本±本月结存材料应负担的成本差异

注意：本月入库存货的计划成本中不包括暂估入账的存货的计划成本。

企业应按照存货的类别或品种，如原材料、包装物、低值易耗品等，对材料成本差异进行明细核算，不能使用一个综合差异率来分摊发出存货和库存存货应负担的材料成本差异。

例题【4-5】WXR有限责任公司期初库存材料10吨，计划成本为10 000元，材料成本差异为超支250元；本月购进材料10吨，实际成本为9 800元，材料成本差异为节约200元。根据题目可知：

本月材料成本差异率 = (250 - 200) ÷ (10 000 + 9 800 + 200) = 0.25%。

对存货日常核算采用何种方法，由企业根据实际情况自行决定，但计价方法一经选定，不得随意变更。

三、期末计量

在资产负债表日，存货应当按照成本与可变现净值孰低计量。成本与可变现净值孰低计量，是指对期末存货按照成本与可变现净值两者之中较低者计量的方法。存货的成本高于其可变现净值的，按其差额计提存货跌价准备；存货的成本低于其可变现净值的，按其成本计量，不计提存货跌价准备，但原已计提存货跌价准备的，应在已计提存货跌价准备金额的范围内转回。

任务三　原材料的核算

一、原材料核算概述

(一) 原材料的定义

原材料，是指企业在生产过程中经过加工改变其形态或性质并构成产品主要实体的各种原料、主要材料和外购半成品，以及不构成产品实体但有助于产品形成的各种辅助材料。

(二) 原材料的内容

原材料具体包括原料及主要材料、辅助材料、外购半成品（外购件）、修理用备件（备品备件）、包装材料、燃料等。原材料的日常收发及结存，可以采用实际成本核算，也可以采用计划成本核算。

二、应设置的会计科目

1. "原材料"科目

为了核算原材料的增减变动及其余额，企业应设置"原材料"科目。该科目属于资产类科目，借方登记入库材料的实际成本或计划成本，贷方登记发出材料的实际成本或计划成本；期末余额在借方，表示企业库存材料的实际成本或计划成本。

2. "在途物资"科目

为了核算在实际成本法下购入但尚未验收入库材料的情况，企业应设置"在途物资"科目。该科目属于资产类科目，借方登记企业购入的在途物资的实际成本，贷方登记验收入库的在途物资的实际成本；期末余额在借方，表示企业在途物资的采购成本。

3. "材料采购"科目

为了核算在计划成本法下购入材料的情况，企业应设置"材料采购"科目。该科目属于资产类科目，借方登记采购材料的实际成本，贷方登记入库材料的计划成本。借方发生额大于贷方发生额表示超支，将余额从本科目贷方转入"材料成本差异"科目的借方；贷方发生额大于借方发生额表示节约，将余额从本科目借方转入"材料成本差异"科目的贷方；

期末为借方余额,表示企业在途材料的采购成本。

4. "材料成本差异"科目

为了核算在计划成本法下入库、出库材料的成本差异情况,企业应设置"材料成本差异"科目。该科目属于资产类科目,借方登记入库超支差异及发出材料应负担的节约差异,贷方登记入库节约差异及发出材料应负担的超支差异。期末如为借方余额,表示企业库存材料的实际成本大于计划成本的差异(即超支差异);如为贷方余额,表示企业库存材料实际成本小于计划成本的差异(即节约差异)。

三、按实际成本法核算

(一)取得原材料的核算

企业取得原材料的具体情况不同,其账务处理也不太相同,企业取得原材料的核算主要包括以下几种情况。

1. 购入原材料的业务处理

(1)材料和单据同时到达。

购入材料时的会计分录:

借:原材料
　　应交税费——应交增值税(进项税额)
　贷:应付账款
　　　应付票据
　　　银行存款等

例题【4-6】 WXR 有限责任公司购入 A 材料一批,增值税专用发票注明价款为 30 000 元,增值税为 3 900 元,发票账单已收到,材料已验收入库,全部款项以银行存款支付,不考虑其他因素。

购入材料时的会计分录如下:

借:原材料——A 材料　　　　　　　　　　　　　　　　　　　30 000
　　应交税费——应交增值税(进项税额)　　　　　　　　　　 3 900
　贷:银行存款　　　　　　　　　　　　　　　　　　　　　　33 900

(2)材料已到,单据未到。

企业购入的材料已经入库,到月底发票账单尚未收到,应当按暂估价值入账。

① 购入材料,发票账单未到时的会计分录:

借:原材料
　贷:应付账款——暂估应付账款

② 下个月月初,用红字冲销的会计分录:

借:原材料(金额用红字)
　贷:应付账款——暂估应付账款(金额用红字)

例题【4-7】 2019 年 5 月 28 日,WXR 有限责任公司购入并验收入库 D 材料一批,发票账单尚未收到,D 材料暂估价值为 50 000 元;5 月 31 日,发票账单尚未到达。为反映库存真实情况,应当根据暂估价值入账。

① 购入材料时的会计分录如下：

借：原材料——D 材料　　　　　　　　　　　　　　　　50 000
　　贷：应付账款——暂估应付账款　　　　　　　　　　　　　　50 000

② 6 月 1 日，用红字金额冲销时的会计分录如下：

借：原材料——D 材料　　　　　　　　　　　　　　　　50 000
　　贷：应付账款——暂估应付账款　　　　　　　　　　　　　　50 000

③ 6 月 5 日，收到上述购入 D 材料的结算凭证和发票账单，专用发票列明材料价款 50 000 元，增值税税额 6 500 元，以银行存款支付，不考虑其他因素。

收到材料时的会计分录如下：

借：原材料——D 材料　　　　　　　　　　　　　　　　50 000
　　应交税费——应交增值税（进项税额）　　　　　　　　6 500
　　贷：银行存款　　　　　　　　　　　　　　　　　　　　　　56 500

（3）单据已到，材料未到。

企业购入材料，如果发票账单已到达，材料尚未验收入库时的会计分录：

借：在途物资
　　应交税费——应交增值税（进项税额）
　　贷：应付账款
　　　　应付票据
　　　　银行存款等

例题【4-8】 WXR 有限责任公司购入一批 E 材料，增值税专用发票上注明材料价款为 50 000 元，增值税为 6 500 元。双方商定采用商业承兑汇票结算方式支付货款，付款期限为三个月，材料尚未到达，不考虑其他因素。

① 购买材料尚未入库时的会计分录如下：

借：在途物资——E 材料　　　　　　　　　　　　　　　50 000
　　应交税费——应交增值税（进项税额）　　　　　　　　6 500
　　贷：应付票据　　　　　　　　　　　　　　　　　　　　　　56 500

② E 材料到达，验收入库时的会计分录如下：

借：原材料——E 材料　　　　　　　　　　　　　　　　50 000
　　贷：在途物资——E 材料　　　　　　　　　　　　　　　　　50 000

③ 如果上例购入 E 材料取得的是增值税普通发票，列明金额为 56 500 元，采用商业承兑汇票结算方式支付货款，付款期限为三个月，材料尚未到达。

购入材料尚未入库时的会计分录如下：

借：在途物资——E 材料　　　　　　　　　　　　　　　56 500
　　贷：应付票据　　　　　　　　　　　　　　　　　　　　　　56 500

（4）款项已付，材料尚未到达。

企业购入材料，如果款项已付，材料尚未验收入库，企业应分步核算。

① 预付款购买材料时的会计分录如下：

借：预付账款

贷：银行存款
　②发出材料并补付余款时的会计分录如下：
　　借：在途物资
　　　　应交税费——应交增值税（进项税额）
　　　贷：预付账款
　　　　银行存款等

例题【4-9】 2019年3月10日，WXR有限责任公司从B公司购入一批E材料，增值税专用发票上注明材料价款为50 000元，增值税为6 500元。双方商定采用预付款方式，3月10日签订合同时预付30 000元，B公司发出材料时补付余款；3月15日材料已发出，但尚未到达，不考虑其他因素。

①预付款购买材料时的会计分录如下：

　　借：预付账款　　　　　　　　　　　　　　　　　　　　　　30 000
　　　贷：银行存款　　　　　　　　　　　　　　　　　　　　　　30 000

②B公司发出材料并补付余款时的会计分录如下：

　　借：在途物资——E材料　　　　　　　　　　　　　　　　　50 000
　　　　应交税费——应交增值税（进项税额）　　　　　　　　　 6 500
　　　贷：预付账款　　　　　　　　　　　　　　　　　　　　　　30 000
　　　　银行存款　　　　　　　　　　　　　　　　　　　　　　　26 500

2. 投资者投入原材料的业务处理

投资者投入的原材料，按确定的实际成本入账的会计分录如下：

　　借：原材料
　　　　应交税费——应交增值税（进项税额）（增值税专用发票上注明的增值税税额）
　　　　银行存款（收到的补价）
　　　贷：实收资本（或股本）（在注册资本中所占有的份额）
　　　　资本公积（差额）

（二）发出原材料的核算

采用实际成本法进行材料核算的企业，发出原材料的实际成本，可以采用先进先出法、月末一次加权平均法、移动加权平均分法、个别计价法计算确定。对不同的原材料可以采用不同的计价方法，但是，原材料的计价方法一经确定，不得随意变更。特殊情况需要变更，应当在会计报表附注中披露。

（1）生产经营领用原材料的会计分录如下：

　　借：生产成本——基本生产成本
　　　　　　　　——辅助生产成本
　　　　制造费用
　　　　销售费用
　　　　管理费用
　　　　在建工程等
　　　贷：原材料（按领用材料的实际成本入账）

例题【4-10】 2019年4月10日,WXR有限责任公司在建生产线项目领用库存原材料50 000元,生产产品领用原材料金额30 000元。原材料适用的增值税税率为13%,不考虑其他因素。

领用材料时的会计分录如下:

借:在建工程	50 000
生产成本	30 000
贷:原材料	80 000

(2) 出售原材料时的会计分录如下:

借:银行存款(按已收的价款入账)
　　应收账款等
　　贷:其他业务收入
　　　　应交税费——应交增值税(销项税额)

同时结转成本:

借:其他业务成本(发出原材料的实际成本)
　　贷:原材料

四、按计划成本法核算

材料采用计划成本法核算时,材料的收发及结存,无论是总分类核算还是明细分类核算,均按照计划成本计价。核算时,材料的实际成本与计划成本的差异,通过"材料成本差异"科目核算。月末,计算本月发出材料应负担的成本差异并进行分摊,根据领用材料的用途计入相关资产的成本或者当期损益,从而将发出材料的计划成本调整为实际成本。

(一) 购入原材料的核算

(1) 购入材料时的会计分录如下:

借:材料采购(材料的实际成本)
　　应交税费——应交增值税(进项税额)
　　贷:应付票据
　　　　应付账款
　　　　银行存款等

例题【4-11】 2019年4月18日,WXR有限责任公司购入一批L材料,增值税专用发票注明价款为30 000元,增值税税额3 900元,发票账单已收到,计划成本为32 000元,材料尚未验收入库,全部款项以银行存款支付,不考虑其他因素。

购入材料时的会计分录如下:

借:材料采购——L材料	30 000
应交税费——应交增值税(进项税额)	3 900
贷:银行存款	33 900

例题【4-12】 2019年5月20日,WXR有限责任公司采用汇兑结算方式购入一批M材料,增值税专用发票注明价款为20 000元,增值税税额2 600元,发票账单已收到,计划成本为18 000元,材料尚未入库,不考虑其他因素。

购入材料时的会计分录如下：

借：材料采购——M 材料　　　　　　　　　　　　　　　　20 000
　　应交税费——应交增值税（进项税额）　　　　　　　　2 600
　　贷：银行存款　　　　　　　　　　　　　　　　　　　　22 600

例题【4-13】 2019 年 5 月 25 日，WXR 有限责任公司采用商业承兑汇票支付方式购入一批 Q 材料，增值税专用发票注明价款为 5 000 元，增值税为 650 元，发票账单已收到，计划成本为 5 200 元，材料尚未验收入库，不考虑其他因素。

购入材料时的会计分录如下：

借：材料采购——Q 材料　　　　　　　　　　　　　　　　5 000
　　应交税费——应交增值税（进项税额）　　　　　　　　650
　　贷：应付票据　　　　　　　　　　　　　　　　　　　　5 650

（2）材料已入库，月底尚未收到发票账单的，应当按暂估价值入账的会计分录如下：

借：原材料
　　贷：应付账款——暂估应付账款

下月初用红字冲销时的会计分录：

借：原材料（金额用红字）
　　贷：应付账款——暂估应付账款（金额用红字）

例题【4-14】 2019 年 2 月 27 日，WXR 有限责任公司采用赊购方式购入一批 X 材料，材料已验收入库，月底发票账单尚未收到，计划成本为 10 000 元，不考虑其他因素。

① 购入材料时的会计分录如下：

借：原材料　　　　　　　　　　　　　　　　　　　　　　10 000
　　贷：应付账款——暂估应付账款　　　　　　　　　　　　10 000

② 下月初，用红字冲销时的会计分录如下：

借：原材料　　　　　　　　　　　　　　　　　　　　　　10 000
　　贷：应付账款——暂估应付账款　　　　　　　　　　　　10 000

（3）材料验收入库并结转材料成本差异时的会计分录如下：

材料采用计划成本法核算的，验收入库时，应当按照计划成本验收入库，将材料采购的实际成本与计划成本之间的差异，转入材料成本差异。

① 入库材料实际成本大于计划成本时的会计分录如下：

借：原材料（计划成本）
　　材料成本差异（超支差异）
　　贷：材料采购（实际成本）

② 入库材料实际成本小于计划成本时的会计分录如下：

借：原材料（计划成本）
　　贷：材料采购（实际成本）
　　　　材料成本差异（节约差异）

例题【4-15】 承例题【4-11】，2019 年 4 月 18 日，购入的 L 材料已经验收入库。

材料验收入库时的会计分录如下：

借：原材料——L 材料	32 000	
贷：材料采购——L 材料		30 000
材料成本差异		2 000

例题【4-16】 承例题【4-12】，2019年5月20日，购入的M材料已经验收入库。材料验收入库时的会计分录如下：

借：原材料——M 材料	18 000	
材料成本差异	2 000	
贷：材料采购——M 材料		20 000

例题【4-17】 承例题【4-13】，2019年5月25日，购入的Q材料已经验收入库。材料验收入库时的会计分录如下：

借：原材料——Q 材料	5 200	
贷：材料采购——Q 材料		5 000
材料成本差异		200

（二）按计划成本发出材料

材料采用计划成本核算的，月末，企业根据领料单等编制"发料凭证汇总表"结转发出材料的计划成本，应当根据所发出材料的用途，按计划成本分别计入"生产成本""制造费用""销售费用""管理费用"等科目。

(1) 领用材料时的会计分录如下：

借：生产成本——基本生产成本
          ——辅助生产成本
    制造费用
    销售费用
    管理费用
    其他业务成本
    在建工程等
    贷：原材料（计划成本）

(2) 月末结转发出材料应负担的超支差异时的会计分录如下：

借：生产成本——基本生产成本
          ——辅助生产成本
    制造费用
    销售费用
    管理费用
    其他业务成本
    在建工程等
    贷：材料成本差异

(3) 月末结转发出材料应负担的节约差异时的会计分录如下：

借：材料成本差异
    贷：生产成本——基本生产成本

　　　　——辅助生产成本
　　　制造费用
　　　销售费用
　　　管理费用
　　　其他业务成本
　　　在建工程等

例题【4-18】 WXR 有限责任公司本月领用的材料汇总如下：基本生产车间领用 80 000 元，辅助生产车间领用 20 000 元，车间管理部门领用 10 000 元，企业管理部门领用 10 000 元，材料成本差异率为 -5%，不考虑其他因素。

① 领用材料时的会计分录如下：
借：生产成本　　　　　　　　　　　　　　　　　100 000
　　制造费用　　　　　　　　　　　　　　　　　 10 000
　　管理费用　　　　　　　　　　　　　　　　　 10 000
　　贷：原材料　　　　　　　　　　　　　　　　120 000

② 结转发出材料应负担的节约差异时的会计分录如下：
借：材料成本差异　　　　　　　　　　　　　　　 6 000
　　贷：生产成本　　　　　　　　　　　　　　　 5 000
　　　　制造费用　　　　　　　　　　　　　　　 500
　　　　管理费用　　　　　　　　　　　　　　　 500

任务四　周转材料的核算

一、周转材料的定义

周转材料，是指企业在经营活动中能够多次使用，并逐渐转移其价值但仍保持原有形态的不作为固定资产确认的包装物和低值易耗品等。

二、周转材料的主要内容

（一）包装物

包装物，是指企业为了包装本企业产成品、商品等而储备的各种包装容器，如桶、箱、瓶、坛、袋等。包装物的核算内容主要包括以下项目。

（1）生产过程中用于包装产品作为产品组成部分的包装物。

（2）随同产品出售不单独计价的包装物。

（3）随同产品出售单独计价的包装物。

（4）出租或出借给购买单位使用的包装物。

（二）低值易耗品

低值易耗品，是指企业持有的不能作为固定资产确认的各种用具物品等，如工具、管理用具、玻璃器皿、劳动保护用品,以及在经营过程中周转使用的容器等。因为低值易耗品价值比较低,并且易于损耗,为便于核算和管理,在会计上把低值易耗品纳入存货核算,视同存货进行日常管理。

三、应设置的会计科目

为了核算周转材料的实际成本或计划成本,企业应当设置"周转材料"科目。该科目属于资产类科目,借方表示增加,贷方表示减少;期末余额在借方,表示企业在库周转材料的实际成本或计划成本以及在用周转材料的摊余价值。周转材料按照其种类,分别设置"在库""在用""摊销"明细科目进行明细核算。

四、周转材料的主要业务处理

(一) 实际成本法

在实际成本法下,企业购入、自制、委托外单位加工完成验收入库的周转材料等,其核算方法参照本项目任务三"原材料"实际成本法核算的相关规定。

1. 一次摊销法的核算

一次摊销法指在领用低值易耗品、出租出借包装物时,将其实际成本一次计入有关成本、费用科目的一种方法。

领用时的会计分录:

借:生产成本
　　管理费用
　　销售费用等
　　贷:周转材料(按周转材料的账面价值入账)

例题【4-19】 WXR 有限责任公司本月领用的周转材料(包装物)汇总如下:基本生产车间领用 800 元,辅助生产车间领用 200 元,车间管理部门领用 100 元,企业管理部门领用 100 元,周转材料采用一次摊销法核算,不考虑其他因素。

领用时的会计分录如下:

借:生产成本　　　　　　　　　　　　　　　　　　　　　　　1 000
　　制造费用　　　　　　　　　　　　　　　　　　　　　　　　100
　　管理费用　　　　　　　　　　　　　　　　　　　　　　　　100
　　贷:周转材料——包装物　　　　　　　　　　　　　　　　1 200

2. 五五摊销法的核算

五五摊销法就是在周转材料领用时摊销其一半价值,报废时再摊销其另一半价值的方法。

(1) 领用时的会计分录如下:

借:周转材料——在用
　　贷:周转材料——在库(按其账面价值入账)

(2) 摊销其价值的一半时的会计分录如下:

借:生产成本

管理费用
　　　销售费用等
　　　　贷：周转材料——摊销（领用周转材料价值的一半）
（3）摊销其价值的另一半时的会计分录如下：
借：生产成本
　　管理费用
　　销售费用等
　　　贷：周转材料——摊销（领用周转材料价值的一半）
（4）转销全部已提摊销额时的会计分录如下：
借：周转材料——摊销
　　　贷：周转材料——在用

例题【4-20】 WXR 有限责任公司的车间管理部门领用专用工具一批，实际成本为 10 000 元，不符合固定资产定义，采用五五摊销法进行摊销，不考虑其他因素。

① 领用专用工具时的会计分录如下：

借：周转材料——低值易耗品——在用　　　　　　　　　10 000
　　　贷：周转材料——低值易耗品——在库　　　　　　　　10 000

② 领用时摊销其价值的一半时的会计分录如下：

借：制造费用　　　　　　　　　　　　　　　　　　　　5 000
　　　贷：周转材料——低值易耗品——摊销　　　　　　　　5 000

③ 报废时摊销其价值的另一半时的会计分录如下：

借：制造费用　　　　　　　　　　　　　　　　　　　　5 000
　　　贷：周转材料——低值易耗品——摊销　　　　　　　　5 000

同时

借：周转材料——低值易耗品——摊销　　　　　　　　　10 000
　　　贷：周转材料——低值易耗品——在用　　　　　　　　10 000

（二）计划成本法

周转材料采用计划成本法进行日常核算的，在发出周转材料时，应当同时结转其应分摊的成本差异，将发出周转材料的计划成本转为实际成本。

在计划成本法下，企业购入、自制、委托外单位加工完成验收入库的周转材料等，其核算方法参照本项目任务三"原材料"计划成本法核算的相关规定。

采用计划成本法核算周转材料时的会计分录如下：

借：生产成本
　　管理费用
　　销售费用等
　　　贷：周转材料
　　　　　材料成本差异（发出周转材料承担的超支差异）

或

借：生产成本

管理费用
　　销售费用等
　　材料成本差异（发出周转材料承担的节约差异）
　　　贷：周转材料

例题【4-21】 WXR 有限责任公司对包装物采用计划成本核算，2019 年 3 月生产产品领用包装物的计划成本为 10 000 元，材料成本差异率为 -3%，不考虑其他因素。

领用包装物时的会计分录如下：

借：生产成本　　　　　　　　　　　　　　　　　　　　　　　　　9 700
　　材料成本差异　　　　　　　　　　　　　　　　　　　　　　　　 300
　　　贷：周转材料——包装物　　　　　　　　　　　　　　　　　 10 000

例题【4-22】 2019 年 4 月，WXR 有限责任公司销售商品领用不单独计价包装物的计划成本为 5 000 元，材料成本差异率为 -3%，不考虑其他因素。

领用包装物时的会计分录如下：

借：销售费用　　　　　　　　　　　　　　　　　　　　　　　　　4 850
　　材料成本差异　　　　　　　　　　　　　　　　　　　　　　　　 150
　　　贷：周转材料——包装物　　　　　　　　　　　　　　　　　　5 000

注意：随同商品出售不单独计价的包装物，应反映其实际成本，计入"销售费用"科目。

例题【4-23】 2019 年 5 月，WXR 有限责任公司销售商品领用单独计价包装物的计划成本为 8 000 元，销售收入为 10 000 元，增值税税额为 1 300 元，款项已收到并存入银行。该包装物的材料成本差异率为 3%，不考虑其他因素。

① 出售单独计价包装物时的会计分录如下：

借：银行存款　　　　　　　　　　　　　　　　　　　　　　　　　11 300
　　　贷：其他业务收入　　　　　　　　　　　　　　　　　　　　 10 000
　　　　　应交税费——应交增值税（销项税额）　　　　　　　　　　1 300

② 结转成本时的会计分录如下：

借：其他业务成本　　　　　　　　　　　　　　　　　　　　　　　 8 240
　　　贷：周转材料——包装物　　　　　　　　　　　　　　　　　　8 000
　　　　　材料成本差异　　　　　　　　　　　　　　　　　　　　　 240

注意：随同商品出售且单独计价的包装物，一方面应反映其销售收入，计入"其他业务收入"科目；另一方面应反映其实际销售成本，计入"其他业务成本"。

任务五　委托加工物资的核算

一、委托加工物资的定义

委托加工物资，是指企业委托外单位进行加工的各种材料、商品等物资。企业委托外单位加工物资的成本包括加工中实际耗用物资的成本、支付的加工费用及应负担的运杂费和支付的税金。其中，支付的税金包括委托加工物资所应负担的消费税（指属于消费税应税范围的加工物资）等。

二、委托加工物资的业务处理

为了核算委托加工物资增减变动及其结存情况，企业应设置"委托加工物资"科目。该科目属于资产类科目，借方登记委托加工物资的实际成本，贷方登记加工完成验收入库的物资的实际成本和剩余物资的实际成本；期末余额在借方，表示企业尚未完工的委托加工物资的实际成本和发出加工物资的运杂费等。

（一）实际成本法

采用实际成本法核算的，委托加工物资的发出、加工、收回均按实际成本核算。

(1) 把物资发给外单位加工时的会计分录：
借：委托加工物资
　　贷：原材料
　　　　周转材料
　　　　库存商品

(2) 支付加工费用、运杂费、增值税、消费税时的会计分录：
借：委托加工物资
　　应交税费——应交增值税（进项税额）（一般纳税人取得增值税专用发票）
　　贷：应付账款
　　　　银行存款等

(3) 收回后直接用于销售的，应将受托方代收代交的消费税计入委托加工物资成本。
收回后用于销售的会计分录：
借：委托加工物资
　　贷：应付账款
　　　　银行存款等

(4) 收回后用于连续生产的，受托方代收代交的消费税不计入委托加工物资成本。
收回后用于连续生产的会计分录：
借：委托加工物资
　　应交税费——应交消费税
　　贷：应付账款
　　　　银行存款等

(5) 加工完成验收入库的物资和剩余的物资，按其实际成本入账。
加工完成时的会计分录：
借：原材料
　　库存商品
　　周转材料
　　贷：委托加工物资

例题【4-24】 2019年5月1日，WXR有限责任公司委托A量具厂加工一批量具，发出材料一批，实际成本 8 000 元，以银行存款支付运杂费 200 元。5 月 15 日加工完成支付加工费 4 000 元，支付回程运杂费 300 元，该批量具已验收入库，不考虑其他因素。

① 发出材料时的会计分录如下：
借：委托加工物资　　　　　　　　　　　　　　　　　　　　8 000
　　贷：原材料　　　　　　　　　　　　　　　　　　　　　　　8 000

② 支付运杂费时的会计分录如下：
借：委托加工物资　　　　　　　　　　　　　　　　　　　　　200
　　贷：银行存款　　　　　　　　　　　　　　　　　　　　　　 200

③ 支付加工费时的会计分录如下：
借：委托加工物资　　　　　　　　　　　　　　　　　　　　4 000
　　贷：银行存款　　　　　　　　　　　　　　　　　　　　　　4 000

④ 支付回程运杂费时的会计分录如下：
借：委托加工物资　　　　　　　　　　　　　　　　　　　　　300
　　贷：银行存款　　　　　　　　　　　　　　　　　　　　　　 300

⑤ 量具入库时的会计分录如下：
借：周转材料——低值易耗品——量具　　　　　　　　　　12 500
　　贷：委托加工物资　　　　　　　　　　　　　　　　　　　12 500

（二）计划成本法

委托加工物资采用计划成本法核算的，发出委托加工物资时，应由计划成本转为实际成本，并结转相应的材料成本差异。

（1）把物资发给外单位加工，按实际成本入账时的会计分录：
借：委托加工物资
　　材料成本差异（发出物资应承担的节约差异）
　　贷：原材料
　　　　库存商品
　　　　材料成本差异（发出物资应承担的超支差异）

（2）支付加工费用、承担运杂费、增值税时的会计分录：
借：委托加工物资
　　应交税费——应交增值税（进项税额）（一般纳税人取得增值税专用发票）
　　贷：应付账款
　　　　银行存款等

（3）收回后直接用于销售的，应将受托方代收代交的消费税计入委托加工物资成本。
支付由受托方代收代交的消费税时的会计分录：
借：委托加工物资
　　贷：应付账款
　　　　银行存款等

（4）收回后用于连续生产的，要托方代收代交的消费税不计入委托加工物资成本。
支付由受托方代收代交的消费税时的会计分录：

借：委托加工物资
　　应交税费——应交消费税
　　贷：应付账款
　　　　银行存款等
（5）加工完成验收入库的物资和剩余的物资，按加工收回物资的成本入账的会计分录：
借：原材料
　　库存商品
　　材料成本差异（验收入库物资应承担的超支差异）
　　贷：委托加工物资
　　　　材料成本差异（验收入库物资应承担的节约差异）

例题【4-25】 2019年6月10日，WXR有限责任公司委托Z公司加工一批应税消费品1 000件。6月10日，发出材料一批，计划成本为60 000元，材料成本差异率为-3%；6月25日，以银行存款支付加工费12 000元，支付应当交纳的消费税有限责任6 600元，支付往返运杂费800元。该商品收回后用于连续生产，消费税可抵扣，WXR有限责任公司和Z公司均为一般纳税人，适用增值税税率为13%。6月25日，委托加工商品加工完成验收入库，计划成本为72 000元。不考虑其他因素。

① 发出委托加工商品时的会计分录如下：

借：委托加工物资　　　　　　　　　　　　　　　　　58 200
　　材料成本差异　　　　　　　　　　　　　　　　　 1 800
　　贷：原材料　　　　　　　　　　　　　　　　　　60 000

② 支付加工费及相关税费时的会计分录如下：

借：委托加工物资　　　　　　　　　　　　　　　　　12 000
　　应交税费——应交消费税　　　　　　　　　　　　 6 600
　　　　　　——应交增值税（进项税额）　　　　　　 1 560
　　贷：银行存款　　　　　　　　　　　　　　　　　20 160

③ 支付往返运杂费时的会计分录如下：

借：委托加工物资　　　　　　　　　　　　　　　　　　 800
　　贷：银行存款　　　　　　　　　　　　　　　　　　 800

④ 加工完成验收入库时的会计分录如下：

借：库存商品　　　　　　　　　　　　　　　　　　　72 000
　　贷：委托加工物资　　　　　　　　　　　　　　　71 000
　　　　材料成本差异　　　　　　　　　　　　　　　 1 000

任务六　库存商品的核算

一、库存商品的定义

库存商品，是指企业已完成全部生产过程并已验收入库、符合标准规格和技术条件，可以按照合同规定的条件送交订货单位,或可以作为商品对外销售的产品以及外购或委托加工完成验收入库用于销售的各种商品。库存商品具体包括库存产成品、外购商品、存放在门市准备出售的商品、发出展览的商品、寄存在外的商品、接受来料加工制造的代制品和为外单位加工修理的代修品等。

库存商品可以采用实际成本法核算,也可以采用计划成本法核算,其方法与原材料相似。采用计划成本法核算时,库存商品实际成本与计划成本的差异,可单独设置"产品成本差异"科目核算。

二、库存商品的业务处理

为了核算库存商品的增减变动及其结存情况,企业应当设置"库存商品"科目。该科目属于资产类科目,借方表示验收入库的库存商品成本,贷方表示发出的库存商品成本;期末余额在借方,表示各种库存商品的实际成本或计划成本。

(一)实际成本法

企业生产的产成品一般应按实际成本法进行核算,产成品的入库和出库,平时只记数量不记金额;月末计算入库产成品的实际成本;对出库的产成品,可以采用先进先出法、月末一次加权平均法、移动加权平均法或者个别计价法等确定其实际成本。核算方法一经确定,不得随意变更。

1. 产品生产完工验收入库的核算

产品完工验收入库时的会计分录:

借:库存商品(按照实际成本入账)

  贷:生产成本

例题【4-26】 根据WXR有限责任公司2019年6月的商品入库汇总表,本月已验收入库W产品100台,实际单位成本2 000元,计200 000元;U产品500台,实际单位成本1 000元,计500 000元,不考虑其他因素。

产品完工验收入库时的会计分录如下:

借:库存商品——W产品   200 000

    ——U产品   500 000

  贷:生产成本——W产品   200 000

      ——U产品   500 000

2. 销售商品的核算

销售商品时,符合收入确认条件的,应当一方面确认收入,另一方面结转其销售成本。

结转商品成本时的会计分录:

借:主营业务成本

  贷:库存商品

例题【4-27】 根据WXR有限责任公司2019年6月末的发出商品汇总表,本月已实现销售的W产品有50台,U产品有100台。该月W产品实际单位成本2 000元,U产品实际单位成本1 000元,不考虑其他因素。

结转商品成本时的会计分录如下:

借：主营业务成本   200 000
  贷：库存商品——W产品   100 000
    ——U产品   100 000

3. 外购商品的核算

企业外购商品采用售价核算的，商品售价和进价的差额，可通过"商品进销差价"科目核算。月末，应分摊已销商品的进销差价，将已销商品的销售成本调整为实际成本。

商品流通企业的库存商品还可以采用毛利率法和售价金额核算法进行日常核算。

（1）销售毛利率法。

销售毛利率法，是指根据本期销售净额乘以上期实际或本期计划的销售毛利率匡算本期的销售毛利，并据以计算发出存货和期末存货成本的一种专门方法。

销售毛利率法的计算公式如下：

$$销售毛利率 = 销售毛利 \div 销售净额 \times 100\%$$

$$销售净额 = 商品销售收入 - 销售退回 - 销售折让$$

$$销售毛利 = 销售净额 \times 销售毛利率$$

$$销售成本 = 销售净额 - 销售毛利$$

$$期末存货成本 = 期初存货成本 + 本期购货成本 - 本期销售成本$$

这一方法是商品流通企业尤其是商业批发企业常用的计算本期商品销售成本和期末库存商品成本的方法。

例题【4-28】 K商场2019年6月10日日用品存货200万元，本月购进300万元，本月取得销售收入400万元，上季度该类商品的销售毛利率为20%，不考虑其他因素。

本月已销商品和库存商品的成本计算如下：

本月销售收入 = 400（万元）；

销售毛利 = 400 × 20% = 80（万元）；

本月销售成本 = 400 - 80 = 320（万元）；

库存商品成本 = 200 + 300 - 320 = 180（万元）。

（2）售价金额法。

售价金额法，是指平时商品的购入、加工收回、销售均按售价记账，售价与进价的差额通过"商品进销差价"科目核算，期末计算进销差价率和本期已销商品应分摊的进销差价，并据以调整本期销售成本的一种方法。售价金额法的计算公式如下。

商品进销差价率 = （期初库存商品进销差价 + 本期购入商品进销差价）÷（期初库存商品售价 + 本期购入商品售价）× 100%

本期销售商品应分摊的商品进销差价 = 本期商品销售收入 × 商品进销差价率

本期销售商品的成本 = 本期商品销售收入 - 本期销售商品应分摊的商品进销差价

期末结存商品成本 = 期初库存商品进价成本 + 本期购进商品进价成本 - 本期销售商品成本

企业的商品进销差价率各期之间是比较均衡的，因此，也可以采用上期商品进销差价率计算分摊本期的商品进销差价。年度终了，应对商品进销差价进行核实调整。

例题【4-29】 M超市2019年7月期初库存商品的进价成本为10万元，售价总额为11

万元;本月购进该商品的进价成本为 8 万元,售价总额为 9 万元;本月销售收入为 12 万元。不考虑其他因素。

售价金额法下的相关计算如下。

商品进销差价率 = (1+1)÷(11+9)×100% = 10%;已销商品应分摊的商品进销差价 = 12×10% = 1.2(万元);已销售商品的成本 = 12 - 1.2 = 10.8(万元);期末库存商品的成本 = 10+8-10.8 = 7.2(万元)。

(二)计划成本法

库存商品种类比较多的企业,也可以按计划成本法进行日常核算,其实际成本与计划成本的差异,可以单独设置"产品成本差异"科目进行核算,或在"库存商品"科目下设置"成本差异"二级科目进行核算。

(1)产品生产完成验收入库时的会计分录:

借:库存商品
　　产品成本差异(超支差异)
　　贷:生产成本等
　　　　产品成本差异(节约差异)

(2)对外销售产品结转销售成本时的会计分录:

借:主营业务成本
　　贷:库存商品
　　　　产品成本差异(发出产品应承担的超支差异)

或

借:主营业务成本
　　产品成本差异(发出产品应承担的节约差异)
　　贷:库存商品

任务七　存货清查与期末计量

一、存货清查

(一)存货清查的定义

存货清查,是指通过对存货的实地盘点,确定存货的实有数量,并与账面结存数核对,从而确定存货实存数与账面结存数是否相符的一种专门方法。

存货种类繁多、收发频繁,在日常收发过程中可能发生计量错误、计算错误、自然损耗,还可能发生损坏变质以及贪污、盗窃等情况,造成账实不符,形成存货的盘盈或盘亏。对于存货的盘盈或盘亏,应填写存货盘点报告(如实存账存对比表),及时查明原因,按照规定程序报批处理。

(二)应当设置的会计科目

为了核算企业在财产清查中查明的各种存货的盘盈、盘亏和毁损情况,企业应当设置

"待处理财产损益"科目。该科目属于资产类科目,借方表示存货的盘亏、毁损金额及盘盈的转销金额,贷方表示存货的盘盈金额及盘亏的转销金额;期末处理完毕后无余额。

(三)存货清查的业务处理

存货清查的业务处理主要包括审批前和审批后两个环节。

1. 审批前

(1)盘盈存货时的会计分录:

借:原材料
　　库存商品等
　　贷:待处理财产损溢——待处理流动资产损溢

(2)盘亏、毁损存货时的会计分录:

借:待处理财产损溢——待处理流动资产损溢
　　贷:原材料
　　　　库存商品等
　　　　应交税费——应交增值税(进项税额转出)

注意:采用计划成本(或售价)核算的,还应当同时结转成本差异(或商品进销差价)。已计提存货跌价准备的,还应当同时结转存货跌价准备。

2. 审批后

(1)盘盈的存货审批后冲减管理费用的会计分录:

借:待处理财产损溢——待处理流动资产损溢
　　贷:管理费用

(2)盘亏、毁损的存货审批后的会计分录:

借:库存现金
　　原材料
　　其他应收款
　　营业外支出
　　贷:待处理财产损溢——待处理流动资产损溢

例题【4-30】 WXR公司在财产清查中发现盘亏K材料1 000千克,实际单位成本为5元,经查属于一般经营管理不善所致,涉及的增值税为650元,不考虑其他因素。

① 审批前的会计分录如下:

借:待处理财产损溢——待处理流动资产损溢　　　　　　　　　5 650
　　贷:原材料——K材料　　　　　　　　　　　　　　　　　　5 000
　　　　应交税费——应交增值税(进项税额转出)　　　　　　　650

② 审批后的会计分录如下:

借:管理费用　　　　　　　　　　　　　　　　　　　　　　　5 650
　　贷:待处理财产损溢——待处理流动资产损溢　　　　　　　　5 650

例题【4-31】 WXR有限责任公司因台风造成一批库存的B材料毁损,实际成本为50 000元,根据保险责任范围及保险合同规定,应由保险公司赔偿30 000元,不考虑增值税。

① 审批前的会计分录如下：
借：待处理财产损溢——待处理流动资产损溢　　　　　　　　　50 000
　　贷：原材料——B材料　　　　　　　　　　　　　　　　　　　　50 000
② 审批后的会计分录如下：
借：其他应收款——保险公司　　　　　　　　　　　　　　　　30 000
　　营业外支出——非常损失　　　　　　　　　　　　　　　　　20 000
　　贷：待处理财产损溢——待处理流动资产损溢　　　　　　　　　50 000

二、存货的期末计量

资产负债表日，存货应当按照成本与可变现净值孰低计量。其中，成本是指期末存货的实际成本，可变现净值是指存货在日常活动中的估计售价减去至完工时估计将要发生的成本、估计的销售费用以及相关税费后的净额。

资产负债表日，存货成本高于其可变现净值，表明存货发生了减值，应当对该存货计提存货跌价准备，并计入当期损益。已计提存货跌价准备的存货，若导致存货价值减少的影响因素已经消失，应当在原已计提的存货跌价准备金额的范围内转回。

（一）应设置的会计科目

为了核算存货减值情况，企业应当设置"存货跌价准备"科目。该科目属于资产类的备抵科目，贷方登记应计提的存货跌价准备金额，借方登记实际发生的存货跌价损失金额和冲减的存货跌价准备金额，期末余额一般在贷方，表示企业已计提但尚未转销的存货跌价准备。

（二）存货减值的业务处理

（1）计提存货跌价准备时的会计分录：
借：资产减值损失——计提的存货跌价准备
　　贷：存货跌价准备
（2）冲销已计提的存货跌价准备时的会计分录：
借：存货跌价准备
　　贷：资产减值损失——计提的存货跌价准备
（3）结转发出存货计提的存货跌价准备时的会计分录：
借：存货跌价准备
　　贷：主营业务成本
　　　　营业外支出等

注意：企业应当合理地计提存货跌价准备，但不得计提秘密准备。

例题【4-32】 2019年12月31日，WXR有限责任公司A材料的账面余额为10 000元，由于市场价格下跌，预计可变现净值为8 000元。该材料原先没有计提存货跌价准备，不考虑其他因素。

计提减值准备时的会计分录如下：
借：资产减值损失——计提的存货跌价准备　　　　　　　　　　2 000

贷：存货跌价准备　　　　　　　　　　　　　　　　　　　　　　　　2 000
　　例题【4-33】 承例题【4-32】，2020年6月30日，WXR有限责任公司A材料市场价格有所上升，原先导致价格下跌的因素消失，使得A材料的预计可变现净值变为9 600元，应转回的存货跌价准备为1 600元。

　　转回存货跌价准备时的会计分录如下：
　　借：存货跌价准备　　　　　　　　　　　　　　　　　　　　　　　　1 600
　　　　贷：资产减值损失——计提的存货跌价准备　　　　　　　　　　　1 600

项目小结

　　存货是指企业在日常活动中持有以备出售的产成品或商品、处在生产过程中的在产品、在生产过程或提供劳务过程中耗用的材料与物料等。存货主要包括原材料、在产品、半成品、产成品、库存商品、周转材料等。

　　企业取得存货的方式主要包括外购方式、加工方式和其他方式，其中，其他方式取得存货包括接受投资者投资、非货币性资产交换、债务重组、企业合并以及存货盘盈等方式。

　　《企业会计准则第1号——存货》规定：企业应当按照成本对存货进行初始计量。存货的成本主要包括采购成本（购买价款、相关税费、运输费、装卸费等）、加工成本和使存货达到目前场所和状态所发生的合理的必要的支出。其中，外购存货的成本指企业物资从采购到入库前所发生的全部支出，包括购买价款、相关税费、运输费、装卸费、保险费以及其他可归属于存货采购成本的费用；企业通过进一步加工取得的存货主要包括产成品、在产品、半成品、委托加工物资等，其成本由采购成本、加工成本构成。

　　企业发出存货的计价方法主要包括实际成本法和计划成本法，如采用实际成本法核算，期末存货的余额就是存货的成本，不需要调整；如采用计划成本法核算，期末应将存货的计划成本调整为实际成本。其中，实际成本法包括先进先出法、月末一次加权平均法、移动加权平均法和个别计价法。

　　计划成本法是指存货的入库、出库和结余均按计划成本计价，同时通过设置相应成本差异科目，记录和结转实际成本与计划成本的差额，期末将发出和结存存货的成本调整为实际成本的一种计价方法。

　　存货清查是指通过对存货的实地盘点，确定存货的实有数量，并与账面结存数核对，从而确定存货实存数与账面结存数是否相符的一种专门方法。

　　在资产负债表日，存货应当按照成本与可变现净值孰低计量。成本与可变现净值孰低计量是指对期末存货按照成本与可变现净值两者之中较低者计量的方法。存货的成本高于其可变现净值的，按其差额计提存货跌价准备。

习题与实训

一、思考题

1. 存货有哪些内容？

2. 存货的计价方法有哪些，它们的优点和缺点分别是什么？
3. 存货盘盈、盘亏应如何处理？
4. 存货期末如何计价？

二、单选题

1. K 有限责任公司为增值税小规模纳税企业。2019 年 5 月 10 日外购原材料一批，购买价格为 10 000 元，增值税为 1 300 元，入库前发生的挑选整理费用为 600 元。该批原材料的入账价值为（　　）元。

   A. 10 000　　　　B. 11 300　　　　C. 11 900　　　　D. 12 300

2. WXR 有限责任公司采用计划成本法进行材料的日常核算。2019 年 3 月初结存材料的计划成本为 800 000 元，实际成本为 1 000 000 元。3 月购入材料一批，实际成本为 1 300 000 元，计划成本为 1 200 000 元。当月领用材料的计划成本为 1 000 000 元，当月领用材料应负担的材料成本差异为（　　）元。

   A. 超支 50 000　　　　　　　　B. 节约 50 000
   C. 超支 150 000　　　　　　　 D. 节约 150 000

3. WXR 有限责任公司 2019 年 7 月 3 日存货结存数量为 200 件，单价为 4 元；7 月 4 日发出存货 150 件；7 月 6 日购进存货 200 件，单价为 4.4 元；7 月 7 日发出存货 100 件。在对存货发出采用移动加权平均法核算的情况下，7 月 7 日结存存货的实际成本为（　　）元。

   A. 648　　　　　B. 432　　　　　C. 1 080　　　　D. 1 032

4. WXR 有限责任公司期末"原材料"科目余额为 1 000 000 元，"生产成本"科目余额为 700 000 元，"材料成本差异"科目贷方余额为 50 000 元，"库存商品"科目余额为 1 500 000 元，"工程物资"科目余额为 2 000 000 元。则甲工业企业期末资产负债表中"存货"项目的金额为（　　）元。

   A. 2 450 000　　　B. 3 150 000　　　C. 3 250 000　　　D. 5 150 000

5. K 有限责任公司是增值税小规模纳税企业，2019 年 5 月因火灾盘亏一批材料 16 000 元。收到责任人赔款 1 500 元，残料入库 100 元。报经批准后，应计入"营业外支出"科目的金额为（　　）元。

   A. 17 020　　　　B. 18 620　　　　C. 14 300　　　　D. 14 400

6. 企业随同产品出售单独计价的包装物，发出时应当按照实际成本计入（　　）。

   A. 其他业务成本　　　　　　　B. 财务费用
   C. 销售费用　　　　　　　　　D. 营业外支出

7. 2019 年 5 月 2 日，WXR 有限责任公司销售产品领用一批不单独计价的包装物，其计划成本为 8 000 元，材料成本差异率为 1%，该笔业务发生时，企业应计入销售费用的金额是（　　）元。

   A. 8 001　　　　B. 7 920　　　　C. 8 080　　　　D. 10 000

8. WXR 有限责任公司为增值税一般纳税企业，2019 年 6 月购入 X 材料 1 000 千克，增值税专用发票注明的价款为 20 000 元，增值税为 2 600 元，该批 X 材料在运输途中发生 1% 的合理损耗，实际验收入库 990 千克。该批材料采用计划成本法核算，甲材料的单位计划成本为 22 元/千克，则该批 X 材料的入账价值为（　　）元。

A. 20 000　　　　　　B. 21 780　　　　　　C. 22 000　　　　　　D. 22 120

9. WXR 有限责任公司是增值税一般纳税企业，2019 年 8 月购入 Z 材料 2 000 千克，增值税专用发票上注明的价款为 100 000 元，增值税为 13 000 元，该批 Z 材料在运输途中发生 2% 的合理损耗，在入库前发生挑选整理费用 400 元。该批入库 Z 材料的单位成本是(　　)元/千克。

A. 51.22　　　　　　B. 50　　　　　　C. 59.90　　　　　　D. 50.20

10. WXR 有限责任公司委托外单位加工一批消费税应税消费品，发出的材料成本是 1 000 000 元，加工费为 100 000 元（不含税），受托方增值税税率为 13%，受托方代收代交消费税 20 000 元。该批材料加工后委托方继续生产应税消费品，则该批材料加工完毕后入库的成本是（　　）元。

A. 1 100 000　　　　B. 1 020 000　　　　C. 1 137 000　　　　D. 1 120 000

三、多选题

1. 下列选项中，应当计入材料采购成本的有（　　）。
A. 入库前的挑选整理费
B. 进口关税
C. 运输途中的合理损耗
D. 一般纳税人购入材料支付的增值税

2. 进行存货清查时，企业对于盘亏的材料，应先计入"待处理财产损溢"科目，待期末或报经批准后，根据不同的原因可分别转入（　　）。
A. 管理费用　　　　　　　　　　　B. 其他应付款
C. 营业外支出　　　　　　　　　　D. 其他应收款

3. 以下各项物资中，属于企业存货的有（　　）。
A. 委托加工材料　　　　　　　　　B. 在途的材料
C. 低值易耗品　　　　　　　　　　D. 工程物资

4. 以下各项中，构成外购存货入账价值的有（　　）。
A. 买价　　　　　　　　　　　　　B. 运杂费
C. 运输途中的合理损耗　　　　　　D. 入库前的挑选整理费用

5. 以下各项费用，应当计入存货成本的有（　　）。
A. 材料入库前发生的挑选整理费
B. 材料采购过程中发生的装卸费用
C. 材料入库后发生的储存费用
D. 材料采购过程中发生的保险费

四、判断题

1. 企业采用计划成本法进行材料日常核算时，月末分摊材料成本差异时，超支差异计入"材料成本差异"科目的借方，节约差异计入"材料成本差异"的贷方。（　　）

2. 购入材料在运输途中发生的合理损耗应计入销售费用。（　　）

3. 属于非常损失造成的存货毁损，应按该存货的实际成本计入营业外支出。（　　）

4. 存货发生减值时，应当提取存货跌价准备，提取存货跌价准备后，当存货的价值得

到恢复时，不能将提取的存货跌价准备转回。（   ）

5. 存货的成本就是存货的采购成本。（   ）

五、业务题

1. WXR 有限责任公司为增值税一般纳税人企业，主要从事 T 产品的生产和加工。2019 年 5 月 1 日库存 M 原材料 100 吨，价值 77 905 元；当月购入 M 原材料 4 000 吨，收到的增值税专用发票上注明的价款为 3 200 000 元，增值税为 416 000 元，另发生运输费用 50 000 元（假定运费不考虑增值税），装卸费用 12 000 元，途中保险费用 13 900 元。上述款项均以银行存款支付。原材料验收入库时发现运输途中发生合理损耗 5 吨。

本月生产 T 产品领用该种材料 2 000 吨，生产 Y 产品领用该种材料 1 600 吨，本公司工程领用 400 吨材料，当时购买时增值税进项税额为 55 692 元，不考虑其他因素。

要求：

（1）计算购入 M 材料的入账价值及单位采购成本。

（2）编制购入 M 材料的会计分录。

（3）计算 M 材料的加权平均成本。

（4）编制领用 M 材料的会计分录。

2. WXR 有限责任公司按先进先出法计算材料的发出成本。2019 年 5 月 1 日结存 B 材料 50 千克，每千克实际成本 100 元。本月发生下列有关业务。

（1）3 日，购入 B 材料 25 千克，每千克实际成本 105 元，材料已验收入库。

（2）5 日，发出 B 材料 40 千克。

（3）7 日，购入 B 材料 35 千克，每千克实际成本 98 元，材料已验收入库。

（4）12 日，发出 B 材料 65 千克。

（5）20 日，购入 B 材料 40 千克，每千克实际成本 110 元，材料已验收入库。

（6）25 日，发出 B 材料 15 千克。

要求：

根据上述资料，完成以下各项计算。

（1）5 日发出 B 材料的成本。

（2）12 日发出 B 材料的成本。

（3）25 日发出 B 材料的成本。

（4）期末结存 B 材料的成本。

项目五

长期股权投资的认知与核算

学习目标

➢ 掌握长期股权投资取得的核算、成本法下和权益法下长期股权投资的核算、长期股权投资处置的核算。
➢ 理解长期股权投资公允价值变动的核算。
➢ 了解长期股权投资的定义及特点。

引例

老韦的股权投资困惑

老韦出资成立了BQ股份有限公司，占90%的股权，后来老韦用BQ股份有限公司的资金收购了WN有限责任公司和YM有限责任公司，并取得对WN有限责任公司和YM有限责任公司的控股权。后来WN有限责任公司收购YM有限责任公司，并取得对YM鸭有限责任公司的控股权。在收购过程中，老韦始终搞不清楚怎么计算成本、采用什么方法计算，老韦又不好意思问财务总监，你知道该如何计算吗？

任务一 认识长期股权投资

一、长期股权投资概述

（一）长期股权投资的定义

长期股权投资，是指企业持有的对子公司、合营企业和联营企业的权益性投资，即企业对被投资单位具有控制、共同控制和重大影响的权益性投资。

（二）长期股权投资的特点

长期股权投资除了具备一般资产的特点外，还具有其自身的特点，主要体现在以下四个方面。

1. 期限长

长期股权投资的持有时间一般很长，其目的是长期持有被投资企业的股份，并通过持有的股份对被投资企业实施控制、共同控制或重大影响，或建立合作关系等，从而获得长期利益。

2. 风险与收益并存

在市场经济中，企业在一定的风险环境中投资，获取一定的经济利益，风险和收益是并存的。企业进行长期股权投资是为了获得长远的经济利益，这种经济利益可以体现为获取利润、现金股利、资本利得等。但是，如果被投资企业经营不善，投资企业也会面临重大的损失。

3. 不得随时出售

除了股票投资可以在满足条件的情况下通过二级市场出售外，长期股权投资通常不能随时出售。投资企业进行长期股权投资，成为被投资单位的股东，按照所持股份享有股东的相应权利并承担相应的义务，且《中华人民共和国公司法》（以下简称《公司法》）规定，股东不得随意抽回投资额。

4. 风险比较大

长期股权投资是投资企业对被投资单位进行的长期性的权益性投资，承担着股东的义务和风险。和长期债权投资相比，长期股权投资风险比较大，但收益比长期债权投资高。

二、长期股权投资的核算范围

确定长期股权投资的范围是对长期股权投资进行确认、计量和报告的前提，是界定一定时期投资盈亏的依据。根据企业会计准则规定，长期股权投资包括以下三个部分。

（一）对子公司的投资

投资企业能够对被投资单位实施控制的权益性投资，即对子公司的投资。控制，是指一个企业有权决定另一个企业的财务和经营政策，并能够依据控制权从被投资单位的经营活动中获取利益，实现投资收益或投资价值增值。

（二）对合营企业的投资

投资企业与其他合营方一起对被投资单位实施共同控制的权益性投资，即对合营企业的投资。对合营企业的投资的显著特点是合营各方均受到合营合同或协议的限制和约束。一般在合营企业设立时，合营各方在投资合同或协议中约定在所设立合营企业的重要财务和生产经营决策制定过程中，必须由合营各方均同意才能通过。

（三）对联营企业的投资

投资企业对被投资单位具有重大影响的权益性投资，即对联营企业的投资。在实际工作中，较为常见的重大影响体现为在被投资企业的董事会或类似权力机构中派有代表，通过在被投资企业生产经营决策、财务决策制定过程中的发言权实施重大影响。

三、长期股权投资的核算方法

长期股权投资的核算方法有两种：一是成本法，二是权益法。

（一）成本法核算的长期股权投资的范围

根据企业会计准则规定，企业能够对被投资单位实施控制的长期股权投资（即对子公司的投资）采用成本法核算，但编制合并财务报表时应当按照权益法进行调整。

（二）权益法核算的长期股权投资的范围

根据企业会计准则规定，企业对被投资单位具有共同控制或重大影响（即对合营企业或联营企业的投资）时，采用权益法核算。

为了反映和监督长期股权投资的取得、持有和处置等情况，企业应当设置"长期股权投资""投资收益"等科目进行核算。

例题【5-1】 WXR有限责任公司于2019年3月31日用银行存款5 000 000元取得了E公司70%的股权准备长期持有。不考虑其他因素。

本例中，WXR有限责任公司取得了E公司70%的股权，对E公司具有控制权，E公司属于WXR有限责任公司的子公司，因此，WXR有限责任公司采用成本法核算该长期股权投资。

任务二　长期股权投资的初始计量

企业的长期股权投资包括形成控股权的长期股权投资和没有形成控股权的长期股权投资。形成控股权的长期股权投资是指一个企业通过各种方式的并购活动取得对另外一个企业的控制权。形成控股权的长期股权投资又分为同一控制下控股合并和非同一控制下控股合并形成的长期股权投资。没有形成控股权的长期股权投资主要包括对合营企业的投资和对联营企业的投资。

一、合并方式取得的长期股权投资

合并方式取得的长期股权投资，初始投资成本的确定应遵循《企业会计准则第20号——企业合并》的相关原则，即应区分企业合并的类型，确定是同一控制下控股合并还是非同一控制下控股合并，确定形成长期股权投资的成本。

（一）同一控制下的企业合并

同一控制下的企业合并，合并方以支付货币资金、转让非货币性资产或承担债务方式作为交易的，应当在合并日按照取得被合并方在最终控制方合并报表中净资产账面价值的份额作为长期股权投资的初始投资成本。长期股权投资的初始投资成本与支付的货币资金、转让的非货币性资产及所承担债务账面价值之间的差额，应当计入资本公积；资本公积不足抵减的，调整留存收益。合并方以发行股票作为股权交换的，应按发行股票份额的面值总额计入股本，长期股权投资初始投资成本与所发行股票份额的面值总额之间的差额，应当计入资本公积；资本公积不足抵减的，调整留存收益。

在合并日的会计分录：

借：长期股权投资（取得被合并方所有者权益账面价值的份额）

　　资本公积——资本溢价（或股本溢价）（借方差额）

　　盈余公积（资本公积不够抵减时）

　　利润分配——未分配利润（盈余公积不够抵减时）

　贷：银行存款等

　　资本公积——资本溢价（或股本溢价）（贷方差额）

例题【5-2】 2019年12月30日，WXR股份有限公司向其母公司S公司发行20 000 000股普通股（每股面值为1元，市价为3元），取得母公司S公司拥有对N公司100%的股权，并于当日起WXR股份有限公司成为N公司的母公司，实施控制权。合并后N公司仍维持其独立法人地位继续经营。2019年12月30日，N公司净资产的账面价值为40 000 000元。假定A公司和S公司在合并前采用的会计政策相同。

合并时的会计分录如下：

借：长期股权投资——N公司　　　　　　　　　　　　　　40 000 000

　贷：股本　　　　　　　　　　　　　　　　　　　　　　20 000 000

　　　资本公积——股本溢价　　　　　　　　　　　　　　20 000 000

例题【5-3】 2019年12月20日，WXR股份有限公司将子公司N公司转让给其另外的子公司K公司，双方约定交易价为48 000 000元，合并日N公司的账面价值为50 000 000元，K公司取得母公司WXR股份有限公司拥有的对N公司100%的股权，合并当日起K公司成为N公司的母公司，实施控制权。合并后N公司仍维持其独立法人地位继续经营，款项已通过银行存款支付，不考虑其他因素。

合并时，K公司编制的会计分录如下：

借：长期股权投资——N公司　　　　　　　　　　　　　　50 000 000

　贷：银行存款　　　　　　　　　　　　　　　　　　　　48 000 000

　　　资本公积——股本溢价　　　　　　　　　　　　　　 2 000 000

（二）非同一控制下的企业合并

在非同一控制下的企业合并中，购买方应当按照实际支付的货币性资金、非货币性资产或承担债务金额作为长期股权投资的初始投资成本。企业合并成本由购买方付出的资产、发生或承担的负债、发行的股票的公允价值以及为进行企业合并发生的各项直接相关费用构成。

非同一控制下的企业合并，是将合并行为看作一方购买另一方的交易，原则上，购买方为了取得对被购买方的控制权而放弃的资产、发生或承担的负债、发行的权益性证券等均应按其在购买日的公允价值计量，所有为进行企业合并而支付对价的公允价值之和以及发生的各项相关费用作为合并中长期股权投资的成本。

合并时的会计分录如下：

借：长期股权投资（按支付的对价的公允价值）

　贷：银行存款（支付的货币资金）

　　　主营业务收入（商品的公允价值）

无形资产（账面余额）
固定资产清理等（固定资产的公允价值）

例题【5-4】 WXR 股份有限公司于 2019 年 3 月 31 日取得了 E 公司 70% 的股权。在合并中，WXR 股份有限公司用土地使用权和银行存款支付，合并日土地使用权的公允价值为 3 000 000 元，账面价值为 2 800 000 元，没有计提摊销；用银行存款支付 5 000 000 元，WXR 股份有限公司和 E 公司不属于同一控制的关系，不考虑其他因素。

合并时的会计分录如下：

借：长期股权投资　　　　　　　　　　　　　　　　　8 000 000
　　贷：无形资产　　　　　　　　　　　　　　　　　2 800 000
　　　　银行存款　　　　　　　　　　　　　　　　　5 000 000
　　　　营业外收入　　　　　　　　　　　　　　　　　200 000

例题【5-5】 2019 年 7 月 1 日，WXR 股份有限公司发行股票 20 000 000 股作为对价换取 A 公司 60% 的股权，每股面值为 1 元，实际发行价为每股 1.5 元，支付了佣金和手续费 90 000 元。不考虑其他相关税费，WXR 股份有限公司和 A 公司不属于同一控制的关系，不考虑其他因素。

合并时的会计分录如下：

借：长期股权投资　　　　　　　　　　　　　　　　　30 000 000
　　贷：股本　　　　　　　　　　　　　　　　　　　20 000 000
　　　　资本公积——股本溢价　　　　　　　　　　　　9 910 000
　　　　银行存款　　　　　　　　　　　　　　　　　　 90 000

二、非合并方式取得的长期股权投资

（一）支付货币资金方式

以支付货币资金方式取得长期股权投资的，应当把实际支付的购买价款和购买过程中支付的手续费等作为长期股权投资的初始投资成本。

取得长期股权投资时的会计分录如下：

借：长期股权投资
　　贷：银行存款

例题【5-6】 2019 年 2 月 1 日，WXR 股份有限公司从二级市场中买入 H 公司 18% 的股份，实际支付价款 6 000 000 元。在购买过程中支付手续费等相关费用 100 000 元。取得该股份后能够对 H 公司施加重大影响，不考虑其他因素。

取得长期股权投资时的会计分录如下：

借：长期股权投资——H 公司——成本　　　　　　　　6 100 000
　　贷：银行存款　　　　　　　　　　　　　　　　　6 100 000

（二）发行股票方式

以发行股票方式取得长期股权投资的，应当按照所发行股票的公允价值作为长期股权投资的初始投资成本，发行股票支付的佣金等抵减资本公积，资本公积不够抵减的，应抵减盈余公积,盈余公积不够抵减的,抵减未分配利润。

取得长期股权投资时的会计分录如下：

借：长期股权投资

  资本公积——股本溢价（借方差额）

  贷：股本

   资本公积——股本溢价（贷方差额）

例题【5-7】 2019年7月，WXR股份有限公司增发5 000 000股（每股面值1元）普通股，对价换取B公司19%的股权。按照增发前一定时期的平均股价计算，该5 000 000股普通股的公允价值为10 000 000元。为增发该部分普通股，WXR股份有限公司支付了200 000元的佣金和手续费。取得B公司该部分股权后，WXR股份有限公司能够对B公司施加重大影响，不考虑其他因素。

取得长期股权投资时的会计分录如下：

借：长期股权投资——B公司——成本　　　　　　　　　　10 000 000

　　贷：股本　　　　　　　　　　　　　　　　　　　　　5 000 000

　　　　资本公积——股本溢价　　　　　　　　　　　　　4 800 000

　　　　银行存款　　　　　　　　　　　　　　　　　　　　200 000

任务三　长期股权投资的成本法核算

一、成本法的定义

成本法，是指长期股权投资应当按照初始投资成本入账，不随被投资单位权益的增减而调整投资企业的长期股权投资。

二、成本法下的业务处理

（一）长期股权投资初始投资成本的确定

除企业合并形成的长期股权投资以外，以支付货币资金方式取得的长期股权投资，应当按照实际支付的购买价款作为初始投资成本。企业所发生的与取得长期股权投资直接相关的费用、税金及其他必要支出应计入长期股权投资的初始投资成本。另外，企业取得长期股权投资，实际支付的价款或对价中包含的已宣告但尚未发放的现金股利或利润，作为应收股利处理，不构成长期股权投资的成本。

例题【5-8】 2019年4月1日，WXR股份有限公司用银行存款买入X公司60%的股份，准备长期持有，实际支付购买价款6 000 000元。在购买过程中支付手续费等相关费用10 000元，购买时，X公司已经宣告但尚未分配的利润是200 000元。不考虑其他因素。

WXR股份有限公司应当确认的长期股权投资价值是5 890 000元，确认应收股利120 000元（200 000×60%）。

（二）取得长期股权投资

取得长期股权投资时，应按照初始投资成本入账。除企业合并形成的长期股权投资以外,以支付货币资金、非货币性资产等其他方式取得的长期股权投资,应当按照初始投资成本入账。

取得长期股权投资时的会计分录如下:

借:长期股权投资
  应收股利(价款中包含已宣告但尚未发放的现金股利或利润)
   贷:银行存款等

例题【5-9】 承例题【5-8】,取得长期股权投资时的会计分录如下:

借:长期股权投资——X公司——投资成本   5 890 000
  应收股利   120 000
   贷:银行存款   6 010 000

例题【5-10】 2020年1月10日,WXR股份有限公司购买A股份有限公司发行的普通股50 000股,准备长期持有,从而拥有A股份有限公司80%的股份。每股买入价为6元,另外,购买该股票时发生有关税费8 000元,款项已由银行存款支付。

取得长期股权投资时的会计分录如下:

借:长期股权投资——A公司   308 000
            (50 000×6+8 000)
   贷:银行存款   308 000

(三)长期股权投资持有期间被投资单位宣告发放现金股利或利润

长期股权投资持有期间被投资单位宣告发放现金股利或利润时的会计分录如下:

借:应收股利(按应享有的部分)
   贷:投资收益

例题【5-11】 WXR股份有限公司于2020年2月15日以银行存款购买J股份有限公司的股票50 000股作为长期股权投资,每股买入价为20元,每股价格中包含有0.4元已宣告但尚未发放的现金股利,另支付相关税费8 000元。WXR股份有限公司于2020年3月10日收到J股份有限公司分来的购买该股票时已宣告但尚未发放的现金股利20 000元。

① 取得长期股权投资时的会计分录如下:

借:长期股权投资——J公司   988 000
  应收股利   20 000
   贷:银行存款   1 008 000

② 收到现金股利时的会计分录如下:

借:银行存款   20 000
   贷:应收股利   20 000

(四)长期股权投资的处置

处置长期股权投资时,按实际取得的价款与长期股权投资账面价值的差额确认为投资损益,并应同时结转已计提的长期股权投资减值准备。

处置长期股权投资时的会计分录如下:

借:银行存款(按实际收到的金额)

长期股权投资减值准备（按原已计提的减值准备）
　　投资收益（借方差额）
　　　贷：长期股权投资（按长期股权投资的账面余额）
　　　　　应收股利（按尚未领取的现金股利或利润）
　　　　　投资收益（贷方差额）

例题【5-12】 WXR 股份有限公司将其作为长期股权投资持有的 Q 股份有限公司 10 000 股股票以每股 16 元的价格卖出，支付相关税费 1 000 元，收取价款 159 000 元，款项已存入银行。该长期股权投资账面价值为 150 000 元，假定没有计提减值准备。

处置长期股权投资时的会计分录如下：

借：银行存款　　　　　　　　　　　　　　　　　　　　　　　　　159 000
　　　　　　　　　　　　　　　　　　　　　　　　　（16×10 000-1 000）
　　贷：长期股权投资——Q 公司　　　　　　　　　　　　　　　　 150 000
　　　　投资收益　　　　　　　　　　　　　　　　　　　　　　　　 9 000

任务四　长期股权投资的权益法核算

一、权益法的定义

权益法，是指长期股权投资以初始投资成本计量后，在投资持有期间根据投资企业享有被投资单位所有者权益份额的变动对投资的账面价值进行调整的方法。投资企业对被投资单位具有共同控制或重大影响的长期股权投资，即对合营企业或联营企业的投资，应当采用权益法核算。

二、权益法下的业务处理

（一）取得长期股权投资的核算

（1）投资企业取得对合营企业或联营企业的投资，如果初始投资成本大于取得投资时应享有被投资单位可辨认净资产公允价值的份额，按照初始投资成本入账，不调整长期股权投资的成本，该部分差额体现为商誉。

取得长期股权投资时的会计分录如下：

借：长期股权投资——成本
　　贷：银行存款等

例题【5-13】 WXR 股份有限公司于 2020 年 1 月 2 日取得 B 公司 30% 的股权，用银行存款支付价款 3 000 000 元。取得投资时被投资企业 B 公司可辨认净资产公允价值为 9 000 000元，取得股权后，WXR 股份有限公司对 B 公司具有重大影响，不考虑其他因素。

取得长期股权投资时的会计分录如下：

借：长期股权投资——B 公司——成本　　　　　　　　　　　　　3 000 000
　　贷：银行存款　　　　　　　　　　　　　　　　　　　　　　　3 000 000

长期股权投资的成本 3 000 000 元大于取得投资时应享有 B 公司可辨认净资产公允价值

的份额 2 700 000 元（9 000 000×30%），不对其初始投资成本进行调整。

（2）投资企业取得对合营企业或联营企业的投资，如果投资成本小于取得投资时应享有被投资单位可辨认净资产公允价值的份额，应按享有被投资单位可辨认净资产公允价值的份额入账，调整长期股权投资的成本，差额计入营业外收入。

取得长期股权投资时的会计分录如下：

借：长期股权投资——成本
　　贷：银行存款等
　　　　营业外收入

例题【5-14】 WXR 股份有限公司于 2019 年 1 月 10 日取得 C 公司 30% 的股权，用银行存款支付价款 2 500 000 元。取得投资时被投资企业 C 公司可辨认净资产公允价值为 9 000 000 元，取得股权后，WXR 股份有限公司对 C 公司具有重大影响，不考虑其他因素。

取得长期股权投资时的会计分录如下：

借：长期股权投资——C 公司——成本　　　　　　　　　　　2 700 000
　　贷：银行存款　　　　　　　　　　　　　　　　　　　　2 500 000
　　　　营业外收入　　　　　　　　　　　　　　　　　　　　 200 000

（二）投资损益的核算

投资企业在确认应享有被投资单位实现的净利润或应分担被投资单位净亏损时，如果取得投资时被投资单位各项资产、负债的公允价值与其账面价值不同，投资企业在计算确定投资损益时，不能完全以被投资单位自身核算的净利润与持股比例计算确定，而是需要在被投资单位实现净利润的基础上经过适当调整后确定。

（1）被投资单位实现利润时，投资企业编制的会计分录如下：

借：长期股权投资——损益调整（根据被投资企业实现的净利润计算应享有的份额）
　　贷：投资收益

例题【5-15】 承例题【5-14】，WXR 股份有限公司于 2019 年 1 月 10 日取得 C 公司 30% 的股权，用银行存款支付价款 2 500 000 元。取得投资时被投资企业 C 公司可辨认净资产公允价值为 9 000 000 元，取得股权后，WXR 股份有限公司对 C 公司具有重大影响。2019 年度 C 公司实现净利润 2 000 000 元，不考虑其他因素。

C 公司实现收益时 WXR 股份有限公司应编制的会计分录如下：

借：长期股权投资——损益调整　　　　　　　　　　　　　　　600 000
　　　　　　　　　　　　　　　（2 000 000×30%）
　　贷：投资收益　　　　　　　　　　　　　　　　　　　　　600 000

（2）被投资单位发生净亏损时，投资企业编制的会计分录如下：

借：投资收益
　　贷：长期股权投资——损益调整

注意：如果被投资单位持续亏损，投资企业以"长期股权投资——对××企业投资"科目的账面价值减记至零为限，即"长期股权投资——对××企业投资"的明细科目"成本""损益调整""其他权益变动"三个科目合计为零。

例题【5-16】 承例题【5-14】，WXR 股份有限公司于 2019 年 1 月 10 日取得 C 公司

30%的股权,用银行存款支付价款2 500 000元。取得投资时被投资企业C公司可辨认净资产公允价值为9 000 000元,取得股权后,WXR股份有限公司对C公司具有重大影响。假设2019年度C公司发生净亏损4 000 000元,不考虑其他因素。

C公司发生亏损时WXR股份有限公司应编制的会计分录如下:

借:投资收益　　　　　　　　　　　　　　　　　　　　　1 200 000
　　贷:长期股权投资——损益调整　　　　　　　　　　　　　　　　1 200 000
　　　　　　　　　　　　　　　　　　　　　　　　　(4 000 000×30%)

(3) 被投资单位宣告发放现金股利或利润时,投资企业编制的会计分录如下:

借:应收股利(根据持有的股份计算应分得的部分)
　　贷:长期股权投资——损益调整

注意:投资企业收到被投资单位宣告发放的股票股利,不进行账务处理,但应在备查簿中登记。

例题【5-17】 2019年度V公司实现净利润5 000 000元。WXR股份有限公司按照所持的20%股份确认投资收益1 000 000元。2020年4月30日,V公司已宣告发放现金股利3 000 000元,WXR股份有限公司确认应收股利600 000元。2020年6月2日,WXR股份有限公司收到V公司分派的现金股利。

① V公司实现利润时,WXR股份有限公司应编制的会计分录如下:

借:长期股权投资——损益调整　　　　　　　　　　　　　　1 000 000
　　　　　　　　　　　　　　　　　　　　　　　　　(5 000 000×20%)
　　贷:投资收益　　　　　　　　　　　　　　　　　　　　　　1 000 000

② V公司宣告发放现金股利时,WXR股份有限公司应编制的会计分录如下:

借:应收股利　　　　　　　　　　　　　　　　　　　　　　600 000
　　　　　　　　　　　　　　　　　　　　　　　　　(3 000 000×20%)
　　贷:长期股权投资——损益调整　　　　　　　　　　　　　　　600 000

③ 收到V公司发放的现金股利时,WXR股份有限公司应编制的会计分录如下:

借:银行存款　　　　　　　　　　　　　　　　　　　　　　600 000
　　贷:应收股利　　　　　　　　　　　　　　　　　　　　　　　600 000

(三) 被投资单位其他综合收益变动

在权益法核算的情况下,投资企业对于被投资单位发生的其他综合收益变动,应当按照所持股份的比例与被投资单位其他综合收益变动额的乘积进行确认,并调整长期股权投资的账面价值,同时调增或调减其他综合收益。

被投资单位其他综合收益变动时,投资企业编制的会计分录如下:

借:长期股权投资——其他权益变动(归属于投资企业的其他综合收益变动上涨部分)
　　贷:其他综合收益

或

借:其他综合收益
　　贷:长期股权投资——其他权益变动(归属于投资企业的其他综合收益变动下降部分)

例题【5-18】 承例题【5-17】,2019 年 V 公司其他权益工具投资的公允价值增加了 400 000 元。WXR 股份有限公司按照持股比例确认相应的其他综合收益为 80 000 元。

V 公司其他综合收益变动时,WXR 股份有限公司应编制的会计分录如下:

借:长期股权投资——其他综合收益   80 000
    贷:其他综合收益   80 000

例题【5-19】 WXR 股份有限公司持有 H 公司 30% 的股份,当期 H 公司因持有的其他权益工具投资公允价值上升确认其他综合收益的金额为 600 000 元,除该事项外,H 公司当期实现的净利润为 3 000 000 元。假定 WXR 股份有限公司与 H 公司采用的会计政策、会计期间相同,投资时 H 公司有关资产的公允价值与其账面价值亦相同,不考虑其他因素。

WXR 股份有限公司确认损益和其他综合收益变动时的会计分录如下:

借:长期股权投资——H 公司——损益调整   900 000
                                                                         (3 000 000 × 30%)
        ——其他综合收益   180 000
                                                                                 (600 000 × 30%)
    贷:投资收益   900 000
        其他综合收益——H 公司   180 000

(四) 被投资单位其他权益变动

在权益法核算的情况下,投资企业对于被投资单位除净损益、利润分配和其他综合收益以外的所有者权益的其他变动,应当按照所持股份的比例与被投资单位除净损益、利润分配和其他综合收益以外的所有者权益的其他变动额的乘积进行确认,并调整长期股权投资的账面价值,同时调增或调减资本公积(其他资本公积)。

被投资单位其他权益变动时,投资企业编制的会计分录如下:

借:长期股权投资——其他权益变动(归属于投资企业的其他权益变动上涨部分)
    贷:资本公积——其他资本公积

或

借:资本公积——其他资本公积
    贷:长期股权投资——其他权益变动(归属于投资企业的其他权益变动下降部分)

(五) 长期股权投资的处置

处置长期股权投资,应按实际收到的款项与长期股权投资账面价值的差额,确认为当期损益。在采用权益法核算时,因被投资单位发生的其他综合收益变动以及除净损益、利润分配和其他综合收益以外所有者权益的其他变动而计入投资企业所有者权益的,处置该项长期股权投资时应当将原计入所有者权益的部分相应地转入当期损益,即将原计入其他综合收益、资本公积的金额转入投资收益。

(1) 处置长期股权投资时,投资企业编制下列会计分录:

借:银行存款
    长期股权投资减值准备
    投资收益(处置时亏损的部分)

　　　　贷：长期股权投资——成本
　　　　　　　　　　　　——损益调整
　　　　　　　　　　　　——其他综合收益
　　　　　　　　　　　　——其他权益变动
　　　　　　投资收益（处置时盈利的部分）
　（2）同时将原计入其他综合收益、资本公积的金额转入投资收益：
　　借：其他综合收益
　　　　资本公积——其他资本公积
　　　　贷：投资收益
或
　　借：投资收益
　　　　贷：其他综合收益
　　　　　　资本公积——其他资本公积

例题【5－20】 WXR 股份有限公司拥有 Z 公司有表决权股份的 30%，对 Z 公司具有重大影响。2019 年 12 月 31 日，WXR 股份有限公司出售 Z 公司的全部股权，所得价款 2 300 000 元全部存入银行。截至 2019 年 12 月 31 日，该项长期股权投资的账面价值为 2 000 000 元，其中投资成本为 1 500 000 元，损益调整（借方）为 400 000 元，其他综合收益（借方）为 300 000 元；长期股权投资减值准备（贷方）为 200 000 元，假设不考虑相关税费。

① 处置长期股权投资时的会计分录如下：
　　借：银行存款　　　　　　　　　　　　　　　　　　　　　2 300 000
　　　　长期股权投资减值准备　　　　　　　　　　　　　　　　 200 000
　　　　贷：长期股权投资——Z 公司——成本　　　　　　　　　1 500 000
　　　　　　　　　　　　　　　　——损益调整　　　　　　　　　400 000
　　　　　　　　　　　　　　　　——其他综合收益　　　　　　　300 000
　　　　　　投资收益　　　　　　　　　　　　　　　　　　　　 300 000
② 同时将原计入其他综合收益的金额转入投资收益的会计分录如下：
　　借：其他综合收益　　　　　　　　　　　　　　　　　　　　 300 000
　　　　贷：投资收益　　　　　　　　　　　　　　　　　　　　 300 000

任务五　长期股权投资减值

一、长期股权投资减值概述

　　长期股权投资减值，是指长期股权投资未来可收回金额低于账面价值所发生的损失。企业应当在期末对长期股权投资的账面价值进行减值测试，如果有迹象表明长期股权投资发生减值的，应当计提长期股权投资减值准备。长期股权投资减值准备一经计提，以后期间不得转回。

二、长期股权投资减值的判断

企业可以根据以下几个方面判断长期投资是否应该计提减值准备。

（一）在活跃市场中有报价的长期股权投资

在活跃市场中有报价的长期股权投资减值迹象的判断主要包括以下五个方面。

（1）市价持续两年低于账面价值。

（2）该项投资暂停交易一年或一年以上。

（3）被投资单位当年发生严重亏损。

（4）被投资单位持续两年发生亏损。

（5）被投资单位进行清理整顿、清算或出现其他不能持续经营的迹象。

（二）在活跃市场中没有报价的长期股权投资

在活跃市场中没有报价的长期股权投资减值迹象的判断主要包括以下四个方面。

（1）影响被投资单位经营的政治或法律环境的变化，如税收、贸易等法规的颁布或修订，可能导致被投资单位出现巨额亏损。

（2）被投资单位所供应的商品或提供的劳务因产品过时或消费者偏好改变而使市场的需求发生变化，从而导致被投资单位财务状况发生严重恶化。

（3）被投资单位所在行业的生产技术等发生重大变化，被投资单位已失去竞争能力，从而导致财务状况发生严重恶化，如进行清理整顿、清算等。

（4）有证据表明该项投资实质上已经不能再给企业带来经济利益的其他情形。

三、计提长期股权投资减值准备的业务处理

有迹象表明企业持有的长期股权投资发生减值的，企业应当计提长期股权投资减值准备。

企业对持有的长期股权投资计提减值准备时的会计分录：

借：资产减值损失
　　贷：长期股权投资减值准备

例题【5-21】 2019年12月31日，WXR股份有限公司持有的甲公司股票的账面价值为800 000元，该投资采用成本法进行核算。由于甲公司连年经营不善，资金周转发生困难，经减值测试证明，WXR股份有限公司持有甲公司的股权可收回金额为600 000元。WXR股份有限公司对该项投资计提长期股权投资减值准备时的会计分录如下：

借：资产减值损失　　　　　　　　　　　　　　　　　　　　　　200 000
　　贷：长期股权投资减值准备——甲公司　　　　　　　　　　　　　200 000

项目小结

长期股权投资是指企业持有的对子公司、合营企业和联营企业的权益性投资，即企业对被投资单位具有控制、共同控制和重大影响的权益性投资。

长期股权投资具有期限长、风险与收益并存、不得随意出售、风险比较大的特点。

明确长期股权投资的范围是对长期股权投资进行确认、计量和报告的前提，是界定一定时期投资盈亏的依据。根据企业会计准则规定，长期股权投资包括以下三部分：一是对子公司的投资，二是对合营企业的投资，三是对联营企业的投资。

长期股权投资的核算方法有两种：一是成本法，二是权益法。

根据企业会计准则规定，企业对子公司的投资应采用成本法核算；企业对被投资单位具有共同控制或重大影响的投资（即对合营企业或联营企业的投资）应采用权益法核算。

企业取得长期股权投资包括合并方式取得和非合并方式取得两种。其中，合并方式取得的长期股权投资又分为同一控制下的企业合并和非同一控制下的企业合并。

长期股权投资的核算包括取得时的核算、持有期间的核算、处置的核算以及减值的核算。

习题与实训

一、思考题

1. 长期股权投资的核算范围有哪些？
2. 长期股权投资的成本法在什么范围内使用？
3. 长期股权投资的权益法在什么范围内使用？
4. 被投资单位持续亏损时，投资单位对其长期股权投资应怎么处理？

二、单选题

1. A、B 两家公司同属 WXR 公司的子公司。A 公司于 2019 年 3 月 1 日以发行股票的方式从 B 公司的股东手中取得 B 公司 60% 的股份。A 公司发行 1 500 万股普通股股票，该股票每股面值为 1 元。B 公司在 2019 年 3 月 1 日所有者权益为 2 000 万元，A 公司在 2019 年 3 月 1 日资本公积为 180 万元，盈余公积为 100 万元，未分配利润为 200 万元。A 公司该项长期股权投资的成本为（　　）万元。

  A. 1 200   B. 1 600   C. 1 820   D. 480

2. 甲公司出资 1 000 万元，取得了乙公司 80% 的控股权，假如购买股权时乙公司的账面净资产价值为 1 500 万元，甲、乙公司合并前后受同一方控制。则甲公司确认的长期股权投资成本为（　　）万元。

  A. 1 000   B. 2 500   C. 1 500   D. 1 200

3. A、B 两家公司属于非同一控制下的独立公司。A 公司于 2019 年 7 月 1 日以本企业的固定资产对 B 公司投资，取得 B 公司 60% 的股份。该固定资产原值为 1 500 万元，已计提折旧 400 万元，已提取减值准备 50 万元，7 月 1 日该固定资产公允价值为 1 250 万元。B 公司 2019 年 7 月 1 日所有者权益为 2 000 万元。A 公司该项长期股权投资的成本为（　　）万元。

  A. 1 500   B. 1 050   C. 2 000   D. 1 250

4. 甲公司出资 1 000 万元，取得了乙公司 80% 的控股权，假如购买股权时乙公司的账面净资产价值为 1 500 万元，甲、乙公司合并前后不受同一方控制。则甲公司确认的长期股权投资成本为（　　）万元。

A. 1 000 B. 1 500 C. 800 D. 1 200

5. A、B 两家公司属于非同一控制下的独立公司。A 公司于 2019 年 7 月 1 日以本企业的固定资产对 B 公司投资，取得 B 公司 60%的股份。该固定资产原值为 1 500 万元，已计提折旧 400 万元，已提取减值准备 50 万元，7 月 1 日该固定资产公允价值为 1 300 万元。B 公司 2019 年 7 月 1 日所有者权益为 2 000 万元。甲公司该项长期股权投资的成本为（　　）万元。

A. 1 500 B. 1 050 C. 1 300 D. 1 200

6. 甲公司出资 600 万元，取得了乙公司 60%的控股权，甲公司对该项长期股权投资应采用（　　）核算。

A. 权益法 B. 成本法
C. 市价法 D. 成本与市价孰低法

7. 根据《企业会计准则第 2 号——长期股权投资》的规定，长期股权投资采用权益法核算时，初始投资成本大于应享有被投资单位可辨认资产公允价值份额之间的差额，正确的会计处理是（　　）。

A. 计入投资收益 B. 抵减资本公积
C. 计入营业外支出 D. 不调整初始投资成本

8. 根据《企业会计准则第 2 号——长期股权投资》的规定，长期股权投资采用权益法核算时，下列各项不会引起长期股权投资账面价值减少的是（　　）。

A. 被投资单位对外捐赠
B. 被投资单位发生净亏损
C. 被投资单位计提盈余公积
D. 被投资单位宣告发放现金股利

9. A 公司以 220 万元取得 B 公司 30%的股权，取得投资时被投资单位可辨认净资产的公允价值为 800 万元。如 A 公司能够对 B 公司施加重大影响，则 A 公司计入长期股权投资的金额为（　　）万元。

A. 220 B. 240 C. 800 D. 460

10. 长期股权投资的成本法的适用范围是（　　）。

A. 投资企业能够对被投资单位实施控制的长期股权投资
B. 投资企业对被投资单位不具有共同控制或重大影响，并且在活跃市场中没有报价、公允价值不能可靠计量的长期股权投资
C. 投资企业对被投资单位具有共同控制的长期股权投资
D. 投资企业对被投资单位具有重大影响的长期股权投资

三、多选题

1. 下列各项中，不应作为长期股权投资取得时初始成本入账的有（　　）。

A. 投资时支付的不含应收股利的价款
B. 为取得长期股权投资而发生的评估、审计、咨询费
C. 购买方作为合并对价发行的权益性证券或债务性证券的佣金和手续费
D. 投资时支付款项中所含的已宣告发放组尚未领取的现金股利

2. 长期股权投资的权益法的适用范围是（   ）。

A. 投资企业能够对被投资单位实施控制的长期股权投资

B. 投资企业对被投资单位不具有共同控制或重大影响，并且在活跃市场中没有报价、公允价值不能可靠计量的长期股权投资

C. 投资企业对被投资单位具有共同控制的长期股权投资

D. 投资企业对被投资单位具有重大影响的长期股权投资

3. 根据《企业会计准则第 2 号——长期股权投资》的规定，长期股权投资采用成本法核算时，下列各项会引起长期股权投资账面价值变动的有（   ）。

A. 追加投资

B. 减少投资

C. 被投资单位实现净利润

D. 被投资单位宣告发放现金股利

4. 对长期股权投资采用权益法核算时，被投资单位发生的下列事项中，投资企业应该调整长期股权投资账面价值的有（   ）。

A. 被投资单位实现净利润

B. 被投资单位宣告分配现金股利

C. 被投资单位购买固定资产

D. 被投资单位计提盈余公积

5. 企业处置长期股权投资时，正确的处理方法有（   ）。

A. 处置长期股权投资，其账面价值与实际取得价款的差额，应当计入投资收益

B. 处置长期股权投资，其账面价值与实际取得价款的差额，应当计入营业外收入

C. 采用权益法核算的长期股权投资，因被投资单位除净损益、利润分配和其他综合收益以外的所有者权益的其他变动而计入所有者权益的，处置该项投资时应当将原计入所有者权益的部分按相应比例转入投资收益

D. 采用权益法核算的长期股权投资，因被投资单位除净损益、利润分配和其他综合收益以外的所有者权益的其他变动而计入所有者权益的，处置该项投资时应当将原计入所有者权益的部分按相应比例转入营业外收入

四、判断题

1. 企业持有的长期股权投资发生减值的，减值损失一经确认，即使以后期间价值得以回升，也不得转回。（   ）

2. A 公司购入 B 公司 20% 的股份，买价为 322 000 元，其中含有已宣告发放但尚未领取的现金股利 8 000 元。那么 A 公司取得长期股权投资的成本为 322 000 元。（   ）

3. 长期股权投资采用成本法核算的，应按被投资单位宣告发放的现金股利或利润中属于本企业的部分，借记"应收股利"科目，贷记"投资收益"科目。（   ）

4. 采用权益法核算的长期股权投资的初始投资成本大于投资时应享有被投资单位可辨认净资产公允价值份额的，其差额计入长期股权投资（股权投资差额）中。（   ）

5. 企业持有的长期股权投资发生减值的，应将其减值损失计入营业外支出。（   ）

五、业务题

1. 2019 年 1 月 1 日，WXR 公司以银行存款 5 000 000 元取得 B 公司 80% 的股份。该项

投资属于非同一控制下的企业合并取得。B 公司所有者权益的账面价值为 7 000 000 元。

2019 年 5 月 10 日，B 公司宣告分配 2018 年度现金股利 1 000 000 元；2019 年度 B 公司实现净利润 2 000 000 元；2020 年 5 月 10 日，B 公司宣告分配现金股利 3 000 000 元，2020 年度 B 公司实现净利润 3 000 000 元；2021 年 5 月 10 日，B 公司宣告分配现金股利 2 000 000 元。

要求：

编制 WXR 公司上述股权投资的相关会计分录。

2. WXR 公司于 2019 年 1 月 1 日以 950 万元购入 F 公司股票 4 000 000 股，每股面值 1 元，占 F 公司发行在外股份的 20%，WXR 公司采用权益法核算该项投资。

2019 年 12 月 31 日，F 公司股东权益的公允价值总额为 40 000 000 元；2019 年 F 公司实现净利润 6 000 000 元，提取盈余公积 1 200 000 元；2020 年 F 公司实现净利润 8 000 000 元，提取盈余公积 1 600 000 元，宣告发放现金股利 1 000 000 元，WXR 公司已经收到；2020 年 F 公司由于其他权益工具投资公允价值变动增加其他综合收益 2 000 000 元；2020 年末该项股权投资的可收回金额为 12 000 000 元；2021 年 1 月 5 日 WXR 公司转让对 F 公司的全部投资，实得价款 13 000 000 元。

要求：

根据上述资料编制 WXR 公司上述业务的会计分录。

项目六

固定资产的认知与核算

学习目标

➢ 掌握固定资产的初始计量、固定资产折旧的计算及账务处理、固定资产的后续支出和期末计量。

➢ 理解固定资产后续支出的处理原则、固定资产的期末计量。

➢ 了解固定资产的定义、特点、分类和期末清查。

引例

老王公司的房子和车子

老王投资数千万元成立了一家管理咨询有限公司,公司在繁华的地段买了一层写字楼,同时买了一辆宝马汽车作为办公用。后来老王越来越觉得买宝马汽车亏了,原因是写字楼的价格不断攀升,压根不用考虑计提折旧和减值的问题;而宝马汽车越开越便宜,折旧不断地提,新车的价格不断往下降,减值准备提了一次又一次。你知道为什么会这样吗?企业使用固定资产需要计提折旧吗?如何计提呢?你会处理吗?

任务一 认识固定资产

一、固定资产概述

(一) 固定资产的定义

固定资产,是指企业为生产产品、提供劳务、出租或经营管理而持有的,使用寿命超过一个完整会计年度的有形资产。固定资产主要包括房屋建筑物、机器设备、运输工具以及其他设备等。

（二）固定资产的特征

与流动资产相比，固定资产具有以下特点。

（1）企业持有固定资产的目的是生产商品、提供劳务、出租或经营管理，而不像存货一样直接用于出售。其中，出租是指企业将拥有或控制的机器设备、运输工具以及其他设备等以经营租赁方式出租。

（2）固定资产的使用寿命通常超过一个完整会计年度，这是固定资产区别于流动资产的重要标志。固定资产的使用寿命是指固定资产所能给企业带来经济利益的期间，或生产产品、提供劳务的总数量。

（3）固定资产属于有形资产，该特征是固定资产区别于无形资产的重要标志。有些无形资产可能同时符合固定资产的其他特征，如无形资产是为生产商品、提供劳务而持有，使用寿命超过一个会计年度；但是，无形资产没有实物形态，不属于固定资产。

（三）固定资产的确认条件

固定资产同时满足以下两个条件时，才能确认。

1. 与该固定资产有关的经济利益很可能流入企业（流入的概率大于50%）

企业在确认固定资产时，需要判断与该项固定资产有关的经济利益是否很可能流入企业。衡量的标准是以50%作为临界点，如果与该资产有关的经济利益流入企业的概率大于50%，则认为与该资产有关的经济利益很可能流入企业。在实际工作中，主要是通过判断与该固定资产所有权相关的风险和报酬是否转移到了企业来进行综合判断。

2. 该固定资产的成本能够可靠计量

成本能够可靠计量是资产确认的基本条件。某项资产是否要确认为固定资产，除了满足固定资产定义和与该资源有关的经济利益很可能流入企业外，还应当满足企业取得该资源所发生的支出必须能够可靠计量。企业在确定固定资产成本时，有时需要根据所获得的最新资料，对固定资产的成本进行合理估计。如果企业能够合理地估计出固定资产的成本，则视同固定资产的成本能够可靠地计量。

二、固定资产的分类

固定资产的种类、外形特征、规格型号、用途等各不相同，因此，企业应当根据管理和核算的需要，对固定资产进行科学合理的分类。

（一）按经济用途划分

固定资产按经济用途可以分为生产经营用固定资产和非生产经营用固定资产。

（二）按使用情况划分

固定资产按使用情况可以分为使用中的固定资产、未使用的固定资产、不需用的固定资产和租出的固定资产。

（三）按所有权划分

固定资产按所有权可以分为自有固定资产和租入固定资产。

（四）按经济用途和使用情况划分

固定资产按经济用途和使用情况可以分为生产经营用固定资产、非生产经营用固定资产、租出固定资产、不需用固定资产、未使用固定资产、土地和融资租入固定资产。

三、固定资产的计价

固定资产计价，是指固定资产价值的计量。不同方式取得的固定资产，其计价方法是不一致的。固定资产的计价主要包括历史成本、重置成本、公允价值。

（一）历史成本

历史成本又称实际成本，是指取得或制造某项固定资产时所实际支付的现金或者现金等价物金额。在历史成本计量下，固定资产按照其购置时支付的现金或现金等价物的金额，或者按照购置资产时所付出的对价的公允价值计量。一般情况下，固定资产按照历史成本计量。

（二）重置成本

重置成本又称现行成本，是指按照当前市场条件，重新取得同样一项固定资产所需支付的现金或现金等价物金额。在重置成本下，固定资产按照现在购买相同或者相似资产所需支付的现金或者现金等价物的金额计量。固定资产在盘盈时，一般按照重置成本计量。

（三）公允价值

公允价值是指在公平交易中，熟悉情况的交易双方自愿进行固定资产交换的金额。在公允价值计量下，固定资产按照在公平交易中，熟悉情况的交易双方自愿进行交换的金额计量。一般在非货币性资产交换或接受投资者投入固定资产时，按照公允价值计量。

四、应设置的会计科目

为了加强对固定资产进行核算，企业根据管理要求一般需要设置"固定资产""累计折旧""工程物资""在建工程""固定资产清理""固定资产减值准备""资产处置损益"等科目，核算固定资产的取得、计提折旧、处置等情况。

（一）"固定资产"科目

为了核算固定资产的增减变动及其余额，企业应当设置"固定资产"科目。该科目属于资产类科目，借方登记企业增加的固定资产原价，贷方登记企业减少的固定资产原价；期末余额在借方，表示企业期末固定资产的原价。

（二）"累计折旧"科目

为了核算固定资产累计计提折旧的情况，企业应设置"累计折旧"科目。该科目属于"固定资产"科目的备抵科目，贷方登记计提的固定资产折旧，借方登记减少固定资产转出的累计已提折旧额；期末余额在贷方，反映企业累计计提的固定资产折旧额。

（三）"工程物资"科目

为了核算企业为构建固定资产而准备的工程物资的增减变动情况，企业应设置"工程物资"科目。该科目属于资产类科目，借方登记企业购入工程物资的实际成本，贷方登记领用工程物资的实际成本；期末余额在借方，表示企业为工程购入但尚未领用的工程物资的实际成本。

（四）"在建工程"科目

为了核算企业为构建固定资产而建造的工程成本，企业应设置"在建工程"科目。该科目属于资产类科目，借方登记企业各项在建工程的实际支出，贷方登记完工工程转出的实际支出；期末余额在借方，表示企业尚未完工的工程发生的实际支出。

（五）"固定资产清理"科目

为了核算企业因出售、报废和毁损等转入清理的固定资产价值及其在清理过程中所发生的清理支出以及清理收益的情况，企业应设置"固定资产清理"科目。该科目属于资产类科目，借方登记转入清理的固定资产净值、清理过程中发生的清理费用以及应交的税金，贷方登记清理固定资产的变价收入、保险公司或过失人的赔偿款等；清理完毕后该科目没有余额。

任务二 固定资产的初始计量

固定资产的初始计量是通过计算确定固定资产在不同方式下取得时的入账价值。一般而言，固定资产应当按历史成本进行初始计量，已经确认登记入账的固定资产成本称为固定资产原价。在实际工作中，企业取得固定资产的方式和途径各不相同，固定资产成本的确认和计量也有所不同。

一、外购方式取得固定资产的核算

外购方式取得固定资产的成本主要包括购买价款、相关税费（不含可以抵扣的增值税）、使固定资产达到预定可使用状态前所发生的可归属于该项资产的运输费、装卸费、保险费、安装费和专业人员服务费等。

（一）购入不需要安装的固定资产

购入不需要安装的固定资产，是指购入不需要安装就可以直接使用的固定资产，其成本一般包括购买价款，相关税费（不含可以抵扣的增值税），使固定资产达到预定可使用状态前所发生的可归属于该项资产的运输费、装卸费、保险费和专业人员服务费等。

购入不需要安装的固定资产时的会计分录如下：

借：固定资产
　　应交税费——应交增值税（进项税额）
　贷：银行存款
　　应付账款
　　应付票据等

例题【6-1】 2019年5月1日，WXR有限责任公司购入一台不需要安装的生产经营用A设备，取得的增值税专用发票上注明的设备价款为100万元，增值税为13万元，款项用银行存款转账支付，不考虑其他相关税费。

购入固定资产时的会计分录如下：

借：固定资产——A设备　　　　　　　　　　　　　　　　　　　　1 000 000

　　　　应交税费——应交增值税（进项税额）　　　　　　　　　　 130 000
　　　　贷：银行存款　　　　　　　　　　　　　　　　　　　　　　　1 130 000
例题【6-2】 2019年5月1日，WXR有限责任公司购入一台不需要安装的生产经营用B设备，取得的增值税专用发票上注明的设备价款为50万元，增值税为6.5万元，运杂费共计2万元（不考虑增值税），款项尚未支付，不考虑其他相关税费。

购入固定资产时的会计分录如下：
　　借：固定资产——B设备　　　　　　　　　　　　　　　　　　　　520 000
　　　　应交税费——应交增值税（进项税额）　　　　　　　　　　　 65 000
　　　　贷：应付账款　　　　　　　　　　　　　　　　　　　　　　　　585 000

（二）购入需要安装的固定资产

购入需要安装的固定资产，是指购入需要经过安装、调试达到预定可使用状态才可以使用的固定资产，其成本一般包括购买价款，相关税费（不含可以抵扣的增值税），使固定资产达到预定可使用状态前所发生的可归属于该项资产的运输费、装卸费、保险费、安装费和专业人员服务费等。

(1) 购入需要安装的固定资产时的会计分录：
　　借：在建工程
　　　　应交税费——应交增值税（进项税额）
　　　　贷：银行存款
　　　　　　应付账款
　　　　　　应付票据等

(2) 安装固定资产时的会计分录：
　　借：在建工程
　　　　贷：原材料
　　　　　　银行存款
　　　　　　应付账款
　　　　　　应付票据等

(3) 安装完毕达到预定可使用状态时的会计分录：
　　借：固定资产
　　　　贷：在建工程

例题【6-3】 2019年4月20日，WXR有限责任公司购入一台需要安装的C设备，取得的增值税专用发票上注明的设备买价为500 000元，增值税为65 000元，支付的运杂费为5 000元（不考虑增值税）。3月22日安装设备时，领用本企业生产用材料价值5 000元，购进该批材料时支付的增值税进项税额为650元，支付安装人员劳务费8 000元。3月25日设备安装完毕，达到预定可使用状态。所有款项均以银行存款支付，不考虑其他因素。

① 购入C设备时的会计分录如下：
　　借：在建工程——C设备　　　　　　　　　　　　　　　　　　　　505 000
　　　　应交税费——应交增值税（进项税额）　　　　　　　　　　　 65 000
　　　　贷：银行存款　　　　　　　　　　　　　　　　　　　　　　　　570 000

② 安装领用材料、支付人员劳务费时的会计分录如下：
借：在建工程——C 设备　　　　　　　　　　　　　　　　　　13 000
　　贷：原材料　　　　　　　　　　　　　　　　　　　　　　　5 000
　　　　银行存款　　　　　　　　　　　　　　　　　　　　　　8 000
③ 安装完毕，达到预定可使用状态时的会计分录如下：
借：固定资产——C 设备　　　　　　　　　　　　　　　　　　518 000
　　贷：在建工程——在安装设备　　　　　　　　　　　　　　　518 000

注意：如果企业以一笔款项购入多项没有单独标价的固定资产，应当按照购入各项固定资产的公允价值比例对购入各项固定资产总成本进行分配，分别确定各项固定资产的初始成本。

例题【6-4】 2019 年 4 月 10 日，WXR 有限责任公司采用一揽子交易购入不需要安装的 A、B、C 三项固定资产，增值税专用发票注明的价格为 800 万元，增值税为 104 万元。A、B、C 三项固定资产均没有单独标价，但有公允价值，A 的公允价值为 500 万元，B 的公允价值为 300 万元，C 的公允价值为 200 万元。款项已通过银行转账支付，不考虑其他因素。

WXR 有限责任公司确认 A 固定资产的成本 = 800 × （500/1 000）= 400（万元），B 固定资产的成本 = 800 × （300/1 000）= 240（万元），C 固定资产的成本 = 800 × （200/1 000）= 160（万元）。

购入固定资产时，WXR 有限责任公司编制的会计分录如下：
借：固定资产——A　　　　　　　　　　　　　　　　　　　　4 000 000
　　　　　　　——B　　　　　　　　　　　　　　　　　　　　2 400 000
　　　　　　　——C　　　　　　　　　　　　　　　　　　　　1 600 000
　　应交税费——应交增值税（进项税额）　　　　　　　　　　　1 040 000
　　贷：银行存款　　　　　　　　　　　　　　　　　　　　　　9 040 000

（三）延期付款购入固定资产

如果企业购买固定资产的价款超过正常信用条件延期支付的，实质上具有融资性质，该固定资产的成本应当以购买价款的现值为基础确定。实际支付的价款与购买价款现值之间的差额，确认为未确认融资费用，在延期付款期间按规定分次转入企业的财务费用。

（1）延期付款购入固定资产时的会计分录：
借：固定资产（不需要安装）
　　在建工程（需要安装）
　　未确认融资费用
　　贷：长期应付款

（2）分摊未确认融资费用时的会计分录：
借：财务费用
　　贷：未确认融资费用

例题【6-5】 2020 年 1 月 1 日，WXR 有限责任公司从乙公司购入一台需要安装的机床作为固定资产使用，购入后即进入安装调整工程。用银行存款支付固定资产发生运费及装卸费 460 000 元。购买合同约定，固定资产不含增值税价款为 9 000 000 元，增值税为 1 170 000 元，每年年底支付 1 500 000 元，一共分 6 年支付；长期应付款的现值为 6 500 000 元，固定资产的公允价值为 6 500 000 元。WXR 有限责任公司用银行存款支付增值税 1 170 000 元，实际利率为 10%。假设安装工程持续到 2020 年 12 月底完成。

要求：计算固定资产的入账价值及编制相关会计分录。

① 长期应付款的现值为 6 500 000 元，固定资产的公允价值为 6 500 000 元，因此固定资产的入账价值 = 6 500 000 + 460 000 = 6 960 000（元）。

购入固定资产时的会计分录如下：

借：在建工程		6 960 000
应交税费——应交增值税（进项税额）		1 170 000
未确认融资费用		2 500 000
贷：长期应付款		9 000 000
银行存款		1 630 000

② 2020 年应该摊销的未确认融资费用 =（9 000 000 − 2 500 000）× 10% = 650 000（元）。

2020 年分摊未确认融资费用时的会计分录如下：

借：在建工程		650 000
贷：未确认融资费用		650 000

③ 固定资产达到预定可使用状态时的会计分录如下：

借：固定资产		7 610 000
贷：在建工程		7 610 000

④ 2020 年年末支付长期应付款时的会计分录如下：

借：长期应付款		1 500 000
贷：银行存款		1 500 000

⑤ 2021 年应该摊销的未确认融资费用 = {（9 000 000 − 1 500 000）−（2 500 000 − 650 000）} × 10% = 565 000（元）。

2021 年分摊未确认融资费用时的会计分录如下：

借：财务费用		565 000
贷：未确认融资费用		565 000

⑥ 2021 年年末支付长期应付款时的会计分录如下：

借：长期应付款		1 500 000
贷：银行存款		1 500 000

注意：后面几年分摊未确认融资费用的计算及会计分录的编制参照 2021 年的计算方法和会计分录。

二、自行建造固定资产的核算

自行建造的固定资产，是指企业自行组织采购工程物资、自行组织施工人员从事工程施工完成固定资产或与第三方签订建造合同委托第三方建造完成的固定资产。自行建造的固定资产的成本由自建造该项资产开始至达到预定可使用状态前所发生的合理的必要的支出构成,主要包括工程物资成本、人工成本、交纳的相关税费、应予资本化的借款费用以及应分摊的间接费用等。企业自行建造固定资产有两种方式:自营方式和出包方式。

(一) 自营方式建造固定资产

企业以自营方式建造固定资产是指企业自行组织采购工程物资、组织施工人员施工建造。自营方式建造的固定资产的成本应当按照实际发生的工程物资、施工人员工资薪酬、机械施工费等进行确认。

(1) 购入为工程准备的物资时的会计分录:

借:工程物资
　　应交税费——应交增值税(进项税额)
　　　贷:银行存款
　　　　　应付账款
　　　　　应付票据等

(2) 工程领用工程物资时的会计分录:

借:在建工程
　　贷:工程物资

(3) 工程领用本企业材料时的会计分录:

借:在建工程
　　贷:原材料

(4) 结算工程负担的职工薪酬时的会计分录:

借:在建工程
　　贷:应付职工薪酬

(5) 结算辅助生产部门为工程提供的水费、电费、设备安装等劳务时的会计分录:

借:在建工程
　　贷:生产成本——辅助生产成本

(6) 工程进行负荷联合试车发生相关费用时的会计分录:

借:在建工程
　　贷:银行存款
　　　　应付票据
　　　　原材料等

(7) 试车形成的产品或副产品对外销售或转为库存商品时的会计分录:

借:银行存款
　　应收票据
　　库存商品等
　　贷:在建工程

(8) 工程达到预定可使用状态,结转工程成本时的会计分录:

借:固定资产
　　贷:在建工程

注意:已达到预定可使用状态但尚未办理竣工决算手续的固定资产,应按估计价值入账，待确定实际成本后再进行调整，已计提的折旧不再调整。

例题【6-6】 2019年4月10日，WXR有限责任公司董事会决定自行建造一座仓库，4月20日购入各种工程物资200 000元，支付的增值税额为26 000元，货款用银行存款支付，截至5月20日，实际领用工程物资共计200 000元；另外还领用了企业生产经营用的原材料一批，实际成本为50 000元，增值税进项税额为6 500元；支付工程人员工资40 000元，企业辅助生产车间为工程提供有关劳务支出10 000元，5月30日工程完工交付使用。

① 购入工程物资时的会计分录如下：

借：工程物资　　　　　　　　　　　　　　　　　　　　　　　200 000
　　应交税费——应交增值税（进项税额）　　　　　　　　　　 26 000
　　贷：银行存款　　　　　　　　　　　　　　　　　　　　　 226 000

② 工程领用工程物资时的会计分录如下：

借：在建工程——仓库　　　　　　　　　　　　　　　　　　　200 000
　　贷：工程物资　　　　　　　　　　　　　　　　　　　　　 200 000

③ 工程领用本企业原材料时的会计分录如下：

借：在建工程——仓库　　　　　　　　　　　　　　　　　　　 50 000
　　贷：原材料　　　　　　　　　　　　　　　　　　　　　　　50 000

④ 支付工程人员工资时的会计分录如下：

借：在建工程——仓库　　　　　　　　　　　　　　　　　　　 40 000
　　贷：应付职工薪酬　　　　　　　　　　　　　　　　　　　　40 000

⑤ 确认辅助生产车间为工程提供劳务支出时的会计分录如下：

借：在建工程——仓库　　　　　　　　　　　　　　　　　　　 10 000
　　贷：生产成本——辅助生产成本　　　　　　　　　　　　　　10 000

⑥ 工程完工交付使用时的会计分录如下：

借：固定资产——仓库　　　　　　　　　　　　　　　　　　　300 000
　　贷：在建工程——仓库　　　　　　　　　　　　　　　　　 300 000

例题【6-7】 2019年4月10日，WXR有限责任公司董事会决定自行建造一台生产经营用A设备，4月20日购入各种工程物资100 000元，支付的增值税为13 000元，货款用银行存款支付，截至4月30日，实际领用工程物资100 000元（不含增值税）；另外还领用了企业生产经营用的原材料一批，实际成本为50 000元，增值税进项税额为6 500元；支付工程人员工资10 000元，企业辅助生产车间为工程提供有关劳务支出5 000元，5月5日工程完工交付使用。

① 购入工程物资时的会计分录如下：

借：工程物资　　　　　　　　　　　　　　　　　　　　　　　100 000
　　应交税费——应交增值税（进项税额）　　　　　　　　　　 13 000
　　贷：银行存款　　　　　　　　　　　　　　　　　　　　　 113 000

② 工程领用工程物资时的会计分录如下：

借：在建工程——A设备　　　　　　　　　　　　　　　　　　 100 000
　　贷：工程物资　　　　　　　　　　　　　　　　　　　　　 100 000

③ 工程领用本企业原材料时的会计分录如下：

借：在建工程——A设备　　　　　　　　　　　　50 000
　　贷：原材料　　　　　　　　　　　　　　　　　　50 000

④ 支付工程人员工资时的会计分录如下：

借：在建工程——A设备　　　　　　　　　　　　10 000
　　贷：应付职工薪酬　　　　　　　　　　　　　　10 000

⑤ 确认辅助生产车间为工程提供劳务支出时的会计分录如下：

借：在建工程——A设备　　　　　　　　　　　　 5 000
　　贷：生产成本——辅助生产成本　　　　　　　　 5 000

⑥ 工程完工交付使用时的会计分录如下：

借：固定资产——A设备　　　　　　　　　　　　165 000
　　贷：在建工程——A设备　　　　　　　　　　　165 000

（二）出包方式建造固定资产

采用出包方式建造固定资产，企业要与建造承包商签订建造合同。企业的新建、改建、扩建等建设项目，通常均采用出包方式。

企业以出包方式建造固定资产，其成本由建造该项固定资产起至达到预定可使用状态前所发生的合理的必要支出构成，包括发生的建筑工程支出、安装工程支出，以及需分摊计入的待摊支出。

以出包方式建造固定资产的具体支出，由建造承包商核算，"在建工程"科目实际成为企业与建造承包商的结算科目，企业将与建造承包商结算的工程价款作为工程成本，统一通过"在建工程"科目进行核算。

（1）按照发包的工程合同规定预付工程款时的会计分录：

借：预付账款
　　贷：银行存款

（2）按照工程进度或合同规定的进度付款时的会计分录：

借：在建工程
　　贷：银行存款
　　　　预付账款

（3）按照合同规定补付工程款时的会计分录：

借：在建工程
　　贷：银行存款

（4）工程完工达到预定可使用状态，转入固定资产时的会计分录：

借：固定资产
　　贷：在建工程

例题【6-8】 2019年5月10日，WXR有限责任公司将一条生产线的建造工程出包给J公司承建，按照合同约定，合同签订之日预付工程款200 000元。5月30日，按合理估计的出包工程进度和合同规定向J公司结算进度款600 000元。6月20日，工程完工后，收到J公司有关工程结算单据，补付工程款400 000元，工程完工并达到预定可使用状态（不考虑相关税费)。

(1) 预付工程款时的会计分录如下：

借：预付账款　　　　　　　　　　　　　　　　　　　　　200 000
　　贷：银行存款　　　　　　　　　　　　　　　　　　　　　　200 000

(2) 按合理估计的发包工程进度和合同规定向 J 公司结算进度款时的会计分录如下：

借：在建工程——厂房　　　　　　　　　　　　　　　　　600 000
　　贷：银行存款　　　　　　　　　　　　　　　　　　　　　　400 000
　　　　预付账款　　　　　　　　　　　　　　　　　　　　　　200 000

(3) 补付工程款时的会计分录如下：

借：在建工程——厂房　　　　　　　　　　　　　　　　　400 000
　　贷：银行存款　　　　　　　　　　　　　　　　　　　　　　400 000

(4) 工程完工达到预定可使用状态转入固定资产时的会计分录如下：

借：固定资产——厂房　　　　　　　　　　　　　　　　1 000 000
　　贷：在建工程——厂房　　　　　　　　　　　　　　　　　1 000 000

三、投资者投入固定资产的核算

投资者以固定资产的方式进行投资，应当按照投资合同或协议约定的价值入账（投资合同或协议约定价值不公允的除外）。企业收到投资者投入的固定资产，一方面，固定资产增加，另一方面，实收资本或股本增加。

收到投资者投入的固定资产时的会计分录：

借：固定资产
　　贷：实收资本（或股本）
　　　　资本公积

例题【6-9】 WXR 有限责任公司收到 T 企业投入的固定资产一台，T 企业开具的增值税专用发票注明该固定资产的价款为 100 000 元，增值税为 13 000 元；该固定资产的公允价值为 100 000 元，不考虑其他因素。

收到投入的固定资产时的会计分录：

借：固定资产　　　　　　　　　　　　　　　　　　　　　100 000
　　应交税费——应交增值税（进项税额）　　　　　　　　　 13 000
　　贷：实收资本　　　　　　　　　　　　　　　　　　　　　　113 000

四、租入固定资产的核算

租入固定资产是企业通过租赁的方式获取固定资产的使用权。租赁有两种形式：一种是融资租赁；另一种是经营租赁。

(一) 融资租赁

融资租赁，是指实质上转移了与资产所有权有关的全部风险和报酬的租赁。融资租赁方式下，租赁资产的所有权最终可能转移，也可能不转移。由于在租赁期内承租企业实质上获得了融资租入资产所提供的主要经济利益，同时承担了与融资租入资产有关的风险，因此承租企业应将融资租入资产作为一项固定资产计价入账,同时确认相应的负债,并且在租赁期间计提固定资产折旧。

(1) 融资租入的固定资产,在租赁期开始日的会计分录:

借:固定资产(不需要安装)
　　在建工程(需要安装)
　　未确认融资费用(长期应付款与固定资产的入账价值之间的差额)
　贷:长期应付款
　　　银行存款

(2) 未确认融资费用在租赁期间按一定的标准进行摊销时的会计分录:

借:财务费用
　贷:未确认融资费用

(二) 经营租赁

在租赁活动中,如果一项租赁在实质上没有转移与租赁资产所有权有关的全部风险和报酬,那么该项租赁应认定为经营租赁。在经营租赁中,企业不需要将租赁资产资本化,只需要将支付或应付的租金按一定方法计入相关资产成本或当期损益。通常情况下,企业应当将经营租赁的租金在租赁期内各个期间,按照直线法计入相关资产成本或者当期损益。

(1) 经营租赁开始日,按照合同或协议约定预付租金时的会计分录:

借:预付账款
　贷:银行存款

(2) 支付各期租金时的会计分录:

借:管理费用
　　销售费用等
　贷:预付账款
　　　银行存款等

例题【6-10】 2019 年 1 月 1 日,WXR 有限责任公司从 M 租赁公司采用经营租赁方式租入一台行政办公用设备。租赁合同规定:租赁期开始日为 2019 年 1 月 1 日,租赁期为 2 年,租金总额为 100 000 元,租赁开始日 WXR 有限责任公司先预付租金 20 000 元,每年年末结算本年度租金 50 000 元;租赁期满,M 租赁公司收回办公用设备。假定 WXR 有限责任公司在每年年末确认租金费用,不考虑其他相关税费。

(1) 预付租金时的会计分录:

借:预付账款——M 租赁公司　　　　　　　　　　　　　　　　20 000
　贷:银行存款　　　　　　　　　　　　　　　　　　　　　　　　20 000

(2) 2019 年 12 月 31 日,确认本年租金费用时的会计分录:

借:管理费用　　　　　　　　　　　　　　　　　　　　　　　50 000
　贷:预付账款——M 租赁公司　　　　　　　　　　　　　　　　20 000
　　　银行存款　　　　　　　　　　　　　　　　　　　　　　　30 000

(3) 2020 年 12 月 31 日,确认本年租金费用时的会计分录:

借:管理费用　　　　　　　　　　　　　　　　　　　　　　　50 000
　贷:银行存款　　　　　　　　　　　　　　　　　　　　　　　50 000

五、其他方式取得固定资产的核算

（一）接受捐赠的固定资产

接受捐赠获得的固定资产，应当根据捐赠设备的发票等有关单据确定其价值。

通过捐赠获得固定资产时的会计分录：

借：固定资产
　　应交税费——应交增值税（进项税额）
　贷：营业外收入
　　　银行存款等

例题【6-11】 WXR 有限责任公司接受一外商捐赠的新设备一台。根据捐赠设备的发票、报关单等有关单据确定其价值为 40 000 元，增值税进项税额为 5 200 元；用银行存款支付运杂费 1 000 元（不考虑增值税），已收到捐赠的设备，不考虑其他因素。

收到捐赠的固定资产时的会计分录：

借：固定资产　　　　　　　　　　　　　　　　　　　　　41 000
　　应交税费——应交增值税（进项税额）　　　　　　　　　 5 200
　贷：营业外收入——捐赠利得　　　　　　　　　　　　　　45 200
　　　银行存款　　　　　　　　　　　　　　　　　　　　　 1 000

（二）政府无偿调入的固定资产

企业按照报经有关部门批准无偿调入的固定资产，按调出单位的账面价值加上新的安装成本、包装费、运杂费等作为调入固定资产的入账价值。

(1) 收到政府无偿调入固定资产时的会计分录：

借：在建工程（需要安装）
　　固定资产（不需要安装）
　贷：资本公积——无偿调入固定资产
　　　银行存款

(2) 发生安装费时的会计分录：

借：在建工程
　贷：银行存款
　　　应付职工薪酬等

(3) 需安装的固定资产达到可使用状态时的会计分录：

借：固定资产
　贷：在建工程

任务三　固定资产的折旧

一、折旧概述

（一）折旧的定义

折旧，是指在固定资产使用寿命内，按照确定的方法对应计折旧额进行系统分摊。其中,应计折旧额,是指应当计提折旧的固定资产原价减去预计净残值后的金额;已计提减值准备的固定资产,还应当扣除已计提的固定资产减值准备累计金额。预计净残值,是指固定资产预计使用寿命达到预计期限并处于使用寿命终了时的预期状态,企业从该项资产处置中获得的净现金流量。

企业应当根据固定资产的性质和使用情况,合理确定固定资产的使用寿命和预计净残值。固定资产的使用寿命、预计净残值一经确定,不得随意变更。

(二) 固定资产折旧的范围

《企业会计准则第 4 号——固定资产》规定,企业应当对所有固定资产计提折旧。但是,已提足折旧仍继续使用的固定资产和单独计价入账的土地除外。企业在计提固定资产折旧时,应当注意下列几种情况。

(1) 企业应按月计提固定资产折旧,当月增加的固定资产,当月不提折旧,从下月起计提折旧;当月减少的固定资产,当月照提折旧,从下月起不提折旧。固定资产提足折旧后,不论能否继续使用,均不再提取折旧;提前报废的固定资产,也不再补提折旧。

(2) 已达到预定可使用状态但尚未办理竣工决算的固定资产,应当按照估计价值确定其成本,并计提折旧;待办理竣工决算后再按实际成本调整原来的暂估价值,但不需要调整原已计提的折旧额。

(3) 处于更新改造过程停止使用的固定资产,应将其账面价值转入在建工程,不再计提折旧。更新改造项目达到预定可使用状态转为固定资产后,再按照重新确定的折旧方法和该项固定资产尚可使用年限计提折旧。

(4) 融资租入的固定资产,应当采用与自有应计提折旧资产相一致的折旧政策。

(三) 影响固定资产折旧的因素

影响固定资产折旧的因素主要包括以下四个方面。

(1) 固定资产原值,即固定资产的账面成本,一般固定资产的原值越高,应计提的折旧就越多。

(2) 固定资产减值准备,是指固定资产已计提的固定资产减值准备累计金额。一般而言,已计提固定资产减值准备的固定资产,应计提的折旧会减少。

(3) 固定资产的预计净残值,是指假定固定资产预计使用寿命已满并处于使用寿命终了时的预期状态,企业从该项资产处置中获得的净现金流量。由于在计算折旧时,对固定资产的残余价值和清理费用是人为估计的,所以固定资产预计净残值的确定有一定的主观性。

(4) 固定资产的使用寿命,是指企业使用固定资产的预计期间,或者该固定资产所能生产产品或提供劳务的数量。固定资产使用寿命直接影响各期应计提的折旧额。

二、固定资产折旧的方法

企业应当根据与固定资产有关的经济利益的预期实现方式,合理选择折旧方法。固定资产折旧方法包括年限平均法、工作量法、双倍余额递减法和年数总和法等。企业选用不同的折旧方法,将影响固定资产使用寿命期间内不同时期的折旧费用,因此,固定资产的折旧方法一经确定,不得随意变更。

(一) 年限平均法

年限平均法又称直线法,是指将固定资产的应计折旧额均衡地分摊到固定资产预计使用寿命内的一种方法。采用这种方法计算的每期折旧额相等。

采用年限平均法计提固定资产折旧的计算公式如下:

固定资产年折旧额 = (固定资产原价 - 预计净残值) ÷ 预计使用年限

固定资产月折旧额 = 固定资产年折旧额 ÷ 12

或

固定资产年折旧率 = (1 - 预计净残值率) ÷ 预计使用年限 × 100%

固定资产月折旧率 = 固定资产年折旧率 ÷ 12

固定资产月折旧额 = 固定资产原价 × 固定资产月折旧率

例题【6-12】 2019年2月1日,WXR有限责任公司购入机器设备1台,价值40 000元,预计使用年限为5年,预计净残值为4 000元,不考虑其他因素。计算该设备的年折旧额、年折旧率及月折旧额、月折旧率。

年折旧额 = (40 000 - 4 000) ÷ 5 = 7 200(元);年折旧率 = 7 200 ÷ 40 000 = 18%;月折旧额 = 7 200 ÷ 12 = 600(元);月折旧率 = 18% ÷ 12 = 1.5%。

(二) 工作量法

工作量法是按照固定资产预计所完成的工作量计算折旧额的方法。工作量法计提折旧考虑了固定资产在各个期间的磨损情况,通过固定资产承担的工作量来分摊固定资产折旧。这种方法一般适用于一些专用设备、运输工具等。

采用工作量法计提固定资产折旧的计算公式如下。

单位工作量折旧额 = (固定资产原价 - 预计净残值) ÷ 预计总工作量

固定资产月折旧额 = 固定资产当月工作量 × 单位工作量折旧额

(1) 按里程计算折旧的公式。

单位行驶里程折旧额 = (固定资产原价 - 预计净残值) ÷ 预计总行驶里程

或

单位行驶里程折旧额 = [固定资产原价 × (1 - 预计净残值率)] ÷ 预计总行驶里程

固定资产月折旧额 = 固定资产当月行驶里程 × 单位行驶里程折旧额

(2) 按照工作小时计算折旧的公式。

固定资产每小时折旧额 = (固定资产原价 - 预计净残值) ÷ 预计总小时数

或

固定资产每小时折旧额 = [固定资产原价 × (1 - 预计净残值率)] ÷ 预计总小时数

固定资产月折旧额 = 固定资产当月工作小时数 × 固定资产每小时折旧额

例题【6-13】 2019年2月10日,WXR有限责任公司购入一辆货车,原价为560 000元,预计总行驶里程为500 000千米,预计净残值为10 000元,3月份行驶了4 000千米,4月份行驶了5 000千米。计算该货车3月份、4月份的折旧额。

单位里程折旧额 = （560 000 - 10 000）÷ 500 000 = 1.1（元/千米）；3月份该货车折旧额 = 4 000 × 1.1 = 4 400（元）；4月份该货车折旧额 = 5 000 × 1.1 = 5 500（元）。

（三）双倍余额递减法

双倍余额递减法是指在不考虑固定资产预计净残值的情况下，根据每期期初固定资产原价减去累计折旧后的金额和双倍的直线法折旧率计算固定资产折旧的一种方法。应用这种方法计算折旧额时，由于每年年初固定资产净值没有扣除预计净残值，所以应在其折旧年限到期前两年内，将固定资产净值扣除预计净残值后的余额平均摊销。

采用双倍余额递减法计提固定资产折旧的计算公式如下：

固定资产年折旧率 = 2 ÷ 预计使用年限 × 100%

固定资产月折旧率 = 固定资产年折旧率 ÷ 12

固定资产月折旧额 = （固定资产原价 - 累计折旧）× 月折旧率

例题【6-14】 WXR有限责任公司于2015年12月20日购入一台不需要安装的设备，买价为100 000元，预计可用5年，采用双倍余额递减法计提折旧，预计净残值为1 600元，不考虑其他因素。

WXR有限责任公司各年应计提折旧额的计算如下：

固定资产年折旧率 = 2 ÷ 5 × 100% = 40%；2016年应计提折旧额 = 100 000 × 40% = 40 000（元）；2017年应计提折旧额 = （100 000 - 40 000）× 40% = 24 000（元）；2018年应计提折旧额 = （100 000 - 40 000 - 24 000）× 40% = 14 400（元）

2019年和2020年将该固定资产的净值减去预计净残值后平均分摊，应计提的折旧额：100 000 - 40 000 - 24 000 - 14 400 = 21 600（元）；（21 600 - 1 600）÷ 2 = 10 000（元）。

所以，2019年、2020年应计提的折旧额为10 000元。

（四）年数总和法

年数总和法又称年限合计法。它将固定资产的原价减去预计净残值后的余额，乘以以固定资产尚可使用寿命为分子、以预计使用寿命逐年数字之和为分母的逐年递减的分数，计算每年的折旧额。

采用余数点和法计提固定资产折旧的计算公式如下：

固定资产年折旧率 = 尚可使用寿命 ÷ 预计使用寿命的年数总和 × 100%

固定资产月折旧率 = 年折旧率 ÷ 12

固定资产月折旧额 = （固定资产原价 - 预计净残值）× 月折旧率

例题【6-15】 WXR有限责任公司于2015年12月10日购入一项固定资产，其原价为1 000 000元，预计使用年限为5年，预计净残值为4 000元。按年数总和法计提折旧，不考虑其他因素。

WXR有限责任公司各年应计提折旧额的计算如下：

2016年应计提的折旧额 = （1 000 000 - 4 000）× 5/15 = 332 000（元）；2017年应计提的折旧额 = （1 000 000 - 4 000）× 4/15 = 265 600（元）；2018年应计提的折旧额 = （1 000 000 - 4 000）× 3/15 = 199 200（元）；2019年应计提的折旧额 = （1 000 000 - 4 000）× 2/15 = 132 800（元）；2020年应计提的折旧额 = （1 000 000 - 4 000）× 1/15 = 66 400（元）。

三、固定资产折旧的业务处理

企业计提固定资产折旧，应当根据固定资产的用途计入相关资产的成本或者当期损益。一般而言，基本生产车间使用的固定资产，计提的折旧应计入制造费用；行政管理部门使用的固定资产，计提的折旧应计入管理费用；销售部门使用的固定资产，计提的折旧应计入销售费用；研发无形资产使用的固定资产，计提的折旧计入研发支出；工程使用的固定资产，计提的折旧计入在建工程；出租的固定资产，计提的折旧计入其他业务成本；未使用固定资产，其计提的折旧应计入管理费用。

计提固定资产折旧时的会计分录：

借：制造费用
　　管理费用
　　销售费用
　　研发支出
　　在建工程
　　其他业务成本
　贷：累计折旧

例题【6-16】 WXR有限责任公司采用年限平均法对固定资产计提折旧。2020年1月份，各车间、厂部管理部门、销售部门应分配的折旧额为：一车间15 000元，二车间25 000元，三车间30 000元，厂部管理部门20 000元，销售部门30 000元。

计提折旧时的会计分录如下：

借：制造费用　　　　　　　　　　　　　　　　　　　70 000
　　管理费用　　　　　　　　　　　　　　　　　　　20 000
　　销售费用　　　　　　　　　　　　　　　　　　　30 000
　贷：累计折旧　　　　　　　　　　　　　　　　　　120 000

企业至少应当于每年年度终了，对固定资产使用寿命和预计净残值进行复核。如有证据表明固定资产的使用寿命估计数与原先计划有差异的，应当调整固定资产使用寿命；固定资产预计净残值与原先计划有差异的，应当调整预计净残值。

在固定资产使用过程中，与其有关的经济利益预期实现方式也可能发生重大变化，在这种情况下，企业也应相应改变固定资产的折旧方法。固定资产使用寿命、预计净残值和折旧方法的改变按照会计估计变更的有关规定进行处理。

任务四　固定资产的后续支出

固定资产的后续支出，是指固定资产在使用过程中发生的更新改造支出、修理费用等。企业将固定资产投入使用后，因为市场的变化、技术的进步等，固定资产的目前状态无法满足生产经营的需要，企业为了获取更多的经济利益，往往会对现有固定资产进行维修、改建、扩建或者提升性能。固定资产的后续支出，满足资本化条件的，应当计入固定资产的成本；不满足资本化条件的，在发生时计入当期损益。

一、固定资产后续支出的处理原则

固定资产的后续支出，应当遵循相关规定和处理原则，即固定资产的后续支出如果符合固定资产确认条件的，应当计入固定资产成本，同时将被替换部分的账面价值扣除；固定资产的后续支出如果不符合固定资产确认条件的，应当计入当期损益。

二、资本化支出的核算

固定资产的后续支出符合固定资产确认条件的，应当计入固定资产成本，同时将被替换部分的账面价值扣除。固定资产发生可资本化的后续支出时，企业应当将该固定资产的原价、已计提的累计折旧、已计提的固定资产减值准备转销，将其账面价值转入在建工程，并停止计提折旧。发生的可资本化的后续支出，通过"在建工程"科目核算；在固定资产发生的可资本化后续支出完成并达到预定可使用状态时，再从在建工程转为固定资产，并按重新确定的使用寿命、预计净残值和折旧方法计提折旧。

（1）将固定资产转入改造时的会计分录：

借：在建工程
    累计折旧
    固定资产减值准备
    贷：固定资产

（2）改造过程中领用工程物资时的会计分录：

借：在建工程
    贷：工程物资

（3）改造过程中发生工程人员的工资、出包工程所支付的工程价款、应由工程负担的借款费用、税金及其他有关费用等的会计分录：

借：在建工程
    贷：应付职工薪酬
        银行存款
        长期借款等

（4）工程改造完成达到预定可使用状态时的会计分录：

借：固定资产
    贷：在建工程

例题【6-17】 2019年10月8日，WXR有限责任公司决定对一台生产经营用D设备进行技术改造，准备生产新产品，D设备原价为65 000元，已提折旧15 000元，被替换的部件账面价值为4 000元，已经变卖获得4 000元存入银行，支付改造清理费用1 000元，领用工程物资20 000元，支付安装人员工资20 000元。2019年10月25日技术改造完工交付生产使用，不考虑其他因素。

① 将设备转入改造工程时的会计分录如下：

借：在建工程——D设备　　　　　　　　　　　　　　50 000
    累计折旧　　　　　　　　　　　　　　　　　　　15 000

  贷：固定资产——D 设备 65 000

② 收到替换部分零件变价收入时的会计分录如下：

借：银行存款 4 000
  贷：在建工程——D 设备 4 000

③ 更换新部件领用工程物资，支付工资和清理费用时的会计分录如下：

借：在建工程——D 设备 41 000
  贷：工程物资 20 000
    应付职工薪酬 20 000
    银行存款 1 000

④ 工程完工达到预定可使用状态时的会计分录如下：

借：固定资产——D 设备 87 000
  贷：在建工程——D 设备 87 000

例题【6-18】 WXR 有限责任公司是一家工业生产企业，有关业务资料如下：

（1）2016 年 12 月，该公司自行建成了一条 K 生产线并投入使用，建造成本为 1 000 000 元；采用年限平均法计提折旧；预计净残值率为 5%，预计使用年限为 5 年。

（2）2018 年 12 月 31 日，由于 K 生产线生产的产品适销对路，现有 K 生产线的生产能力已经无法满足公司生产发展的需要，公司决定对 K 生产线进行改扩建，以提高其生产能力。假定该生产线未发生过减值，不考虑其他因素。

（3）2019 年 4 月 30 日，公司完成了对这条生产线的改扩建工程，达到预定可使用状态。改扩建过程中发生了以下支出：用银行存款购买工程物资一批，增值税专用发票上注明的价款为 300 000 元，增值税税额为 39 000 元，已全部用于改扩建工程；发生有关人员薪酬 40 000 元。

（4）该生产线改扩建工程达到预定可使用状态后，大大提高了生产能力，预计尚可使用年限为 4 年。假定改扩建后的生产线的预计净残值率为 10%；折旧方法仍为年限平均法，不考虑其他因素。

分析：K 生产线改扩建后生产能力大大提高，能够为企业带来更多的经济利益，改扩建的支出金额也能可靠计量，因此该后续支出符合固定资产的确认条件，应计入固定资产的成本。

固定资产后续支出发生前，K 生产线的年折旧额 = 1 000 000 × (1 - 5%) ÷ 5 = 190 000（元）。

① 2017 年计提折旧时的会计分录如下：

借：制造费用 190 000
  贷：累计折旧 190 000

② 2018 年计提折旧时的会计分录如下：

借：制造费用 190 000
  贷：累计折旧 190 000

③ 2018 年 12 月 31 日，将 K 生产线转入在建工程时的会计分录如下：

借：在建工程——K 生产线 620 000
    （1 000 000 - 380 000）

　　　　累计折旧　　　　　　　　　　　　　　　　　　　　　　380 000
　　　　　贷：固定资产——K生产线　　　　　　　　　　　　　　　1 000 000
　④ 购入工程物资时的会计分录如下：
　　借：工程物资　　　　　　　　　　　　　　　　　　　　　　300 000
　　　　应交税费——应交增值税（进项税额）　　　　　　　　　　39 000
　　　　　贷：银行存款　　　　　　　　　　　　　　　　　　　　339 000
　⑤ 改扩建工程发生相关支出时的会计分录如下：
　　借：在建工程——K生产线　　　　　　　　　　　　　　　　340 000
　　　　　贷：工程物资　　　　　　　　　　　　　　　　　　　　300 000
　　　　　　　应付职工薪酬　　　　　　　　　　　　　　　　　　 40 000
　⑥ K生产线改扩建工程达到预定可使用状态时的会计分录如下：
　　借：固定资产——K生产线　　　　　　　　　　　　　　　　960 000
　　　　　贷：在建工程——K生产线　　　　　　　　　　　　　　960 000
　⑦ 2019年4月30日，K生产线的价值为960 000元，预计使用年限为4年，预计净残值率为10%。

　　更新后K生产线应计折旧额＝960 000×（1－10%）＝864 000（元）；
　　K生产线月折旧额＝864 000÷4÷12＝18 000（元）。
　⑧ 2019年计提折旧时的会计分录如下：
　　借：制造费用　　　　　　　　　　　　　　　　　　　　　　144 000
　　　　　　　　　　　　　　　　　　　　　　　　　　　　（18 000×8）
　　　　　贷：累计折旧　　　　　　　　　　　　　　　　　　　　144 000
　⑨ 2020年至2022年每年计提折旧时的会计分录如下：
　　借：制造费用　　　　　　　　　　　　　　　　　　　　　　216 000
　　　　　　　　　　　　　　　　　　　　　　　　　　　　（18 000×12）
　　　　　贷：累计折旧　　　　　　　　　　　　　　　　　　　　216 000
　⑩ 2023年计提折旧时的会计分录如下：
　　借：制造费用　　　　　　　　　　　　　　　　　　　　　　 72 000
　　　　　　　　　　　　　　　　　　　　　　　　　　　　（18 000×4）
　　　　　贷：累计折旧　　　　　　　　　　　　　　　　　　　　 72 000

三、费用化支出的核算

　　固定资产投入使用后，其磨损及各组成部分耐用程度的不同可能导致局部损坏。为了保证固定资产的正常生产能力，发挥它应有的工作效能，企业必须加强对固定资产的维护和修理。固定资产的日常维护支出通常不满足固定资产的确认条件，应在发生时直接计入当期损益。企业生产车间和行政管理部门等发生的固定资产修理费用等后续支出计入管理费用；企业专设销售机构的，发生的与专设销售机构相关的固定资产修理费用等后续支出计入销售费用。固定资产更新改造支出不满足固定资产确认条件的，也应在发生时直接计入当期损益。

发生费用化支出时的会计分录：
借：管理费用
　　销售费用等
　　　贷：银行存款
　　　　　应付职工薪酬
　　　　　原材料等

例题【6-19】 2019 年 6 月 10 日，WXR 有限责任公司请工程施工队对其行政办公楼进行维护修理，发生维修费 20 000 元，款项以银行存款支付，不考虑其他因素。

发生维修费时的会计分录如下：
借：管理费用　　　　　　　　　　　　　　　　　　　　　　　　20 000
　　　贷：银行存款　　　　　　　　　　　　　　　　　　　　　　20 000

任务五　固定资产的处置

固定资产处置是企业将不需用、不能用的固定资产进行处置。一般而言，固定资产处置包括固定资产的出售、转让、报废或毁损、对外投资、非货币性资产交换、债务重组等情况。

一、固定资产终止确认的条件

固定资产满足下列条件之一的，应当予以终止确认。

1. 该固定资产处于处置状态

处于处置状态的固定资产不再用于生产商品、提供劳务、出租或经营管理，因此不再符合固定资产的定义，应予终止确认。

2. 该固定资产预期通过使用或处置不能产生经济利益

固定资产的确认条件之一是与该固定资产有关的经济利益很可能流入企业，如果一项固定资产预期通过使用或处置不能产生经济利益，就不再符合固定资产的定义和确认条件，应予终止确认。

二、固定资产处置的业务处理

企业出售、转让、报废固定资产或发生固定资产毁损，应当将处置收入扣除账面价值和相关税费后的金额计入当期损益。固定资产的账面价值是固定资产成本扣减累计折旧和累计减值准备后的金额。固定资产处置一般通过"固定资产清理"科目进行核算。

1. 固定资产转入清理

固定资产转入清理时的会计分录：
借：固定资产清理（按处置时固定资产的账面价值）
　　累计折旧（按处置时累计计提的折旧额）
　　固定资产减值准备（按处置时累计计提的减值准备）
　　　贷：固定资产（按固定资产的账面余额）

2. 发生的清理费用

清理过程中发生相关费用时的会计分录：

借：固定资产清理
　　贷：银行存款
　　　　应交税费等

3. 出售收入、残料等的处理

收回出售固定资产的价款、残料变价收入时的会计分录：

借：银行存款等
　　贷：固定资产清理
　　　　应交税费——应交增值税（销项税额）

4. 保险赔款的处理

确认或收到应由保险公司或过失人赔偿的损失时的会计分录：

借：其他应收款
　　银行存款等
　　贷：固定资产清理

5. 清理净损益的处理

（1）固定资产清理完成后，结转净损失的会计分录：

借：营业外支出（非流动资产毁损、报废损失）
　　资产处置损益（日常活动非流动资产销售等形成的损失）
　　贷：固定资产清理

（2）固定资产清理完成后，结转净收益的会计分录：

借：固定资产清理
　　贷：营业外收入（非流动资产毁损、报废利得）
　　　　资产处置损益（日常活动非流动资产销售等形成的利得）

例题【6-20】 WXR 有限责任公司出售一台机器，原价为 200 000 元，已计提折旧 100 000 元，未计提减值准备，实际出售价不含增值税为 110 000 元，款项已通过银行收回，不考虑其他因素。

① 将出售固定资产转入清理时的会计分录如下：

借：固定资产清理	100 000
累计折旧	100 000
贷：固定资产	200 000

② 收回出售固定资产价款时的会计分录如下：

借：银行存款	124 300
贷：固定资产清理	110 000
应交税费——应交增值税（销项税额）	14 300

③ 结转出售固定资产实现的利得时的会计分录如下：

借：固定资产清理	10 000
贷：资产处置损益	10 000

例题【6-21】 WXR 有限责任公司现有一台设备，由于其被洪水浸泡不能使用，公司决定提前将其报废，原价为 100 000 元，已计提折旧 60 000 元，未计提减值准备。报废时的残值变价收入为 20 000 元，报废清理过程中发生清理费用 3 000 元。有关款项均通过银行办理结算，不考虑其他因素。

① 将报废固定资产转入清理时的会计分录如下：

借：固定资产清理　　　　　　　　　　　　　　　　40 000
　　累计折旧　　　　　　　　　　　　　　　　　　60 000
　　贷：固定资产　　　　　　　　　　　　　　　　　　　100 000

② 收回残料变价收入时的会计分录如下：

借：银行存款　　　　　　　　　　　　　　　　　　20 000
　　贷：固定资产清理　　　　　　　　　　　　　　　　　20 000

③ 支付清理费用时的会计分录如下：

借：固定资产清理　　　　　　　　　　　　　　　　3 000
　　贷：银行存款　　　　　　　　　　　　　　　　　　　3 000

④ 结转报废固定资产发生的净损失时的会计分录如下：

借：营业外支出——非流动资产处置损失　　　　　23 000
　　贷：固定资产清理　　　　　　　　　　　　　　　　　23 000

例题【6-22】 WXR 有限责任公司因遭受水灾而毁损一座仓库，该仓库原价为 3 000 000 元，已计提折旧 1 000 000 元，未计提减值准备。收回残料估计价值为 60 000 元，残料已办理入库。发生的清理费用 20 000 元，以现金支付。经保险公司核定应赔偿损失 1 400 000 元，尚未收到赔款，不考虑其他因素。

① 将毁损的仓库转入清理时的会计分录如下：

借：固定资产清理　　　　　　　　　　　　　　　　2 000 000
　　累计折旧　　　　　　　　　　　　　　　　　　1 000 000
　　贷：固定资产　　　　　　　　　　　　　　　　　　　3 000 000

② 残料入库时的会计分录如下：

借：原材料　　　　　　　　　　　　　　　　　　　60 000
　　贷：固定资产清理　　　　　　　　　　　　　　　　　60 000

③ 支付清理费用时的会计分录如下：

借：固定资产清理　　　　　　　　　　　　　　　　20 000
　　贷：库存现金　　　　　　　　　　　　　　　　　　　20 000

④ 确定应由保险公司理赔的损失时的会计分录如下：

借：其他应收款　　　　　　　　　　　　　　　　　1 400 000
　　贷：固定资产清理　　　　　　　　　　　　　　　　　1 400 000

⑤ 结转毁损固定资产发生的损失时的会计分录如下：

借：营业外支出——非常损失　　　　　　　　　　　560 000
　　贷：固定资产清理　　　　　　　　　　　　　　　　　560 000

任务六　固定资产清查与固定资产期末计价

一、固定资产清查

企业应当定期或不定期对企业的固定资产进行清查，确定固定资产的实有数量，并和企业的账面记录进行核对，确保固定资产核算资料的真实、准确。在固定资产清查过程中，如果发现盘盈、盘亏的固定资产，应填制固定资产盘盈盘亏报告表。盘盈、盘亏固定资产，应当按照规定的程序报董事会批准并处理。

（一）盘盈固定资产

固定资产单位价值比较高，在财产清查中盘盈的固定资产，企业应当作为以前年度差错处理。企业在财产清查中盘盈的固定资产，在按管理权限报经批准处理前应先通过"以前年度损益调整"科目核算。盘盈的固定资产，应按重置成本确定其入账价值。

（1）盘盈固定资产时的会计分录：

借：固定资产
　　贷：以前年度损益调整

（2）确认应交所得税时的会计分录：

借：以前年度损益调整
　　贷：应交税费——应交所得税

（3）将以前年度损益调整结转为留存收益时的会计分录：

借：以前年度损益调整
　　贷：盈余公积——法定盈余公积
　　　　利润分配——未分配利润

例题【6-23】 WXR有限责任公司在财产清查过程中发现一台未入账的设备，重置成本为20 000元（假定与其计税基础不存在差异）。该盘盈固定资产作为前期差错进行处理。假定WXR有限责任公司适用的所得税税率为25%，按净利润的10%计提法定盈余公积，不考虑其他因素。

① 盘盈固定资产时的会计分录如下：

借：固定资产　　　　　　　　　　　　　　　　　　　　　　　　　　　20 000
　　贷：以前年度损益调整　　　　　　　　　　　　　　　　　　　　　　　20 000

② 确定应交所得税时的会计分录如下：

借：以前年度损益调整　　　　　　　　　　　　　　　　　　　　　　　　5 000
　　贷：应交税费——应交所得税　　　　　　　　　　　　　　　　　　　　5 000

③ 将以前年度损益调整结转为留存收益时的会计分录如下：

借：以前年度损益调整　　　　　　　　　　　　　　　　　　　　　　　　15 000
　　贷：盈余公积——法定盈余公积　　　　　　　　　　　　　　　　　　　1 500
　　　　利润分配——未分配利润　　　　　　　　　　　　　　　　　　　　13 500

（二）盘亏固定资产

（1）在财产清查中发现盘亏的固定资产，按盘亏固定资产的账面价值入账。企业编制下列会计分录：

借：待处理财产损溢（盘亏固定资产的账面价值）
　　累计折旧（累计计提的折旧）
　　固定资产减值准备（累计计提的减值准备）
　　贷：固定资产（固定资产原值）

（2）按管理权限报经批准后处理时的会计分录：

借：其他应收款（保险公司或责任人赔偿部分）
　　营业外支出——盘亏损失（净损失部分）
　　贷：待处理财产损溢

例题【6－24】 WXR有限责任公司进行财产清查时发现短缺一台笔记本电脑，原价为8 000元，已计提折旧5 000元，不考虑其他因素。

① 盘亏固定资产时的会计分录如下：

借：待处理财产损溢　　　　　　　　　　　　　　　　　　　　　3 000
　　累计折旧　　　　　　　　　　　　　　　　　　　　　　　　　5 000
　　贷：固定资产　　　　　　　　　　　　　　　　　　　　　　　　　8 000

② 报经批准处理时的会计分录如下：

借：营业外支出——盘亏损失　　　　　　　　　　　　　　　　　3 000
　　贷：待处理财产损溢　　　　　　　　　　　　　　　　　　　　　3 000

二、固定资产期末计价

企业应当在资产负债表日对其拥有的固定资产进行估值，判断其是否存在可能发生减值的迹象。如果固定资产存在减值迹象，应当进行减值测试，计算可收回金额；可收回金额低于账面价值的，应当按照可收回金额低于账面价值的金额，计提固定资产减值准备。

（一）固定资产发生减值的判断

存在下列迹象的，表明固定资产可能发生了减值。

（1）固定资产的市价在当期大幅度下跌，其跌幅明显高于因时间的推移或者正常使用而预计的下跌。

（2）企业经营所处的经济、技术或者法律等环境以及资产所处的市场在当期或者将在近期发生重大变化，从而对企业产生不利影响。

（3）市场利率或者其他市场投资报酬率在当期已经提高，从而影响企业计算资产预计未来现金流量现值的折现率，导致资产可收回金额大幅度降低。

（4）有证据表明固定资产已经陈旧过时或者其实体已经损坏。

（5）固定资产已经或者将被闲置、终止使用或者计划提前处置。

（6）企业内部报告的证据表明资产的经济效益已经低于或者将低于预期，如资产所创造的净现金流量或者实现的营业利润（或者亏损）远远低于（或者高于）预计金额等。

(7) 其他表明资产可能已经发生减值的迹象。

在判断资产是否存在可能发生减值的迹象时,应当考虑重要性原则。

(二) 固定资产减值的业务处理

固定资产的可收回金额低于其账面价值的,企业应当将固定资产的账面价值减记至可收回金额,减记的金额确认为资产减值损失,计入当期损益,同时计提固定资产减值准备。固定资产减值损失一经确认,在以后会计期间不得转回。

资产负债表日,根据资产减值准则确定固定资产发生减值的会计分录:

借:资产减值损失
　　贷:固定资产减值准备

例题【6-25】 2019年12月31日,WXR有限责任公司的办公设备存在可能发生减值的迹象,经计算,该设备的可收回金额合计为10 000元,账面价值为15 000元,以前年度未对该办公设备计提过减值准备,不考虑其他因素。

确认该设备减值损失时编制的会计分录如下:

借:资产减值损失　　　　　　　　　　　　　　　　　　　　　　　　5 000
　　　　　　　　　　　　　　　　　　　　　　　　　(15 000 - 10 000)
　　贷:固定资产减值准备　　　　　　　　　　　　　　　　　　　　5 000

项目小结

固定资产是指企业为生产产品、提供劳务、出租或经营管理而持有的,使用寿命超过一个完整会计年度的有形资产。固定资产主要包括房屋建筑物、机器设备、运输工具以及其他设备等。

固定资产的初始计量是指通过计算确定固定资产在不同方式下取得时的入账价值。一般而言,固定资产应当按历史成本进行初始计量,已经确认登记入账的固定资产成本称为固定资产原价。

外购固定资产的成本主要包括购买价款、相关税费,使固定资产达到预定可使用状态前所发生的可归属于该项资产的运输费、装卸费、保险费、安装费和专业人员服务费等;自行建造的固定资产的成本主要包括自建造该项固定资产开始至达到预定可使用状态前所发生的合理的必要支出;投资者投入的固定资产的成本主要由投资合同或协议约定的价值确定(投资合同或协议约定价值不公允的除外)。

固定资产的折旧方法包括年限平均法、工作量法、双倍余额递减法和年数总和法等。

企业计提固定资产折旧,应当根据固定资产的用途计入相关资产的成本或者当期损益。一般而言,基本生产车间使用的固定资产,计提的折旧应计入制造费用;行政管理部门使用的固定资产,计提的折旧应计入管理费用;销售部门使用的固定资产,计提的折旧应计入销售费用;研发无形资产使用的固定资产,计提的折旧计入研发支出;工程使用的固定资产,计提的折旧计入在建工程;出租的固定资产,计提的折旧计入其他业务成本;未使用固定资产,其计提的折旧应计入管理费用。

固定资产的后续支出,应当遵循相关规定和处理原则,即固定资产的后续支出如果符合固定资产确认条件，应当计入固定资产成本，同时将被替换部分的账面价值扣除；固定资产的后续支出如果不符合固定资产确认条件，应当计入当期损益。

一般而言，固定资产处置包括固定资产的出售、转让、报废或毁损、对外投资、非货币性资产交换、债务重组等情况。

企业应当在资产负债表日对其拥有的固定资产进行估值，判断其是否存在可能发生减值的迹象。如果固定资产存在减值迹象，应当进行减值测试，计算可收回金额；可收回金额低于账面价值的，应当按照可收回金额低于账面价值的金额，计提固定资产减值准备。

习题与实训

一、思考题

1. 固定资产是怎么分类的？
2. 固定资产的初始成本包括哪些内容？
3. 固定资产是如何计提折旧的？
4. 固定资产处置时如何处理？

二、单选题

1. 企业采用自营方式建造固定资产，以下各项中不应计入固定资产成本的是（   ）。
   A. 工程领用原材料购进时发生的增值税
   B. 生产车间为工程提供的水、电等费用
   C. 工程领用自产产品的成本
   D. 工程在达到预定可使用状态后进行试运转时发生的支出

2. 以下各项中，应当计入固定资产成本的是（   ）。
   A. 达到预定可使用状态前发生的专门借款利息
   B. 达到预定可使用状态前由于自然灾害造成的工程毁损净损失
   C. 进行日常修理发生的人工费用
   D. 安装过程中领用原材料所负担的增值税

3. WXR 有限责任公司于 2016 年 9 月初增加设备一台，该项设备原值为 44 000 元，预计可使用 5 年，净残值为 4 000 元，采用直线法计提折旧。至 2018 年年末，对该项设备进行检查后，估计其可收回金额为 23 000 元，经减值测试后，该固定资产的折旧方法、年限和净残值等均不变。则 2019 年该设备应计提的折旧额是（   ）元。
   A. 10 000   B. 8 000   C. 6 909.09   D. 9 000

4. 以下有关固定资产成本的说法，不正确的是（   ）。
   A. 融资租入的固定资产，承租人应当将租赁开始日租赁资产的公允价值与最低租赁付款额现值两者中较低者，加上初始直接费用作为租入资产的入账价值
   B. 企业以经营租赁方式租入的固定资产发生的改良支出，应计入固定资产成本
   C. 核电站核设施企业固定资产预计的弃置费用现值应计入固定资产的成本
   D. 投资者投入固定资产的成本，应当按照投资合同或协议约定的价值确定，但合同或协议约定价值不公允的除外

5. 2019 年 8 月 17 日，WXR 公司接受甲公司以一台设备进行投资。该设备的原价为 1 300 000元，已提折旧 400 000 元，已计提减值准备 200 000 元，投资合同约定的价值为 660 000元（该金额是公允的），占 WXR 公司注册资本的 20%，WXR 公司的注册资本为 2 000 000元，假定不考虑其他税费。WXR 公司接受投资的该设备的入账价值为（　　）元。

　　A. 900 000　　　　　B. 700 000　　　　　C. 1 100 000　　　　　D. 660 000

6. WXR 公司于 2019 年 10 月 9 日购入设备一台，入账价值为 6 000 000 元，预计使用年限为 5 年，预计净残值为 200 000 元。在采用双倍余额递减法计提折旧的情况下，该项设备 2020 年应计提折旧为（　　）元。

　　A. 1 440 000　　　　B. 1 344 000　　　　C. 2 400 000　　　　D. 2 240 000

7. 以下固定资产中，当月应计提折旧的是（　　）。

　　A. 当月经营租入的固定资产
　　B. 已提足折旧继续使用的设备
　　C. 当月以融资租赁方式租入的设备
　　D. 因大修理停用的设备

8. 企业在建工程在达到预定可使用状态前试生产产品所取得的收入，应当（　　）。

　　A. 冲减在建工程成本　　　　　　　B. 冲减营业外支出
　　C. 计入营业外收入　　　　　　　　D. 计入主营业务收入

9. 2019 年 6 月 25 日，WXR 公司自行建造的一条生产线投入使用，该生产线建造成本为 20 000 000 元，预计使用年限为 5 年，预计净残值为 500 000 元。在采用年数总和法计提折旧的情况下，2020 年该设备应计提的折旧额是（　　）元。

　　A. 5 200 000　　　　　　　　　　B. 2 800 000
　　C. 2 600 000　　　　　　　　　　D. 5 850 000

10. 2019 年 9 月 15 日，WXR 公司购入一条不需安装的生产线。原价为 9 960 000 元，预计使用年限为 5 年，预计净残值为 600 000 元，按年数总和法计提折旧。该固定资产 2020 年应计提的折旧额是（　　）元。

　　A. 3 120 000　　　　B. 2 964 000　　　　C. 2 340 000　　　　D. 1 925 600

三、多选题

1. 以下各项固定资产中，企业应当计提折旧的固定资产有（　　）。

　　A. 大修理的固定资产
　　B. 当月减少的固定资产
　　C. 正处于改良期间的经营租入的固定资产
　　D. 融资租入的固定资产

2. 以下各项表述中，正确的有（　　）。

　　A. 管理部门使用的固定资产，其计提的折旧应计入管理费用
　　B. 销售部门使用的固定资产，其计提的折旧应计入销售费用
　　C. 经营租出的固定资产，其计提的折旧应计入其他业务成本
　　D. 自行建造固定资产过程中使用的固定资产（假设只用于建造固定资产），其计提的折旧应计入管理费用

3. 以下各项中，企业计提折旧应当考虑的因素有（   ）。
   A. 固定资产的使用寿命
   B. 固定资产的减值准备
   C. 固定资产的预计净残值
   D. 固定资产的原价
4. 以下固定资产折旧方法中，在计算折旧初期要考虑净残值的有（   ）。
   A. 年数总和法
   B. 工作量法
   C. 双倍余额递减法
   D. 年限平均法
5. 以下各项中，构成企业取得固定资产成本的有（   ）。
   A. 购买固定资产时交纳的契税
   B. 自行建造固定资产所领用的原材料所负担的增值税
   C. 接受捐赠的固定资产所支付的相关费用
   D. 进口固定资产支付的关税

四、判断题

1. 取得固定资产需要交纳的契税、耕地占用税、车辆购置税等相关税费应计入固定资产成本。（   ）
2. 对于企业筹建期间发生的相关支出（与工程建设无关），应该计入营业外支出。（   ）
3. 企业采用出包方式自行建造固定资产时，预付承包单位的工程价款应通过"预付账款"科目核算。（   ）
4. 企业对于季节性停用的固定资产不应该计提折旧。（   ）
5. 固定资产的各组成部分具有不同使用寿命或者以不同方式为企业提供经济利益，适用不同折旧率或折旧方法的，应当分别将各组成部分确认为单项固定资产。（   ）

五、业务题

1. WXR 公司 2019 年发生下列经济业务：

（1）购入一台不需要安装的设备，以银行存款支付设备价款 50 000 元，同时支付运杂费 2 000 元（不考虑增值税），该设备在原单位的原价为 80 000 元，已提折旧为 40 000 元，设备已交付使用。

（2）接受 A 公司投入的一台设备，该设备在原单位原价为 100 000 元，已提折旧为 20 000 元，投资双方合同确认的价值为 75 000 元（假定是公允的），设备已交付使用。

（3）盘盈设备一台，同类设备市场价格为 40 000 元，估计有五成新，盘盈的设备的处理已经批准。（假定不考虑盈余公积的影响）

（4）一台设备因转产不再需用，准备出售（有活跃交易市场），设备原价为 60 000 元，已提折旧为 30 000 元，设备的公允价值为 25 000 元，估计处置费用为 2 500 元。WXR 公司为增值税一般纳税企业，适用增值税税率为 13%，不考虑其他因素。

要求：

根据上述经济业务编制有关会计分录。

2. WXR 公司对采用经营租赁方式租入的一条生产线进行改良，发生下列有关支出：2019 年 9 月 20 日，领用生产用原材料 3 600 000 元，购进该批原材料时支付的增值税进项税额为 468 000 元；辅助生产车间为生产线改良提供的劳务支出为 384 000 元；计提有关人员职工薪酬 8 208 000 元。2019 年 12 月 20 日，生产线改良工程完工，达到预定可使用状态交付使用。假定该生产线预计尚可使用年限为 6 年，剩余租赁期为 5 年；不考虑其他因素。

要求：

编制 WXR 公司 2019 年有关经营租赁方式租入的固定资产改良的会计分录。

项目七

无形资产、投资性房地产与其他资产

学习目标

➢ 掌握无形资产的缺点、摊销、处置、出售和期末计价的账务处理，投资性房地产的初始计量、成本模式和公允价值模式下的计量及其账务处理。

➢ 理解无形资产的定义、特点及计价，投资性房地产的定义、核算范围、采用公允价值计量的条件。

➢ 了解其他资产的内容及核算要求。

引例

老牛的地皮

老牛花了几个亿买了很多地皮，有些已经开发了，有些出租给别人使用了，有些一直闲置着，有些等着涨价转手卖出去。地皮多了，老牛也分不清哪块地皮值多少钱、怎么计算。你是专业会计，你知道怎么处理吗？你能给老牛提供建议吗？

任务一 无形资产的认知与核算

一、无形资产概述

（一）无形资产的定义

无形资产，是指企业拥有或者控制的不具有实物形态的可辨认的非货币性资产，主要包括专利权、非专利技术、商标权、著作权、特许权、土地使用权等。

(二) 无形资产的特点

1. 无形资产是能给企业带来经济利益的资源

无形资产作为资产,应当具备一般资产的基本特征,即无形资产在使用或者处置过程中能给企业带来经济利益,导致现金或现金等价物流入企业。

2. 无形资产不具有实物形态

无形资产通常表现为某种权利、技术、秘方或者源于合同性的权利,这些都不具有实物形态,这一特点使其与存货、固定资产等有形资产相区别。

3. 无形资产具有可辨认性

无形资产作为一项资产,应当能够与其他资产相互区分,并能够单独辨认,如企业持有的专利权、非专利技术、商标权、土地使用权、特许权等。《企业会计准则第6号——无形资产》规定,满足下列条件之一的,符合无形资产定义中的可辨认性标准。

(1) 能够从企业中分离或者划分出来,并能单独或者与相关合同、资产或负债一起,用于出售、转移、授予许可、租赁或者交换。

(2) 源自合同性权利或其他法定权利,无论这些权利是否可以从企业或其他权利和义务中转移或者分离。

4. 无形资产属于非货币性长期资产

无形资产是一项长期性的非货币性资产,这一特点与企业的货币性资产相互区分。企业持有的货币性资产和能够以固定或可确定的金额收回的资产以外的资产,都属于非货币性资产。无形资产在使用或处置过程中为企业带来的经济利益具有不确定性(即金额不固定),随着环境的变化而变化,因此,无形资产属于长期的非货币性资产。

(三) 无形资产的确认

无形资产应当同时满足以下两个确认条件,才能够确认。

1. 与该无形资产有关的经济利益很可能流入企业

无形资产作为一项资产,应当满足其所产生的经济利益很可能流入企业这一硬性条件。"很可能"是指与该无形资产相关的经济利益流入企业的概率大于50%。一般而言,与无形资产相关的经济利益形成主要包含在销售商品、提供劳务的收入里,或企业使用该无形资产而给使用企业减少的成本,或包含在获得的其他相关利益里。在实际工作中,确定与无形资产相关的经济利益是否很可能流入企业,应当融入专业人员的经验和职业判断。

2. 与该无形资产有关的成本能够可靠计量

与该无形资产有关的成本能够可靠计量是一项基本条件,是确认无形资产的前提条件之一。对于无形资产而言,这个条件显得更为重要。如企业内部产生的品牌、报刊名、客户资料和类似项目的支出,不能与整个业务开发成本区分开来,成本无法可靠计量,因此,这些不能够确认为无形资产。

(四) 无形资产的内容

无形资产是一项非货币性长期资产,主要包括专利权、非专利技术、商标权、著作权、土地使用权、特许权等内容。

1. 专利权

专利权是指国家专利管理机关依法授予发明创造专利申请人对其发明创造在法律规定期

限内所享有的专有权利,主要包括发明专利权、实用新型专利权和外观设计专利权。专利权给予持有人独家使用或者控制某项发明的特殊权利,从而给持有人带来特殊的经济利益;但是,不是所有的专利都能带来经济利益。

2. 商标权

商标是用来辨别特定的商品或劳务的标记。商标权是指专门在某类指定的商品或产品上使用特定的名称或图案的权利。商标经过注册登记,就获得了法律上的保护。

企业自创的商标并将其注册登记,花费一般比较小。实际上,能够给企业带来经济利益的商标,一般都是经过长时间的广告宣传以及客户对商标的信赖树立起来的。如果企业购买他人的商标,一次性支出费用较大的,可以将其资本化,作为无形资产核算,根据购入商标的价款、支付的手续费及有关费用作为商标的成本。

3. 土地使用权

土地使用权是指国家准许企业或单位在一定时间内对国有土地享有开发、利用、经营的权利。企业取得土地使用权,应将取得时发生的合理支出予以资本化,计入无形资产成本。

4. 非专利技术

非专利技术也叫专有技术或技术秘密,是指独特的、先进的、未公开的、未申请专利、可以带来经济利益的技术和秘密。非专利技术主要包括工业专有技术,即在生产上已经采用,仅限于少数人知道,不享有专利权或发明权的生产、装配、修理、工艺或加工方法的技术知识;商业(贸易)专有技术,即具有保密性质的市场情报、原材料价格情报以及用户、竞争对象的情况和有关知识;管理专有技术,即生产组织的经营方式、管理方式、培训职工方法等保密知识。非专利技术并不是专利法的保护对象,其所有人依靠自我保密的方式来维持独占权,可以用于转让和投资。

5. 著作权

著作权又称版权,是作者对其创作的文学、科学和艺术作品依法享有的某种特殊权利。著作权包括两方面的权利,即精神权利(人身权利)和经济权利(财产权利)。精神权利指作品署名、发表作品、确认作者身份、保护作品完整性、修改已经发表的作品等各项权利,包括发表权、署名权、修改权和保护作品完整权。经济权利指以出版、表演、广播、展览、录制唱片、摄制影片等方式使用作品以及因授权他人使用作品而获得经济利益的权利。

6. 特许权

特许权指企业在某一地区经营或销售某种特定商品的权利或一家企业接受另一家企业使用其商标、商号、技术秘密等的权利。前者一般指政府机关授权、准许企业使用或在一定地区享有经营某种业务的特权,如水、电、邮电通信等专营权、烟草专卖权等;后者指企业间依照签订的合同,有期限或无期限使用另一家企业的某些权利,如连锁店、分店使用总店的名称等。

二、无形资产的核算

(一) 应设置的会计科目

为了核算无形资产的取得、摊销、减值和处置等情况,企业应当设置"研发支出""无形资产""累计摊销""无形资产减值准备""资产处置损益"等科目。

项目七　无形资产、投资性房地产与其他资产

1. "研发支出"科目

为了核算企业内部研发无形资产所发生费用化支出和资本化支出，企业应设置"研发支出"科目。该科目属于成本类科目，借方登记研究、开发无形资产发生的成本，贷方登记结转费用化支出以及结转形成无形资产的成本；期末余额在借方，表示企业研发无形资产的成本。

2. "无形资产"科目

为了核算企业持有的无形资产成本及其增减变动情况，企业应设置"无形资产"科目。该科目属于资产类科目，借方登记取得无形资产的成本，贷方登记出售或报废无形资产转出的无形资产账面余额；期末余额在借方，表示企业无形资产的成本。

3. "累计摊销"科目

为了核算企业对使用寿命有限的无形资产计提的累计摊销情况，企业应设置"累计摊销"科目。该科目属于"无形资产"科目的调整科目，贷方登记企业计提的无形资产摊销，借方登记处置无形资产转出的累计摊销；期末余额在贷方，表示企业无形资产的累计摊销额。

4. "无形资产减值准备"科目

为了核算企业计提的无形资产减值准备的情况，企业应设置"无形资产减值准备"科目。该科目属于"无形资产"科目的调整科目，贷方登记企业计提的无形资产减值准备，借方登记处置无形资产转出的无形资产减值准备；期末余额在贷方，表示企业无形资产累计计提的减值准备。

（二）外购无形资产的核算

外购无形资产是企业通过买卖交换的方式从其他企业获得的无形资产。外购无形资产的成本主要包括购买价款、相关税费以及直接归属于使该项资产达到预定用途所发生的合理的必要支出。

外购无形资产时的会计分录如下：

借：无形资产
　　应交税费——应交增值税（进项税额）
　贷：银行存款
　　　应付票据等

例题【7-1】 2019年5月10日，WXR有限责任公司从甲公司购入一项非专利技术，支付的买价为900 000元，增值税为54 000元，全部款项均以银行存款支付。

购入无形资产时的会计分录如下：

借：无形资产——非专利技术品　　　　　　　　　　　　900 000
　　应交税费——应交增值税（进项税额）　　　　　　　 54 000
　贷：银行存款　　　　　　　　　　　　　　　　　　　954 000

例题【7-2】 2019年5月20日，WXR公司从丙公司购入一项A商标权，支付的买价为100 000元，增值税为6 000元，全部款项已开出商业承兑汇票支付。

购入无形资产时的会计分录如下：

借：无形资产——A 商标　　　　　　　　　　　　　　　　　　　　100 000
　　应交税费——应交增值税（进项税额）　　　　　　　　　　　　　6 000
　　贷：应付票据　　　　　　　　　　　　　　　　　　　　　　　106 000

（三）企业内部研发无形资产的核算

企业内部研发形成的无形资产的成本，主要包括可直接归属于该无形资产的各项开发耗费以及直接归属于使该无形资产达到预定可使用状态前所发生的合理支出。

企业内部研发的无形资产，应当区分研究阶段支出和开发阶段支出。研究阶段的支出全部费用化，计入"研发支出——费用化支出"科目。企业开发阶段发生的各项支出，不满足资本化条件的，计入"研发支出——费用化支出"科目；满足资本化条件的，计入"研发支出——资本化支出"科目。费用化支出在期末转入管理费用，资本化支出在无形资产开发完成时转入无形资产。

(1) 企业自己研发无形资产，发生不满足资本化条件的支出时的业务处理。

① 企业自己研发无形资产，发生不满足资本化条件的支出时的会计分录如下：

借：研发支出——费用化支出
　　贷：原材料
　　　　银行存款
　　　　应付职工薪酬等

② 期末，将研发支出转入管理费用时的会计分录如下：

借：管理费用
　　贷：研发支出——费用化支出

(2) 企业自己研发无形资产，发生满足资本化条件的支出时的业务处理。

① 企业自己研发无形资产，发生满足资本化条件的支出时的会计分录如下：

借：研发支出——资本化支出
　　贷：原材料
　　　　银行存款
　　　　应付职工薪酬等

② 所研发的无形资产达到预定用途，结转资本化支出时的会计分录如下：

借：无形资产
　　贷：研发支出——资本化支出

例题【7-3】 2019 年 1 月 1 日，WXR 股份有限公司的股东会批准研发一项新型技术（代号为 M 技术），WXR 股份有限公司股东会认为，研发该项目具有可靠的技术和财务等资源的支持，并且一旦研发成功将降低 WXR 股份有限公司的经营成本。2020 年 1 月 31 日，该项新型技术研发成功并已经达到预定用途。研发过程中发生的直接相关的必要支出如下：

2019 年度发生材料费用 9 000 000 元，人工费用 4 500 000 元，计提专用设备折旧费 750 000 元，以银行存款支付其他费用 3 000 000 元，总计 17 250 000 元，其中，符合资本化条件的支出为 7 500 000 元。

2020 年 1 月发生材料费用 800 000 元，人工费用 500 000 元，计提专用设备折旧费

50 000 元，以银行存款支付其他费用 20 000 元，总计 1 370 000 元，全部满足资本化条件。

① 2019 年度发生研发支出时的会计分录如下：

借：研发支出——M 技术——费用化支出　　　　　　　　　9 750 000
　　　　　　　　　　——资本化支出　　　　　　　　　　7 500 000
　　贷：原材料　　　　　　　　　　　　　　　　　　　　9 000 000
　　　　应付职工薪酬　　　　　　　　　　　　　　　　　4 500 000
　　　　累计折旧　　　　　　　　　　　　　　　　　　　　750 000
　　　　银行存款　　　　　　　　　　　　　　　　　　　3 000 000

② 2019 年 12 月 31 日，将费用化支出转入管理费时的会计分录如下：

借：管理费用——研发费用　　　　　　　　　　　　　　　9 750 000
　　贷：研发支出——M 技术——费用化支出　　　　　　　9 750 000

③ 2020 年 1 月发生研发支出时的会计分录如下：

借：研发支出——M 技术——资本化支出　　　　　　　　　1 370 000
　　贷：原材料　　　　　　　　　　　　　　　　　　　　　800 000
　　　　应付职工薪酬　　　　　　　　　　　　　　　　　　500 000
　　　　累计折旧　　　　　　　　　　　　　　　　　　　　 50 000
　　　　银行存款　　　　　　　　　　　　　　　　　　　　 20 000

④ 2020 年 1 月 31 日达到预定用途时的会计分录如下：

借：无形资产——M 技术　　　　　　　　　　　　　　　　8 870 000
　　贷：研发支出——M 技术——资本化支出　　　　　　　8 870 000

（四）无形资产计提摊销的核算

企业取得无形资产时应当分析判断其使用寿命，对使用寿命有限的无形资产应当计提摊销，对使用寿命不确定的无形资产不应当计提摊销。一般而言，使用寿命有限的无形资产，其净残值应当视为零。对于使用寿命有限的无形资产应当自达到预定用途的当月开始摊销，处置当月不再摊销。无形资产的摊销方法包括直线法、生产总量法等。企业选择的无形资产的摊销方法，应当反映与该项无形资产有关的经济利益的预期实现方式有关，无法可靠确定预期实现方式的，应当采用直线法摊销。

企业应当按月对无形资产进行摊销。无形资产的摊销额一般应当计入当期损益，企业自用的无形资产，其摊销金额计入管理费用；出租的无形资产，其摊销金额计入其他业务成本；某项无形资产包含的经济利益通过所生产的产品或其他资产实现的，其摊销金额应当计入相关资产成本。

计提无形资产摊销时的会计分录如下：

借：管理费用
　　其他业务成本
　　贷：累计摊销

例题【7-4】2019 年 2 月 1 日，WXR 有限责任公司用银行存款从 D 公司处购买了一项特许权自用，价款为 480 000 元，增值税为 28 800 元，法律寿命为 10 年，预计净残值为零，不考虑其他因素。

① 购入无形资产时的会计分录如下：

借：无形资产——特许权　　　　　　　　　　　　　　　480 000
　　应交税费——应交增值税（进项税额）　　　　　　　 28 800
　　贷：银行存款　　　　　　　　　　　　　　　　　　　　　　 508 800

② 每月计提累计摊销时的会计分录如下：

借：管理费用　　　　　　　　　　　　　　　　　　　　　4 000
　　　　　　　　　　　　　　　　　　　　　（480 000÷10÷12）
　　贷：累计摊销　　　　　　　　　　　　　　　　　　　　　　　4 000

例题【7-5】 2019年1月1日，WXR有限责任公司将内部研发完成的非专利技术出租给A公司，该非专利技术的研发成本为360 000元，双方约定的租赁期限为10年，不考虑其他因素。

① 研发完成形成无形资产时的会计分录如下：

借：无形资产——特许权　　　　　　　　　　　　　　　360 000
　　贷：研发支出——资本化支出　　　　　　　　　　　　　　　 360 000

② 每月计提累计摊销时的会计分录如下：

借：其他业务成本　　　　　　　　　　　　　　　　　　　3 000
　　　　　　　　　　　　　　　　　　　　　（360 000÷10÷12）
　　贷：累计摊销　　　　　　　　　　　　　　　　　　　　　　　3 000

例题【7-6】 2019年3月1日，WXR有限责任公司从外单位购入一项B专利技术用于产品生产，支付价款及相关费用共计600 000元，款项已转账支付。B专利技术法律保护期为15年，公司预计运用该项专利技术生产的产品在未来10年内会为公司带来经济利益。预计净残值为零，并按年采用直线法摊销。

① 取得无形资产时的会计分录如下：

借：无形资产——专利权　　　　　　　　　　　　　　　600 000
　　贷：银行存款　　　　　　　　　　　　　　　　　　　　　　 600 000

② 每月计提累计摊销时的会计分录如下：

借：制造费用——专利权摊销　　　　　　　　　　　　　5 000
　　　　　　　　　　　　　　　　　　　　　（600 000÷10÷12）
　　贷：累计摊销　　　　　　　　　　　　　　　　　　　　　　　5 000

注意：无形资产规定有法律寿命和经济寿命的，应当按照法律寿命和经济寿命两者较短者确定摊销的时间。

（五）无形资产减值的核算

企业取得无形资产时，应当合理估计无形资产的使用寿命，如果有确凿证据表明无法合理估计其使用寿命的无形资产，应作为使用寿命不确定的无形资产核算。对于使用寿命不确定的无形资产，在持有期间内不需要进行摊销，但应当至少在每年年度终了按照《企业会计准则第8号——资产减值》的有关规定进行减值测试，无形资产减值损失一经确认，在以后会计期间不得转回。

在减值测试中,如果有迹象表明无形资产的可收回金额低于账面价值,企业应当将该无形资产的账面价值减记至可收回金额,减记的金额确认为减值损失,计入资产减值损失,同时计提无形资产减值准备。

计提无形资产减值准备时的会计分录如下:

借:资产减值损失——计提的无形资产减值准备
　　贷:无形资产减值准备

例题【7-7】 2019 年 12 月 31 日,市场上某项技术生产的产品销售势头较好,已对 WXR 有限责任公司产品的销售产生重大不利影响。WXR 有限责任公司外购的类似专利技术的账面价值为 800 000 元,剩余摊销年限为 4 年,经减值测试,该专利技术的可收回金额为 750 000 元,该无形资产之前未计提减值准备。

计提减值准备时的会计分录如下:

借:资产减值损失——计提的无形资产减值准备　　　　　　　50 000
　　　　　　　　　　　　　　　　　　　　　　　　　(800 000 - 750 000)
　　贷:无形资产减值准备　　　　　　　　　　　　　　　　　　50 000

(六) 无形资产处置和报废的核算

无形资产的处置和报废,主要是指当无形资产对外出租、出售以及无法给企业带来经济利益时,应对无形资产进行转销,并终止确认无形资产。

1. 无形资产出租

企业让渡无形资产使用权并收取相应租金,在满足收入确认条件时,应确认为收入,同时将其摊销确认为费用。

① 出租无形资产取得租金收入时的会计分录如下:

借:银行存款等
　　贷:其他业务收入等

② 计提出租无形资产的累计摊销时的会计分录如下:

借:其他业务成本
　　贷:累计摊销

例题【7-8】 2017 年 1 月 1 日,WXR 有限责任公司将 F 商标权出租给乙公司使用,租期为 4 年,每年收取租金 150 000 元,按月收取。WXR 有限责任公司在出租期间内不再使用该商标权。该商标权是 WXR 有限责任公司于 2015 年 1 月 1 日购入的,初始入账价值为 1 800 000 元,预计使用年限为 15 年,采用直线法摊销。假定不考虑相关税费。

① 每月取得租金时的会计分录如下:

借:银行存款　　　　　　　　　　　　　　　　　　　　　　　12 500
　　贷:其他业务收入——出租商标权　　　　　　　　　　　　　12 500

② 每月计提摊销时的会计分录如下:

借:其他业务成本——商标权摊销　　　　　　　　　　　　　　10 000
　　贷:累计摊销　　　　　　　　　　　　　　　　　　　　　　10 000

2. 无形资产出售

企业出售无形资产，应将出售时取得的价款与该无形资产账面价值的差额计入资产处置损益。

出售无形资产时的会计分录如下：

借：银行存款
　　应收票据等
　　累计摊销
　　无形资产减值准备
　　资产处置损益（日常活动出售无形资产的净亏损）
　　贷：无形资产
　　　　应交税费——应交增值税（销项税额）
　　　　银行存款
　　　　资产处置损益（日常活动出售无形资产的净收益）

例题【7-9】 WXR 有限责任公司出售一项商标权，取得价款为 1 200 000 元，应交纳的增值税为 72 000 元。该商标权的成本为 3 000 000 元，出售时已摊销金额为 1 800 000 元，已计提的减值准备为 300 000 元。

出售无形资产时的会计分录如下：

借：银行存款　　　　　　　　　　　　　　　　　　　　　1 200 000
　　累计摊销　　　　　　　　　　　　　　　　　　　　　1 800 000
　　无形资产减值准备——商标权　　　　　　　　　　　　　 300 000
　　贷：无形资产——商标权　　　　　　　　　　　　　　　3 000 000
　　　　应交税费——应交增值税（销项税额）　　　　　　　　 72 000
　　　　资产处置损益　　　　　　　　　　　　　　　　　　 228 000

3. 无形资产报废

如果无形资产预期不能为企业带来未来经济利益，则不再符合无形资产的定义，应将其报废并予以转销，其账面价值转入营业外支出。

报废无形资产时的会计分录如下：

借：累计摊销
　　无形资产减值准备
　　营业外支出
　　贷：无形资产

例题【7-10】 WXR 有限责任公司拥有一项非专利技术，采用直线法进行摊销，预计使用期限为 10 年。现该项非专利技术已被内部研发成功的新技术替代，并且根据市场调查，用该非专利技术生产的产品已没有市场，预期不能再为企业带来任何经济利益，故应当予以报废。报废时，该项非专利技术的成本为 900 000 元，已摊销 6 年，累计计提减值准备 240 000 元，该项非专利技术的残值为零。假定不考虑其他相关因素。

报废无形资产时的会计分录如下：

借：累计摊销　　　　　　　　　　　　　　　　　　　　　　540 000

```
    无形资产减值准备——非专利技术                              240 000
    营业外支出——处置非流动资产损失                            120 000
  贷：无形资产——非专利技术                                              900 000
```

任务二 投资性房地产的认知与核算

一、投资性房地产概述

投资性房地产，是指企业为赚取租金或资本增值，或者两者兼有而持有的房地产，主要包括已出租的土地使用权、持有并准备增值后转让的土地使用权、已出租的建筑物。投资性房地产作为一种经营投资性资产，其持有属于经营性活动；投资性房地产持有的目的，是与存货和固定资产不一致的，应当相互区分；投资性房地产应当能够单独计量和出售。

某项资产能否确认为投资性房地产，除了要满足投资性房地产的定义，还需要同时满足以下两个条件：一是与该投资性房地产有关的经济利益很可能流入企业，二是该投资性房地产的成本能够可靠地计量。

（一）投资性房地产的核算范围

投资性房地产主要包括已出租的土地使用权、持有并准备增值后转让的土地使用权和已出租的建筑物。

1. 已出租的土地使用权

已出租的土地使用权是指企业通过出让或转让方式取得并以经营租赁方式出租的土地使用权。企业计划用于出租但尚未出租的土地使用权，不属于此类。对于以经营租赁方式租入土地使用权再转租给其他单位的，不能确认为投资性房地产。

例题【7-11】 2019 年 5 月 25 日，WXR 有限责任公司与乙公司签订了一项经营租赁合同，约定自 2019 年 6 月 1 日起，乙公司以年租金 200 000 元租赁使用 WXR 有限责任公司拥有的一块 10 000 平方米的场地，租赁期为 10 年。2019 年 8 月 30 日，乙公司又将这块场地转租给丙公司，以赚取租金差价，租赁期为 4 年。假设不考虑国家相关政策和法律法规。

分析：对于乙公司而言，该项土地使用权不属于其投资性房地产。对于 WXR 有限责任公司而言，自租赁期开始日（2019 年 6 月 1 日）起，该项土地使用权属于投资性房地产。

2. 持有并准备增值后转让的土地使用权

持有并准备增值后转让的土地使用权是指企业通过出让或转让方式取得并准备增值后转让的土地使用权。但是，按照国家有关规定认定的闲置土地，不属于持有并准备增值后转让的土地使用权。

例题【7-12】 2019 年 10 月 20 日，WXR 有限责任公司股东会通过决议，从 2019 年 11 月 1 日起将持有的一块 10 000 平方米的场地改变用途，即准备增值后再转让。

分析：对于 WXR 有限责任公司而言，自 2019 年 11 月 1 日起，该项土地使用权属于投资性房地产。

3. 已出租的建筑物

已出租的建筑物是指企业拥有产权并以经营租赁方式出租的房屋等建筑物，包括自行建造或开发活动完成后用于出租的建筑物。

企业在判断和确认已出租的建筑物时，应当把握以下要点。

（1）用于出租的建筑物是指企业拥有产权的建筑物，企业以经营租赁方式租入再转租的建筑物不属于投资性房地产。

（2）已出租的建筑物是企业已经与其他方签订了租赁协议，约定以经营租赁方式出租的建筑物。一般应自租赁协议规定的租赁期开始日起，经营租出的建筑物才属于已出租的建筑物。

（3）企业将建筑物出租，按租赁协议向承租人提供的相关辅助服务在整个协议中不重大的，应当将该建筑物确认为投资性房地产。例如，企业将其办公楼出租，同时向承租人提供维护、保安等日常辅助服务，企业应当将其确认为投资性房地产。

（二）不属于投资性房地产的项目

下列房地产不属于投资性房地产。

（1）自用房地产，即为生产商品、提供劳务或者经营管理而持有的房地产，包括自用建筑物（固定资产）和自用土地使用权（无形资产）。

（2）作为存货的房地产，通常指房地产开发企业在正常经营过程中销售的或为销售而正在开发的商品房和土地。

如果某项房地产部分用于赚取租金或资本增值、部分自用（即用于生产商品、提供劳务或经营管理），能够单独计量用于出售、赚取租金或资本增值的部分，应当确认为投资性房地产；不能够单独计量用于出售、赚取租金或资本增值的部分，不确认为投资性房地产。该项房地产自用的部分，以及不能够单独计量用于出售、赚取租金或资本增值的部分，应当确认为固定资产或无形资产。

（三）应设置的会计科目

为了核算投资性房地产的取得、摊销、减值和处置等情况，企业应当设置"投资性房地产""投资性房地产累计摊销""投资性房地产累计折旧""投资性房地产减值准备""公允价值变动损益""其他业务收入""其他业务成本"等科目。

1. "投资性房地产"科目

为了核算企业采用成本模式计量的投资性房地产的成本，或采用公允价值模式计量投资性房地产的公允价值，企业应设置"投资性房地产"科目。该科目属于资产类科目，借方登记取得投资性房地产的成本，贷方登记由于改变用途、出售等原因转出投资性房地产的账面余额；期末余额在借方，表示企业投资性房地产的余额。

采用公允价值模式计量的投资性房地产，还应当分别设置"成本"和"公允价值变动"明细科目进行核算。

2. "投资性房地产累计摊销"科目

为了核算企业对采用成本模式核算的投资性房地产（已出租的土地使用权部分）计提的累计摊销情况，企业应设置"投资性房地产累计摊销"科目。该科目属于"投资性房地产"科目的调整科目，贷方登记企业计提的投资性房地产累计摊销，借方登记由于处置投资性房地产等原因转出的累计摊销；期末余额在贷方，表示企业投资性房地产的累计摊销额。

3. "投资性房地产累计折旧"科目

为了核算企业对采用成本模式核算的投资性房地产(已出租的建筑物部分)计提的累计折旧情况,企业应设置"投资性房地产累计折旧"科目。该科目属于"投资性房地产"的科目调整科目,贷方登记企业计提的投资性房地产累计折旧,借方登记由于处置投资性房地产等原因转出的累计折旧;期末余额在贷方,表示企业投资性房地产的累计折旧额。

4. "投资性房地产减值准备"科目

为了核算企业计提的投资性房地产减值准备的情况,企业应设置"投资性房地产减值准备"科目。该科目属于"投资性房地产"科目的调整科目,贷方登记企业计提的投资性房地产减值准备,借方登记登记由于处置投资性房地产等原因转出的投资性房地产减值准备;期末余额在贷方,表示企业投资性房地产累计计提的减值准备。

二、投资性房地产的取得

(一) 外购投资性房地产的确认和初始计量

企业外购的房地产,只有在购入的同时开始对外出租或用于资本增值,才能作为投资性房地产加以确认。如果企业购入房地产,自用一段时间之后再改为出租或用于资本增值,应当先将外购的房地产确认为固定资产或无形资产;自租赁期开始日或用于资本增值之日起,才能从固定资产或无形资产转换为投资性房地产。

企业外购投资性房地产时,应当按照取得时的实际成本进行初始计量。取得时的实际成本,包括购买价款、相关税费和可直接归属于该资产的其他支出。

(1) 采用成本模式进行后续计量的,在购入投资性房地产时的会计分录:

借:投资性房地产
  贷:银行存款等

(2) 采用公允价值模式进行后续计量的,在购入投资性房地产时的会计分录:

借:投资性房地产——成本
  贷:银行存款等

(二) 自行建造投资性房地产的确认和初始计量

企业自行建造的房地产,只有在自行建造活动完成(即达到预定可使用状态)的同时开始对外出租或用于资本增值,才能将自行建造的房地产确认为投资性房地产。

企业自行建造房地产达到预定可使用状态后一段时间才对外出租或用于资本增值的,应当先将自行建造的房地产确认为固定资产、无形资产或存货;自租赁期开始日或用于资本增值之日开始,从固定资产、无形资产或存货转换为投资性房地产。

自行建造投资性房地产,其成本由建造该项资产达到预定可使用状态前发生的必要支出构成,包括土地开发费、建筑成本、安装成本、应予资本化的借款费用、支付的其他费用和分摊的间接费用等。

(1) 采用成本模式进行后续计量的,自行建造投资性房地产完成时的会计分录:

借：投资性房地产
　　贷：在建工程
　　　　开发产品

（2）采用公允价值模式进行后续计量的，自行建造投资性房地产完成时的会计分录：

借：投资性房地产——成本
　　贷：在建工程
　　　　开发产品

例题【7-13】 2019年2月，WXR有限责任公司从丙公司购入一块土地，并在这块土地上开始自行建造两栋厂房。2019年12月，WXR有限责任公司预计厂房即将完工，与乙公司签订了经营租赁合同，将其中的一栋厂房租赁给乙公司使用。租赁合同约定，该厂房于完工时开始出租。2020年1月1日，两栋厂房同时完工。该块土地使用权的成本为9 000 000元；两栋厂房的实际造价均为12 000 000元，能够单独出售。假设WXR有限责任公司采用成本模式对投资性房地产进行后续计量。

分析：WXR有限责任公司在2020年1月1日将出租部分建筑物确认为投资性房地产，同时将土地使用权中的对应部分同时转换为投资性房地产，金额为4 500 000元［9 000 000×（12 000 000÷24 000 000）］。

① 在建工程完工时的会计分录如下：

借：固定资产——厂房　　　　　　　　　　　　　　　　　　12 000 000
　　投资性房地产——厂房　　　　　　　　　　　　　　　　12 000 000
　　贷：在建工程——厂房　　　　　　　　　　　　　　　　　　24 000 000

② 将原作为无形资产核算的土地使用权转作投资性房地产时的会计分录如下：

借：投资性房地产——已出租土地使用权　　　　　　　　　　4 500 000
　　贷：无形资产——土地使用权　　　　　　　　　　　　　　　4 500 000

三、投资性房地产的后续计量

投资性房地产的后续计量有成本和公允价值两种模式，通常应当采用成本模式，满足特定条件时也可以采用公允价值模式。但是，同一企业只能采用一种模式对所有投资性房地产进行后续计量，不得同时采用两种计量模式。

（一）采用成本模式计量的投资性房地产

企业通常应当采用成本模式对投资性房地产进行后续计量。采用成本模式进行后续计量的投资性房地产，应当遵循以下会计处理规定。

（1）按照固定资产或无形资产的有关规定，按期（月）计提折旧或摊销。

计提折旧或摊销时的会计分录：

借：其他业务成本
　　贷：投资性房地产累计折旧（摊销）

（2）取得租金收入时的会计分录：

借：银行存款等
　　贷：其他业务收入

(3) 投资性房地产存在减值迹象的，适用资产减值的有关规定。经减值测试后确定发生减值的，应当计提减值准备。

计提减值准备时的会计分录：

借：资产减值损失

  贷：投资性房地产减值准备

例题【7-14】 WXR 有限责任公司将一栋写字楼出租给 E 公司使用，确认为投资性房地产，采用成本模式进行后续计量。这栋写字楼的成本为 72 000 000 元，按照年限平均法计提折旧，使用寿命为 20 年，预计净残值为零。经营租赁合同约定，E 公司每月等额支付 WXR 有限责任公司租金 400 000 元。

① 出租写字楼取得收入时的会计分录如下：

借：银行存款   400 000

  贷：其他业务收入——出租写字楼租金收入   400 000

② 对写字楼计提折旧时的会计分录如下：

借：其他业务成本——出租写字楼折旧   300 000

           （72 000 000÷20÷12）

  贷：投资性房地产累计折旧   300 000

（二）采用公允价值模式计量的投资性房地产

只有存在确凿证据表明投资性房地产的公允价值能够持续可靠取得，企业才可以采用公允价值模式对投资性房地产进行后续计量。企业一旦选择采用公允价值计量模式，就应当对其所有投资性房地产采用公允价值模式进行后续计量。

采用公允价值模式进行后续计量的投资性房地产，应当同时满足以下两个条件：一是投资性房地产所在地有活跃的房地产交易市场，二是企业能够从活跃的房地产交易市场上取得同类或类似房地产的市场价格及其他相关信息，从而对投资性房地产的公允价值进行合理估计。

采用公允价值模式计量，平时不对投资性房地产计提折旧或摊销。企业应当以资产负债表日投资性房地产的公允价值为基础调整其账面价值，公允价值与原账面价值之间的差额计入当期损益。

(1) 资产负债表日，投资性房地产的公允价值高于原账面价值时的会计分录：

借：投资性房地产——公允价值变动

  贷：公允价值变动损益

(2) 资产负债表日，投资性房地产的公允价值低于原账面价值时的会计分录：

借：公允价值变动损益

  贷：投资性房地产——公允价值变动

(3) 取得租金收入时的会计分录：

借：银行存款等

  贷：其他业务收入

例题【7-15】 2019 年 11 月，WXR 有限责任公司与丁公司签订租赁协议，将 WXR 有限责任公司新建造的一栋写字楼租赁给丁公司使用，从 2019 年 12 月 1 日开始租赁，租赁期为 10 年。写字楼的工程造价为 8 000 000 元（和公允价值相同）。该写字楼所在区域有活跃的房地产交易市场，而且能够从房地产交易市场上取得同类房地产的市场报价，WXR 有限责任公司决定采用公允价值模式对该项房地产进行后续计量。2019 年 12 月 31 日，该写字楼的公允价值为 8 400 000 元。

① 2019 年 12 月 1 日，出租写字楼时的会计分录如下：

借：投资性房地产——写字楼——成本　　　　　　　　　　　　8 000 000
　　贷：固定资产——写字楼　　　　　　　　　　　　　　　　　8 000 000

② 2019 年 12 月 31 日，确认投资性房地产公允价值变动时的会计分录如下：

借：投资性房地产——写字楼——公允价值变动　　　　　　　　　400 000
　　贷：公允价值变动损益——投资性房地产　　　　　　　　　　　400 000

（三）投资性房地产后续计量模式的变更

为保证会计信息的可比性，企业对投资性房地产的计量模式一经确定，不得随意变更。只有在房地产市场比较成熟、能够满足采用公允价值模式计量的条件下，才允许企业对投资性房地产从成本模式计量变更为公允价值模式计量。成本模式转为公允价值模式的，应当作为会计政策变更处理，将计量模式变更时公允价值与账面价值的差额，调整期初留存收益。

转换计量模式时的会计分录：

借：投资性房地产——成本
　　投资性房地产累计折旧（摊销）
　　投资性房地产减值准备
　　贷：投资性房地产（按照原账面余额）
　　　　利润分配——未分配利润（可能出现在借方）
　　　　盈余公积等（可能出现在借方）

注意：已采用公允价值模式计量的投资性房地产，不得从公允价值模式转为成本模式。

例题【7-16】 2019 年 1 月 1 日，WXR 有限责任公司将原价为 120 万元、已计提折旧 40 万元、已计提减值准备 10 万元、账面价值为 70 万元的一栋写字楼由成本模式转换为公允价值模式计量。转换当日该写字楼的公允价值为 78 万元，WXR 有限责任公司按净利润的 10% 计提法定盈余公积。

转换计量模式时的会计分录如下：

借：投资性房地产——成本　　　　　　　　　　　　　　　　　　780 000
　　投资性房地产累计折旧　　　　　　　　　　　　　　　　　　400 000
　　投资性房地产减值准备　　　　　　　　　　　　　　　　　　100 000
　　贷：投资性房地产　　　　　　　　　　　　　　　　　　　1 200 000
　　　　利润分配——未分配利润　　　　　　　　　　　　　　　　80 000

同时：

借：利润分配——未分配利润　　　　　　　　　　　　　　　　　　8 000
　　贷：盈余公积　　　　　　　　　　　　　　　　　　　　　　　8 000

四、房地产的转换

房地产的转换是房地产用途的变更。企业有确凿证据表明房地产用途发生改变的，应当将投资性房地产转换为其他资产或者将其他资产转换为投资性房地产。满足以下条件之一的，视同房地产用途改变：

（1）投资性房地产开始自用，即将投资性房地产转为自用房地产；
（2）作为存货的房地产，改为出租；
（3）自用建筑物停止自用，改为出租；
（4）自用土地使用权停止自用，改用于赚取租金或资本增值；
（5）房地产企业将用于经营出租的房地产重新开发用于对外销售，从投资性房地产转为存货。

（一）成本模式下的转换

1. 投资性房地产转换为自用房地产

企业将采用成本模式计量的投资性房地产转换为自用房地产时，应当按该项投资性房地产在转换日的账面余额、累计折旧、减值准备等，分别转入"固定资产""累计折旧""固定资产减值准备"等科目。

（1）成本模式计量下的投资性房地产转换为固定资产时的会计分录：
借：固定资产
　　投资性房地产累计折旧
　　投资性房地产减值准备
　　贷：投资性房地产
　　　　累计折旧
　　　　固定资产减值准备

（2）成本模式计量下的投资性房地产转换为无形资产时的会计分录：
借：无形资产
　　投资性房地产累计摊销
　　投资性房地产减值准备
　　贷：投资性房地产
　　　　累计摊销
　　　　无形资产减值准备

2. 投资性房地产转换为存货

企业将采用成本模式计量的投资性房地产转换为存货时，应当按照该项房地产在转换日的账面价值入账。

成本模式计量下的投资性房地产转换为存货时的会计分录：
借：开发产品
　　投资性房地产累计折旧（摊销）
　　投资性房地产减值准备
　　贷：投资性房地产

3. 自用房地产转换为投资性房地产

企业将自用土地使用权或建筑物转换为采用成本模式计量的投资性房地产时,应当按该项建筑物或土地使用权在转换日的原价、累计折旧、减值准备等,分别转入"投资性房地产""投资性房地产累计折旧(摊销)""投资性房地产减值准备"科目。

(1) 固定资产转换为成本模式计量下的投资性房地产时的会计分录:

借:投资性房地产(按其账面余额)
　　累计折旧
　　固定资产减值准备
　贷:固定资产
　　　投资性房地产累计折旧
　　　投资性房地产减值准备

(2) 无形资产转换为成本模式计量下的投资性房地产时的会计分录:

借:投资性房地产(按其账面余额)
　　累计摊销
　　无形资产减值准备
　贷:无形资产
　　　投资性房地产累计摊销
　　　投资性房地产减值准备

例题【7-17】 WXR 有限责任公司拥有一层自己使用的办公楼,2019 年 10 月 5 日,WXR 有限责任公司董事会通过决议,将办公楼由自己使用改为出租。2019 年 10 月 20 日,WXR 有限责任公司与乙公司签订了经营租赁协议,租赁期开始日为 2019 年 11 月 1 日,租期为 5 年。2019 年 11 月 1 日,这栋办公楼的账面余额为 6 000 000 元,已计提折旧 400 000 元。假设 WXR 有限责任公司所在城市不存在活跃的房地产交易市场,不考虑其他因素。

2019 年 11 月 1 日,办公楼转为出租时的会计分录如下:

借:投资性房地产——办公楼	6 000 000
累计折旧	400 000
贷:固定资产——办公楼	6 000 000
投资性房地产累计折旧	400 000

4. 作为存货的房地产转换为投资性房地产

将作为存货的房地产转换为采用成本模式计量的投资性房地产,应当按该项存货在转换日的账面价值入账。

作为存货的房地产转换为采用成本模式计量的投资性房地产时的会计分录:

借:投资性房地产
　　存货跌价准备
　贷:开发产品(按其账面余额)

例题【7-18】 WXR 有限责任公司是从事房地产开发的企业,2019 年 4 月 10 日,WXR 有限责任公司董事会通过决议,将其开发完成的一栋写字楼改为出租。2019 年 4 月 20 日,WXR 有限责任公司与乙公司签订了经营租赁协议,租赁期开始日为 2019 年 5 月 1 日,租赁期为 5 年。2019 年 5 月 1 日,该写字楼的账面余额为 80 000 000 元,未计提存货跌价准备,转换后采用成本模式进行后续计量。

将作为存货的房地产转换为投资性房地产时，WXR 有限责任公司编制的会计分录如下：

借：投资性房地产——写字楼　　　　　　　　　　　　　　　80 000 000
　　贷：开发产品　　　　　　　　　　　　　　　　　　　　　80 000 000

（二）公允价值模式下的转换

1. 投资性房地产转换为自用房地产

将采用公允价值模式计量的投资性房地产转换为自用房地产时，以其转换当日的公允价值作为自用房地产的账面价值，公允价值与原账面价值的差额计入当期损益。

（1）公允价值模式计量下的投资性房地产转换为固定资产时的会计分录：

借：固定资产（转换日投资性房地产的公允价值）
　　投资性房地产——公允价值变动（价值累计下降的部分）
　　贷：投资性房地产——成本
　　　　　　　　　　——公允价值变动（价值累计上升的部分）
　　　　公允价值变动损益（差额部分，有可能在借方）

（2）公允价值模式计量下的投资性房地产转换为无形资产时的会计分录：

借：无形资产（转换日投资性房地产的公允价值）
　　投资性房地产——公允价值变动（价值累计下降的部分）
　　贷：投资性房地产——成本
　　　　　　　　　　——公允价值变动（价值累计上升的部分）
　　　　公允价值变动损益（差额部分，有可能在借方）

例题【7-19】 2019 年 10 月 15 日，租赁期满，WXR 有限责任公司董事会决议，将出租的写字楼收回改为自己使用。2019 年 11 月 1 日，该写字楼正式开始自己使用，当日该投资性房地产的公允价值为 7 500 000 元。该项房地产在转换前采用公允价值模式计量，原账面价值为 7 000 000 元，其中，成本为 6 800 000 元，公允价值变动为增值 200 000 元。

将投资性房地产转回自用时，WXR 有限责任公司编制的会计分录如下：

借：固定资产——写字楼　　　　　　　　　　　　　　　　　7 500 000
　　贷：投资性房地产——写字楼——成本　　　　　　　　　　6 800 000
　　　　　　　　　　　　　　——公允价值变动　　　　　　　　200 000
　　　　公允价值变动损益——投资性房地产　　　　　　　　　　500 000

2. 投资性房地产转换为存货

企业将采用公允价值模式计量的投资性房地产转换为存货时，应当以其转换当日的公允价值作为存货的入账价值，公允价值与原账面价值的差额计入当期损益。

公允价值模式计量下的投资性房地产转换为固定资产时的会计分录：

借：开发产品等（投资性房地产的公允价值）
　　投资性房地产——公允价值变动（价值累计下降的部分）
　　贷：投资性房地产——成本
　　　　　　　　　　——公允价值变动（价值累计上升的部分）
　　　　公允价值变动损益（差额部分，有可能在借方）

3. 自用房地产转换为投资性房地产

企业将自用房地产转换为采用公允价值模式计量的投资性房地产时，应当认其转换当日的公允价值作为投资性房地产的入账价值，公允价值与原账面价值的差额，若为借方差额，应计入当期损益，若为贷方差额，应计入其他综合收益。

（1）企业将自用土地使用权或建筑物转换为采用公允价值模式计量的投资性房地产，转换日的公允价值大于账面价值时的会计分录：

借：投资性房地产——成本（土地使用权或建筑物在转换日的公允价值）
　　累计摊销（无形资产累计摊销）
　　累计折旧（固定资产累计折旧）
　　无形资产减值准备
　　固定资产减值准备
　　贷：无形资产（按其账面余额）
　　　　固定资产（按其账面余额）
　　　　其他综合收益

（2）企业将自用土地使用权或建筑物转换为采用公允价值模式计量的投资性房地产，转换日的公允价值小于账面价值时的会计分录：

借：投资性房地产——成本（土地使用权或建筑物在转换日的公允价值）
　　累计摊销（无形资产累计摊销）
　　累计折旧（固定资产累计折旧）
　　无形资产减值准备
　　固定资产减值准备
　　公允价值变动损益
　　贷：无形资产（按其账面余额）
　　　　固定资产（按其账面余额）

例题【7-20】 2019年12月，WXR有限责任公司董事会通过决议，决定搬迁至新建办公楼，同时将原处于繁华地段的办公楼出租，以赚取租金收入。2019年12月底，WXR有限责任公司与丙公司签订经营租赁协议，租赁开始日为2020年1月1日，租赁期为5年。该办公楼所在地房地产交易活跃，公司能够从市场上取得同类或类似房地产的市场价格及其他相关信息。假设WXR有限责任公司对出租的该办公楼采用公允价值模式计量。假设2020年1月1日，该办公楼的公允价值为3 600 000元，其原价为5 500 000元，已提折旧1 500 000元。

2020年1月1日将自用房地产转换为投资性房地产时，WXR有限责任公司编制的会计分录如下：

借：投资性房地产——办公楼——成本　　　　　　　　　　3 600 000
　　公允价值变动损益——投资性房地产　　　　　　　　　　400 000
　　累计折旧　　　　　　　　　　　　　　　　　　　　　1 500 000
　　贷：固定资产　　　　　　　　　　　　　　　　　　　　　　5 500 000

4. 作为存货的房地产转换为投资性房地产

企业将作为存货的房地产转换为采用公允价值模式计量的投资性房地产时，应当将其转换当日的公允价值作为投资性房地产的入账价值，公允价值与原账面价值的差额，若为借方差额，应计入当期损益，若为贷方差额，应计入其他综合收益。

（1）企业将作为存货的房地产转换为采用公允价值模式计量的投资性房地产，转换日的公允价值大于账面价值时的会计分录：

借：投资性房地产——成本（作为存货的房地产在转换日的公允价值）
　　存货跌价准备（已计提的减值准备）
　贷：开发产品等（按账面余额）
　　　其他综合收益

（2）企业将作为存货的房地产转换为采用公允价值模式计量的投资性房地产，转换日的公允价值小于账面价值时的会计分录：

借：投资性房地产——成本（作为存货的房地产在转换日的公允价值）
　　存货跌价准备
　　公允价值变动损益
　贷：开发产品等（按其账面余额）

五、投资性房地产的处置

（一）成本模式计量下投资性房地产的处置

处置采用成本模式计量的投资性房地产时的会计分录：

借：银行存款
　　应收票据等
　贷：其他业务收入

同时

借：其他业务成本（投资性房地产的账面价值）
　　投资性房地产累计折旧（摊销）
　　投资性房地产减值准备
　贷：投资性房地产（投资性房地产的账面余额）

例题【7-21】 WXR 有限责任公司将其出租的一层写字楼确认为投资性房地产。租赁期届满后，WXR 有限责任公司将该层写字楼出售给乙公司，合同价款为 2 000 000 元，乙公司已用银行存款付清。假设该层写字楼原采用成本模式计量。出售时，该栋写字楼的成本为 1 800 000 元，已计提折旧 300 000 元，不考虑相关税费。

出售时，WXR 有限责任公司编制的会计分录如下：

借：银行存款　　　　　　　　　　　　　　　　　　　　2 000 000
　贷：其他业务收入　　　　　　　　　　　　　　　　　　　　2 000 000

同时

借：其他业务成本　　　　　　　　　　　　　　　　　　1 500 000
　　投资性房地产累计折旧　　　　　　　　　　　　　　　　300 000
　贷：投资性房地产——写字楼　　　　　　　　　　　　　　　1 800 000

(二) 公允价值模式计量下投资性房地产的处置

处置采用公允价值模式计量的投资性房地产时的会计分录：

借：银行存款
　　应收票据等
　　　贷：其他业务收入

同时

借：其他业务成本（投资性房地产的账面价值）
　　投资性房地产——公允价值变动（价值累计下降的部分）
　　　贷：投资性房地产——成本
　　　　　投资性房地产——公允价值变动（价值累计上涨的部分）

任务三　其他资产的认知与核算

其他资产是除货币资金、交易性金融资产、应收及预付款项、存货、长期股权投资、固定资产、无形资产、投资性房地产等以外的资产，如长期待摊费用等。

长期待摊费用，是指企业已经发生但应由本期和以后各期负担的分摊期限在一年以上的各项费用，如以经营租赁方式租入的固定资产发生的改良支出等。

例题【7-22】 2019年5月1日，WXR有限责任公司对其以经营租赁方式租入的办公楼进行装修，发生相关支出：领用生产材料800 000元，购进该批原材料时支付的增值税进项税额为104 000元；辅助生产部门为该装修工程提供的劳务支出为25 000元；相关人员职工薪酬为555 000元。2020年1月1日，该办公楼装修完工，达到预定可使用状态并交付使用，并按租赁期10年开始进行摊销，假定不考虑其他因素。

① 装修领用原材料时的会计分录如下：

借：长期待摊费用　　　　　　　　　　　　　　　　　　800 000
　　贷：原材料　　　　　　　　　　　　　　　　　　　　800 000

② 辅助生产车间为装修工程提供劳务时的会计分录如下：

借：长期待摊费用　　　　　　　　　　　　　　　　　　 25 000
　　贷：生产成本—辅助生产成本　　　　　　　　　　　　 25 000

③ 确认相关人员职工薪酬时的会计分录如下：

借：长期待摊费用　　　　　　　　　　　　　　　　　　555 000
　　贷：应付职工薪酬　　　　　　　　　　　　　　　　　555 000

④ 2020年摊销装修支出时的会计分录如下：

借：管理费用　　　　　　　　　　　　　　　　　　　　138 000
　　贷：长期待摊费用　　　　　　　　　　　　　　　　　138 000

项目小结

无形资产是企业拥有或者控制的不具有实物形态的可辨认非货币性资产，主要包括专利权、商标权、土地使用权、非专利技术、著作权、特许权。

无形资产的核算包括应设置的会计科目、外购无形资产的核算、企业内部自行开发无形资产的核算、无形资产计提摊销的核算、无形资产减值的核算、无形资产处置和报废的核算。

投资性房地产是指企业为赚取租金或资本增值，或者两者兼有而持有的房地产，主要包括已出租的土地使用权、已出租的建筑物、持有并准备增值后转让的土地使用权。

投资性房地产的核算包括：投资性房地产的初始计量（包括外购投资性房地产的初始确认和计量、自行建造投资性房地产的初始确认和计量）、投资性房地产的后续计量（包括成本模式下投资性房地产的后续计量、公允价值模式下投资性房地产的后续计量、投资性房地产计量模式的变更）、投资性房地产的转换（包括存货转换为投资性房地产、固定资产转换为投资性房地产、无形资产转换为投资性房地产、投资性房地产转换为存货、投资性房地产转换为固定资产、投资性房地产转换为无形资产）、投资性房地产的处置。

其他资产是指除货币资金、交易性金融资产、应收及预付款项、存货、长期股权投资、固定资产、无形资产、投资性房地产等以外的资产，如长期待摊费用等。

习题与实训

一、思考题

1. 什么是无形资产，如何确认？
2. 无形资产的内容有哪些？
3. 什么是投资性房地产？投资性房地产的核算范围有哪些？

二、单选题

1. 下列项目中，应确认为无形资产的是（   ）。
A. 企业自创的商誉
B. 企业内部产生的品牌
C. 企业内部研究开发项目研究阶段的支出
D. 企业购入的专利权

2. 关于企业内部研究开发项目的支出，下列说法中错误的是（   ）。
A. 企业内部研究开发项目的支出，应当区分研究阶段支出与开发阶段支出
B. 企业内部研究开发项目研究阶段的支出，应当于发生时计入当期损益
C. 企业内部研究开发项目开发阶段的支出，应确认为无形资产
D. 企业内部研究开发项目开发阶段的支出，可能确认为无形资产，也可能确认为费用

3. WXR 有限责任公司于 2017 年 1 月 1 日购入一项专利权，实际支付的买价及相关费用共计 480 000 元，该专利权的摊销年限为 5 年，假设采用直线法摊销。2019 年 4 月 1 日，WXR 有限责任公司将该专利权的所有权对外转让，取得价款 200 000 元。转让交易发生相关税费 10 000 元，不考虑其他因素，转让该专利权形成的净损失为（   ）元。

A. 92 000　　　　　　　　　　　　B. 74 000
C. 76 000　　　　　　　　　　　　D. 67 000

4. 如果无法区分研究阶段和开发阶段的支出，应当在发生时（   ）。

   A. 作为管理费用全部计入当期损益

   B. 全部确认为无形资产

   C. 按适当比例划分计入当期损益和无形资产的金额

   D. 由企业自行决定计入当期损益或者无形资产

5. 企业出售无形资产发生的净损失，应计入（   ）。

   A. 营业外支出　　　　　　　B. 其他业务成本

   C. 销售费用　　　　　　　　D. 管理费用

6. W 房地产开发商于 2019 年 1 月将作为存货的商品房转换为采用公允价值模式计量的投资性房地产，转换日商品房的账面余额为 1 000 000 元，已计提跌价准备 200 000 元，该项房产在转换日的公允价值为 1 500 000 元，则转换日计入"投资性房地产"科目的金额是（   ）元。

   A. 1 500 000　　　　　　　B. 800 000

   C. 700 000　　　　　　　　D. 1 700 000

7. 企业出租无形资产取得的收入，应当计入（   ）。

   A. 主营业务收入　　　　　　B. 其他业务收入

   C. 投资收益　　　　　　　　D. 营业外支出

8. 采用成本模式计量的作为投资性房地产核算的建造物计提的累计折旧，应贷记的会计科目为（   ）。

   A. 投资性房地产累计折旧　　B. 投资性房地产

   C. 累计折旧　　　　　　　　D. 累计摊销

9. 某项专门用于生产过程中的无形资产，其摊销金额应该计入（   ）。

   A. 管理费用　　　　　　　　B. 销售费用

   C. 制造费用　　　　　　　　D. 其他业务成本

10. 以下各项中，属于投资性房地产的是（   ）。

    A. 房地产开发企业销售的或为销售而正在开发的商品房和土地

    B. 企业生产经营用的厂房、车间

    C. 企业生产经营用的办公楼

    D. 企业经营性出租用的办公楼

三、多选题

1. 以下各项中，会引起无形资产账面价值发生增减变动的有（   ）。

   A. 对无形资产计提减值准备

   B. 企业内部研究开发项目研究阶段的支出

   C. 摊销无形资产成本

   D. 企业内部研究开发项目开发阶段的支出不满足无形资产确认条件

2. 关于无形资产的初始计量，以下说法中正确的有（   ）。

   A. 外购的无形资产，其成本包括购买价款、相关税费以及直接归属于使该项资产达到预定用途所发生的其他支出

B. 购入无形资产超过正常信用条件延期支付价款，实质上具有融资性质的，应按所购无形资产购买价款总额入账

C. 投资者投入的无形资产的成本，应当按照投资合同或协议约定的价值确定，但合同或协议约定价值不公允的除外

D. 自行开发的无形资产，其成本包括自满足无形资产确认条件后至达到预定用途前所发生的支出总额，但对于以前期间已经费用化的支出不再进行调整

3. 以下各项中，属于投资性房地产的有（　　）。

A. 已出租的土地使用权

B. 已经营性出租的建筑物

C. 持有并准备增值后转让的土地使用权

D. 自用房地产

4. 采用公允价值模式计量的投资性房地产，以下说法正确的有（　　）。

A. 投资性房地产所在地有活跃的房地产交易市场

B. 所在地，通常是指投资性房地产所在的城市，对于大中城市，应当具体化为投资性房地产所在的城区

C. 企业能够从活跃的房地产交易市场上取得同类或类似房地产的市场价格及其他相关信息，从而对投资性房地产的公允价值作出科学合理的估计

D. 同类或类似的房地产，对建筑物而言，是指所处地理位置和地理环境相同、性质相同、结构类型相同或相近、新旧程度相同或相近、可使用状况相同或相近的建筑物

5. 投资性房地产的转换日确定的方法正确的有（　　）。

A. 投资性房地产转为自用房地产，其转换日为房地产达到自用状态，企业开始将房地产用于生产商品、提供劳务或者经营管理的日期

B. 作为存货的房地产改为出租，其转换日为租赁期开始日

C. 作为自用建筑物停止自用改为出租，其转换日为租赁期开始日

D. 作为土地使用权停止自用改为出租，其转换日为租赁期开始日

四、判断题

1. 无形资产是指企业拥有或控制的没有实物形态的非货币性资产，包括可辨认无形资产和不可辨认无形资产。（　　）

2. 企业开发阶段发生的支出应全部资本化，计入无形资产成本。（　　）

3. 企业取得的使用寿命有限的无形资产均应按直线法摊销。（　　）

4. 对投资性房地产进行后续计量，可同时采用成本模式和公允价值模式两种计量模式。（　　）

5. 投资性房地产的计量模式一经确定，不得随意变更，只有存在确凿证据表明其公允价值能够持续可靠取得的，才允许采用公允价值计量模式。（　　）

五、业务题

1. WXR 公司外购的一项专利权专门用于该企业产品的生产，2018 年年末，WXR 公司对外购专利权的账面价值进行了检查，发现市场上存在对 WXR 公司产品的销售产生重大不利影响的因素。该专利权入账时的原值为 90 000 000 元，已累计摊销 33 750 000 元（包括

2018年摊销额），该无形资产按直线法进行摊销，剩余摊销年限为5年。按2018年年末该项专利权市场的行情，如果此时WXR公司将该专利权予以出售，则在扣除发生的律师费和其他相关税费后，可以获得54 000 000元。但是，如果WXR公司继续利用该专利权进行产品生产，则在未来5年内预计可获得的未来现金流量的现值为47 000 000元（假定使用年限结束时处置收益为零）。2019年4月1日WXR公司将该专利权出售，价款58 000 000元已入存银行，相关税费为2 900 000元，已用银行存款缴纳。

要求：

计算WXR公司2018年计提无形资产减值准备和2019年出售专利权的会计分录。

2. P房地产公司于2017年1月1日将一幢商品房对外出租并采用公允价值模式计量，租期为3年，每年12月31日收取租金1 000 000元。出租时，该幢商品房的成本为20 000 000元，公允价值为22 000 000元；2017年12月31日，该幢商品房的公允价值为21 500 000元；2018年12月31日，该幢商品房的公允价值为21 200 000元；2019年12月31日，该幢商品房的公允价值为20 500 000元。2020年1月5日，P房地产公司将该幢商品房对外出售，收到20 800 000元存入银行，不考虑其他因素。

要求：

编制P房地产公司上述经济业务的会计分录。（假定按年确认公允价值变动损益和确认租金收入）

项目八

负债的认知与核算

学习目标

> 掌握短期借款、应付票据、应付账款、预收账款、应付职工薪酬、应付利息、长期借款、应付债券的核算及相关业务处理。

> 理解流动负债和非流动负债的区分，流动负债核算的内容、非流动负债核算的内容。

> 了解负债的定义、特点、分类，流动负债的定义、特点，非流动负债的定义、特点。

引例

老牛公司的债务

老牛公司资本有限，为了扩张的需要，老牛公司不惜举债经营。债务范围包括：在购买材料中采用赊购方式；在人员工资中采用延期发放；在销售中采用预收货款方式，尽量避免货款延期收回；通过银行借入1年期借款、2年期借款、3年期借款等；对外发行公司债券，吸收更多的债务资本。你知道怎么区分不同的债务吗？你知道不同内容的债务怎么处理吗？

任务一 认识负债

一、负债概述

（一）负债的定义

负债，是指企业过去的交易或者事项形成的，预期会导致经济利益流出企业的现时义务。常见的负债有短期借款、应付票据、应付账款、预收账款、其他应付款、应交税费、应付利息、长期借款、应付债券等。

负债有以下三个方面的特点。

1. 负债是一项企业承担的现时义务

负债应当是企业承担的现时义务。现时义务是指企业在现实的条件下已经承担的义务；未来发生的交易或者事项形成的义务，不属于现时义务，不应当确认为负债。这里的"现时义务"可以是法定义务，也可以是推定义务。法定义务是指具有约束力的合同、协议或者法律法规明确规定的义务，一般在法律上会强制执行。推定义务是指根据行业的习惯或企业多年来形成的习惯做法、公开的承诺或者公开宣布的政策而导致企业承担的责任。

2. 负债预期会导致经济利益流出企业

企业履行义务时会导致经济利益流出企业的，才符合负债的定义，如果某项交易或事项形成的义务不会导致经济利益流出企业，就不符合负债的定义。在实际工作中，导致经济利益流出企业的形式多种多样，如用货币资金、实物资产、无形资产等偿还。但是，不管企业以什么形式偿还债务，都会导致经济利益流出企业。

3. 负债是由企业过去的交易或者事项形成的

负债应当由企业过去的交易或者事项形成，即只有过去的交易或者事项才会形成企业负债；企业将在未来发生的承诺、签订的合同等交易或者事项，均不形成负债。

（二）负债的确认条件

负债的确认应同时满足以下两个条件。

1. 与该义务有关的经济利益很可能流出企业

从负债的定义来看，负债预期会导致经济利益流出企业，但是履行义务所需流出的经济利益带有不确定性，尤其是与推定义务相关的经济利益通常需要依赖于大量的估计。因此，负债的确认应当与经济利益流出的不确定性程度结合起来。如果有确凿证据表明与现时义务有关的经济利益很可能流出企业（概率大于50%），就应当将其作为负债予以确认。

2. 未来流出的经济利益的金额能够可靠计量

负债偿还会导致经济利益流出企业，未来流出企业的经济利益的金额应当能够可靠计量。法定义务形成的负债，可以根据合同或法律规定的金额予以确定；推定义务形成的负债，可以根据履行相关义务所需支出的最佳估计数进行估计。

二、负债的分类

（一）流动负债与长期负债

负债一般按其偿还时间的长短划分为流动负债和长期负债。

流动负债是指将在一年或超过一年的一个营业周期内偿还的债务，主要包括短期借款、应付票据、应付账款、预收账款、应付利息、应付股利等。

长期借款是指偿还期在一年或超过一年的一个营业周期以上的债务，包括长期借款、应付债券、长期应付款等。

（二）货币性负债与非货币性负债

负债按其偿还方式可分为货币性负债与非货币性负债。货币性负债是指企业以货币偿还的债务，如应交税费。非货币性负债是指企业以实物资产或提供劳务偿还的债务，如预收账款。

任务二　短期借款的核算

一、短期借款概述

短期借款，是指企业基于维持正常的生产经营所需的资金等而向银行或其他金融机构等借入的、还款期限在一年内（含一年）的各种借款。短期借款一般是企业为了维持正常的生产经营活动所借入的资金。

企业的短期借款主要有经营周转借款、临时借款、结算借款、票据贴现借款、卖方信贷、预购定金借款和专项储备借款等。

二、短期借款的业务处理

为了核算企业短期借款的增减变动及其余额，企业应设置"短期借款"科目。该科目属于负债类科目，贷方登记短期借款本金的借入数，借方登记短期借款本金的偿还数；期末余额在贷方，表示企业尚未归还的短期借款本金余数。

（一）短期借款的取得

企业借入各种短期借款，按借入的实际本金数入账。

借入短期借款时的会计分录：

借：银行存款

　　贷：短期借款

（二）短期借款利息的核算

（1）实际工作中，银行一般于每季度末收取短期借款利息，为此，企业一般采用月末预提的方式，在资产负债表日将计算确定的短期借款利息计入财务费用。

确认短期借款利息时的会计分录：

借：财务费用

　　贷：应付利息

（2）实际支付短期借款利息时，一方面减少应付利息，一方面减少银行存款。

偿还短期借款利息时的会计分录：

借：应付利息（根据已经预提的利息）

　　财务费用（根据当期应确认的利息）

　　贷：银行存款（根据实际偿还的利息数额）

（三）短期借款归还的核算

到期归还短期借款本金时的会计分录：

借：短期借款

　　贷：银行存款

例题【8-1】 WXR 有限责任公司于 2019 年 1 月 1 日向银行借入 1 000 000 元用于生产经营的短期借款，期限 9 个月，年利率 6%，该借款到期后按期如数归还，利息分月预提，按季支付。

① 1月1日借入款项时的会计分录如下：

借：银行存款 1 000 000
　　贷：短期借款 1 000 000

② 1月末预提当月利息时的会计分录如下：

借：财务费用 5 000
　　　　　　（1 000 000×6%÷12）
　　贷：应付利息 5 000

③ 2月末预提当月利息时的会计分录如下：

借：财务费用 5 000
　　　　　　（1 000 000×6%÷12）
　　贷：应付利息 5 000

④ 3月末支付本季度应付利息时的会计分录如下：

借：财务费用 5 000
　　应付利息 10 000
　　贷：银行存款 15 000

4、5、6三个月及7、8、9三个月的分录同上。

⑤ 10月1日偿还短期借款本金时的会计分录如下：

借：短期借款 1 000 000
　　贷：银行存款 1 000 000

如果上述借款期限是8个月，则到期日为9月1日，1—8月的会计处理与上述相同。

9月1日偿还本金时的会计分录如下：

借：短期借款 1 000 000
　　应付利息 10 000
　　贷：银行存款 1 010 000

任务三　应付职工薪酬的核算

一、应付职工薪酬概述

（一）职工薪酬的定义

职工薪酬，是指企业为获得职工提供的各项服务而给予职工各种形式的报酬以及其他相关支出，包括职工在职期间和离职后提供给职工的全部货币性薪酬和非货币性福利。

这里的职工包括三类人员：（1）与企业订立劳动合同的所有人员，含全职、兼职和临时职工；（2）虽未与企业订立劳动合同但由企业正式任命的人员，如董事会成员、监事会成员等；（3）在企业的计划和控制下，虽未与企业订立劳动合同或未由其正式任命，但为企业提供与职工类似服务的人员，如劳务用工合同人员。

(二) 职工薪酬的内容

企业职工薪酬主要包括以下八个方面的内容：①职工工资、奖金、津贴和补贴；②职工福利费；③社会保险费；④住房公积金；⑤工会经费和职工教育经费；⑥非货币性福利；⑦辞退福利；⑧股份支付。

二、应付职工薪酬的业务处理

为了核算企业的职工薪酬的提取、结算、使用等情况，企业应当设置"应付职工薪酬"科目。该科目属于负债类科目，贷方登记已分配计入有关成本费用的职工薪酬数额，借方登记实际发放的职工薪酬数额以及代扣代缴的款项等；期末余额一般在贷方，表示企业应付未付的职工薪酬。

(一) 货币性职工薪酬的确认

企业应当在职工为其提供服务的会计期间，根据职工提供服务的受益对象，将发生的职工薪酬计入相关产项目的成本或当期损益。

期末确认职工薪酬时的会计分录：

借：生产成本
　　制造费用
　　管理费用
　　销售费用
　　在建工程等
　　　贷：应付职工薪酬

(二) 货币性职工薪酬的发放

(1) 企业按照有关规定向职工支付工资、奖金、津贴等，按实际金额入账。

支付职工薪酬时的会计分录：

借：应付职工薪酬
　　　贷：银行存款
　　　　　库存现金

(2) 企业从应付职工薪酬中扣还的各种款项（代垫的家属药费、扣取的个人所得税等）按实际金额入账。

扣还各种代垫款项时的会计分录：

借：应付职工薪酬
　　　贷：其他应收款
　　　　　应交税费——应交个人所得税等

(3) 企业向职工支付职工福利费、工会经费、职工教育经费，缴纳社会保险费和住房公积金等，按实际金额入账。

① 计提职工福利费、工会经费、职工教育经费，缴纳社会保险费和住房公积金等时的会计分录如下：

借：生产成本
　　制造费用
　　管理费用
　　销售费用
　　在建工程等
　　　贷：应付职工薪酬

② 支付职工福利费、工会经费、职工教育经费，缴纳社会保险费和住房公积金等时的会计分录如下：

借：应付职工薪酬
　　　贷：银行存款
　　　　　库存现金

例题【8-2】 WXR 有限责任公司 2019 年 1 月应付工资总额为 60 000 元，实际发放工资 55 000 元。工资费用分配汇总表列示：产品生产工人工资为 44 000 元，车间管理人员工资为 6 000 元，企业行政管理人员工资为 7 000 元，销售人员工资为 3 000 元；代扣职工房租 4 000 元，代垫职工家属医药费 1 000 元。

① 月末计提工资时的会计分录如下：

借：生产成本	44 000
制造费用	6 000
管理费用	7 000
销售费用	3 000
贷：应付职工薪酬——工资	60 000

② 实际发放工资时的会计分录如下：

借：应付职工薪酬——工资	55 000
贷：银行存款	55 000

③ 扣还款项时的会计分录如下：

借：应付职工薪酬——工资	5 000
贷：其他应收款——职工房租	4 000
——代垫医药费	1 000

例题【8-3】 WXR 有限责任公司下设一所职工食堂，每月根据在岗职工数量及岗位分布情况、相关历史经验数据计算要补贴食堂的金额，从而确定公司每期因职工食堂而需要承担的福利费金额。2019 年 2 月，企业在岗职工 100 人，其中管理部门 30 人，生产车间 70 人，每个职工每月补贴食堂 150 元，每月月初用现金支付本月职工食堂费用，不考虑其他因素。

① 计提福利费时的会计分录如下：

借：生产成本	10 500
管理费用	4 500
贷：应付职工薪酬——职工福利	15 000

② 划拨福利费款项到职工食堂时的会计分录如下：

借：应付职工薪酬——职工福利　　　　　　　　　　　　15 000
　　贷：库存现金　　　　　　　　　　　　　　　　　　　　　　15 000

例题【8-4】 2019年3月，WXR有限责任公司应向社会保险机构缴纳单位承担的职工社会保险费共计70 000元，其中，计入生产成本的金额为44 000元，计入制造费用的金额为12 400元，计入管理费用的金额为13 600元，不考虑其他因素。

① 计提社会保险费时的会计分录如下：
借：生产成本　　　　　　　　　　　　　　　　　　　　　44 000
　　制造费用　　　　　　　　　　　　　　　　　　　　　　12 400
　　管理费用　　　　　　　　　　　　　　　　　　　　　　13 600
　　贷：应付职工薪酬——社会保险费　　　　　　　　　　　　70 000

② 实际缴纳社会保险费时的会计分录如下：
借：应付职工薪酬——社会保险费　　　　　　　　　　　70 000
　　贷：银行存款　　　　　　　　　　　　　　　　　　　　　70 000

例题【8-5】 2019年3月10日，WXR有限责任公司决定对管理部门职工小韦发放生活困难补助900元现金。

① 计提应发放的困难补助时的会计分录如下：
借：管理费用　　　　　　　　　　　　　　　　　　　　　　900
　　贷：应付职工薪酬——职工福利　　　　　　　　　　　　　　900

② 实际发放困难补助时的会计分录如下：
借：应付职工薪酬——职工福利　　　　　　　　　　　　　900
　　贷：库存现金　　　　　　　　　　　　　　　　　　　　　　900

（三）非货币性职工薪酬的确认和发放

（1）企业以自产产品发放给职工作为非货币性福利的，应按公允价值作为应付职工薪酬计入相关资产成本或当期损益；发放时应确认收入，并结转成本。

① 计提非货币性福利时的会计分录如下：
借：生产成本
　　管理费用
　　销售费用等
　　贷：应付职工薪酬（产品的含税价款）

② 将自产商品作为福利发放时的会计分录如下：
借：应付职工薪酬
　　贷：主营业务收入
　　　　应交税费——应交增值税（销项税额）
同时
借：主营业务成本
　　贷：库存商品

（2）企业以外购商品发放给职工作为非货币性福利的，应按公允价值作为应付职工薪酬，并将公允价值计入相关资产成本或当期损益。

① 计提非货币性福利时的会计分录：

借：生产成本
　　管理费用
　　销售费用等
　　　贷：应付职工薪酬（产品的含税价款）

② 将外购商品作为福利发放时的会计分录：

借：应付职工薪酬
　　　贷：库存商品
　　　　　应交税费——应交增值税（进项税额转出）

例题【8-6】 WXR 有限责任公司是增值税一般纳税人，企业共有职工 120 人，其中生产工人 100 人，厂部管理人员 20 人。2019 年 2 月，公司决定以其生产的特制压力锅和外购洗菜盆作为福利发放给职工，每人 1 个压力锅和 1 个洗菜盆。每个压力锅的生产成本 50 元，平均销售价格为 79.1 元（含增值税）；洗菜盆系外购商品，购买时取得增值税专用发票，每个洗菜盆的采购成本为 60 元，不考虑其他因素。

① 确认将自制压力锅作为福利发放给员工时的会计分录如下：

借：生产成本　　　　　　　　　　　　　　　　　　　　　　　7 910
　　　　　　　　　　　　　　　　　　　　　　　　　（79.1×1×100）
　　管理费用　　　　　　　　　　　　　　　　　　　　　　　1 582
　　　　　　　　　　　　　　　　　　　　　　　　　（79.1×1×20）
　　　贷：应付职工薪酬——非货币性福利　　　　　　　　　　9 492

② 实际发放压力锅时的会计分录如下：

借：应付职工薪酬——非货币性福利　　　　　　　　　　　　9 492
　　　贷：主营业务收入　　　　　　　　　　　　　　　　　　8 400
　　　　　　　　　　　　　　　　　　　　　　　　[9 492÷(1+13%)]
　　　　　应交税费——应交增值税（销项税额）　　　　　　　1 092

同时，结转压力锅成本时的会计分录如下：

借：主营业务成本　　　　　　　　　　　　　　　　　　　　6 000
　　　　　　　　　　　　　　　　　　　　　　　　　　　（120×50）
　　　贷：库存商品　　　　　　　　　　　　　　　　　　　　6 000

③ 确认将洗菜盆作为福利发放给员工时的会计分录如下：

借：生产成本　　　　　　　　　　　　　　　　　　　　　　6 780
　　　　　　　　　　　　　　　　　　　　　　[60×(1+13%)×1×100]
　　管理费用　　　　　　　　　　　　　　　　　　　　　　1 356
　　　　　　　　　　　　　　　　　　　　　　[60×(1+13%)×1×20]
　　　贷：应付职工薪酬——非货币性福利　　　　　　　　　　8 136

④ 实际发放洗菜盆时的会计分录如下：

借：应付职工薪酬——非货币性福利　　　　　　　　　　　　8 136

贷：库存商品　　　　　　　　　　　　　　　　　　　　　　　7 200

　　　　　　　　　　　　　　　　　　　　　　　　　　　　　(60×1×120)

　　　　应交税费——应交增值税（进项税额转出）　　　　　　　　　　936

　　　　　　　　　　　　　　　　　　　　　　　　　　　　　(60×13%×120)

（3）企业将自有的住房无偿提供给职工使用的，应将计提的折旧作为应付职工薪酬，并确认相关资产成本或当期费用。

① 确认将自有住房作为福利提供住宿时的会计分录如下：

借：生产成本

　　管理费用

　　销售费用等

　　贷：应付职工薪酬（按住房应提折旧额）

② 实际摊销住房折旧时的会计分录如下：

借：应付职工薪酬

　　贷：累计折旧

（4）企业将租赁的住房无偿提供给职工使用的，应将每期应付的租金作为应付职工薪酬，并确认相关资产成本或到期费用。

① 确认将租入的房屋作为福利提供住宿时的会计分录如下：

借：生产成本

　　管理费用

　　销售费用等

　　贷：应付职工薪酬（按住房应付的租金）

② 实际支付租金时的会计分录如下：

借：应付职工薪酬

　　贷：银行存款（实际支付的租金）

注意：对于难以认定受益对象的非货币性福利，直接计入管理费用和应付职工薪酬。

例题【8-7】 WXR有限责任公司为总部各部门经理级别以上职工提供汽车免费使用，同时为副总裁以上高级管理人员每人租赁一套住房。WXR有限责任公司总部共有经理以上职工30名，每人提供一辆现代汽车免费使用，假定每辆现代汽车每月计提的折旧额为1 500元；该公司共有4名副总裁以上高级管理人员，为其每人租赁一套面积为150平方米带有家具和电器的公寓，每月租金每套5 000元，不考虑其他因素。

① 确认非货币性福利时的会计分录如下：

借：管理费用　　　　　　　　　　　　　　　　　　　　　　　　65 000

　　贷：应付职工薪酬——非货币性福利　　　　　　　　　　　　　65 000

② 计提现代汽车折旧时的会计分录如下：

借：应付职工薪酬——非货币性福利　　　　　　　　　　　　　　45 000

　　贷：累计折旧　　　　　　　　　　　　　　　　　　　　　　　45 000

③ 每月支付房租时的会计分录如下：

借：应付职工薪酬——非货币性福利　　　　　　　　　　　　　20 000
　　贷：银行存款　　　　　　　　　　　　　　　　　　　　　　20 000

任务四　应交税费的核算

一、应交税费核算概述

(一) 应交税费的定义

应交税费，是指企业按照税法规定应交纳的各种税费，包括增值税、消费税、所得税、资源税、土地增值税、城市维护建设税、房产税、土地使用税、车船税、教育费附加、矿产资源补偿费等。

(二) 应设置的会计科目

为了核算应交的各项税费的增减变动及其结余情况，企业应设置"应交税费"科目。该科目属于负债类科目，贷方登记应交的各项税费，借方登记实际交纳的各项税费；期末余额一般在贷方，表示企业尚未交纳的税费，如果期末余额在借方，表示企业多交或尚未抵扣的各项税费。

二、应交增值税

(一) 应交增值税概述

1. 增值税的定义

增值税是对从事销售货物或提供应税劳务以及进口货物的单位和个人取得的增值额为课税对象征收的一种税。从计税原理上说，增值税是对商品生产、流通以及劳务服务中多个环节新增的价值或商品的附加值征收的一种流转税。

2. 增值税的性质及计算

增值税实行价外税，由购买方负担税额，有增值的时候才征收增值税，没有增值的时候不征收增值税。但实际上，商品新增价值或附加值在生产和流通过程中是很难准确计算的。因此，我国也采用国际上普遍采用的税款抵扣的办法，即根据销售商品或劳务的销售额，按规定的税率计算出销项税额，然后扣除取得该商品或劳务时所支付的增值税额，即进项税额，其差额就是增值部分应交的税额，这种计算方法体现了按增值因素计税的原则。

增值税的计算公式如下。

$$当期应纳税额 = 销项税额 - 进项税额$$
$$含税销售额 \div (1 + 税率) = 不含税销售额$$
$$不含税销售额 \times 增值税税率 = 应纳销项税额$$

3. 增值税纳税人的分类

按照纳税人的经营规模及会计核算的健全程度，增值税纳税人分为一般纳税人和小规模纳税人。其中，一般纳税人应纳增值税税额，根据当期销项税额减去当期进项税额计算确定；小规模纳税人应纳增值税税额，按照销售额和规定的征收率计算确定。

（二）应设置的会计科目

为了核算企业应交增值税的发生、抵扣、交纳、退税及转出等情况，应在"应交税费"科目下设置"应交增值税"明细科目进行核算。"应交增值税"明细科目借方登记企业购进货物或接受应税劳务支付的进项税额、实际已交纳的增值税等，借方分别设置"进项税额""已交税金"等专栏，贷方登记销售货物或提供应税劳务应交纳的销项税额、出口货物退税、转出已支付或应分担的增值税等；贷方分别设置"销项税额""出口退税""进项税额转出"等专栏。期末余额在贷方，反映企业尚未交纳的增值税，期末余额在借方，反映企业多交或尚未抵扣的增值税。

（三）一般纳税人应交增值税的业务处理

1. 采购商品和接受应税劳务

一般纳税人从国内采购物资或接受应税劳务时，按增值税专用发票上记载的应当计入采购成本的金额入账。

一般纳税人采购物资或接受应税劳务时的会计分录：

借：材料采购
　　生产成本
　　管理费用等
　　应交税费——应交增值税（进项税额）（按可以抵扣的增值税税额）
贷：应付账款
　　应付票据
　　银行存款等

例题【8-8】 2019年4月15日，WXR有限责任公司购进Q材料一批，收到增值税专用发票上注明的货款为50 000元，增值税税额为6 500元，货款已经通过银行转账支票支付，材料已经验收入库，不考虑其他因素。

购买Q材料时的会计分录如下：

借：原材料——Q材料　　　　　　　　　　　　　　　50 000
　　应交税费——应交增值税（进项税额）　　　　　　6 500
贷：银行存款　　　　　　　　　　　　　　　　　　　56 500

例题【8-9】 2019年4月18日，WXR有限责任公司购入免税农产品一批，价款为10 000元，规定的扣除率为9%，货物尚未到达（实际成本法），货款已用转账支票支付，不考虑其他因素。

购入免税农产品时的会计分录如下：

借：在途物资　　　　　　　　　　　　　　　　　　　9 100
　　应交税费——应交增值税（进项税额）　　　　　　900
贷：银行存款　　　　　　　　　　　　　　　　　　　10 000

进项税额 = 购买价款 × 扣除率 = 10 000 × 9% = 900（元）。

例题【8-10】 WXR有限责任公司购入不需要安装的生产用机器设备一台，增值税专用发票上注明价款为300 000元，增值税为39 000元，另外支付运杂费8 000元（不考虑增值税），全部款项已用银行存款支付。

购入不需要安装的固定资产时的会计分录如下：

借：固定资产 308 000
　　应交税费——应交增值税（进项税额） 39 000
　　贷：银行存款 347 000

例题【8-11】 WXR 有限责任公司从外地购入原材料一批（实际成本法），增值税专用发票上注明货款为 20 000 元，原材料尚未到达。款项已用银行存款支付。增值税税率 13%。不考虑其他因素。

购入材料时的会计分录如下：

借：在途物资 20 000
　　应交税费——应交增值税（进项税额） 2 600
　　贷：银行存款 22 600

例题【8-12】 WXR 有限责任公司生产车间一台生产用机器设备出现故障，委托外单位修理，增值税专用发票上注明修理费用 20 000 元，增值税税额 2 600 元，款项已用银行存款支付。

支付修理费时的会计分录如下：

借：管理费用 20 000
　　应交税费——应交增值税（进项税额） 2 600
　　贷：银行存款 22 600

2. 进项税额转出

企业购进的货物发生非常损失，以及将购进货物改变用途（如用于非增值税应税项目、集体福利或个人消费等），其进项税额不能再抵扣，应将其转出。

发生非常损失、改变货物用途，转出增值税进项税额时的会计分录：

借：待处理财产损溢
　　应付职工薪酬等
　　贷：应交税费——应交增值税（进项税额转出）

例题【8-13】 WXR 有限责任公司仓库里的一批材料因管理不善造成毁损，相应增值税专用发票注明的价款为 20 000 元，增值税税额 2 600 元。

因管理不善造成材料毁损，已抵扣的增值税进项税额不能再抵扣，将其转出时的会计分录如下：

借：待处理财产损溢——待处理流动资产损溢 22 600
　　贷：原材料 20 000
　　　　应交税费——应交增值税（进项税额转出） 2 600

3. 销售货物或提供应税劳务及视同销售行为（销项税额）

（1）企业销售商品或提供应税劳务，按照不含税收入和增值税税率计算确认"销项税额"。

销售确认销项税时的会计分录：

借：应收账款
　　应收票据
　　银行存款等
　　　贷：主营业务收入
　　　　　其他业务收入
　　　　　应交税费——应交增值税（销项税额）

（2）企业将自产或委托加工的货物用于非应税项目、集体福利或个人消费，税法上视同销售行为，计算确认销项税额。

发生视同销售行为时的会计分录：

借：在建工程
　　应付职工薪酬
　　营业外支出等
　　　贷：应交税费——应交增值税（销项税额）等

注意：企业将自产或委托加工的货物用于非应税项目或对外捐赠，视同销售并按商品公允价值计算销项税额，但不确认收入，直接按照商品账面价值结转成本。

例题【8-14】 WXR 有限责任公司销售产品一批，价款 100 000 元，按规定收取的增值税为 13 000 元，提货单和增值税专用发票已交给买方，款尚未收到。

销售产品时的会计分录如下：

借：应收账款　　　　　　　　　　　　　　　　　　　113 000
　　　贷：主营业务收入　　　　　　　　　　　　　　　100 000
　　　　　应交税费——应交增值税（销项税额）　　　　 13 000

例题【8-15】 WXR 有限责任公司为 A 企业代加工办公桌 500 张，每张收取加工费用 200 元，适用增值税税率为 13%，加工已经完成，款项已经存入银行。

加工完成确认收入时的会计分录如下：

借：银行存款　　　　　　　　　　　　　　　　　　　113 000
　　　贷：主营业务收入　　　　　　　　　　　　　　　100 000
　　　　　应交税费——应交增值税（销项税额）　　　　 13 000

4. 出口退税

企业出口产品按规定可以申请退税的，按应收的出口退税额入账。

申请出口退税时的会计分录：

借：其他应收款
　　　贷：应交税费——应交增值税（出口退税）

5. 交纳增值税

企业实际交纳增值税，通过"应交税费——应交增值税（已交税金）"核算。

实际交纳增值税时的会计分录：

借：应交税费——应交增值税（已交税金）
　　　贷：银行存款

例题【8-16】 WXR 有限责任公司以银行存款交纳本月增值税 50 000 元。

交纳增值税时的会计分录如下：

借：应交税费——应交增值税（已交税金）   50 000
    贷：银行存款   50 000

例题【8-17】 WXR 有限责任公司本月发生销项税额合计 94 770 元，进项税额转出 34 578 元，进项税额 30 440 元，已交增值税 45 000 元，不考虑其他因素。

本月"应交税费——应交增值税"科目余额 = 94 770 + 34 578 - 30 440 - 45 000 = 53 908（元）。

（四）小规模纳税人应交增值税的业务处理

小规模纳税人销售货物或者提供应税劳务，一般情况下，只能开具普通发票，不能开具增值税专用发票；小规模纳税人销售货物或提供应税劳务，实行简易办法计算应交增值税税额。

小规模纳税人只需在"应交税费"科目下设"应交增值税"明细科目。该科目贷方登记应交纳的增值税，借方登记已交纳的增值税；期末余额在贷方，表示尚未交纳的增值税，期末余额在借方，表示多交纳的增值税。

小规模纳税人购入货物无论是否具有增值税专用发票，其支付的增值税税额均计入购入货物的成本。小规模纳税人的销售收入按不含税价格计算。计算公式如下：

$$不含税销售额 = 含税销售额 \div (1 + 征收率)$$

$$应纳税额 = 不含税销售额 \times 征收率$$

适用于小规模纳税人的增值税征收率为 3%。

例题【8-18】 WXR 有限责任公司为小规模纳税人，适用增值税征收率为 3%。2019 年 5 月 4 日，销售商品一批，含税价为 20 600 元，款项已存入银行；5 月 6 日，购入材料一批，价格为 5 000 元，支付增值税税额为 800 元，材料已经验收入库，款项已通过银行转账支付；5 月 20 日，接受委托加工产品一批，向对方收取加工费（含税）为 41 200 元，款项已存入银行；6 月 5 日，公司交纳增值税 1 800 元，不考虑其他因素。

① 5 月 4 日销售商品时的会计分录如下：

借：银行存款   20 600
    贷：主营业务收入   20 000
        应交税费——应交增值税   600

② 5 月 6 日购入材料时的会计分录如下：

借：原材料   5 800
    贷：银行存款   5 800

③ 5 月 20 日确认加工收入时的会计分录如下：

借：银行存款   41 200
    贷：其他业务收入   40 000
        应交税费——应交增值税   1 200

④ 6 月 5 日交纳增值税时的会计分录如下：

借：应交税费——应交增值税   1 800
    贷：银行存款   1 800

三、应交消费税

（一）应交消费税概述

1. 消费税的定义

消费税是指在我国境内生产、委托加工和进口应税消费品的单位和个人，按其流转额交纳的一种税。消费税是价内税，是对生产、委托加工、进口应税消费品征收的；消费税征收有从价定率、从量定额和混合征税三种方式；消费税从价定率征收的，按不含增值税的销售额乘以消费税税率计算应纳税额。

2. 应设置的会计科目

为了核算应交消费税的发生、交纳情况，企业应设置"应交消费税"明细科目。该科目贷方登记应交纳的消费税，借方登记已交纳的消费税；期末余额在贷方，表示尚未交纳的消费税，期末余额在借方，表示多交纳的消费税。

（二）应交消费税的业务处理

1. 销售应税消费品

企业销售应税消费品，应当按照税法规定交纳消费税。

确认消费税时的会计分录：

借：税金及附加

  贷：应交税费——应交消费税

例题【8-19】 WXR 有限责任公司销售所生产的化妆品，价款为 200 000 元（不含增值税），适用的消费税税率为 30%，不考虑其他因素。

计提消费税时的会计分录如下：

借：税金及附加   60 000

  贷：应交税费——应交消费税   60 000

2. 自产自用应税消费品

企业将生产的应税消费品用于在建工程等非生产机构的，按税法规定交纳消费税。

将自产应税消费品用于非应税项目时的会计分录：

借：在建工程等

  贷：应交税费——应交消费税

例题【8-20】 WXR 有限责任公司在建生产线工程领用自产货物 50 000 元，增值税 8 000 元，消费税 6 000 元，不考虑其他因素。

将自产应税消费品用于非应税项目时的会计分录如下：

借：在建工程   56 000

  贷：库存商品   50 000

    应交税费——应交消费税   6 000

3. 委托加工应税消费品

（1）企业如果有应交消费税的委托加工物资，一般应由受托方代收代缴消费税，受托方按照应交消费税金额入账。

确认应代收代缴的消费税时，受托企业编制下列会计分录：

借：应收账款
　　银行存款等
　　贷：应交税费——应交消费税

（2）委托加工物资收回后，用于直接销售的，应将受托方代收代缴的消费税计入委托加工物资的成本。

收回委托加工物资时，委托企业编制下列会计分录：

借：委托加工物资等
　　贷：应付账款
　　　　银行存款等

（3）委托加工物资收回后用于连续生产应税消费品，按规定准予抵扣的，应将已由受托方代收代缴的消费税，计入消费税项目作为抵扣。

收回委托加工物资时，委托企业编制下列会计分录：

借：应交税费——应交消费税
　　贷：应付账款
　　　　银行存款等

例题【8-21】 WXR 有限责任公司委托 B 公司代为加工一批应交消费税的材料。发出材料的成本为 90 000 元，加工费为 10 000 元，由 B 公司代收代缴的消费税为 7 000 元（不考虑增值税）。材料已经加工完成，并由 WXR 有限责任公司收回验收入库，加工费尚未支付，采用实际成本法进行原材料的核算，不考虑其他因素。

① WXR 有限责任公司收回的委托加工材料用于继续生产应税消费品时的会计分录如下：

借：委托加工物资　　　　　　　　　　　　　　　　　　　　　90 000
　　贷：原材料　　　　　　　　　　　　　　　　　　　　　　　90 000
借：委托加工物资　　　　　　　　　　　　　　　　　　　　　10 000
　　应交税费——应交消费税　　　　　　　　　　　　　　　　 7 000
　　贷：应付账款　　　　　　　　　　　　　　　　　　　　　　17 000
借：原材料　　　　　　　　　　　　　　　　　　　　　　　　100 000
　　贷：委托加工物资　　　　　　　　　　　　　　　　　　　100 000

② WXR 有限责任公司收回的委托加工材料直接用于对外销售时的会计分录如下：

借：委托加工物资　　　　　　　　　　　　　　　　　　　　　90 000
　　贷：原材料　　　　　　　　　　　　　　　　　　　　　　　90 000
借：委托加工物资　　　　　　　　　　　　　　　　　　　　　17 000
　　贷：应付账款　　　　　　　　　　　　　　　　　　　　　　17 000
借：原材料　　　　　　　　　　　　　　　　　　　　　　　　107 000
　　贷：委托加工物资　　　　　　　　　　　　　　　　　　　107 000

B 公司代收代缴消费税时的会计分录如下：

借：应收账款　　　　　　　　　　　　　　　　　　　　　　　 7 000
　　贷：应交税费——应交消费税　　　　　　　　　　　　　　 7 000

4. 进口应税消费品

企业进口应税消费品在进口环节应交的消费税，计入该项物资的成本。

进口应税消费品时的会计分录：

借：原材料
　　固定资产等
　贷：银行存款

例题【8-22】 WXR 有限责任公司从国外进口一批需要交纳消费税的商品，商品价值 300 000 元，进口环节需要交纳的消费税为 80 000 元（不考虑增值税），采购的商品已经验收入库，货款尚未支付，税款已经用银行存款支付。

WXR 有限责任公司应编制的会计分录如下：

借：库存商品　　　　　　　　　　　　　　　　　　　　　380 000
　贷：应付账款　　　　　　　　　　　　　　　　　　　　300 000
　　　银行存款　　　　　　　　　　　　　　　　　　　　 80 000

四、其他应交税费

（一）其他应交税费概述

其他应交税费主要包括应交资源税、应交城市维护建设税、应交土地增值税、应交所得税、应交房产税、应交土地使用税、应交车船税、应交教育费附加、应交个人所得税等。

（二）应设置的会计科目

为了核算企业其他应交税费的情况，企业应当在"应交税费"科目下设置"应交资源税""应交城市维护建设税""应交土地增值税""应交所得税""应交房产税""应交土地使用税""应交车船税""应交教育费附加""应交个人所得税"等明细科目。这些科目贷方登记应交纳的有关税费，借方登记已交纳的有关税费；期末余额在贷方，表示尚未交纳的有关税费，期末余额在借方，表示多交纳的有关税费。

（三）其他应交税费的业务处理

1. 应交资源税

资源税是对我国境内开采矿产品或者生产盐的单位和个人征收的税。资源税按照应税产品的课税数量和规定的单位税额计算。对外销售应税产品应交的资源税应计入税金及附加，自产自用应税产品应交的资源税应计入生产成本或制造费用。

(1) 确认发生资源税时的会计分录：

借：税金及附加
　　生产成本
　　制造费用
　贷：应交税费——应交资源税

(2) 交纳资源税时的会计分录：

借：应交税费——应交资源税
　贷：银行存款

例题【8-23】 WXR 有限责任公司对外出售某种资源税应税矿产品 3 000 吨，每吨应交资源税 4 元。

确认应交的资源税时的会计分录如下：

借：税金及附加　　　　　　　　　　　　　　　　　　　　　　12 000
　　贷：应交税费——应交资源税　　　　　　　　　　　　　　　　12 000

例题【8-24】 WXR 有限责任公司将公司自产的资源税应税矿产品 800 吨用于公司的产品生产，每吨应交资源税 5 元。

确认应交的资源税时的会计分录如下：

借：生产成本　　　　　　　　　　　　　　　　　　　　　　　4 000
　　贷：应交税费——应交资源税　　　　　　　　　　　　　　　　4 000

2. 应交城市维护建设税

城市维护建设税是以增值税、消费税为计征依据征收的一种税。城市维护建设税的纳税人为交纳增值税、消费税的单位和个人，税率因纳税人所在的地区不同，有 5% 和 7% 两个等级。

计算公式如下：

$$应纳税额 = (实交增值税 + 实交消费税) \times 适用税率$$

(1) 确认应交城市维护建设税时的会计分录：

借：税金及附加
　　贷：应交税费——应交城市维护建设税

(2) 实际交纳城市维护建设税时的会计分录：

借：应交税费——应交城市维护建设税
　　贷：银行存款

例题【8-25】 K 农场 2019 年 4 月末计算出当月实交增值税为 60 000 元，假设该地区城市维护建设税的税率为 5%，不考虑其他因素。

① 确认城市维护建设税时的会计分录如下：

借：税金及附加　　　　　　　　　　　　　　　　　　　　　　3 000
　　　　　　　　　　　　　　　　　　　　　　　　　　(60 000 × 5%)
　　贷：应交税费——应交城市维护建设税　　　　　　　　　　　　3 000

② 实际交纳城市维护建设税时的会计分录如下：

借：应交税费——应交城市维护建设税　　　　　　　　　　　　　3 000
　　贷：银行存款　　　　　　　　　　　　　　　　　　　　　　3 000

3. 应交教育费附加

教育费附加是为了发展教育事业而向企业征收的附加费。教育费附加的计算依据和城市维护建设税一样，只不过其征收率为 3%。

(1) 确认应交教育费附加时的会计分录：

借：税金及附加
　　贷：应交税费——应交教育费附加

(2) 实际交纳教育费附加时的会计分录：

借：应交税费——应交教育费附加
　　　　　贷：银行存款

例题【8-26】 WXR 有限责任公司按税法规定计算 2019 年度第四季度应交纳教育费附加 5 000 元，款项已经用银行存款支付。

① 确认应交的教育费附加时的会计分录如下：
　　借：税金及附加　　　　　　　　　　　　　　　　　　　　　　　　　5 000
　　　　　贷：应交税费——应交教育费附加　　　　　　　　　　　　　　　　5 000
② 实际交纳教育费附加时的会计分录如下：
　　借：应交税费——应交教育费附加　　　　　　　　　　　　　　　　　　 5 000
　　　　　贷：银行存款　　　　　　　　　　　　　　　　　　　　　　　　　5 000

4. 应交土地增值税

　　土地增值税，是指在我国境内有偿转让土地使用权及地上建筑物和其他附着物产权的单位和个人，就其土地增值额征收的一种税。土地增值额是指转让收入减去规定扣除项目金额后的余额。扣除项目主要包括取得土地使用权所支付的金额、开发土地的费用、新建及配套设施的成本、旧房及建筑物的评估价格等。

　　企业应交的土地增值税视情况不同计入不同的科目。

　　（1）企业转让的土地使用权连同地上建筑物及其附着物一并在"固定资产"等科目核算的，转让时应交的土地增值税应当通过"固定资产清理"科目核算。

　　转让时确认应交土地增值税的会计分录：
　　借：固定资产清理
　　　　　贷：应交税费——应交土地增值税

　　（2）企业转让的土地使用权在"无形资产"科目核算的，转让时应交的土地增值税连同无形资产按实际收到的金额入账。

　　转让时的会计分录：
　　借：银行存款等
　　　　资产处置损益（按处置净亏损的金额）
　　　　　贷：应交税费——应交土地增值税
　　　　　　　无形资产
　　　　　　　资产处置损益（按处置净收益的金额）

例题【8-27】 WXR 有限责任公司对外转让一栋厂房，根据税法规定计算的应交土地增值税为 53 000 元。

① 确认应交纳的土地增值税时的会计分录如下：
　　借：固定资产清理　　　　　　　　　　　　　　　　　　　　　　　　53 000
　　　　　贷：应交税费——应交土地增值税　　　　　　　　　　　　　　　53 000
② 用银行存款交纳土地增值税时的会计分录如下：
　　借：应交税费——应交土地增值税　　　　　　　　　　　　　　　　　53 000
　　　　　贷：银行存款　　　　　　　　　　　　　　　　　　　　　　　53 000

5. 应交房产税、土地使用税、车船税

　　企业应交的房产税、土地使用税、车船税应当通过"税金及附加"科目核算。

确认税费时的会计分录：
借：税金及附加
　　贷：应缴税费——应交房产税
　　　　　　　　——应交土地使用税
　　　　　　　　——应交车船税

例题【8-28】 WXR 有限责任公司为增值税一般纳税人，2019 年应交各种税金为：增值税 40 万元，消费税 20 万元，城市维护建设税 5 万元，房产税 2 万元，车船税 1 万元，所得税 30 万元。

应计入税金及附加的金额 = 20 + 5 + 2 + 1 = 28（万元）。

6. 应交个人所得税

按税法规定，职工个人所得税由企业代扣代缴。

（1）代扣个人所得税时的会计分录：
借：应付职工薪酬
　　贷：应交税费——应交个人所得税

（2）交纳个人所得税时的会计分录：
借：应交税费——应交个人所得税
　　贷：银行存款

例题【8-29】 WXR 有限责任公司结算本月应付职工工资总额 200 000 元，代扣职工个人所得税共计 3 000 元，实发工资 197 000 元。

代扣个人所得税时的会计分录如下：

借：应付职工薪酬——工资　　　　　　　　　　　　　　　　　　　3 000
　　贷：应交税费——应交个人所得税　　　　　　　　　　　　　　　3 000

任务五　应付账款、预收账款的核算

一、应付账款的核算

（一）应付账款概述

1. 应付账款的定义

应付账款是企业因购买材料、商品或接受劳务供应等业务，由于双方取得物资与支付货款在时间上不一致而产生的负债。

2. 应设置的会计科目

为了核算应付账款的发生、偿还、转销等情况，企业应设置"应付账款"科目。该科目属于负债类科目，贷方登记企业购买材料、商品和接受劳务等而发生的应付账款，借方登记偿还的应付账款、开出商业汇票抵付应付账款的款项、已冲销的无法支付的应付账款；期末余额一般在贷方，表示企业尚未支付的应付账款余额，如果期末余额在借方，表示企业预付的款项。

(二) 应付账款的业务处理

1. 发生应付账款

(1) 货物与发票账单同时到达，待货物验收入库后，按发票账单登记入账。

购入货物时的会计分录：

借：原材料
　　库存商品等
　　　贷：应付账款

(2) 货物已到但发票账单未到，待月份终了时暂估入账，下月初红字冲销。

货物入库时的会计分录：

借：原材料等
　　　贷：应付账款——暂估应付账款

注意：下月初编制红字分录后，待发票到达时按实际金额入账。应付账款一般按应付金额入账，而不按到期应付金额的现值入账。应付账款附有现金折扣的，按照扣除现金折扣前的应付账款总额入账，享有的现金折扣，在偿付应付账款时冲减财务费用。

例题【8-30】 WXR 有限责任公司为增值税一般纳税人，2019 年 3 月 1 日，从 B 公司购入一批材料，货款为 20 000 元，增值税为 2 600 元，对方代垫运杂费 500 元。材料已运到，并验收入库（材料按实际成本计价），款项尚未支付。

购入材料时的会计分录如下：

借：原材料　　　　　　　　　　　　　　　　　　　　　　　　20 500
　　应交税费——应交增值税（进项税额）　　　　　　　　　　 2 600
　　　贷：应付账款——B 公司　　　　　　　　　　　　　　　23 100

例题【8-31】 根据 M 供电公司的通知，WXR 有限责任公司本月应支付电费 6 000 元。其中生产车间电费 4 000 元，行政管理部门电费 2 000 元，款项尚未支付。

确认应交电费时的会计分录如下：

借：制造费用　　　　　　　　　　　　　　　　　　　　　　　 4 000
　　管理费用　　　　　　　　　　　　　　　　　　　　　　　 2 000
　　　贷：应付账款——M 供电公司　　　　　　　　　　　　　 6 000

例题【8-32】 WXR 有限责任公司于 6 月 1 日从 N 钢厂购进钢材一批，价值 100 000 元，增值税为 13 000 元，已验收入库。合同规定 20 日内付款，N 钢厂给予 1% 的现金折扣（假定现金折扣不考虑增值税），不考虑其他因素。

购入钢材验收入库时的会计分录如下：

借：原材料　　　　　　　　　　　　　　　　　　　　　　　　100 000
　　应交税费——应交增值税（进项税额）　　　　　　　　　　 13 000
　　　贷：应付账款——N 钢厂　　　　　　　　　　　　　　　113 000

2. 偿还应付账款

偿还应付账款或开具商业汇票抵付应付账款时的会计分录：

借：应付账款
　　　贷：银行存款
　　　　　应付票据等

例题【8-33】 承例题【8-32】，WXR有限责任公司于6月15日支付款项。

付款时的会计分录如下：

借：应付账款——N钢厂　　　　　　　　　　　　　　　　113 000
　　贷：银行存款　　　　　　　　　　　　　　　　　　　112 000
　　　　财务费用　　　　　　　　　　　　　　　　　　　　1 000

如果WXR有限责任公司于6月25日付款。

付款时的会计分录如下：

借：应付账款——N钢厂　　　　　　　　　　　　　　　　113 000
　　贷：银行存款　　　　　　　　　　　　　　　　　　　113 000

3. 转销应付账款

企业转销确实无法支付的应付账款，按其账面余额直接转入"营业外收入"科目。

转销无法支付的款项时的会计分录：

借：应付账款
　　贷：营业外收入

例题【8-34】 2019年12月31日，WXR有限责任公司确定一笔应付账款10 000元为无法支付的款项，应予转销。

转销无法支付的应付账款时的会计分录如下：

借：应付账款　　　　　　　　　　　　　　　　　　　　　10 000
　　贷：营业外收入　　　　　　　　　　　　　　　　　　10 000

二、预收账款

（一）预收账款概述

1. 预收账款的定义

预收账款核算企业按照合同规定向购货单位预收的款项。与应付账款不同，预收账款所形成的负债不是以货币偿还，而是以货物偿付。

2. 应设置的会计科目

为了核算预收账款的增减变动及结转情况，企业应设置"预收账款"科目。该科目属于负债类科目，贷方登记增加，借方登记减少；期末余额一般在贷方，表示企业预收的款项，如果期末余额在借方，表示企业应收的款项。预收账款不多的企业，也可以把预收账款的业务放到"应收账款"科目核算。

（二）预收账款的业务处理

（1）收到预收账款时的会计分录：

借：银行存款
　　贷：预收账款

（2）销售实现确认收入时的会计分录：

借：预收账款
　　贷：主营业务收入等
　　　　应交税费——应交增值税（销项税额）等

例题【8-35】 WXR 有限责任公司为增值税一般纳税人。2019 年 6 月 3 日，WXR 有限责任公司与 C 公司签订供货合同，向其出售一批产品，货款金额共计 200 000 元，应交增值税 26 000 元。根据购货合同的规定，C 公司在购货合同签订后一周内，应当向 WXR 有限责任公司预付货款 120 000 元，剩余货款在交货日付清。2019 年 6 月 9 日，WXR 有限责任公司收到 C 公司交来的预付货款 120 000 元并存入银行。6 月 19 日，WXR 有限责任公司将货物发到 C 公司并开出增值税专用发票，C 公司验收后付清了剩余货款，不考虑其他因素。

① 6 月 9 日收到 C 公司预付的货款时的会计分录如下：

借：银行存款　　　　　　　　　　　　　　　　　　　　　120 000
　　贷：预收账款——C 公司　　　　　　　　　　　　　　　　120 000

② 6 月 19 日确认收入时的会计分录如下：

借：预收账款——C 公司　　　　　　　　　　　　　　　　226 000
　　贷：主营业务收入　　　　　　　　　　　　　　　　　　200 000
　　　　应交税费——应交增值税（销项税额）　　　　　　　　26 000

③ 收到 C 公司补付的货款时的会计分录如下：

借：银行存款　　　　　　　　　　　　　　　　　　　　　106 000
　　贷：预收账款——C 公司　　　　　　　　　　　　　　　　106 000

例题【8-36】 承例题【8-35】假设 WXR 有限责任公司不设置"预收账款"科目，通过"应收账款"科目核算有关业务。

① 6 月 9 日收到 C 公司预付的货款时的会计分录如下：

借：银行存款　　　　　　　　　　　　　　　　　　　　　120 000
　　贷：应收账款——C 公司　　　　　　　　　　　　　　　　120 000

② 6 月 19 日确认收入时的会计分录如下：

借：应收账款——C 公司　　　　　　　　　　　　　　　　226 000
　　贷：主营业务收入　　　　　　　　　　　　　　　　　　200 000
　　　　应交税费——应交增值税（销项税额）　　　　　　　　26 000

③ 收到 C 公司补付的货款时的会计分录如下：

借：银行存款　　　　　　　　　　　　　　　　　　　　　106 000
　　贷：应收账款——C 公司　　　　　　　　　　　　　　　　106 000

任务六　长期借款的核算

一、长期借款概述

（一）长期借款的定义

长期借款，是指企业向银行或其他金融机构借入的期限在一年以上（不含一年）的各种借款。企业借入长期借款主要是为了扩张或改变资本结构或满足其他长期资本的需要，其会计处理的基本要求是反映和监督长期借款的借入、借款利息的结算和借款本息的归还情况。

(二) 应设置的会计科目

为了核算企业长期借款的增减变动及其余额的情况，企业应当设置"长期借款"科目。该科目属于负债类科目，贷方登记企业借入的长期借款的本金、到期一次还本付息方式下计提的利息，借方登记偿还的长期借款本金及利息；期末余额在贷方，表示尚未偿还的本金和利息。

二、长期借款的业务处理

长期借款的业务处理包括取得长期借款、发生利息、归还长期借款等环节。

(一) 取得长期借款的核算

取得长期借款时的会计分录：

借：银行存款（按实际收到金额）
　　长期借款——利息调整（按差额）
　贷：长期借款——本金（借款本金）

(二) 发生长期借款利息的核算

长期借款利息应当在资产负债表日按照实际利率法计算确定。长期借款利息应按以下原则计入有关成本、费用：属于筹建期间的，计入管理费用；属于生产经营期间的，计入财务费用。如果长期借款用于购建固定资产，在固定资产尚未达到预定可使用状态前所发生的应当资本化的利息支出，计入在建工程成本。长期借款的应付利息按合同利率计算确定。

确认长期借款利息时的会计分录：

借：管理费用
　　财务费用
　　在建工程等
　贷：应付利息（分期付息，到期还本的长期借款）
　　　长期借款——应计利息（到期一次还本付息的长期借款）

(三) 归还长期借款的核算

归还长期借款时的会计分录：

借：长期借款——本金
　　应付利息
　　长期借款——应计利息
　贷：银行存款

例题【8-37】 WXR 有限责任公司为增值税一般纳税人，于 2019 年 11 月 30 日从银行借入资金 4 800 000 元，借款期限为 3 年，年利率为 10%（到期一次还本付息，不计复利）。所借款项已存入银行。WXR 有限责任公司用银行存款于当日购买不需安装的设备一台，价款为 4 000 000 元，增值税为 520 000 元，另支付保险费等费用 200 000 元，设备于当日投入使用，不考虑其他因素。

① 取得借款时的会计分录如下：
借：银行存款　　　　　　　　　　　　　　　　　　　4 800 000
　　贷：长期借款——本金　　　　　　　　　　　　　　　　4 800 000
② 购入固定资产时的会计分录如下：
借：固定资产　　　　　　　　　　　　　　　　　　　4 200 000
　　应交税费——应交增值税（进项税额）　　　　　　　520 000
　　贷：银行存款　　　　　　　　　　　　　　　　　　　4 720 000
③ 2018 年 12 月 31 日，计算当年长期借款利息 = 4 800 000 × 10% ÷ 12 = 40 000（元）。
确认利息费用时的会计分录如下：
借：财务费用　　　　　　　　　　　　　　　　　　　40 000
　　贷：长期借款——应计利息　　　　　　　　　　　　　40 000
④ 2019 年 1 月至 2021 年 10 月月末计提利息的分录同上。
⑤ 到期偿还本金和利息时的会计分录如下：
借：财务费用　　　　　　　　　　　　　　　　　　　40 000
　　长期借款——本金　　　　　　　　　　　　　　　　4 800 000
　　　　　　——应计利息　　　　　　　　　　　　　　1 400 000
　　贷：银行存款　　　　　　　　　　　　　　　　　　　6 240 000

任务七　应付债券、长期应付款的核算

一、应付债券

（一）应付债券的定义

应付债券是企业依照法定程序发行，约定在一定期限内还本付息的具有一定价值的证券。发行债券是企业筹集长期资金的方式之一。

发行债券的企业，应按债券载明的付息日期和票面利率向持券人支付利息，在债券到期时按债券面值偿还本金。债券发行有面值发行、溢价发行和折价发行三种。

（二）应设置的会计科目

为了核算企业发行债券筹资的增减变动及其余额情况，企业应设置"应付债券"科目。该科目属于负债类科目，贷方登记应付债券的增加，借方登记应付债券的减少；期末余额在贷方，表示期末尚未偿还的债券的本金和利息。

（三）应付债券的业务处理

（1）发行债券收到价款时的会计分录：
借：银行存款（实际收到的金额）
　　贷：应付债券——面值
　　　　　　　　——利息调整（有可能在借方）

（2）发生债券利息时的会计分录：

应付债券按实际利率（实际利率与票面利率差异较小时也可按票面利率）计算确定的利息费用，应按照与长期借款相一致的原则计入有关成本、费用。其中，对于分期付息、到期一次还本的债券，其按票面利率计算确定的应付未付利息通过"应付利息"科目核算；对于一次还本付息的债券，其按票面利率计算确定的应付未付利息通过"应付债券——应计利息"科目核算。

确认利息时的会计分录：

借：财务费用
　　在建工程
　　制造费用
　　研发支出
　　管理费用
　　贷：应付利息（分期付息、到期还本的债券）
　　　　应付债券——应计利息（到期一次还本付息的债券）

（3）债券还本付息时的会计分录：

长期债券到期，企业支付债券本金和利息时的会计分录：

借：应付债券——面值
　　　　　　——应计利息
　　应付利息
　　贷：银行存款

例题【8-38】 WXR 有限责任公司发行债券及还本付息情况如下：

（1）WXR 有限责任公司于 2019 年 7 月 1 日发行三年期、到期一次还本付息、年利率为 8%（不计复利）、发行面值总额为 40 000 000 元的债券。该债券按面值发行。

（2）WXR 有限责任公司发行债券所筹资金于当日用于建造固定资产，至 2019 年 12 月 31 日工程尚未完工，计提本年债券利息。该债券产生的实际利息费用应全部资本化，作为在建工程成本。2021 年 12 月 31 日在建工程达到预定可使用状态。

（3）2022 年 7 月 1 日，WXR 有限责任公司偿还债券本金和利息。

根据以上业务，WXR 有限责任公司应编制的会计分录如下：

① 发行债券时的会计分录如下：

借：银行存款	40 000 000
贷：应付债券——面值	40 000 000

② 2019 年计提利息时的会计分录如下：

借：在建工程	1 600 000
贷：应付债券——应计利息	1 600 000
	（40 000 000 × 8% ÷ 12 × 6）

③ 2020 年计提利息时的会计分录如下：

借：在建工程	3 200 000
贷：应付债券——应计利息	3 200 000
	（40 000 000 × 8%）

④ 2021 年计提利息时的会计分录如下：
借：在建工程　　　　　　　　　　　　　　　　　3 200 000
　　贷：应付债券——应计利息　　　　　　　　　　　　3 200 000
　　　　　　　　　　　　　　　　　　　　　（40 000 000×8%）

⑤ 2022 年计提利息时的会计分录如下：
借：财务费用　　　　　　　　　　　　　　　　　1 600 000
　　贷：应付债券——应计利息　　　　　　　　　　　　1 600 000
　　　　　　　　　　　　　　　　　　　（40 000 000×8%÷12×6）

⑥ 到期偿还本金和利息时的会计分录如下：
借：应付债券——面值　　　　　　　　　　　　　40 000 000
　　　　　　——应计利息　　　　　　　　　　　　9 600 000
　　　　　　　　　　　　　　　　　　　　（40 000 000×8%×3）
　　贷：银行存款　　　　　　　　　　　　　　　　49 600 000

二、长期应付款

（一）长期应付款的定义

长期应付款是指企业除长期借款和应付债券以外的其他各种长期应付款，包括应付融资租入固定资产的租赁费、以分期付款方式购入固定资产发生的应付款项。

（二）应设置的会计科目

为了核算企业长期应付款的增减变动及其余额情况，企业应设置"长期应付款"科目。该科目属于负债类科目，贷方登记长期应付款的增加额，借方登记长期应付款的归还数；期末余额在贷方，表示尚未支付的各种长期应付款。

（三）长期应付款的业务处理

1. 应付融资租赁款

应付融资租赁款是指在租赁开始日承租人应向出租人支付的最低租赁付款额。

（1）融资租入固定资产时的会计分录：

借：在建工程
　　固定资产（公允价值与最低租赁付款额现值两者中较低者，加上初始直接费用）
　　未确认融资费用（按差额）
　　贷：长期应付款（最低租赁付款额）
　　　　银行存款（发生的初始直接费用）

（2）按期支付融资租赁款时的会计分录：

借：长期应付款
　　贷：银行存款

注意：未确认融资费用应当在租赁期内各个期间进行分摊，企业应当采用实际利率法计算确认当期的融资费用。

例题【8-39】 2019年12月1日，WXR有限责任公司与B公司签订了一份租赁合同，合同主要条款如下。

(1) 租赁标的物：生产线。

(2) 起租日：2019年12月31日。

(3) 租赁期：2020年1月1日至2023年12月31日。

(4) 租赁方式：每年年初支付租金100 000元。

(5) 租赁期满时，该生产线估计剩余值为15 000元，其中由WXR有限责任公司担保的余值为10 000元，未担保的余值为5 000元。

(6) 该生产线2020年1月1日的公允价值为290 000元，原账面价值为250 000元。

(7) 租赁公司规定的利率为6%（年利率）。

(8) 该生产线在2019年12月31日由WXR有限责任公司交给B公司。

(9) 该生产线不需要安装。

(10) $(P_A/A, 2, 6\%) = 1.833$；$(P/F, 3, 6\%) = 0.840$。

WXR有限责任公司的账务处理流程如下：

第一步：判断租赁类型。

最低租赁付款额 = 各期租金之和 + 行使优惠购买选择权支付的金额
$$= 100\ 000 \times 3 + 10\ 000 = 310\ 000（元）$$

最低租赁付款额的现值 = $100\ 000 \times (1.833 + 1) + 10\ 000 \times 0.840 = 283\ 300 + 8\ 400 = 291\ 700$（元）

最低租赁付款额的现值为291 700元，大于租赁资产账面价值的90%（即261 000元），WXR有限责任公司应当将该项租赁定为融资租赁。

第二步：确定租赁资产的入账价值。

由于最低租赁付款额的现值为291 700元，大于租赁期开始日租赁资产的公允价值，所以租赁资产的入账价值为290 000元。

第三步：计算未确认融资费用。

未确认融资费用 = 最低租赁付款额 - 租赁期开始日租赁资产的公允价值 = 310 000 - 290 000 = 20 000（元）。

第四步：账务处理。

WXR有限责任公司编制下列会计分录如下：

借：固定资产——融资租入固定资产　　　　　　　　　290 000
　　未确认融资费用　　　　　　　　　　　　　　　　 20 000
　　贷：长期应付款——应付融资租赁款　　　　　　　　　　310 000

2020年1月1日支付第1笔租金时的会计分录如下：

借：长期应付款——应付融资租赁款　　　　　　　　　100 000
　　贷：银行存款　　　　　　　　　　　　　　　　　　　　100 000

2. 具有融资性质的延期付款购买资产

企业购买资产有可能延期支付有关价款。如果延期支付的购买价款超过正常信用条件，实质上具有融资性质的，所购资产的成本应当以延期支付购买价款的现值为基础确定。实际支付的价款与购买价款的现值之间的差额，应当在信用期间内采用实际利率法进行摊销，计入相关资产成本或当期损益。

购入资产超过正常信用条件延期付款，实质上具有融资性质时的会计分录：

借：在建工程
　　固定资产（购买价款的现值）
　　未确认融资费用（按差额）
　　贷：长期应付款（应支付的价款总额）

例题【8－40】 2019年1月1日，WXR有限责任公司采用分期付款方式购入大型设备一套，当日投入使用。合同约定的价款为 27 000 000 元，分3年等额支付；该分期支付购买价款的现值为 24 300 000 元，不考虑其他因素。

购入固定资产时的会计分录如下：

借：固定资产　　　　　　　　　　　　　　　　　　24 300 000
　　未确认融资费用　　　　　　　　　　　　　　　　2 700 000
　　贷：长期应付款　　　　　　　　　　　　　　　　　27 000 000

项目小结

负债是指企业过去的交易或者事项形成的，预期会导致经济利益流出企业的现时义务。负债包括短期借款、应付票据、应付账款、预收账款、应付职工薪酬、应交税费、应付利息、应付股利、其他应付款、长期借款、长期应付款、应付债券等。

短期借款是指企业基于维持正常的生产经营所需的资金等而向银行或其他金融机构等借入的、还款期限在一年以内（含一年）的各种借款。

职工薪酬是指企业为获得职工提供的服务而给予各种形式的报酬以及其他相关支出，包括职工在职期间和离职后提供给职工的全部货币性薪酬和非货币性福利。

增值税是对从事销售货物或提供加工、修理修配劳务以及进口货物的单位和个人取得的增值额为课税对象征收的一种税。

消费税是指在我国境内生产、委托加工和进口应税消费品的单位和个人，按其流转额交纳的一种税。

资源税是对我国境内开采矿产品或者生产盐的单位和个人征收的税。资源税按照应税产品的课税数量和规定的单位税额计算。

城市维护建设税是以增值税、消费税为计征依据征收的一种税。

教育费附加是为了发展教育事业而向企业征收的附加费。

土地增值税是指在我国境内有偿转让土地使用权及地上建筑物和其他附着物产权的单位和个人，就其土地增值额征收的一种税。

应付账款是企业因购买材料、商品或接受劳务供应等业务，由于双方取得物资与支付货款在时间上不一致而产生的负债。

预收账款核算企业按照合同规定向购货单位预收的款项。

长期借款是指企业向银行或其他金融机构借入的期限在一年以上（不含一年）的各种借款。

应付债券是企业依照法定程序发行，约定在一定期限内还本付息的具有一定价值的证券。发行债券是企业筹集长期资金的方式之一。

长期应付款是指企业除长期借款和应付债券以外的其他各种长期应付款，包括应付融资租入固定资产的租赁费、以分期付款方式购入固定资产发生的应付款项。

习题与实训

一、思考题

1. 应付票据到期时付款方无力付款应如何进行会计处理？
2. 职工薪酬包括哪些内容？
3. 非货币性福利如何进行会计处理？

二、单选题

1. 企业生产经营期间发生的以下各项利息支出中，不应计入财务费用的是（　　）。
   A. 应付债券费用化的利息　　　　B. 带息应付票据的利息
   C. 财务人员的工资　　　　　　　D. 长期借款费用化的利息

2. WXR 有限责任公司向职工发放自产的加湿器作为福利，该产品的成本为每台 450 元，共有职工 20 人，加湿器的计税价格为 500 元，增值税税率为 13%，计入应付职工薪酬的金额为（　　）元。
   A. 11 300　　　　B. 7 500　　　　C. 12 000　　　　D. 8 200

3. 企业对外销售应税产品计算出的应交资源税，应计入（　　）科目。
   A. 销售费用　　　　　　　　　　B. 生产成本
   C. 制造费用　　　　　　　　　　D. 应交税费——应交资源税

4. 以下各项中，属于流动负债的是（　　）。
   A. 短期借款　　　　　　　　　　B. 长期应付款
   C. 应付债券　　　　　　　　　　D. 专项应付款

5. 企业因债权人撤销而转销无法支付的应付账款时，应将所转销的应付账款计入（　　）。
   A. 主营业务收入　　　　　　　　B. 其他应付款
   C. 营业外收入　　　　　　　　　D. 其他业务收入

6. 应交消费税的委托加工物资收回后用于连续生产应税消费品的，按规定准予抵扣由受托方代收代缴的消费税，应当计入（　　）。
   A. 制造费用　　　　　　　　　　B. 应交税费——应交消费税
   C. 主营业务成本　　　　　　　　D. 委托加工物资

7. 企业为建造仓库而购进工程物资负担的增值税额应当计入（　　）。
   A. 应交税费　　　　　　　　　　B. 工程物资
   C. 制造费用　　　　　　　　　　D. 管理费用

8. 以下各项中，应通过"其他应付款"科目核算的是（　　）。
   A. 租入包装物支付的押金　　　B. 应交城市维护建设税
   C. 存入保证金　　　　　　　　D. 应付销售人员工资
9. 商业承兑汇票到期无法支付，按规定转入（　　）。
   A. 短期借款　　　　　　　　　B. 应付账款
   C. 营业外收入　　　　　　　　D. 营业外支出
10. 以下关于应付票据处理的说法中，正确的是（　　）。
   A. 企业到期无力支付的商业承兑汇票，应按账面余额转入"短期借款"
   B. 企业支付的银行承兑手续费，计入当期"管理费用"
   C. 应付票据到期支付时，按面值结转
   D. 企业开出并承兑商业汇票时，应按票据的票面金额贷记"应付票据"

三、多选题

1. 关于短期借款利息的处理方法中，以下说法正确的有（　　）。
   A. 采用预提方法，分期计入财务费用
   B. 一次计入财务费用
   C. 一次计入短期借款
   D. 采用预提方法分期计入短期借款
2. 以下各项支出中，不通过"应付职工薪酬"科目核算的有（　　）。
   A. 职工差旅费　　　　　　　　B. 职工生活困难补助
   C. 职工社会保险费　　　　　　D. 业务招待费
3. 以下各项税费中，可能计入"税金及附加"科目的有（　　）。
   A. 城市维护建设税　　　　　　B. 印花税
   C. 消费税　　　　　　　　　　D. 教育费附加
4. 按税法规定，企业应交纳消费税的项目有（　　）。
   A. 销售应税消费品取得收入
   B. 销售不动产取得收入
   C. 出租无形资产取得收入
   D. 企业自建厂房领用自产应税消费品
5. 企业以下交易或事项中，应视同销售计算交纳增值税销项税额的有（　　）。
   A. 将自产货物作为福利发放给职工
   B. 销售代销货物
   C. 委托他人保管货物
   D. 将自产货物对外投资

四、判断题

1. 企业向银行或其他金融机构借入的各种款项所发生的利息一定计入财务费用。（　　）
2. 企业因解除与职工的劳务关系而给予职工的补偿不应通过"应付职工薪酬"科目核算。（　　）

3. 企业以自产的产品对外捐赠，由于会计核算时不作销售处理，因此不需交纳增值税。（ ）

4. 企业只有在对外销售消费税应税产品时才应交纳消费税。（ ）

5. P公司为小规模纳税人，销售产品一批，含税价格为82 400元，增值税征收率为3%，该批产品应交增值税为2 400元。（ ）

五、业务题

1. WXR有限责任公司于2019年1月1日向银行借入一笔生产经营用短期借款，金额为240万元，期限为6个月，年利率为4%。根据与银行签署的借款协议，该项借款的本金到期后一次归还，借款利息分月预提，按季支付。不考虑其他因素。

要求：

（1）编制1月1日借入短期借款的会计分录。

（2）编制1月末计提1月份利息的会计分录。

（3）编制3月末支付第一季度银行借款利息的会计分录。

2. WXR有限责任公司为增值税一般纳税人，其适用的增值税税率为13%，2019年6月发生下列经济业务。

（1）6月1日，购入无须安装的生产设备一台，价款为10万元，增值税税额为1.3万元（符合增值税抵扣条件），并开出3个月的商业承兑汇票，该票据为带息票据，票面利率为8%，于月末计提利息。

（2）6月2日，收到B公司预付货款50万元。

（3）6月8日，转让专利所有权，取得转让收入8万元，款项已存入银行，该专利权账面原值为8万元，已摊销2万元，不考虑相关税费。

（4）6月14日，向B公司发出不含税售价为70万元的货物，成本为55万元；B公司已验收入库，并支付了剩余货款及增值税。

（5）6月29日，经过核算该月应付生产工人工资20万元，车间管理人员工资12万元，厂部管理人员工资5万元，工程人员工资3万元。

（6）6月30日，计提带息票据利息。

要求：

根据WXR有限责任公司的上述经济业务编制会计分录。

项目九

所有者权益的认知与核算

学习目标

> 掌握实收资本（股本）的计量和业务处理、资本公积的计量和业务处理、盈余公积的计量和业务处理。
> 理解所有者权益的定义及构成。
> 熟悉利润分配的过程及相关业务处理。

引例

韦大爷的创业梦

韦大爷的创业梦终于要实现了，韦大爷准备斥资100万成立W有限责任公司。但是一系列问题困惑着韦大爷，例如：公司要怎么注册呢？是全部投入现金，还是一部分现金、一部分实物资产呢？到底是一个人出资还是和别人一起出资？如果和别人一起出资，各出多少、股份怎么分、收益怎么分呢？后续公司发展壮大了，吸收新股东怎么处理等？你知道怎么办吗？

任务一 认识所有者权益

一、所有者权益概述

（一）所有者权益的定义

所有者权益，是指企业资产扣除负债后由所有者享有的剩余权益，即所有者对企业净资产的所有权。所有者权益包括所有者投入的资本、直接计入所有者权益的利得和损失、留存收益。其中，所有者投入的资本形成实收资本（或股本）与资本公积，留存收益包括盈余公积和未分配利润。

（二）所有者权益的特点

所有者权益具有以下特点。

（1）所有者权益既是一种财产权利，又是一种剩余权益。

（2）所有者权益是一种来自投资行为的权利。

（3）所有者权益具有长期性。

（4）所有者权益计量具有间接性。

（5）所有者权益包括所有者投入的资本、企业资产的增值以及经营利润。

（三）所有者权益的构成

企业所有者权益按经济内容不同可以分为实收资本（或股本）、资本公积、其他综合收益、其他权益工具、盈余公积和未分配利润。

（1）实收资本（或股本），是指投资者按照合同或协议的约定实际投入企业的注册资本，按投资者身份不同分为国家投资、法人投资、个人投资和外商投资。

（2）资本公积，是指企业在经营过程中由于接受捐赠、资本溢价以及法定财产重估增值等原因所形成的公积金。

（3）其他综合收益，是指企业根据其他会计准则规定未在当期损益中确认的各项利得和损失。

（4）其他权益工具，是指企业发行的除普通股以外的归类为权益工具的各种金融工具，包括优先股和永续债两个部分。

（5）盈余公积，是指企业从税后净利润中提取形成的、留存于企业内部、具有特定用途的收益积累。盈余公积按规定可用于弥补亏损，也可按法定程序转增资本。

（6）未分配利润，是指企业实现的净利润经过弥补亏损、提取盈余公积和向投资者分配利润后留存在企业的、历年结存的利润。

二、应设置的会计科目

1. "实收资本"（或"股本"）科目

为了核算投资者投入资本的增减变动情况，企业应设置"实收资本"（或"股本"）科目。该科目属于所有者权益类科目，贷方登记实收资本（或股本）的增加数额，借方登记实收资本（或股本）的减少数额；期末余额在贷方，表示企业期末实收资本（或股本）的实有数额。

2. "资本公积"科目

为了核算企业资本公积的增减变动及其余额情况，企业应设置"资本公积"科目。该科目属于所有者权益类科目，贷方登记资本公积的增加数额，借方登记资本公积的减少数额；期末余额在贷方，表示企业期末资本公积的实有数额。

3. "其他综合收益"科目

为了核算企业其他综合收益的增减变动及其余额情况，企业应设置"其他综合收益"科目。该科目属于所有者权益类科目，贷方登记其他综合收益的增加数额，借方登记其他综合收益的减少数额;期末余额在贷方,表示企业期末其他综合收益的实有数额。

4. "其他权益工具"科目

为了核算企业其他权益工具的增减变动及其余额情况,企业应设置"其他权益工具"科目。该科目属于所有者权益类科目,贷方登记其他权益工具的增加数额,借方登记其他权益工具的减少数额;期末余额在贷方,表示企业期末其他权益工具的实有数额。

5. "盈余公积"科目

为了核算企业盈余公积的增减变动及其余额情况,企业应设置"盈余公积"科目。该科目属于所有者权益类科目,贷方登记盈余公积的增加数额,借方登记盈余公积的减少数额;期末余额在贷方,表示企业期末盈余公积的实有数额。

6. "利润分配"科目

为了核算企业利润的分配(或亏损的弥补)和历年分配(或弥补亏损)后的未分配利润(或未弥补亏损)的情况,企业应设置"利润分配"科目。该科目属于所有者权益类科目,贷方登记利润分配的增加数额,借方登记利润分配的减少数额;期末余额如果在贷方,表示累积未分配的利润数额,期末余额如果在借方余额,表示累积未弥补的亏损数额。

任务二 实收资本的核算

一、实收资本概述

实收资本是投资者按照投资合同或协议的约定实际投入企业的注册资本(股份有限公司称为股本)。投入企业的资本可以是货币资金,也可以是材料、商品、固定资产、无形资产等非货币资金。所有者投入企业的资本,除《公司法》另有规定的情况以外,投资者不得抽回。

二、实收资本的增加

实收资本的增加有下列途径:投资者投入、资本公积转增资本、盈余公积转增资本、债务重组中债务转为股权、可转换债券转为股本等。

(一)接受现金资产投资

1. 有限责任公司接受现金资产投资

实收资本的构成比例即投资者的出资比例或股东的股份比例,是确定所有者在企业所有者权益中所占的份额和参与企业财务经营决策的基础,也是企业进行利润分配或股利分配的依据,同时还是企业清算时确定所有者对净资产的要求权的依据。

接受现金资产投资时的会计分录:

借:银行存款
　　贷:实收资本

例题【9-1】 A、B、C 共同投资设立 WXR 有限责任公司,注册资本为 200 000 元,A、B、C 的持股比例分别为 60%、25% 和 15%。按照章程规定,A、B、C 投入资本分别为 120 000 元、50 000 元和 30 000 元。WXR 公司已收到 A、B、C 一次缴足的款项。

收到投资款时的会计分录如下：

借：银行存款　　　　　　　　　　　　　　　　　　　　　　　　200 000
　　贷：实收资本——A　　　　　　　　　　　　　　　　　　　120 000
　　　　　　　　——B　　　　　　　　　　　　　　　　　　　　50 000
　　　　　　　　——C　　　　　　　　　　　　　　　　　　　　30 000

2. 股份有限公司接受现金资产投资

股份有限公司发行股票时，既可以按面值发行，也可以溢价发行（我国目前不准折价发行）。股份有限公司应在核定的股本总额及核定的股份总额的范围内发行股票。

收到现金资产时的会计分录：

借：银行存款
　　贷：股本
　　　　资本公积——股本溢价（按差额计入）

例题【9-2】 WXR 股份有限公司通过发行普通股筹集资金，2019 年 3 月 20 日发行普通股 10 000 000 股，每股面值为 1 元，每股发行价格为 3 元。假定股票发行成功，款项 30 000 000 元已全部存入银行，不考虑发行过程中的税费等因素。

股票发行成功时的会计分录如下：

借：银行存款　　　　　　　　　　　　　　　　　　　　　　　30 000 000
　　贷：股本　　　　　　　　　　　　　　　　　　　　　　　10 000 000
　　　　资本公积——股本溢价　　　　　　　　　　　　　　　20 000 000

（二）接受非现金资产投资

根据《公司法》规定，股东既可以用货币出资，也可以用实物、知识产权、土地使用权等可以用货币估价并可以依法转让的非货币财产作价出资；但是，法律、行政法规规定不得作为出资的财产除外。对作为出资的非货币财产应当按照公允价值评估作价，核实财产，不得高估或者低估作价。法律、行政法规对评估作价有规定的，从其规定。全体股东的货币出资金额不得低于有限责任公司注册资本的 30%。不论以何种方式出资，投资者如在投资过程中违反投资合约，不按规定如期缴足出资额，企业可以依法追究投资者的违约责任。

企业接受非现金资产投资时，应按投资合同或协议约定价值确定非现金资产价值（但投资合同或协议约定价值不公允的除外）以及在注册资本中应享有的份额入账。

1. 接受投入固定资产

企业接受投资者作价投入的房屋、建筑物、机器设备等固定资产，应按投资合同或协议约定价值确定的固定资产价值（但投资合同或协议约定价值不公允的除外）和在注册资本中应享有的份额入账。

接受投入固定资产时的会计分录：

借：固定资产
　　贷：实收资本

例题【9-3】 WXR 有限责任公司于设立时收到 H 公司作为资本投入的不需要安装的机器设备一台，合同约定该机器设备的价值为 200 000 元，增值税进项税额为 32 000 元（假设增值税不允许抵扣）。合同约定的固定资产价值与公允价值相符，不考虑其他因素。

收到固定资产投资时的会计分录如下：
借：固定资产　　　　　　　　　　　　　　　　　　　　　　232 000
　　贷：实收资本——H 公司　　　　　　　　　　　　　　　　　　232 000

2. 接受投入材料物资

企业接受投资者作价投入的材料、商品等，应按投资合同或协议约定价值确定的材料物资价值（但投资合同或协议约定价值不公允的除外）和在注册资本中应享有的份额入账。

接受投入材料物资时的会计分录：
借：原材料
　　库存商品
　　应交税费——应交增值税（进项税额）
　　贷：实收资本

例题【9-4】 WXR 有限责任公司于设立时收到 M 公司作为资本投入的原材料一批，该批原材料投资合同或协议约定价值（不含可抵扣的增值税进项税额部分）为 1 000 000 元，增值税进项税额为 160 000 元。M 公司已开具了增值税专用发票。假设合同约定的价值与公允价值相符，该进项税额允许抵扣，不考虑其他因素。

收到投入材料时的会计分录如下：
借：原材料　　　　　　　　　　　　　　　　　　　　　　1 000 000
　　应交税费——应交增值税（进项税额）　　　　　　　　　　160 000
　　贷：实收资本——M 公司　　　　　　　　　　　　　　　1 160 000

例题【9-5】 WXR 有限责任公司于设立时收到 R 公司作为资本投入的商品一批，该批商品投资合同或协议约定价值（不含可抵扣的增值税进项税额部分）为 300 000 元，增值税进项税额为 48 000 元。R 公司已开具了增值税专用发票。假设合同约定的价值与公允价值相符，该进项税额允许抵扣，不考虑其他因素。

收到投入商品时的会计分录如下：
借：库存商品　　　　　　　　　　　　　　　　　　　　　　300 000
　　应交税费——应交增值税（进项税额）　　　　　　　　　　　48 000
　　贷：实收资本——R 公司　　　　　　　　　　　　　　　　348 000

3. 接受投入无形资产

企业收到投资者以无形资产方式投入的资本，应按投资合同或协议约定价值确定的无形资产价值（但投资合同或协议约定价值不公允的除外）和在注册资本中应享有的份额入账。

收到投入无形资产时的会计分录：
借：无形资产
　　贷：实收资本

例题【9-6】 WXR 有限责任公司于设立时收到 L 公司作为资本投入的非专利技术一项，该非专利技术投资合同约定价值（含不可抵扣的增值税进项税额部分）为 50 000 元，同时收到 T 公司作为资本投入的土地使用权一项，投资合同约定价值（含不可抵扣的增值税进项税额部分）为 100 000 元。假设 WXR 有限责任公司接受该非专利技术和土地使用权符合国家注册资本管理的有关规定，可按合同约定作实收资本入账，合同约定的价值与公允价值相符，不考虑其他因素。

收到投入非专利技术时的会计分录如下：

借：无形资产——非专利技术	50 000
——土地使用权	100 000
贷：实收资本——L 公司	50 000
——T 公司	100 000

（三）实收资本的增减变动

一般情况下，企业的实收资本应相对固定不变，但在某些特定情况下，实收资本也可能发生增减变化。

1. 实收资本（或股本）的增加

一般企业增加资本主要有以下几个途径：接受投资者追加投资、资本公积转增资本、盈余公积转增资本。需要注意的是，由于资本公积和盈余公积均属于所有者权益，用其转增资本时，如果是独资企业，直接结转即可；如果是股份有限公司或有限责任公司，应该按照原投资者各出资比例相应增加各投资者的出资额。

（1）接受投资者追加投资时的会计分录：

借：银行存款
    固定资产
    无形资产
    贷：实收资本（或股本）
        资本公积（差额）

例题【9-7】 T、B、M 三人共同投资设立 WXR 有限责任公司，原注册资本为 400 000 元，T、B、M 分别出资 50 000 元、200 000 元和 150 000 元。为扩大经营规模，经批准，WXRE 有限责任公司注册资本扩大到 500 000 元，T、B、M 按照原出资比例分别追加投资 12 500 元、50 000 元和 37 500 元。WXR 有限责任公司如期收到 T、B、M 追加的投资，款项已存入银行不考虑其他因素。

收到投资款时的会计分录如下：

借：银行存款	100 000
贷：实收资本——T	12 500
——B	50 000
——M	37 500

（2）用资本公积转增资本时的会计分录：

借：资本公积
    贷：实收资本

例题【9-8】 承例题【9-7】，因扩大经营规模需要，经批准，WXR 公司按原出资比例将资本公积 100 000 元转增资本。

将资本公积转增资本时的会计分录如下：

借：资本公积	100 000

　　　　贷：实收资本——T　　　　　　　　　　　　　　　　　　　　　12 500
　　　　　　　　　——B　　　　　　　　　　　　　　　　　　　　　50 000
　　　　　　　　　——M　　　　　　　　　　　　　　　　　　　　　37 500
　（3）用盈余公积转增资本时的会计分录：
　借：盈余公积
　　　贷：实收资本

例题【9－9】 承例题【例9－7】，因扩大经营规模需要，经批准，WXR公司按原出资比例将盈余公积200 000元转增资本。

　将盈余公积转增资本时的会计分录如下：
　借：盈余公积　　　　　　　　　　　　　　　　　　　　　　　　　200 000
　　　贷：实收资本——T　　　　　　　　　　　　　　　　　　　　　25 000
　　　　　　　　　——B　　　　　　　　　　　　　　　　　　　　 100 000
　　　　　　　　　——M　　　　　　　　　　　　　　　　　　　　　75 000

2. 实收资本（或股本）的减少

《公司法》规定：公司成立后，股东不得抽逃出资。但符合《公司法》规定的，可以减少注册资本，如企业发生重大亏损、资本过剩、回购股份用于奖励职工、中外合作企业按照协议归还股东投资等。

（1）有限责任公司减少注册资本，需由董事会制定减资方案，经过股东大会决议通过。公司减资后的注册资本不得低于法律规定的最低限额。

　减少注册资本时的会计分录：
　借：实收资本
　　　贷：银行存款等

例题【9－10】 WXR有限责任公司拟减少注册资本，R投资者自愿退出，经协商决定，公司按R投资者当时入股金额348 000元退还给R投资者，全部款项均已通过银行转账支付，不考虑其他因素。

　减少注册资本时的会计分录如下：
　借：实收资本——R　　　　　　　　　　　　　　　　　　　　　　 348 000
　　　贷：银行存款　　　　　　　　　　　　　　　　　　　　　　　348 000

（2）股份有限公司采用收购本公司股票方式减资的，按股票面值和注销股数计算的股票面值总额冲减股本，按注销库存股的账面余额与所冲减股本的差额冲减股本溢价，股本溢价不足冲减的，再依次冲减盈余公积和未分配利润。如果购回股票支付的价款低于面值总额的，所注销库存股的账面余额与所冲减股本的差额作为增加股本溢价处理。

　① 回购本公司股票时的会计分录如下：
　借：库存股
　　　贷：银行存款
　② 注销本公司股票时的会计分录如下：
　借：股本

资本公积

　　盈余公积

　　未分配利润

　　贷：库存股

例题【9-11】 WXR 股份有限公司 2019 年 12 月 31 日的股本为 100 000 000 股，每股面值为 1 元，资本公积（股本溢价）为 30 000 000 元，盈余公积为 40 000 000 元。经股东大会批准，WXR 股份有限公司拟以现金回购本公司股票 20 000 000 股并注销。假定 WXR 股份有限公司按每股 2 元回购股票，不考虑其他因素。

① 回购本公司股票时的会计分录如下：

　　借：库存股　　　　　　　　　　　　　　　　　　　　　　40 000 000

　　　　　　　　　　　　　　　　　　　　　　　　　(20 000 000×2)

　　　　贷：银行存款　　　　　　　　　　　　　　　　　　　　40 000 000

② 注销本公司股票时的会计分录如下：

　　借：股本　　　　　　　　　　　　　　　　　　　　　　　20 000 000

　　　　资本公积——股本溢价　　　　　　　　　　　　　　　　20 000 000

　　　　　　　　　　　　　　　　　　　(20 000 000×2 - 20 000 000×1)

　　　　贷：库存股　　　　　　　　　　　　　　　　　　　　　40 000 000

例题【9-12】 WXR 股份有限公司 2019 年 12 月 31 日的股本为 100 000 000 股，每股面值为 1 元，资本公积（股本溢价）为 30 000 000 元，盈余公积为 40 000 000 元。经股东大会批准，WXR 股份有限公司拟以现金回购本公司股票 20 000 000 股并注销。假定 WXR 股份有限公司按每股 3 元回购股票，不考虑其他因素。

① 回购本公司股票时的会计分录如下：

　　借：库存股　　　　　　　　　　　　　　　　　　　　　　60 000 000

　　　　　　　　　　　　　　　　　　　　　　　　　(20 000 000×3)

　　　　贷：银行存款　　　　　　　　　　　　　　　　　　　　60 000 000

② 注销本公司股票时的会计分录如下：

　　借：股本　　　　　　　　　　　　　　　　　　　　　　　20 000 000

　　　　资本公积——股本溢价　　　　　　　　　　　　　　　　30 000 000

　　　　盈余公积　　　　　　　　　　　　　　　　　　　　　10 000 000

　　　　贷：库存股　　　　　　　　　　　　　　　　　　　　　60 000 000

注意：本例中应冲减的资本公积 = 20 000 000×3 - 20 000 000×1 = 40 000 000（元），但由于应冲减的资本公积大于公司现有的资本公积，所以只能冲减资本公积 30 000 000 元，剩余的 10 000 000 元应冲减盈余公积。

例题【9-13】 WXR 股份有限公司 2019 年 12 月 31 日的股本为 100 000 000 股，每股面值为 1 元，资本公积（股本溢价）为 30 000 000 元，盈余公积为 40 000 000 元。经股东大会批准，WXR 股份有限公司拟以现金回购本公司股票 20 000 000 股并注销。假定 WXR 股份有限公司按每股 0.9 元回购股票，不考虑其他因素。

① 回购本公司股票时的会计分录如下：
借：库存股 18 000 000
(20 000 000×0.9)
　　贷：银行存款 18 000 000
② 注销本公司股票时的会计分录如下：
借：股本 20 000 000
　　贷：库存股 18 000 000
　　　　资本公积——股本溢价 2 000 000

注意：应增加的资本公积＝20 000 000×1－20 000 000×0.9＝2 000 000（元），由于折价回购，股本与库存股成本的差额 2 000 000 元应作为增加的资本公积处理。

任务三　资本公积的核算

一、资本公积概述

资本公积，是指企业收到投资者投入资本超过其在注册资本或股本中所占的份额以及直接计入所有者权益的利得和损失等，包括资本溢价（或股本溢价）和其他资本公积两部分。

资本公积的原始内涵是投资者投入企业的资金大于法定资本的差额。直接计入所有者权益的利得和损失是指不应直接计入当期损益、会导致所有者权益发生增减变化的、与所有者投入资本或者向投资者分配利润无关的利得和损失。

二、资本公积的核算

（一）资本溢价

有限责任公司在创立时，投资者认缴的出资额与注册资本是一致的，通常不会产生资本溢价。但在有限责任公司重组或有投资者追加投资时，就会出现资本溢价。

收到新投资者投入资本时的会计分录：
借：银行存款
　　原材料
　　固定资产
　　无形资产等
　　贷：实收资本
　　　　资本公积——资本溢价

例题【9-14】 WXR 有限责任公司由两位投资者投资 200 000 元设立，每人各出资 100 000 元。一年后，为扩大经营规模，经批准，WXR 有限责任公司注册资本增加到 300 000 元，并引入第三位投资者。按照投资协议，新投资者需缴入现金 110 000 元，同时享有该公司 1/3 的股份。WXR 有限责任公司已收到该笔投资，款项已存入银行，不考虑其他因素。

收到新投资者投入资本时的会计分录如下：

借：银行存款　　　　　　　　　　　　　　　　　　　　　110 000
　　贷：实收资本　　　　　　　　　　　　　　　　　　　100 000
　　　　资本公积——资本溢价　　　　　　　　　　　　　 10 000

（二）股本溢价

股份有限公司是以发行股票的方式筹集股本的，股票可按面值发行，也可溢价发行，但我国目前不准折价发行。与其他类型的企业不同，股份有限公司在成立时可能会溢价发行股票，因而在成立之初，就可能会产生股本溢价。

在按面值发行股票的情况下，企业发行股票取得的收入，应全部作为股本处理；在溢价发行股票的情况下，企业发行股票取得的收入，股票面值部分的发行款作为股本处理，超出股票面值的溢价收入应作为股本溢价处理。

发行股票相关的手续费、佣金等交易费用直接冲减资本公积，资本公积不足冲减的，依次冲减盈余公积和未分配利润。

（1）发行股票筹集资金时的会计分录：

借：银行存款
　　贷：股本
　　　　资本公积——股本溢价

（2）支付发行权益性证券直接相关的手续费、佣金等费用时的会计分录：

借：资本公积——股本溢价
　　贷：银行存款

例题【9-15】 WXR 股份有限公司首次公开发行普通股 10 000 000 股，每股面值 1 元，每股发行价格为 3 元。WXR 股份有限公司以银行存款支付发行手续费、咨询费等费用共计 200 000 元。假定发行收入已全部收到，发行费用已全部支付，不考虑其他因素。

① 收到发行款项时的会计分录如下：

借：银行存款　　　　　　　　　　　　　　　　　　　　30 000 000
　　贷：股本　　　　　　　　　　　　　　　　　　　　10 000 000
　　　　资本公积——股本溢价　　　　　　　　　　　　20 000 000
　　　　　　　　　　　　　　　　　　　　　　　[10 000 000 × (3 − 1)]

② 支付发行费用时的会计分录如下：

借：资本公积——股本溢价　　　　　　　　　　　　　　　 200 000
　　贷：银行存款　　　　　　　　　　　　　　　　　　　 200 000

（三）其他资本公积

其他资本公积是指除资本溢价（或股本溢价）项目以外所形成的资本公积，主要是直接计入所有者权益的利得和损失。

企业对某被投资单位的长期股权投资采用权益法核算的，在持股比例不变的情况下，对因被投资单位除净损益、利润分配和其他综合收益以外的所有者权益的其他变动，应按持股比例计算其应享有被投资企业所有者权益的增加或减少数额。

确认其他资本公积时的会计分录：

借：长期股权投资——其他权益变动
  贷：资本公积——其他资本公积

或

借：资本公积——其他资本公积
  贷：长期股权投资——其他权益变动

例题【9-16】 WXR 股份有限公司于 2019 年 5 月 15 日向 D 公司投资 6 000 000 元，拥有 D 公司 30% 的股份，并对该公司有重大影响，对 D 公司的长期股权投资采用权益法核算。2019 年 12 月 31 日，D 公司除净损益、利润分配和其他综合收益以外的所有者权益增加了 1 000 000 元。假定除此以外，D 公司的所有者权益没有变化，WXR 股份有限公司的持股比例没有变化，D 公司资产的账面价值与公允价值一致，不考虑其他因素。

确认其他资本公积时的会计分录如下：

借：长期股权投资——D 公司——其他权益变动 300 000
  贷：资本公积——其他资本公积 300 000
    （1 000 000×30%）

任务四 留存收益的核算

一、留存收益概述

（一）留存收益的定义

留存收益是企业从历年实现的净利润中提取或留存在企业的内部积累，它来源于企业的生产经营活动所实现的净利润。留存收益与实收资本和资本公积的区别在于，实收资本和资本公积来源于企业的资本投入，而留存收益则来源于企业的资本增值。

留存收益的目的是保证企业实现的净利润有一部分留存在企业，不全部分配给投资者，这样一方面可以满足企业维持或扩大再生产经营活动的资金需要，保持或提高企业的获利能力；另一方面，可以保证企业有足够的资金用于偿还债务，保护债权人的权益。留存收益包括盈余公积和未分配利润两个部分，其中盈余公积是有特定用途的累积盈余（包括法定盈余公积和任意盈余公积），未分配利润是尚未指定用途的累积盈余。

（二）留存收益的分配顺序

根据《公司法》的规定，企业分配当年税后利润时，一般按照以下顺序进行。

（1）提取法定盈余公积。按照利润的 10% 提取盈余公积，法定盈余公积累计额为公司注册资本 50% 以上的，可以不再计提。公司的法定盈余公积不足以弥补以前年度亏损的，在提取法定盈余公积之前，应当先用当年利润弥补亏损。

（2）提取任意盈余公积。公司从税后利润中提取法定盈余公积后，经股东会或者股东大会决议，还可以从税后利润中提取任意盈余公积。

(3) 向投资者分配利润。公司弥补亏损和提取盈余公积后所剩余的利润，有限责任公司按照股东实缴的出资比例分配；股份有限公司按照股东持有的股份比例分配，但公司章程规定不按持股比例分配的除外。

股东会、股东大会或者董事会违反上述规定，在公司弥补亏损和提取法定盈余公积之前向股东分配利润的，股东必须将违反规定分配的利润退还公司。公司持有的本公司股份不得分配利润。

二、留存收益的业务处理

（一）利润分配的业务处理

利润分配，是指企业根据国家相关规定和企业的章程、投资合同或协议等，对企业当年可供分配的利润进行分配。利润分配是对企业一段时间内经营成果在各个利益相关者中进行分配，能保证企业正常有序地发展，保障股东的合法权益等。为了核实利润的分配情况，企业应当在"利润分配"科目下设置"提取法定盈余公积""提取任意盈余公积""应付现金股利""盈余公积补亏""未分配利润"等明细科目，反映企业利润的分配过程或亏损的弥补情况，以及历年分配或弥补亏损后的累计余额。

(1) 年度终了，企业将全年实现的净利润（或净亏损）转入利润分配时的会计分录：

借：本年利润
　　贷：利润分配——未分配利润（净利润转入）

或

借：利润分配——未分配利润（净亏损转入）
　　贷：本年利润

例题【9-17】 WXR 有限责任公司 2019 年度实现净利润 1 000 000 元，假设不考虑其他因素。

结转本年利润时的会计分录如下：

借：本年利润	1 000 000
贷：利润分配——未分配利润	1 000 000

(2) 按规定提取盈余公积时的会计分录：

借：利润分配——提取法定盈余公积
　　　　　　——提取任意盈余公积
　　贷：盈余公积——法定盈余公积
　　　　　　　　——任意盈余公积

例题【9-18】 承例题【9-17】，WXR 有限责任公司根据 2019 年度净利润的 10% 计提法定盈余公积，根据净利润的 8% 提取任意盈余公积，分别为 100 000 元和 80 000 元。

提取盈余公积时的会计分录如下：

借：利润分配——提取法定盈余公积	100 000
——提取任意盈余公积	80 000
贷：盈余公积——法定盈余公积	100 000
——任意盈余公积	80 000

（3）宣告发放现金股利时的会计分录：
借：利润分配——应付现金股利
　　贷：应付股利

例题【9-19】 承例题【9-17】，WXR 有限责任公司根据 2019 年度净利润的 50% 分配现金股利。

宣告发放现金股利时的会计分录如下：
借：利润分配——应付现金股利　　　　　　　　　　　　　500 000
　　贷：应付股利　　　　　　　　　　　　　　　　　　　500 000

（4）期末利润分配结束，只有"利润分配——未分配利润"科目有余额，"利润分配"科目其他明细科目的余额全部转入"利润分配——未分配利润"科目。

结转利润分配明细科目时的会计分录：
借：利润分配——未分配利润
　　贷：利润分配——提取法定盈余公积
　　　　　　　　——提取任意盈余公积
　　　　　　　　——应付现金股利等

例题【9-20】 承例题【9-17】、【9-18】、【9-19】，WXR 有限责任公司利润分配结束后，将"利润分配——未分配利润"科目以外的明细科目余额转入"利润分配——未分配利润"科目。

结转利润分配明细科目余额时的会计分录如下：
借：利润分配——未分配利润　　　　　　　　　　　　　　680 000
　　贷：利润分配——提取法定盈余公积　　　　　　　　　100 000
　　　　　　　　——提取任意盈余公积　　　　　　　　　 80 000
　　　　　　　　——应付现金股利　　　　　　　　　　　500 000

（二）盈余公积

1. 盈余公积补亏

按照《中华人民共和国企业所得税暂行条例》的规定："纳税人发生年度亏损的，可以用下一纳税年度的所得弥补；下一纳税年度的所得不足弥补的，可以逐年延续弥补，但是延续弥补期最长不得超过五年。"在税前利润不足以弥补亏损的情况下，企业可以用以前年度的盈余公积补亏；以前年度盈余公积仍不足弥补亏损的，用提取盈余公积前的税后利润补亏。《公司法》规定，公司的法定公积金不足以弥补以前年度亏损的，在依照规定提取法定公积金之前，应当先用当年利润弥补亏损。

（1）用盈余公积弥补亏损时的会计分录：
借：盈余公积——法定盈余公积
　　　　　　——任意盈余公积
　　贷：利润分配——盈余公积补亏

（2）年度终了结转时的会计分录：
借：利润分配——盈余公积补亏

贷：利润分配——未分配利润

例题【9-21】 WXR 有限责任公司本年发生经营亏损 400 000 元，经股东大会表决通过，决定以累积的法定盈余公积 300 000 元、任意盈余公积 100 000 元弥补亏损，不考虑其他因素。

① 弥补亏损时的会计分录如下：

借：盈余公积——法定盈余公积　　　　　　　　　　　　　　300 000
　　　　　　——任意盈余公积　　　　　　　　　　　　　　100 000
　　贷：利润分配——盈余公积补亏　　　　　　　　　　　　400 000

② 年度终了，将"利润分配——盈余公积补亏"科目余额转入"利润分配——未分配利润"科目。

结转时的会计分录如下：

借：利润分配——盈余公积补亏　　　　　　　　　　　　　　400 000
　　贷：利润分配——未分配利润　　　　　　　　　　　　　400 000

2. 盈余公积转增实收资本（或股本）

盈余公积可以用来转增资本，但法定公积金（包括资本公积和盈余公积）转为资本后，所留存的该项公积金不得少于转增前公司注册资本的 25%。

盈余公积转增资本时的会计分录：

借：盈余公积——法定盈余公积
　　　　　　——任意盈余公积
　　贷：实收资本（或股本）

例题【9-22】 WXR 有限责任公司经股东大会表决通过，决定以累积的法定盈余公积 300 000 元、任意盈余公积 100 000 元转增实收资本，不考虑其他因素。

转增资本时的会计分录如下：

借：盈余公积——法定盈余公积　　　　　　　　　　　　　　300 000
　　　　　　——任意盈余公积　　　　　　　　　　　　　　100 000
　　贷：实收资本　　　　　　　　　　　　　　　　　　　　400 000

项目小结

所有者权益是指企业资产扣除负债后由所有者享有的剩余权益，即所有者对企业净资产的所有权。所有者权益包括所有者投入的资本、直接计入所有者权益的利得和损失、留存收益。其中，所有者投入的资本形成实收资本（或股本）与资本公积，留存收益包括盈余公积和未分配利润。

实收资本是投资者按照合同或协议的约定实际投入企业的注册资本，按投资者身份分为国家投资、法人投资、个人投资和外商投资；资本公积是指企业在经营过程中由于接受捐赠、资本溢价以及法定财产重估增值等所形成的公积金；盈余公积是指企业从税后净利润中提取形成的、存留于企业内部、具有特定用途的收益积累；未分配利润是指企业实现的净利润经过弥补亏损、提取盈余公积和向投资者分配利润后留存在企业的、历年结存的利润。

所有者权益的核算一般应当设置"实收资本"（或"股本"）、"资本公积"、"盈余公积"、"利润分配"等会计科目。

所有者权益的核算包括投资者投入资本的核算（投入货币资产和非货币资产）、资本公积（资本溢价、股本溢价和其他资本公积）的核算、盈余公积（法定盈余公积和任意盈余公积）的核算和利润分配的核算等。

留存收益的分配包括提取法定盈余公积、提取任意盈余公积和向所有者分配利润。

习题与实训

一、思考题

1. 什么是所有者权益？所有者权益包括哪些内容？
2. 什么是资本公积？资本公积和盈余公积有什么不同？
3. 什么是留存收益？留存收益包括哪些内容？
4. 什么是未分配利润？未分配利润有哪些用途？

二、单选题

1. WXR 公司委托乙证券公司发行普通股，股票面值总额为 400 万元，发行总额为 1 600 万元，发行费按发行总额的 2% 计算，股票发行净收入全部收到，不考虑其他因素。WXR 公司该笔业务计入"资本公积"科目的金额为（　　）万元。

   A. 4 000　　　　B. 1 168　　　　C. 1 176　　　　D. 1 200

2. 以下各项中，属于留存收益的是（　　）。

   A. 盈余公积　　　B. 资本公积　　　C. 实收资本　　　D. 股本

3. WXR 公司 2019 年初所有者权益总额为 136 万元，当年实现净利润 45 万元，提取盈余公积 4.5 万元，向投资者分配现金股利 20 万元，本年内以资本公积转增资本 5 万元，投资者追加现金投资 3 万元。WXR 公司年末所有者权益总额为（　　）万元。

   A. 156.5　　　　B. 159.5　　　　C. 164　　　　D. 179.5

4. 采用权益法核算长期股权投资时，对因被投资单位除净损益、利润分配和其他综合收益以外的所有者权益的其他变动，按持股比例计算的应享有份额应计入（　　）。

   A. 资本公积　　　B. 投资收益　　　C. 其他业务收入　　D. 营业外收入

5. 甲股份有限公司委托乙证券公司发行普通股，股票面值总额为 200 万元，发行总额为 800 万元，发行费按发行总额的 2% 计算（不考虑其他因素），股票发行净收入全部收到。甲股份有限公司该笔业务计入"资本公积"科目的金额为（　　）万元。

   A. 200　　　　B. 584　　　　C. 588　　　　D. 600

6. WXR 公司 2019 年"盈余公积"科目的年初余额为 100 万元，本期提取盈余公积 50 万元，用盈余公积分配现金股利 60 万元，用盈余公积弥补亏损 20 万元。WXR 公司"盈余公积"科目的年末余额为（　　）万元。

   A. 71　　　　B. 70　　　　C. 90　　　　D. 150

7. WXR 公司 2019 年年初盈余公积为 26 万元，当年以盈余公积转增资本 6 万元。当年实现净利润 30 万元，提取盈余公积 3 万元，以盈余公积向投资者分配现金股利 2 万元。WXR 公司 2019 年年末盈余公积为（　　）万元。

　　A. 20　　　　　　B. 23　　　　　　C. 21　　　　　　D. 18

8. 某企业 2019 年年初未分配利润的贷方余额为 40 万元，本年度实现的净利润为 20 万元，分别按 10% 和 5% 提取法定盈余公积和任意盈余公积。假定不考虑其他因素，该企业 2019 年年末未分配利润的贷方余额应为（　　）万元。

　　A. 41　　　　　　B. 51　　　　　　C. 54　　　　　　D. 57

9. 以下各项中，不属于所有者权益的是（　　）。

　　A. 资本溢价　　　　　　　　　　　B. 计提的盈余公积
　　C. 投资者投入的资本　　　　　　　D. 应付高管人员的薪酬

10. WXR 公司年初未分配利润的贷方余额为 20 万元，本年实现净利润 200 万元，按净利润的 10% 提取法定盈余公积，提取任意盈余公积 10 万元，该企业年末可供分配的利润为（　　）万元。

　　A. 200　　　　　B. 220　　　　　C. 190　　　　　D. 210

三、多选题

1. 以下各项中，不影响所有者权益总额的变动有（　　）。

　　A. 以盈余公积弥补亏损　　　　　　B. 提取盈余公积
　　C. 以资本公积转增资本　　　　　　D. 实际发放股票股利

2. 以下各项中，不引起所有者权益总额发生变动的有（　　）。

　　A. 股东大会宣告分配现金股利　　　B. 用盈余公积转增资本
　　C. 用盈余公积弥补亏损　　　　　　D. 实际发放股票股利

3. 以下各项中，通过"资本公积"科目核算的有（　　）。

　　A. 资本溢价　　　　　　　　　　　B. 股本溢价
　　C. 交易性金融资产公允价值上升　　D. 向灾区捐赠现金

4. 以下各项中，会引起企业留存收益总额发生变动的有（　　）。

　　A. 提取法定盈余公积　　　　　　　B. 以盈余公积补亏
　　C. 用盈余公积转增资本　　　　　　D. 向投资者宣告分配现金股利

5. 以下各项中，不会引起留存收益总额发生增减变动的有（　　）。

　　A. 资本公积转增资本　　　　　　　B. 盈余公积转增资本
　　C. 盈余公积弥补亏损　　　　　　　D. 税后利润弥补亏损

四、判断题

1. 在溢价发行股票的情况下，公司发行股票的溢价收入，直接冲减当期的财务费用。（　　）

2. 企业接受的投资者以原材料投资，其增值税额不能计入实收资本。（　　）

3. 企业以盈余公积向投资者分配现金股利，不会引起留存收益总额的变动。（　　）

4. 企业以盈余公积向投资者分配现金股利，会引起所有者权益总额的变动。（　　）

5. 企业计提法定盈余公积是按当年实现的净利润作为基数计提的，该基数不应考虑企业年初未分配利润的结存情况。（　　）

五、业务题

1. WXR 公司 2019 年至 2020 年发生与其股票有关的业务如下。

（1）2019 年 1 月 20 日，经股东大会决议，并报有关部门核准，增发普通股 400 万股，每股面值为 1 元，每股发行价格为 5 元，股款已全部收到并存入银行。假定不考虑相关税费。

（2）2019 年 6 月 25 日，经股东大会决议，并报有关部门核准，以资本公积 40 万元转增股本。

（3）2020 年 6 月 25 日，经股东大会决议，并报有关部门核准，以银行存款回购本公司股票 10 万股，每股回购价格为 3 元。

（4）2020 年 6 月 21 日，经股东大会决议，并报有关部门核准，将回购的本公司股票 10 万股注销。

要求：

编制 WXR 公司上述业务的相关会计分录。

2. A 公司 2019 年度的有关资料如下。

年初未分配利润为 10 万元，本年利润总额为 390 万元，适用的企业所得税税率为 25%。按税法规定本年度准予扣除的业务招待费为 2 万元，实际发生业务招待费 3 万元。除此之外，不存在其他纳税调整因素；按税后利润的 10% 提取法定盈余公积，提取任意盈余公积 1 万元；向投资者分配现金股利 4 万元。

要求：

（1）计算甲公司本期所得税费用，并编制相应的会计分录。

（2）编制甲公司提取法定盈余公积的会计分录。

（3）编制甲公司提取任意盈余公积的会计分录。

（4）编制甲公司宣告向投资者分配现金股利的会计分录。

（5）计算年末未分配利润。

项目十

收入、费用的认知与核算

学习目标

> 掌握销售商品收入、提供劳务收入和让渡资产使用权收入的计量与业务处理,主营业务成本、其他业务成本、管理费用、销售费用、财务费用的计算及业务处理。
> 理解收入、费用在实际工作中的具体应用。
> 了解收入的定义、特点、分类,以及费用的定义、特点、分类。

引例

韦大爷公司的收入与费用

韦大爷的公司终于成立了,投了100万元资本。在公司运营中,韦大爷搞不清楚哪些业务是公司的收入、哪些业务是公司的利得、哪些业务是公司的费用,哪些业务是公司的损失。因此,韦大爷不能准确地计算每个月的利润,更不知道如何增加收入、减少费用。你知道怎么核算收入与费用吗?你知道如何增加收入,如何减少费用吗?

任务一 收入的认知与核算

一、收入概述

(一)收入的定义

收入,是指企业在日常活动中形成的、会导致所有者权益增加、与所有者投入资本无关的经济利益的总流入。

(二)收入的特点

1. 收入是企业在日常经营活动中形成的

收入是企业在日常经营活动中形成的经济利益的总流入,而不是从偶发性的交易或事项中产生的经济利益的流入。企业日常经营活动带来的经济利益总流入与非日常活动带来的经济利益的净流入，是区分收入和利得的重要标志。其中，日常活动是指企业为完成其经营目标所从事的经常性活动以及与之相关的辅助性活动；非日常活动是与企业日常经营活动没有必然关系的各项交易或事项。

2. 收入会导致所有者权益的增加

与收入相关的经济利益的流入应当会导致所有者权益的增加，不会导致所有者权益增加的经济利益的流入不符合收入的定义，不应确认为收入。例如，企业向银行借入款项，尽管也导致了企业经济利益的流入，但该流入并不导致所有者权益增加，反而使企业承担了一项现时义务。企业对于因借入款项所导致的经济利益的增加，不应将其确认为收入，应当确认为一项负债。

3. 收入是与所有者投入资本无关的经济利益的总流入

收入应当会导致经济利益的流入，从而导致资产的增加。例如，企业销售商品，应当收到现金或者有权在未来收到现金，才符合收入的定义。但是在实务中，经济利益的流入有时是所有者投入资本的增加所导致的，所有者投入资本的增加不应当确认为收入，应当将其直接确认为所有者权益。

（三）收入的确认条件

企业收入的来源渠道多种多样，不同来源收入的特征有所不同，收入的确认条件也往往存在差别，如销售商品、提供劳务、让渡资产使用权等取得的入。一般而言，收入只有在经济利益很可能流入企业并导致企业资产增加或者负债减少，且经济利益的流入额能够可靠计量时才能予以确认。因此，收入的确认至少应当同时满足以下条件：一是与收入相关的经济利益很可能流入企业；二是经济利益流入企业的结果会导致企业资产的增加或者负债的减少；三是经济利益的流入额能够可靠地计量。

（四）收入的分类

收入按照不同的标准，可以分为不同的种类。

按照企业收入的性质，收入可分为销售商品收入、提供劳务收入、让渡资产使用权收入。销售商品收入是指企业通过销售商品所获得的收入，如工业企业生产并销售产品、商业企业销售商品等所获得的收入；提供劳务收入是指企业通过提供劳务所获得的收入，如管理咨询公司提供管理咨询服务、软件开发公司为客户开发软件、安装公司提供安装服务等所获得的收入；让渡资产使用权收入是指企业通过让渡资产使用权所获得的收入，如商业银行对外贷款、租赁公司出租资产等所获得的收入。

按照企业收入的主次，收入可分为主营业务收入和其他业务收入。主营业务收入是指企业为完成其经营目标所从事的主要的、经常性的活动所获得的收入，如工业企业生产并销售产品、商业企业销售商品等所获得的收入。其他业务收入是指企业为完成其经营目标所从事的与经常性活动相关的各项辅助性活动所获得的收入，如工业企业对外出售多余的不需用的原材料等所获得的收入。

（五）应设置的会计科目

为了准确反映企业实现的各项收入，企业应当设置以下会计科目。

1. "主营业务收入"科目

为了核算企业在销售商品、提供劳务等日常活动中所产生的收入,企业应当设置"主营业务收入"科目。该科目属于损益类科目,贷方表示增加,借方表示减少;期末结转后无余额。在"主营业务收入"科目下,应按照主营业务的种类设置明细科目,进行明细核算。

2. "其他业务收入"科目

为了核算企业除主营业务收入以外的其他销售或其他业务实现的收入,如材料销售、代购代销、包装物出租等,企业应当设置"其他业务收入"科目。该科目属于损益类科目,贷方表示增加,借方表示减少;期末结转后无余额。在"其他业务收入"科目下,应按其他业务的种类,如"材料销售""代购代销""包装物出租"等设置明细科目,进行明细核算。

二、销售商品收入

(一)销售商品收入的定义

销售商品收入是企业通过销售商品所获得的收入。例如,工业企业生产并销售产品、商业企业销售商品等所获得的收入。

(二)销售商品收入的确认条件

销售商品收入只有同时满足下列条件,才能予以确认。

1. 企业已将商品所有权上的主要风险和报酬转移给购货方

企业已将商品所有权上的主要风险和报酬转移给购货方是指与商品所有权有关的主要风险和报酬同时转移给了购货方。在实际工作中,判断企业是否已将商品所有权上的主要风险和报酬转移给购货方,应当关注买卖交易活动的实质,而不仅仅是表面形式,并结合买卖交易的所有权凭证是否转移或实物是否交付进行判断。一般而言,与商品所有权有关的任何损失均不需要销货方承担,与商品所有权有关的任何经济利益也不属于销货方,就意味着商品所有权上的主要风险和报酬转移给了购货方。

(1)一般而言,转移商品所有权凭证并交付实物后,商品所有权上的所有风险和报酬随之转移,如大多数零售企业销售的各种商品。

(2)某些情况下,转移商品所有权凭证或交付实物后,商品所有权上的主要风险和报酬随之转移,企业只保留商品所有权上的次要风险和报酬,如交款提货方式销售商品。在这种情形下,应当视同商品所有权上的所有风险和报酬已经转移给购货方。

(3)某些情况下,转移商品所有权凭证或交付实物后,商品所有权上的主要风险和报酬并未随之转移。主要包括以下几种情况。

① 企业销售的商品在质量、品种、规格等方面不符合合同或协议要求,又未根据正常的保证条款予以弥补,因而销售方仍负有责任,主要风险和报酬并未转移。

② 企业销售商品的收入是否能够取得,取决于购买方是否已将商品销售出去,如采用支付手续费方式委托代销商品等。

③ 企业尚未完成售出商品的安装或检验工作,且安装或检验工作是销售合同或协议的

重要组成部分。

④ 销售合同或协议中规定了买方由于特定原因有权退货的条款，且企业又不能确定退货的可能性。

2. 企业既没有保留通常与所有权相联系的继续管理权，也没有对已售出的商品实施有效控制

一般而言，企业售出商品后不再保留与商品所有权相联系的继续管理权，也不再对售出商品实施有效控制，商品所有权上的主要风险和报酬已经转移给购货方，通常应在发出商品时确认收入。如果企业在商品销售后保留了与商品所有权相联系的继续管理权，或能够继续对其实施有效控制，说明商品所有权上的主要风险和报酬没有转移，买卖交易活动不成立，不应确认收入，如售后租回等交易。

3. 收入的金额能够可靠地计量

收入的金额能够可靠地计量是指收入的金额能够合理地估计。如果收入的金额不能够合理地估计，则不符合收入的确认条件，不应确认为收入。一般而言，企业在销售商品时，商品销售价格已经确定，企业应当按照从购货方已收或应收的合同或协议价款确定收入金额。

4. 相关的经济利益很可能流入企业

在买卖商品的交易活动中，与交易相关的经济利益主要表现为商品的价款。相关的经济利益很可能流入企业是指销售商品价款收回的可能性大于不能收回的可能性，即销售商品价款收回的可能性大于50%。

5. 相关的已发生或将发生的成本能够可靠地计量

一般而言，销售商品相关的已发生或将发生的成本能够合理地估计，如库存商品的成本等。如果库存商品是本企业生产的，其生产成本能够可靠计量；如果是外购的，购买成本能够可靠计量。有时，销售商品相关的已发生或将发生的成本不能够合理地估计，此时企业不应确认收入，已收到的价款应确认为负债。

（三）销售商品收入的一般业务处理

企业销售商品，同时满足收入定义和收入确认条件的，可以确认为企业的收入，及时办理入账。

1. 款项未收业务

（1）企业销售商品采用托收承付方式的，在办妥托收手续时确认收入。

① 确认收入并结转成本时的会计分录如下：

借：应收账款
　　贷：主营业务收入
　　　　应交税费——应交增值税（销项税额）
借：主营业务成本
　　贷：库存商品

② 收到款项时的会计分录如下：

借：银行存款
　　贷：应收账款

例题【10-1】 2019年5月2日，WXR有限责任公司采用托收承付方式向M有限责任公司销售货物一批，增值税专用发票列明货款为100 000元，增值税税额为13 000元，已办理托收手续，该批货物的成本为80 000元，2019年5月10日收到货款存入银行，不考虑其他因素。

① 确认收入并结转成本时的会计分录如下：

借：应收账款——M有限责任公司　　　　　　　　　　　　　　　113 000
　　贷：主营业务收入　　　　　　　　　　　　　　　　　　　　　100 000
　　　　应交税费——应交增值税（销项税额）　　　　　　　　　　 13 000
借：主营业务成本　　　　　　　　　　　　　　　　　　　　　　　 80 000
　　贷：库存商品　　　　　　　　　　　　　　　　　　　　　　　　80 000

② 收到货款时的会计分录如下：

借：银行存款　　　　　　　　　　　　　　　　　　　　　　　　　113 000
　　贷：应收账款——M有限责任公司　　　　　　　　　　　　　　　113 000

（2）采用商业汇票结算的，在满足收入确认条件时确认收入。

① 确认收入并结转成本时的会计分录如下：

借：应收票据
　　贷：主营业务收入
　　　　应交税费——应交增值税（销项税额）
借：主营业务成本
　　贷：库存商品

② 商业汇票到期收回款项时的会计分录如下：

借：银行存款
　　贷：应收票据

例题【10-2】 2019年5月10日，WXR有限责任公司采用商业汇票结算方式向T有限责任公司销售货物一批，增值税专用发票列明货款为100 000元，增值税税额为13 000元，已办理托收手续，该批货物的成本为78 000元。2019年6月10日商业汇票到期收到货款存入银行，不考虑其他因素。

① 确认收入并结转成本时的会计分录如下：

借：应收票据——T有限责任公司　　　　　　　　　　　　　　　　113 000
　　贷：主营业务收入　　　　　　　　　　　　　　　　　　　　　100 000
　　　　应交税费——应交增值税（销项税额）　　　　　　　　　　 13 000
借：主营业务成本　　　　　　　　　　　　　　　　　　　　　　　 78 000
　　贷：库存商品　　　　　　　　　　　　　　　　　　　　　　　　78 000

② 收到货款时的会计分录如下：

借：银行存款　　　　　　　　　　　　　　　　　　　　　　　　　113 000
　　贷：应收票据——T有限责任公司　　　　　　　　　　　　　　　113 000

2. 款项已收业务

企业采用交款提货方式销售商品的，在开出发票账单、收到货款时确认收入。

确认收入并结转成本时的会计分录：

借：银行存款

　　　　贷：主营业务收入
　　　　　　应交税费——应交增值税（销项税额）
　　借：主营业务成本
　　　　贷：库存商品

例题【10-3】 2019年5月15日，WXR有限责任公司采用交款提货结算方式向L有限责任公司销售货物一批，增值税专用发票列明货款为50 000元，增值税税额为6 500元，已开出发票收到货款。该批货物的成本为40 000元，不考虑其他因素。

　　确认收入并结转成本时的会计分录如下：

　　借：银行存款　　　　　　　　　　　　　　　　　　　　　56 500
　　　　贷：主营业务收入　　　　　　　　　　　　　　　　　50 000
　　　　　　应交税费——应交增值税（销项税额）　　　　　　6 500
　　借：主营业务成本　　　　　　　　　　　　　　　　　　　40 000
　　　　贷：库存商品　　　　　　　　　　　　　　　　　　　40 000

3. 款项预收业务

采用预收款方式销售商品的，销售企业在收到最后一笔货款时才将商品交付给购买方，与商品所有权相关主要的风险和报酬只有在收到最后一笔货款时才转移给购货方。企业在发出商品之前所收到的款项应当计入预收账款，作为负债处理。

（1）预收货款时的会计分录：

　　借：银行存款
　　　　贷：预收账款

（2）发出商品确认收入并结转成本时的会计分录：

　　借：预收账款
　　　　贷：主营业务收入
　　　　　　应交税费——应交增值税（销项税额）
　　借：主营业务成本
　　　　贷：库存商品

例题【10-4】 2019年5月26日，WXR有限责任公司与N商场签订购销合同约定：WXR有限责任公司向N商场销售货物一批，该批货物的售价为50 000元，增值税为6 500元，N商场于2019年6月1日向WXR有限责任公司预付货款20 000元，WXR有限责任公司于7月30日将货物发给N商场，并结清余款。该批货物的生产成本为40 000元，不考虑其他因素。

① 预收货款时的会计分录如下：

　　借：银行存款　　　　　　　　　　　　　　　　　　　　　20 000
　　　　贷：预收账款——N商场　　　　　　　　　　　　　　20 000

② 发出货物确认收入并结转成本时的会计分录如下：

　　借：预收账款——N商场　　　　　　　　　　　　　　　　20 000
　　　　银行存款　　　　　　　　　　　　　　　　　　　　　36 500

贷：主营业务收入	50 000
应交税费——应交增值税（销项税额）	6 500
借：主营业务成本	40 000
贷：库存商品	40 000

（四）销售商品收入的特殊业务处理

1. 商业折扣业务

商业折扣，是企业为了促销而在标价上给予的价格扣除。例如，在大宗商品买卖中，在价格上给予购买方5%的优惠。企业销售商品涉及商业折扣的，应当按照扣除商业折扣后的金额（即净额）确定收入。

确认带商业折扣的销售收入并结转成本时的会计分录：

借：应收票据
　　应收账款
　　银行存款等
　　贷：主营业务收入
　　　　应交税费——应交增值税（销项税额）
借：主营业务成本
　　贷：库存商品

例题【10-5】 2019年5月18日，WXR有限责任公司采用交款提货结算方式向L有限责任公司销售货物一批，合同价为55 000元，因为大量购买，给予购买方5 000元的商业折扣，折扣后开具增值税专用发票列明货款为50 000元，增值税税额为6 500元，已开出发票并收到货款，该批货物的成本为40 000元，不考虑其他因素。

确认收入并结转成本时的会计分录如下：

借：银行存款	56 500
贷：主营业务收入	50 000
应交税费——应交增值税（销项税额）	6 500
借：主营业务成本	40 000
贷：库存商品	40 000

2. 销售折让业务

销售折让，是因售出商品的质量、规格等不符合合同要求而在售价上给予的减让。对于销售折让，企业应分不同情况进行处理。

一般情况下，已确认收入的售出商品发生销售折让，应当在发生时冲减当期销售商品收入；已确认收入的售出商品发生销售折让，属于资产负债表日后事项的，应按照有关资产负债表日后事项的相关规定进行处理。

（1）确认收入并结转成本时的会计分录：

借：应收票据
　　应收账款
　　银行存款等
　　贷：主营业务收入

　　　　应交税费——应交增值税（销项税额）
　借：主营业务成本
　　　贷：库存商品
（2）发生销售折让时的会计分录：
　借：主营业务收入
　　　应交税费——应交增值税（销项税额）
　　　贷：应收账款
　　　　　应收票据
　　　　　银行存款等

例题【10－6】 2019年6月18日，WXR有限责任公司采用委托收款方式销售一批商品给M公司，增值税专用发票注明的售价为40 000元，增值税为5 200元，该批产品的成本为35 000元。M公司2月25日货到后发现商品质量与合同要求不一致，要求给予价款5%的折让，WXR有限责任公司同意该要求，当日收回货款，不考虑其他因素。

① 确认销售收入并结转成本时的会计分录如下：

借：应收账款　　　　　　　　　　　　　　　　　45 200
　　贷：主营业务收入　　　　　　　　　　　　　40 000
　　　　应交税费——应交增值税（销项税额）　　5 200
借：主营业务成本　　　　　　　　　　　　　　　35 000
　　贷：库存商品　　　　　　　　　　　　　　　35 000

② 发生销售折让时的会计分录如下：

借：主营业务收入　　　　　　　　　　　　　　　2 000
　　应交税费——应交增值税（销项税额）　　　　260
　　贷：应收账款　　　　　　　　　　　　　　　2 260

③ 实际收到货款时的会计分录如下：

借：银行存款　　　　　　　　　　　　　　　　　42 940
　　贷：应收账款　　　　　　　　　　　　　　　42 940

3. 现金折扣业务

现金折扣，是指债权人为鼓励债务人在规定的期限内付款而向债务人提供的债务扣除。企业销售商品涉及现金折扣的，应当按照扣除现金折扣前的金额确定销售商品收入。现金折扣在实际发生时计入当期财务费用。一般现金折扣的表示方法为：2/10，1/20，n/30（10天内付款给予2%的折扣，20天内付款给予1%的折扣，20天以后付款没有现金折扣，最迟的付款期为30天）。

对于现金折扣，一般采用总价法处理，即销售商品涉及现金折扣的，应当按照扣除现金折扣前的金额确定销售商品收入金额。现金折扣在实际发生时计入当期财务费用。现金折扣额是否包含增值税主要取决于交易双方的合同或协议约定。

（1）确认涉及现金折扣的销售收入并结转成本时的会计分录：

借：应收账款
　　贷：主营业务收入

应交税费——应交增值税（销项税额）
　借：主营业务成本
　　　贷：库存商品
（2）确认现金折扣并收回货款时的会计分录：
　借：银行存款
　　　财务费用
　　　贷：应收账款

例题【10-7】 2019年6月1日，WXR有限责任公司向T有限责任公司销售一批商品，开出的增值税专用发票上注明的销售价款为50 000元，增值税为6 500元。为及早收回货款，WXR有限责任公司和T有限责任公司约定的现金折扣条件为：2/10，1/20，n/30。假定计算现金折扣时不考虑增值税，不考虑其他因素。

确认收入并结转成本时的会计分录如下：

借：应收账款　　　　　　　　　　　　　　　　　　　　　　　56 500
　　贷：主营业务收入　　　　　　　　　　　　　　　　　　　50 000
　　　　应交税费——应交增值税（销项税额）　　　　　　　　 6 500

① 如果T有限责任公司在6月9日付清货款，则按销售总价50 000元的2%享受现金折扣1 000元（50 000×2%），实际收到货款55 500元（56 500-1 000）。

收回货款时的会计分录如下：

借：银行存款　　　　　　　　　　　　　　　　　　　　　　　55 500
　　财务费用　　　　　　　　　　　　　　　　　　　　　　　 1 000
　　贷：应收账款　　　　　　　　　　　　　　　　　　　　　56 500

② 如果T有限责任公司在6月18日付清货款，则按销售总价50 000元的1%享受现金折扣500元（50 000×1%），实际收到货款56 000元（56 500-500）。

收回货款时的会计分录如下：

借：银行存款　　　　　　　　　　　　　　　　　　　　　　　56 500
　　财务费用　　　　　　　　　　　　　　　　　　　　　　　 500
　　贷：应收账款　　　　　　　　　　　　　　　　　　　　　56 500

③ 如果T有限责任公司在7月底才付清货款，则收回全额货款。

收回货款时的会计分录如下：

借：银行存款　　　　　　　　　　　　　　　　　　　　　　　56 500
　　贷：应收账款　　　　　　　　　　　　　　　　　　　　　56 500

4. 销售退回业务

销售退回，是指企业售出的商品由于质量、规格型号、品种不符合要求等而发生的退货。对于销售退回，企业应分不同情况进行会计处理。

（1）尚未确认收入的售出商品发生销售退回。

① 发出商品时的会计分录如下：

借：发出商品
　　贷：库存商品

② 退回商品时的会计分录如下：
借：库存商品
　　贷：发出商品
（2）对于已确认收入的售出商品发生销售退回的，企业应在发生销售退回时冲减当期销售商品收入，同时冲减当期销售商品成本。如该项销售退回已发生现金折扣的，应同时调整相关财务费用的金额；如该项销售退回允许扣减增值税额的，应同时调整"应交税费——应交增值税（销项税额）"科目的相应金额。
① 确认收入并结转成本时的会计分录如下：
借：应收账款
　　银行存款等
　　贷：主营业务收入
　　　　应交税费——应交增值税（销项税额）
借：主营业务成本
　　贷：库存商品
② 确认退回商品时的会计分录如下：
借：主营业务收入
　　应交税费——应交增值税（销项税额）
　　贷：应收账款
　　　　银行存款等

例题【10-8】 2019年4月18日，WXR有限责任公司向L有限责任公司销售A商品一批，开出的增值税专用发票注明的销售价款为50 000元，增值税税额为6 500元。该批A商品的成本为25 000元。为及早收回货款，WXR有限责任公司和L有限责任公司约定的现金折扣条件为：2/10，1/20，$n/30$（现金折扣不含增值税）。L有限责任公司在2019年4月27日支付货款。2019年6月10日，该批A商品因质量问题被L有限责任公司退回，WXR有限责任公司当日支付有关款项，不考虑其他因素。

① 销售实现确认收入并结转成本时的会计分录如下：

借：应收账款	56 500
贷：主营业务收入	50 000
应交税费——应交增值税（销项税额）	6 500
借：主营业务成本	25 000
贷：库存商品	25 000

② 4月27日收到货款时的会计分录如下：

借：银行存款	55 500
	（56 500 - 1 000）
财务费用	1 000
	（50 000×2%）
贷：应收账款	56 500

③ 6月10日发生销售退回时的会计分录如下：

借：主营业务收入		50 000
应交税费——应交增值税（销项税额）		6 500
贷：银行存款		55 500
财务费用		1 000
借：库存商品		25 000
贷：主营业务成本		25 000

（五）销售材料等收入的业务处理

企业在日常活动中可能产生对外销售不需用的原材料、随同商品对外销售单独计价的包装物等。

销售原材料确认收入并结转成本时的会计分录：

借：银行存款
　　应收账款
　　应收票据等
　贷：其他业务收入
　　　应交税费——应交增值税（销项税额）
借：其他业务成本
　贷：原材料

例题【10-9】 2019年5月10日，WXR有限责任公司向L有限责任公司销售不需用A材料一批，开出的增值税专用发票注明的销售价款为10 000元，增值税税额为1 300元。该批A材料的成本为5 000元，货款已收到，不考虑其他因素。

确认销售收入并结转成本时的会计分录如下：

借：银行存款	11 300
贷：其他营业收入	10 000
应交税费——应交增值税（销项税额）	1 300
借：其他营业成本	5 000
贷：原材料	5 000

三、提供劳务收入

提供劳务收入是指企业通过提供劳务实现的收入，如咨询公司提供咨询服务、软件开发公司为客户开发软件、安装公司提供安装服务等实现的收入。

（一）在同一会计期间内开始并完成的劳务

（1）对于一次就能完成的劳务，企业应在提供劳务完成时按合同或协议约定的金额确认收入。

①提供劳务完成时确认收入的会计分录如下：

借：应收账款
　　银行账款等

贷：主营业务收入等
　　② 同时，按提供劳务所发生的相关支出结转成本的会计分录如下：
　　借：主营业务成本等
　　　贷：银行存款等
　　（2）对于持续一段时间但在同一会计期内开始并完成的劳务，应在劳务完成时确认收入，并在提供劳务期间分期确认劳务成本。
　　① 为提供劳务发生相关支出时的会计分录如下：
　　借：劳务成本
　　　贷：银行存款
　　　　　应付职工薪酬
　　　　　原材料等
　　② 劳务完成确认劳务收入时的会计分录如下：
　　借：应收账款
　　　　银行存款等
　　　贷：主营业务收入等
　　③ 同时，结转相关劳务成本的会计分录如下：
　　借：主营业务成本等
　　　贷：劳务成本

例题【10-10】 WXR有限责任公司于2019年5月10日接受一项机器设备安装劳务，该安装任务可一次完成，合同总价款为12 000元，实际发生安装成本7 000元，以银行存款支付，安装完成时收到合同款12 000元，存入银行。假定安装业务属于WXR有限责任公司的主营业务，不考虑相关税费。

　　安装完成确认收入并结转成本时的会计分录如下：

　　借：银行存款　　　　　　　　　　　　　　　　　　　　12 000
　　　贷：主营业务收入　　　　　　　　　　　　　　　　　　　　12 000
　　借：主营业务成本　　　　　　　　　　　　　　　　　　　7 000
　　　贷：银行存款　　　　　　　　　　　　　　　　　　　　　　7 000

例题【10-11】 WXR有限责任公司于2019年5月10日接受一项机器设备安装劳务，该安装劳务需花费一段时间（不超过本会计期间）才能完成，合同总价款为20 000元，第一次实际发生安装成本8 000元，以银行存款支付；第二次发生劳务成本2 000元，属于职工薪酬。安装完成时收到合同款20 000元存入银行。假定安装业务属于WXR有限责任公司的主营业务，不考虑相关税费。

　　① 第一次为提供劳务发生有关支出时的会计分录如下：
　　借：劳务成本　　　　　　　　　　　　　　　　　　　　8 000
　　　贷：银行存款　　　　　　　　　　　　　　　　　　　　　8 000
　　② 第二次为提供劳务发生有关支出时的会计分录如下：
　　借：劳务成本　　　　　　　　　　　　　　　　　　　　2 000

贷：应付职工薪酬　　　　　　　　　　　　　　　　　　　　　2 000
　③ 安装完成确认所提供劳务的收入时的会计分录如下：
　借：银行存款　　　　　　　　　　　　　　　　　　　　　　　20 000
　　　贷：主营业务收入　　　　　　　　　　　　　　　　　　　　20 000
　④ 结转该项劳务总成本时的会计分录如下：
　借：主营业务成本　　　　　　　　　　　　　　　　　　　　　10 000
　　　贷：劳务成本　　　　　　　　　　　　　　　　　　　　　　10 000

（二）不同会计期间完成的劳务

1. 提供劳务交易结果预期能够可靠估计

　　企业在资产负债表日提供劳务交易的结果能够可靠估计的，应当采用完工百分比法确认提供劳务收入。

　　提供劳务交易的结果能够可靠估计，应同时满足下列条件。

　　（1）收入的金额能够可靠地计量，是指提供劳务收入的总额能够合理地估计，一般根据合同或协议的条款约定，可以估计劳务收入的金额。收入不能合理估计的，不能采用完工百分比法核算。

　　（2）相关的经济利益很可能流入企业，是指提供劳务收入总额收回的可能性大于50%。企业在确定提供劳务收入总额能否收回时，应当结合接受劳务方的具体情况来综合判断，如可以根据接受劳务方的信誉、以前的经验以及双方就结算方式和期限达成的合同或协议条款等因素。

　　（3）交易的完工进度能够可靠地确定，是指交易的完工进度能够合理地估计。企业确定提供劳务交易的完工进度，可以选用下列方法。

　　① 已完工作的测量。这是一种比较专业的测量方法，由专业测量师对已经提供的劳务进行测量，并按一定方法计算确定提供劳务交易的完工程度。

　　② 已经提供的劳务占应提供劳务总量的比例。这种方法主要以劳务量为标准确定提供劳务交易的完工程度。

　　③ 已经发生的成本占估计总成本的比例。这种方法主要以成本为标准确定提供劳务交易的完工程度。只有反映已提供劳务的成本才能包括在已经发生的成本中，只有反映已提供或将提供劳务的成本才能包括在估计总成本中。

　　（4）交易中已发生和将发生的成本能够可靠地计量，是指交易中已经发生和将要发生的成本能够合理地估计。企业应当建立完善的内部成本核算制度和有效的内部财务预算及报告制度，准确地提供每期发生的成本，并对完成剩余劳务将要发生的成本进行科学、合理的估计。同时应随着劳务的不断提供或外部情况的不断变化，随时对将要发生的成本进行修订。

2. 采用完工百分比法的业务处理

　　完工百分比法，是指按照提供劳务交易的完工进度确认收入和费用的方法。在这种方法下，确认提供劳务收入金额能够提供各个会计期间关于提供劳务交易及其业绩的有用信息。

企业应当在资产负债表日按照提供劳务收入总额乘以完工进度扣除以前会计期间累计已确认提供劳务收入后的金额,确认当期提供劳务收入;同时,按照提供劳务估计总成本乘以完工进度扣除以前会计期间累计已确认劳务成本后的金额,结转当期劳务成本。

计算公式如下:

本期确认的收入 = 劳务总收入 × 本期末止劳务的完工进度 – 以前期间已确认的收入

本期确认的费用 = 劳务总成本 × 本期末止劳务的完工进度 – 以前期间已确认的成本

采用完工百分比法确认提供劳务收入的情况下,按确定的收入金额确认收入并结转成本的会计分录:

借:应收账款
　　银行存款等
　　贷:主营业务收入等
借:主营业务成本等
　　贷:劳务成本

例题【10 – 12】 WXR 有限责任公司于 2019 年 12 月 1 日接受一项机器设备安装劳务,安装期为 3 个月,合同总收入为 500 000 元,至年底已预收安装费 400 000 元,实际发生安装费用 250 000 元(假定均为安装人员薪酬),估计还会发生安装费用 150 000 元。K 有限责任公司按实际发生的成本占估计总成本的比例确定劳务的完工进度,不考虑其他因素。

实际发生的成本占估计总成本的比例 = 250 000 ÷ (250 000 + 150 000) × 100% = 62.5%;2019 年 12 月 31 日确认的提供劳务收入 = 500 000 × 62.5% = 312 500(元);2019 年 12 月 31 日结转的提供劳务成本 = (250 000 + 150 000) × 62.5% = 250 000(元)。

① 实际发生劳务成本时的会计分录如下:

借:劳务成本　　　　　　　　　　　　　　　　　　　　　250 000
　　贷:应付职工薪酬　　　　　　　　　　　　　　　　　　250 000

② 预收劳务款时的会计分录如下:

借:银行存款　　　　　　　　　　　　　　　　　　　　　400 000
　　贷:预收账款　　　　　　　　　　　　　　　　　　　　400 000

③ 2019 年 12 月 31 日确认提供劳务收入并结转劳务成本时的会计分录如下:

借:预收账款　　　　　　　　　　　　　　　　　　　　　312 500
　　贷:主营业务收入　　　　　　　　　　　　　　　　　　312 500
借:主营业务成本　　　　　　　　　　　　　　　　　　　250 000
　　贷:劳务成本　　　　　　　　　　　　　　　　　　　　250 000

例题【10 – 13】 WXR 有限责任公司于 2019 年 10 月 1 日与丙公司签订合同,为丙公司开发一项软件,工期大约 5 个月,合同总收入为 800 000 元。至 2019 年 12 月 31 日,WXR 有限责任公司已发生成本 400 000 元(假定均为开发人员薪酬),预收账款 500 000 元。WXR 有限责任公司预计开发该软件还将发生成本 200 000 元。2019 年 12 月 31 日,经专家测量,该软件的完工进度为 60%。不考虑其他因素。

2019 年 12 月 31 日确认的提供劳务收入 = 800 000 × 60% = 480 000(元);2019 年 12 月 31 日确认的提供劳务成本 = (400 000 + 200 000) × 60% = 360 000(元)。

① 实际发生劳务成本时的会计分录如下：

借：劳务成本　　　　　　　　　　　　　　　　　　　400 000
　　贷：应付职工薪酬　　　　　　　　　　　　　　　　　400 000

② 预收劳务款项时的会计分录如下：

借：银行存款　　　　　　　　　　　　　　　　　　　500 000
　　贷：预收账款　　　　　　　　　　　　　　　　　　　500 000

③ 2019年12月31日确认提供劳务收入并结转劳务成本时的会计分录如下：

借：预收账款　　　　　　　　　　　　　　　　　　　480 000
　　贷：主营业务收入　　　　　　　　　　　　　　　　　480 000
借：主营业务成本　　　　　　　　　　　　　　　　　360 000
　　贷：劳务成本　　　　　　　　　　　　　　　　　　　360 000

3. 提供劳务交易结果预期不能可靠估计

在资产负债表日，企业提供劳务交易结果不能够可靠估计的，企业不能采用完工百分比法确认提供劳务收入。此时，企业应正确预计已经发生的劳务成本能否得到补偿，分别进行如下业务处理。

（1）已经发生的劳务成本预计能够得到补偿的，应按已收回或预计能够收回的金额确认提供劳务收入，并结转已经发生的劳务成本。

（2）已经发生的劳务成本预计全部不能得到补偿的，应将已经发生的劳务成本计入当期损益，不确认提供劳务收入。

例题【10-14】 WXR有限责任公司于2019年12月25日接受L有限责任公司委托，为其培训一批学员，培训期为6个月，2020年1月1日开学。合同约定，L有限责任公司应向WXR有限责任公司支付的培训费总额为90 000元，分三次等额支付，第一次在开学时预付，第二次在2020年3月1日支付，第三次在培训结束时支付。

2020年1月1日，L有限责任公司预付第一次培训费。至2020年2月28日，WXR有限责任公司发生培训成本40 000元（假定均为培训人员薪酬）。2020年3月1日，WXR有限责任公司得知L有限责任公司发生严重财务困难，后两次培训费能否收回难以确定，不考虑其他因素。

① 收到L有限责任公司预付的培训费时的会计分录如下：

借：银行存款　　　　　　　　　　　　　　　　　　　30 000
　　贷：预收账款　　　　　　　　　　　　　　　　　　　30 000

② 实际发生培训支出40 000元时的会计分录如下：

借：劳务成本　　　　　　　　　　　　　　　　　　　40 000
　　贷：应付职工薪酬　　　　　　　　　　　　　　　　　40 000

③ 确认提供劳务收入并结转劳务成本时的会计分录如下：

借：预收账款　　　　　　　　　　　　　　　　　　　30 000
　　贷：主营业务收入　　　　　　　　　　　　　　　　　30 000
借：主营业务成本　　　　　　　　　　　　　　　　　40 000
　　贷：劳务成本　　　　　　　　　　　　　　　　　　　40 000

四、让渡资产使用权收入

(一) 让渡资产使用权收入概述

让渡资产使用权收入是企业收入的来源之一，主要包括利息收入、使用费收入、出租资产收取的租金、进行债券投资取得的利息、进行股权投资取得的现金股利等。

(1) 利息收入主要是指金融企业对外贷款形成的利息收入，以及同业之间发生往来形成的利息收入等。

(2) 使用费收入主要是指企业转让无形资产（如商标权、专利权、专营权、软件、版权）等资产的使用权形成的使用费收入。

(3) 企业对外出租资产收取的租金、进行债权投资收取的利息、进行股权投资取得的现金股利，也构成让渡资产使用权收入，有关的会计处理参照租赁、金融工具确认和计量、长期股权投资等内容。

(二) 让渡资产使用权收入的确认条件

让渡资产使用权收入只有同时满足以下条件，才能予以确认。

1. 相关的经济利益很可能流入企业

相关的经济利益很可能流入企业是指让渡资产使用权收入金额收回的可能性大于50%。企业在确定让渡资产使用权收入金额能否收回时，应当根据对方企业的具体情况进行综合判断，如对方企业的信誉和生产经营情况、双方就结算方式和期限等达成的合同或协议条款等因素。如果企业估计让渡资产使用权收入金额收回的可能性小于或等于50%，就不应确认为收入。

2. 收入的金额能够可靠地计量

收入的金额能够可靠地计量是指让渡资产使用权收入的金额能够合理地估计。一般让渡资产使用权会通过合同或协议约定相关条款，包括让渡资产使用权对应的价款。如果让渡资产使用权收入的金额不能够合理地估计，就不应确认为企业的收入。

(三) 让渡资产使用权收入的业务处理

企业让渡资产使用权的使用费收入，一般通过"其他业务收入"科目核算；所让渡资产计提的摊销额等，一般通过"其他业务成本"科目核算。

确认让渡资产使用权的使用费收入时的会计分录：

借：银行存款
　　应收账款等
　　贷：其他业务收入等

注意：如果合同或协议规定一次性收取使用费，且不提供后续服务的，应当视同销售该项资产一次性确认收入；提供后续服务的，应在合同或协议规定的有效期内分期确认收入。如果合同或协议规定分期收取使用费的，通常应按合同或协议规定的收款时间和金额或规定的收费方法计算确定的金额分期确认收入。

例题【10-15】 WXR 有限责任公司向乙公司转让 B 软件的使用权，一次性收取使用费 88 000 元，不提供后续服务，款项已经收到并存入银行。不考虑相关税费，不考虑其他因素。

确认收入时的会计分录如下：

借：银行存款 88 000
　　贷：其他业务收入 88 000

例题【10-16】 WXR 有限责任公司于 2019 年 1 月 1 日向丙公司转让某专利权的使用权，协议约定转让期为 5 年，每年年末收取使用费 100 000 元，款项均存入银行。2019 年该专利权计提的摊销额为 84 000 元，每月计提摊销金额为 7 000 元。假定不考虑其他因素和相关税费。

① 年末确认使用费收入时的会计分录如下：

借：银行存款 100 000
　　贷：其他业务收入 100 000

② 每月计提专利权摊销时的会计分录如下：

借：其他业务成本 7 000
　　贷：累计摊销 7 000

后面四年的业务处理和 2019 年度相同。

例题【10-17】 WXR 有限责任公司向 M 公司转让某商品的商标使用权，约定 M 公司每年年末按年销售收入的 10% 支付使用费，使用期为 3 年。第一年，M 公司实现销售收入 1 000 000 元；第二年，M 公司实现销售收入 1 500 000 元；第三年，M 公司实现销售收入 2 000 000 元。假定 WXR 有限责任公司均于每年年末收到使用费，不考虑相关税费。

① 第一年年末确认使用费收入时的会计分录如下：

借：银行存款 100 000
　　　　　（1 000 000×10%）
　　贷：其他业务收入 100 000

② 第二年年末确认使用费收入时的会计分录如下：

借：银行存款 150 000
　　　　　（1 500 000×10%）
　　贷：其他业务收入 150 000

③ 第三年年末确认使用费收入时的会计分录如下：

借：银行存款 200 000
　　　　　（2 000 000×10%）
　　贷：其他业务收入 200 000

任务二　费用的认知与核算

一、费用概述

（一）费用的定义

费用是指企业在日常活动中发生的、会导致所有者权益减少的、与向所有者分配利润无关的经济利益的总流出。

（二）费用的特点

1. 费用是企业在日常活动中形成的

费用必须是企业在日常活动中形成的，这些日常活动的界定与收入定义中涉及的日常活动的界定相一致。日常活动所产生的费用通常包括销售成本（营业成本）、职工薪酬、折旧费、无形资产摊销等。将费用界定为日常活动形成的，目的是将其与损失相区分，企业非日常活动形成的经济利益的流出不能确认为费用，而应当确认为损失。

2. 费用会导致所有者权益的减少

与费用相关的经济利益的流出应当会导致所有者权益的减少，不会导致所有者权益减少的经济利益的流出不符合费用的定义，不应确认为费用。

3. 费用是与向所有者分配利润无关的经济利益的总流出

费用的发生应当会导致经济利益的流出，从而导致资产的减少或者负债的增加，其表现形式包括现金或者现金等价物的流出，存货、固定资产和无形资产等的流出或者消耗等。企业向所有者分配利润也会导致经济利益的流出，而该经济利益的流出属于所有者权益的抵减项目，不应确认为费用，应当将其排除在费用的定义之外。

（三）费用的确认条件

费用的确认除了应当符合定义外，还应当同时满足以下条件：一是与费用相关的经济利益很可能流出企业；二是经济利益流出企业的结果会导致资产的减少或者负债的增加；三是经济利益的流出额能够可靠计量。

（四）费用的分类

（1）费用按范围分为狭义的费用和广义的费用。狭义的费用仅指与本期营业收入相配比的那部分耗费，广义的费用泛指企业各种日常活动发生的所有耗费。

（2）费用按照功能可以分为构成产品成本的费用和期间费用。

① 构成产品生产成本的费用主要包括直接材料、直接人工和制造费用。其中，直接材料是指企业生产产品和提供劳务的过程中所消耗的、直接用于产品生产、构成产品实体的各种材料及主要材料、外购半成品以及有助于产品形成的辅助材料等；直接人工是指企业在生产产品和提供劳务过程中，直接从事产品生产的工人的工资、津贴、补贴和福利费等；制造费用是指在生产产品过程中发生的那些不能归入直接材料、直接人工的各种间接费用。

② 期间费用是指企业本期发生的、不能直接或间接归入营业成本，而是直接计入当期损益的各项费用，包括销售费用、管理费用和财务费用。

（五）应设置的会计科目

1. "主营业务成本"科目

为了核算企业在销售商品、提供劳务等日常活动中所发生的营业成本，企业应设置"主营业务成本"科目。该科目属于损益类科目，借方表示增加，贷方表示减少；期末结转后无余额。

2. "其他业务成本"科目

为了核算企业除销售商品、提供劳务等主营业务活动以外的其他辅助性活动所发生的营业成本，企业应设置"其他业务成本"科目。该科目属于损益类科目，借方表示增加，贷方表示减少；期末结转后无余额。

3. "管理费用"科目

为了核算管理企业所发生的相关管理性费用，企业应设置"管理费用"科目。该科目属于损益类科目，借方表示增加，贷方表示减少；期末结转后无余额。

4. "销售费用"科目

为了核算企业销售商品、材料、提供劳务等活动中所发生的相关费用，企业应设置"销售费用"科目。该科目属于损益类科目，借方表示增加，贷方表示减少；期末结转后无余额。

5. "财务费用"科目

为了核算企业生产经营过程中为筹集资金而发生的筹资费用，企业应设置"财务费用"科目。该科目属于损益类科目，借方表示增加，贷方表示减少；期末结转后无余额。

6. "税金及附加"科目

为了核算企业经营活动中应负担的消费税、城市维护建设税、资源税和教育费附加、印花税、房产税、城镇土地使用税等，企业应设置"税金及附加"科目。该科目属于损益类科目，借方表示增加，贷方表示减少；期末结转后无余额。

二、营业成本

营业成本，是指企业为生产产品、提供劳务等发生的可归属于某项产品的成本或某项劳务的成本。营业成本应当与销售商品收入、提供劳务收入等匹配，在确认商品收入、劳务收入等的同时结转其成本。营业成本包括主营业务成本和其他业务成本。

（一）主营业务成本

主营业务成本是企业销售商品、提供劳务等日常活动所发生的成本。企业一般在确认销售商品、提供劳务等主营业务收入时，或在月末，将已销售商品、已提供劳务的成本结转入主营业务成本。期末，将主营业务成本转入本年利润，结转后"主营业务成本"科目无余额。

（1）结转主营业务成本时的会计分录：

借：主营业务成本
　　贷：库存商品
　　　　劳务成本

（2）期末将"主营业务成本"科目余额结转入"本年利润"科目时的会计分录：

借：本年利润
　　贷：主营业务成本

例题【10-18】 2019 年 1 月 10 日，WXR 有限责任公司向乙公司销售一批 A 产品，开出的增值税专用发票上注明价款为 10 000 元，增值税税额为 1 300 元。WXR 有限责任公司已收到乙公司支付的货款 11 600 元，并将提货单送交乙公司。该批产品成本为 8 000 元，不考虑其他因素。

① 确认收入并结转成本时的会计分录如下：

借：银行存款　　　　　　　　　　　　　　　　　　　　　11 300

　　　　贷：主营业务收入　　　　　　　　　　　　　　　　　　　　　　10 000
　　　　　　应交税费——应交增值税（销项税额）　　　　　　　　　　　 1 300
　　借：主营业务成本　　　　　　　　　　　　　　　　　　　　　　　　 8 000
　　　　贷：库存商品　　　　　　　　　　　　　　　　　　　　　　　　　8 000
　　② 期末结转主营业务成本时的会计分录如下：
　　借：本年利润　　　　　　　　　　　　　　　　　　　　　　　　　　 8 000
　　　　贷：主营业务成本　　　　　　　　　　　　　　　　　　　　　　　8 000

例题【10-19】 2019 年 3 月 5 日，WXR 有限责任公司销售 B 产品一批，增值税专用发票注明价款为 30 000 元，增值税税额为 3 900 元，购货方尚未支付货款，该批 B 产品的成本为 25 000 元。当月 15 日，因产品质量达不到标准购货方退货，产品已退回库房。

　　① 确认收入并结转成本时的会计分录如下：
　　借：应收账款　　　　　　　　　　　　　　　　　　　　　　　　　　33 900
　　　　贷：主营业务收入　　　　　　　　　　　　　　　　　　　　　　30 000
　　　　　　应交税费——应交增值税（销项税额）　　　　　　　　　　　 3 900
　　借：主营业务成本　　　　　　　　　　　　　　　　　　　　　　　　25 000
　　　　贷：库存商品——B 产品　　　　　　　　　　　　　　　　　　　25 000
　　② 发生退货时的会计分录如下：
　　借：主营业务收入　　　　　　　　　　　　　　　　　　　　　　　　30 000
　　　　应交税费——应交增值税（销项税额）　　　　　　　　　　　　　 3 900
　　　　贷：应收账款　　　　　　　　　　　　　　　　　　　　　　　　33 900
　　借：库存商品——B 产品　　　　　　　　　　　　　　　　　　　　　25 000
　　　　贷：主营业务成本　　　　　　　　　　　　　　　　　　　　　　25 000

例题【10-20】 2019 年 4 月末，WXR 有限责任公司计算已销售的 W、E、R 三种型号产品的实际成本分别为 50 000 元、40 000 元和 30 000 元，不考虑其他因素。

　　月末结转已销 W、E、R 产品成本时的会计分录如下：
　　借：主营业务成本　　　　　　　　　　　　　　　　　　　　　　　 120 000
　　　　贷：库存商品——W 产品　　　　　　　　　　　　　　　　　　 50 000
　　　　　　　　　　——E 产品　　　　　　　　　　　　　　　　　　　40 000
　　　　　　　　　　——R 产品　　　　　　　　　　　　　　　　　　　30 000

例题【10-21】 2019 年 4 月 5 日，WXR 有限责任公司接受一项机器设备安装劳务，该项劳务可一次完成，合同总价款为 9 000 元，实际发生安装成本 7 000 元，以银行存款支付。假定安装业务属于该公司的主营业务，WXR 有限责任公司在安装完成时收到劳务款存入银行，不考虑相关税费。

　　① 确认收入并结转成本时的会计分录如下：
　　借：银行存款　　　　　　　　　　　　　　　　　　　　　　　　　　 9 000
　　　　贷：主营业务收入　　　　　　　　　　　　　　　　　　　　　　 9 000
　　借：主营业务成本　　　　　　　　　　　　　　　　　　　　　　　　 7 000
　　　　贷：银行存款等　　　　　　　　　　　　　　　　　　　　　　　 7 000

② 期末将主营业务成本结转入本年利润时的会计分录如下：
借：本年利润　　　　　　　　　　　　　　　　　　　　　　　　7 000
　　贷：主营业务成本　　　　　　　　　　　　　　　　　　　　　　7 000

例题【10-22】 2019年4月8日，WXR有限责任公司向Q公司销售一批商品，开出的增值税专用发票上注明价款为20 000元，增值税税额为2 600元，款项尚未收到；该批商品的成本为18 000元。Q公司收到商品后，经过验收发现，该批商品存在一定的质量问题，外观存在一定的瑕疵，但基本上不影响使用，因此，Q公司要求WXR有限责任公司在价格上（包含增值税）给予一定的折让，折让率为10%，WXR有限责任公司表示同意。假定WXR有限责任公司已经确认收入，销售折让不属于资产负债表日后事项，不考虑其他因素。

① 确认收入并结转成本时的会计分录如下：
借：应收账款　　　　　　　　　　　　　　　　　　　　　　　　22 600
　　贷：主营业务收入　　　　　　　　　　　　　　　　　　　　　20 000
　　　　应交税费——应交增值税（销项税额）　　　　　　　　　　2 600
借：主营业务成本　　　　　　　　　　　　　　　　　　　　　　18 000
　　贷：库存商品　　　　　　　　　　　　　　　　　　　　　　　18 000

② 发生销售折让时的会计分录如下：
折让的收入金额 = 20 000 × 10% = 2 000（元）；折让的增值税税额 = 2 000 × 13% = 260（元）；合计冲减应收账款额 = 2 000 + 260 = 2 260（元）。
借：主营业务收入　　　　　　　　　　　　　　　　　　　　　　2 000
　　应交税费——应交增值税（销项税额）　　　　　　　　　　　　260
　　　　贷：应收账款　　　　　　　　　　　　　　　　　　　　　2 260

③ 收到货款时的会计分录如下：
收到金额 = 22 600 - 2 260 = 20 340（元）。
借：银行存款　　　　　　　　　　　　　　　　　　　　　　　　20 340
　　贷：应收账款　　　　　　　　　　　　　　　　　　　　　　　20 340

（二）其他业务成本

其他业务成本是企业确认的除主营业务活动以外的其他经营活动所发生的耗费，包括销售材料的成本、出租固定资产计提的折旧额、出租无形资产计提的摊销额、出租包装物的成本或摊销额等。

企业应通过"其他业务成本"科目，核算其他业务成本的确认和结转情况。

（1）发生其他业务成本时的会计分录：
借：其他业务成本
　　贷：原材料
　　　　周转材料
　　　　累计折旧
　　　　累计摊销
　　　　银行存款等

(2) 期末将"其他业务成本"科目余额结转入"本年利润"科目时的会计分录：
借：本年利润
　　贷：其他业务成本

例题【10-23】 2019 年 4 月 10 日，WXR 有限责任公司销售一批 D 原材料，开具的增值税专用发票注明价款为 20 000 元，增值税税额为 2 600 元，款项已收到并存入银行，该批 D 原材料的实际成本为 16 000 元，不考虑其他因素。

① 销售 D 材料确认收入并结转成本时的会计分录如下：

借：银行存款　　　　　　　　　　　　　　　　　　　　22 600
　　贷：其他业务收入　　　　　　　　　　　　　　　　　20 000
　　　　应交税费——应交增值税（销项税额）　　　　　　2 600
借：其他业务成本　　　　　　　　　　　　　　　　　　16 000
　　贷：原材料——D　　　　　　　　　　　　　　　　　16 000

② 期末结转其他业务成本到本年利润时的会计分录如下：

借：本年利润　　　　　　　　　　　　　　　　　　　　16 000
　　贷：其他业务成本　　　　　　　　　　　　　　　　　16 000

例题【10-24】 2019 年 4 月 15 日，WXR 有限责任公司将自行开发完成的非专利技术出租给另一家公司使用，每年租金为 60 000 元，每月月底支付租金。该非专利技术的成本为 360 000 元，双方约定的租赁期限为 10 年，不考虑其他因素。

① 每月收取租金时的会计分录如下：

借：银行存款　　　　　　　　　　　　　　　　　　　　5 000
　　　　　　　　　　　　　　　　　　　　（60 000÷12）
　　贷：其他业务收入　　　　　　　　　　　　　　　　　5 000

② 每月计提摊销时的会计分录如下：

借：其他业务成本　　　　　　　　　　　　　　　　　　3 000
　　　　　　　　　　　　　　　　　（360 000÷10÷12）
　　贷：累计摊销　　　　　　　　　　　　　　　　　　　3 000

③ 期末结转其他业务成本到本年利润时的会计分录如下：

借：本年利润　　　　　　　　　　　　　　　　　　　　3 000
　　贷：其他业务成本　　　　　　　　　　　　　　　　　3 000

例题【10-25】 2019 年 4 月 20 日，WXR 有限责任公司销售商品领用单独计价的包装物，成本为 20 000 元；增值税专用发票上注明价款为 30 000 元，增值税税额为 3 900 元；款项已存入银行，不考虑其他因素。

① 出售包装物确认收入时的会计分录如下：

借：银行存款　　　　　　　　　　　　　　　　　　　　33 900
　　贷：其他业务收入　　　　　　　　　　　　　　　　　30 000
　　　　应交税费——应交增值税（销项税额）　　　　　　3 900

② 结转出售包装物成本时的会计分录如下：

借：其他业务成本　　　　　　　　　　　　　　　　　　20 000

贷：周转材料——包装物　　　　　　　　　　　　　　　　　　　　　　20 000
　③期末结转其他业务成本到本年利润时的会计分录如下：
　借：本年利润　　　　　　　　　　　　　　　　　　　　　　　　　　　　20 000
　　贷：其他业务成本　　　　　　　　　　　　　　　　　　　　　　　　　20 000

例题【10-26】 2019年4月1日，WXR有限责任公司出租一幢办公楼给Y公司使用，该办公楼已确认为投资性房地产，采用成本模式进行后续计量。假设出租的办公楼成本为3 600 000元，按直线法计提折旧，使用寿命为30年，预计净残值为零。按照合同规定，Y公司按月支付租金。

每月计提办公楼所旧时的会计分录如下：
　借：其他业务成本　　　　　　　　　　　　　　　　　　　　　　　　　　10 000
　　　　　　　　　　　　　　　　　　　　　　　　　　(3 600 000÷30÷12)
　　贷：投资性房地产累计折旧　　　　　　　　　　　　　　　　　　　　　10 000

三、期间费用

(一) 期间费用概述

期间费用是企业日常活动中发生的不能计入特定核算对象的耗费，而应在发生时计入当期损益的费用。期间费用包括管理费用、销售费用和财务费用。

1. 管理费用

管理费用，是指企业为组织和管理生产经营活动而发生的各种耗费，包括企业在筹建期间发生的开办费、董事会和行政管理部门在企业的经营管理中发生的或者应由企业统一负担的公司经费（含行政管理部门职工工资、修理费、物料消耗、低值易耗品摊销、办公费和差旅费等）、工会经费、劳动保险费、董事会会费（包括董事会成员津贴、会议费和差旅费等）、聘请中介机构费、咨询费（含顾问费）、诉讼费、业务招待费、技术转让费、研究费用、排污费以及企业生产车间（部门）和行政管理部门发生的固定资产修理费等。

2. 销售费用

销售费用，是指企业在销售商品、材料或提供劳务过程中发生的各项费用，包括企业在销售商品过程中发生的包装费、保险费、展览费和广告费、商品维修费、预计产品质量保证损失、运输费、装卸费等，以及企业发生的为销售本企业商品而专设的销售机构的职工薪酬、业务费、折旧费、固定资产修理费等费用。

3. 财务费用

财务费用，是指企业为筹集生产经营所需资金等而发生的筹资费用，包括利息支出、汇兑损益以及相关的手续费、企业发生的现金折扣或收到的现金折扣等。

(二) 期间费用的业务处理

(1) 发生期间费用时的会计分录：
　借：管理费用
　　　销售费用
　　　财务费用

          贷：库存现金
              银行存款
              应付职工薪酬等
    (2) 期末将期间费用转入本年利润时的会计分录：
    借：本年利润
        贷：管理费用
            销售费用
            财务费用

例题【10-27】 2019年4月1日，WXR有限责任公司为拓展产品销售市场发生业务招待费10 000元，用银行存款支付。

确认业务招待费时的会计分录如下：

借：管理费用——业务招待费   10 000
    贷：银行存款   10 000

例题【10-28】 2019年4月12日，WXR有限责任公司就F产品的设计方案向有关专家进行咨询，以银行存款支付咨询费20 000元。

确认咨询费时的会计分录如下：

借：管理费用——咨询费   20 000
    贷：库存现金   20 000

例题【10-29】 2019年4月份，WXR有限责任公司行政管理部门共发生费用29 000元，其中：行政管理人员薪酬15 000元，行政部专用办公设备折旧费2 000元，现金支付报销行政人员差旅费7 000元（假定报销人员均未预借差旅费），其他办公、水电费5 000元（均用银行存款支付），不考虑其他因素。

确认费用时的会计分录如下：

借：管理费用   29 000
    贷：应付职工薪酬   15 000
        累计折旧   2 000
        库存现金   7 000
        银行存款   5 000

例题【10-30】 2019年5月，WXR有限责任公司为宣传新产品发生电视广告费100 000元，用银行存款支付，不考虑其他因素。

确认广告费时的会计分录如下：

借：销售费用——广告费   100 000
    贷：银行存款   100 000

例题【10-31】 2019年5月，WXR有限责任公司发生销售费用共计120 000元，其中：销售人员薪酬80 000元，销售部专用办公设备折旧费20 000元，业务费20 000元（用银行存款支付）。

确认费用时的会计分录如下：

借：销售费用   120 000
    贷：应付职工薪酬   80 000

　　　　累计折旧　　　　　　　　　　　　　　　　　　　　　　　　　20 000
　　　　银行存款　　　　　　　　　　　　　　　　　　　　　　　　　20 000
例题【10-32】 2019年5月，WXR有限责任公司销售一批H产品，销售过程中发生运输费6 000元、装卸费3 000元，均用银行存款支付，不考虑其他因素。

确认费用时的会计分录如下：

　　借：销售费用——运输费　　　　　　　　　　　　　　　　　　6 000
　　　　　　　　——装卸费　　　　　　　　　　　　　　　　　　3 000
　　　　贷：银行存款　　　　　　　　　　　　　　　　　　　　　9 000

例题【10-33】 2019年5月，WXR有限责任公司用银行存款支付H产品保险费8 000元。

确保险费时的会计分录如下：

　　借：销售费用——保险费　　　　　　　　　　　　　　　　　　8 000
　　　　贷：银行存款　　　　　　　　　　　　　　　　　　　　　8 000

例题【10-34】 2019年6月，WXR有限责任公司计算本月应付给为销售本企业商品而专设的销售机构的职工薪酬总额为40 000元。

确认销售部门人员工资时的会计分录如下：

　　借：销售费用——工资　　　　　　　　　　　　　　　　　　 40 000
　　　　贷：应付职工薪酬　　　　　　　　　　　　　　　　　　 40 000

例题【10-35】 2019年5月，WXR有限责任公司计算当月专设销售机构使用房屋应提取的折旧7 000元。

计提销售部使用固定资产折旧时的会计分录如下：

　　借：销售费用——折旧费　　　　　　　　　　　　　　　　　　7 000
　　　　贷：累计折旧　　　　　　　　　　　　　　　　　　　　　7 000

例题【10-36】 2019年5月30日，WXR有限责任公司用银行存款支付本月应负担的短期借款利息16 000元。

确认短期借款利息时的会计分录如下：

　　借：财务费用——利息支出　　　　　　　　　　　　　　　　 16 000
　　　　贷：银行存款　　　　　　　　　　　　　　　　　　　　 16 000

例题【10-37】 2019年5月10日，WXR有限责任公司用银行存款支付汇款手续费100元。

确认汇兑手续费时的会计分录如下：

　　借：财务费用——手续费　　　　　　　　　　　　　　　　　　 100
　　　　贷：银行存款　　　　　　　　　　　　　　　　　　　　　 100

例题【10-38】 2019年5月15日，WXR有限责任公司在购买材料业务中，根据对方规定的现金折扣条件提前付款，获得对方给予的现金折扣1 000元。

确认获得现金折扣时的会计分录如下：

　　借：应付账款　　　　　　　　　　　　　　　　　　　　　　　1 000
　　　　贷：财务费用　　　　　　　　　　　　　　　　　　　　　1 000

例题【10-39】 2019年6月30日,WXR有限责任公司将本月发生的管理费用12 000元、销售费用25 000元、财务费用500元转入本年利润。

结转期间费用时的会计分录如下:

借:本年利润　　　　　　　　　　　　　　　　　　　　　　　37 500
　　贷:管理费用　　　　　　　　　　　　　　　　　　　　　　12 000
　　　　销售费用　　　　　　　　　　　　　　　　　　　　　　25 000
　　　　财务费用　　　　　　　　　　　　　　　　　　　　　　　　500

四、税金及附加

(一)税金及附加概述

税金及附加,是指企业在经营活动中应负担的各种税费,包括消费税、城市维护建设税、教育费附加和资源税、房产税、车船税、印花税、土地使用税等。

(二)税金及附加的业务处理

(1)按规定计提与经营活动相关的税费时的会计分录:

借:税金及附加
　　贷:应交税费——应交消费税
　　　　　　　　——应交城市维护建设税
　　　　　　　　——应交教育费附加等

(2)期末将税金及附加的余额转入本年利润时的会计分录:

借:本年利润
　　贷:税金及附加

例题【10-40】 2019年6月2日,WXR有限责任公司取得应纳消费税的销售商品收入100 000元,该产品适用的消费税税率为25%。不考虑其他因素。

① 确认应交消费税时的会计分录如下:

借:税金及附加　　　　　　　　　　　　　　　　　　　　　　25 000
　　　　　　　　　　　　　　　　　　　　　　　　　　　(100 000×25%)
　　贷:应交税费——应交消费税　　　　　　　　　　　　　　25 000

② 交纳消费税时的会计分录如下:

借:应交税费——应交消费税　　　　　　　　　　　　　　　　25 000
　　贷:银行存款　　　　　　　　　　　　　　　　　　　　　25 000

例题【10-41】 2019年6月,WXR有限责任公司当月实际应交增值税为30 000元,实际交纳消费税50 000元,适用的城市维护建设税税率为7%,教育费附加征收率为3%。

① 计提城市维护建设税、教育费附加时的会计分录如下:

借:税金及附加　　　　　　　　　　　　　　　　　　　　　　　8 000
　　贷:应交税费——应交城市维护建设税　　　　　　　　　　　5 600
　　　　　　　　　　　　　　　　　　　　　　　　　　　　(80 000×7%)

　　　　　——应交教育费附加　　　　　　　　　　　　　　2 400
　　　　　　　　　　　　　　　　　　　　　　　（80 000×3%）

② 实际交纳城市维护建设税和教育费附加时的会计分录如下：
借：应交税费——应交城市维护建设税　　　　　　　　　5 600
　　　　　——应交教育费附加　　　　　　　　　　　　2 400
　　贷：银行存款　　　　　　　　　　　　　　　　　　　8 000

项目小结

　　收入是指企业在日常活动中形成的、会导致所有者权益增加的、与所有者投入资本无关的经济利益的总流入。

　　按照企业收入的性质，可将收入分为销售商品收入、提供劳务收入、让渡资产使用权收入。其中，销售商品收入是指企业通过销售商品所获得的收入；提供劳务收入是指企业通过提供劳务所获得的收入；让渡资产使用权收入是指企业通过让渡资产使用权所获得的收入。

　　按照企业收入的主次，可将收入分为主营业务收入和其他业务收入。其中，主营业务收入是指企业为完成其经营目标所从事的主要的、经常性的活动所获得的收入；其他业务收入是指企业为完成其经营目标所从事的与经常性活动相关的各项辅助性活动所获得的收入。

　　销售商品收入包括一般业务处理、特殊业务处理和销售材料等的业务处理。提供劳务收入包括同一期间开始并完成的劳务和不同会计期间完成的劳务；提供劳务的开始和结算不在同一会计期间，如果预期结果可以确定，应当用完工百分比法核算。

　　费用是指企业在日常活动中发生的、会导致所有者权益减少的、与向所有者分配利润无关的经济利益的总流出。

　　构成产品生产成本的费用主要包括直接材料、直接人工和制造费用。其中，直接材料是指企业生产产品和提供劳务的过程中所消耗的、直接用于产品生产、构成产品实体的各种材料及主要材料、外购半成品以及有助于产品形成的辅助材料等；直接人工是指企业在生产产品和提供劳务过程中，直接从事产品生产的工人的工资、津贴、补贴和福利费等；制造费用是指在生产过程中发生的那些不能归入直接材料、直接人工的各种间接费用。

　　期间费用是指企业本期发生的、不能直接或间接归入营业成本，而是直接计入当期损益的各项费用，包括销售费用、管理费用和财务费用。

　　费用的核算包括营业成本的核算（主营业务成本、其他业务成本）及业务处理、管理费用的核算及业务处理、销售费用的核算及业务处理、财务费用的核算及业务处理和税金及附加的核算及业务处理。

习题与实训

一、思考题

1. 什么是收入？收入有哪些特点和确认条件？
2. 什么是费用？费用有哪些特点和确认条件？

3. 收入的核算及业务处理包括哪些内容？
4. 费用的核算及业务处理包括哪些内容？

二、单选题

1. 以下各项经济业务中，可以确认为收入的是（　　）。
   A. 出售无形资产收取的价款　　　B. 出售固定资产收取的价款
   C. 投资性房地产取得的租金收入　　D. 接受捐赠收到的款项

2. 采用预收款方式销售商品的，确认该商品销售收入的时点是（　　）。
   A. 收到全部货款时　　　　　　　B. 收到首次预付时
   C. 发出销售商品时　　　　　　　D. 开出销售货物的发票账单时

3. 在采用收取手续费方式销售商品时，委托方确认商品销售收入的时点为（　　）。
   A. 委托方发出商品时
   B. 受托方销售商品时
   C. 委托方收到受托方开具的代销清单时
   D. 受托方收到受托代销商品的销售货款时

4. 企业在资产负债表日，对某项劳务，如不能可靠地估计所提供劳务的交易结果，则对该项劳务正确的会计处理是（　　）。
   A. 不确认利润但可能确认损失　　B. 既不确认利润也不确认损失
   C. 确认利润但不确认损失　　　　D. 可能确认利润也可能确认损失

5. 委托其他单位代销商品，在视同买断代销方式下，若协议约定受托方不能退货，商品销售收入确认的时间是（　　）。
   A. 发出商品日期　　　　　　　　B. 受托方发出商品日期
   C. 收到代销单位的代销清单日期　D. 全部收到款项

6. 以下各项中，不应计入管理费用的是（　　）。
   A. 发生的排污费　　　　　　　　B. 发生的印花税
   C. 管理部门固定资产报废净损失　D. 发生的业务招待费

7. 以下各项业务中，应计入营业外收入的是（　　）。
   A. 非货币性资产交换利得　　　　B. 处置长期股权投资产生的收益
   C. 出租无形资产取得的收入　　　D. 处置投资性房地产取得的收入

8. 企业发生以前年度的销售退回时（非资产负债表日后事项），其冲减的销售收入应在退回当期计入（　　）。
   A. 以前年度损益调整　　　　　　B. 营业外支出
   C. 营业外收入　　　　　　　　　D. 主营业务收入

9. 企业销售商品时代垫的运杂费应计入（　　）。
   A. 应收账款　　　　　　　　　　B. 预付账款
   C. 其他应收款　　　　　　　　　D. 应付账款

10. 以下各项中，应计入企业其他业务收入的是（　　）。
    A. 罚款收入　　　　　　　　　　B. 出售固定资产收入
    C. 材料销售收入　　　　　　　　D. 出售无形资产收入

三、多选题

1. 关于收入的说法，以下各项说法正确的有（   ）。
   A. 采用托收承付方式销售商品的，在发出商品时确认收入
   B. 售出商品需要安装和检验且安装和检验是销售合同的重要组成部分，在购买方接受交货以及安装和检验完毕前，不确认收入
   C. 采用预收款方式销售商品的，在发出商品时确认收入，预收的货款应确认为负债
   D. 采用交款提货方式销售商品的，在收到货款并开出提货单时确认收入

2. 以下各项中，企业应将其计入财务费用的有（   ）。
   A. 短期借款手续费   B. 银行承兑汇票手续费
   C. 给予购货方的商业折扣   D. 计提的带息应付票据利息

3. 以下各项中，通过"税金及附加"科目核算的有（   ）。
   A. 增值税销项税额   B. 消费税
   C. 城市维护建设税   D. 教育费附加

4. 关于收入的描述，以下说法错误的有（   ）。
   A. 工业企业转让无形资产使用权产生的经济利益的总流入属于收入
   B. 收入，是指企业在日常活动中形成的、会导致所有者权益增加的、与所有者投入资本无关的经济利益的总流入
   C. 工业企业处置固定资产产生的经济利益的总流入属于收入
   D. 咨询公司提供咨询服务产生的经济利益的总流入属于收入

5. 以下各项中，属于销售费核算范围的有（   ）。
   A. 广告费用   B. 展览费
   C. 印花税   D. 专设销售机构发生的相关费用

四、判断题

1. 如果商品销售后，企业仍可以对售出商品实施有效控制，说明此项商品销售不成立，不应该确认销售商品收入。（   ）
2. 企业发生业务招待费用应当计入销售费用。（   ）
3. 预收款销售方式下应该在发出商品时确认销售收入。（   ）
4. 企业的收入包括主营业务收入、其他业务收入和营业外收入。（   ）
5. 费用包含日常活动和非日常活动发生的经济利益的流出。（   ）

五、业务题

1. WXR公司为增值税一般纳税人，适用的增值税税率为13%。2019年5月10日，向B公司销售某商品1 000件，每件标价200元，实际售价18万元（售价中不含增值税额），已开出增值税专用发票，商品已交付给B公司。为了及早收回货款，WXR公司在合同中规定的现金折扣条件为：2/10，1/20，n/30。假定计算现金折扣不考虑增值税。

要求：
根据以下假定，分别编制WXR公司收到款项时的相关会计分录。
（1）B公司在5月18日按合同规定付款，WXR公司收到款项并存入银行。
（2）B公司在5月28日按合同规定付款，WXR公司收到款项并存入银行。

(3) B 公司在 6 月 9 日按合同规定付款，WXR 公司收到款项并存入银行。

2. M、N 两企业均为增值税一般纳税人，增值税税率均为 13%。2019 年 5 月 10 日，M 企业与 N 企业签订代销协议，M 企业委托 N 企业销售 A 商品 500 件，A 商品的单位成本为每件 35 元。代销协议规定，N 企业应按每件 56.5 元（含增值税）的价格向顾客销售 A 商品，M 企业按不含增值税售价的 10% 向 N 企业支付手续费。4 月 5 日，M 企业收到 N 企业交来的代销清单，代销清单中注明：实际销售 A 商品 400 件，商品售价为 20 000 元，增值税税额为 2 600 元。当日 M 企业向 N 企业开具金额相等的增值税专用发票。4 月 10 日，M 企业收到 N 企业支付的已扣除手续费的商品代销款。

要求：

(1) 编制 M 企业发出商品的会计分录。

(2) 编制 M 企业收到代销清单时确认销售收入、增值税、手续费支出，以及结转销售成本的会计分录。

(3) 编制 M 企业收到商品代销款的会计分录。

项目十一

利润的认知与核算

学习目标

> 掌握利润的计算、所得税费用的计算、政府补助的计算。
> 熟悉利润的计算方法、政府补助的特点、暂时性差异的确认和判断。
> 了解企业利润的形成、营业外收支核算的内容。

引例

老韦的"利润"观

老韦的商场经验十分丰富,有一次他低价推出很多电子产品,在同行看来,这肯定是亏本的生意,卖得越多,亏得越多。一个朋友好奇地问老韦:"你这是在做亏本生意吗?"老韦摇摇头,笑嘻嘻地说:"我的利润不是在卖这些电子产品上,而是在修理这些电子产品上。"朋友傻愣愣地看着老韦,一头雾水。你知道为什么吗?

任务一 认识利润

一、利润概述

利润是企业在一定期间从事生产经营活动所形成的最终经营成果,主要体现为盈利和亏损两种情况。利润是分析、考核和评价企业经营成果的一项直观的、重要的综合性指标,也是评价管理层业绩的重要指标。利润由企业的收入减去费用后的净额加上直接计入当期利润的利得减去直接计入当期利润的损失构成。企业在一定时期内的收入、利得大于相关的费用、损失,意味着企业是盈利的;反之,企业就是亏损的。

直接计入当期利润的利得或损失是指计入当期损益、会导致所有者权益发生增减变动、与所有者投入资本或者向所有者分配利润无关的利得或者损失，如营业外收入、营业外支出等。

二、利润计算的相关公式

企业利润包括营业利润、利润总额和净利润。

（一）营业利润的计算

营业利润是日常经营活动形成的，是企业利润的主要来源。营业利润的计算公式如下。

营业利润＝营业收入－营业成本－税金及附加－销售费用－管理费用－研发费用－财务费用－资产减值损失－信用减值损失＋其他收益＋公允价值变动收益（－公允价值变动损失）＋投资收益（－投资损失）＋资产处置收益（－资产处置损失）

营业收入，是指企业日常经营活动中各项业务所确认的收入总额，包括主营业务收入和其他业务收入。

营业成本，是指企业日常经营活动中各项业务所发生的实际成本总额，包括主营业务成本和其他业务成本。

资产减值损失，是指企业计提各项资产减值准备所形成的损失。

信用减值损失，是指企业对各项金融工具计提的减值准备所形成的预期信用损失。

其他收益，是指企业从各级政府部门取得的政府补助。

公允价值变动损益（公允价值变动收益和公允价值变动损失），是指企业交易性金融资产等以公允价值作为初始计量的资产或负债，在资产负债表日公允价值发生变动形成的差额，按企业会计准则规定应计入当期损益的利得（或损失）的部分。

投资收益，是指企业以各种方式对外投资所取得的收益。投资收益包括企业对外投资分得的利润、股利和利息，投资到期收回或者中途出售取得的价款高于其账面价值的差额，以及按照权益法核算的长期股权投资在被投资单位增加的净资产中所拥有的数额等。

投资损失包括到期收回或者中途出售取得款项低于账面价值的差额，以及按照权益法核算的长期股权投资在被投资单位减少的净资产中所分担的数额等。

（二）利润总额

利润总额是企业日常活动和非日常活动形成的成果的综合反映，是企业会计核算的重要组成部分，主要由营业利润、营业外收入和营业外支出构成。利润总额的计算公式如下。

利润总额＝营业利润＋营业外收入－营业外支出

营业外收入，是指企业在非日常活动中发生的直接计入当期损益的各项得利，即与企业生产经营活动没有直接关系的各种利得。营业外收入不是由企业日常经营活动形成的，不需要企业为此承担费用或损失。营业外收入实际上是一种经济利益的净流入，不可能也不需要与有关费用进行匹配。通过营业外收入核算的内容主要包括处置固定资产的净收益、罚款净收入、捐赠利得、非货币性资产交换利得、债务重组利得，以及确实无法支付而按规定程序经批准后转作营业外收入的应付款项等。

营业外支出，是指企业在非日常活动中发生的直接计入当期损益的各项损失，即企业发生的与日常生产经营没有关系的支出。营业外支出核算的内容主要包括固定资产盘亏净损失、处置固定资产净损失、非常损失、捐赠支出、罚款支出、赔偿金支出、违约金支出、债务重组损失、非货币性资产交换损失等。

（三）净利润

利润总额扣除所得税费用后即为净利润。净利润的计算公式为：

净利润 = 利润总额 - 所得税费用

所得税费用是指企业按照国家规定依据应纳税所得额的一定比例确认应缴的税费。我国现在所得税率有三种：一是 25% 的基本税率，一般企业均按 25% 的税率征收企业所得税；二是对符合条件的小型微利企业，按 20% 的税率征收企业所得税；三是对国家重点扶持的高新技术企业，按 15% 的税率征收企业所得税。

例题【11-1】 下列各项交易或事项中，不会影响当期营业利润的有（　　）。

A. 计提的应收账款坏账准备
B. 出售无形资产取得的净收益
C. 开发无形资产时发生符合资本化条件的支出
D. 自营建造固定资产期间处置工程物资取得的净收益

任务二　利润的核算

利润的核算主要依赖收入、费用、利得和损失的确认和计量。只有正确地核算收入、费用、利得和损失，利润的计算才会准确。

一、资产减值损失的核算

（1）资产减值损失是企业计提各项资产减值准备所形成的损失，主要包括对存货、长期股权投资、债权投资、固定资产、无形资产等计提减值准备所形成的减值损失。

为核算资产减值损失，企业应设置"资产减值损失"科目。

发生减值时的会计分录：

借：资产减值损失
　　贷：存货跌价准备
　　　　长期股权投资减值准备
　　　　债权投资减值准备
　　　　固定资产减值准备
　　　　无形资产减值准备等

（2）企业计提坏账准备、存货跌价准备、债权投资减值准备等后，影响减值的因素消失，相关资产的价值得到恢复的，应在原已计提的减值准备金额内，按恢复增加的金额入账。

资产减值恢复时的会计分录：

借：坏账准备
　　　存货跌价准备
　　　债权投资减值准备等
　　贷：资产减值损失
（3）期末应将"资产减值损失"科目的余额转入"本年利润"科目。
期末将资产减值损失结转到本年利润时的会计分录：
借：本年利润
　　贷：资产减值损失

二、公允价值变动损益的核算

公允价值变动损益反映企业交易性金融资产、交易性金融负债以及采用公允价值模式计量的投资性房地产等公允价值变动形成的应计入当期损益的差额。

为核算企业发生的公允价值变动损益，应设置"公允价值变动损益"科目，并按照交易性金融资产、交易性金融负债、投资性房地产等进行明细核算。期末应将"公允价值变动损益"余额转入"本年利润"科目。

期末将公允价值变动损益结转到本年利润时的会计分录：
借：本年利润
　　贷：公允价值变动损益（属于公允价值变动损失的）
或
借：公允价值变动损益（属于公允价值变动收益的）
　　贷：本年利润

三、投资收益的核算

投资收益反映企业以各种方式对外投资所取得的收益；如为损失，则在计算营业利润时减去。投资收益核算的内容主要包括长期股权投资获得的投资收益或损失，持有和处置交易性金融资产获得的收益或损失等。

为了核算投资损益，企业需要设置"投资收益"科目，并按照具体投资项目进行明细核算。期末将"投资收益"科目余额转入"本年利润"。

期末将投资收益结转到本年利润时的会计分录：
借：本年利润
　　贷：投资收益（属于投资损失的）
或
借：投资收益（属于投资收益的）
　　贷：本年利润

四、营业外收入的核算

营业外收入，是指企业发生的与其日常经营活动无直接关系的各项经济利益的净流入，主要包括处置非流动资产利得、非货币性资产交换利得、债务重组利得、政府补助利得、盘盈利得、捐赠利得等。

为核算营业外收入，企业需要设置"营业外收入"科目，并按照营业外收入项目进行明细核算。

（1）发生营业外收入业务时的会计分录：

借：库存现金
　　银行存款
　　应付账款等
　　贷：营业外收入

（2）期末将营业外收入结转到本年利润时的会计分录：

借：营业外收入
　　贷：本年利润

例题【11-2】 WXR 有限责任公司应付国外 P 公司咨询费用 10 000 元，因 P 单位已撤销而无法偿付，经批准转为营业外收入。

发生营业外收入业务时的会计分录如下：

借：应付账款　　　　　　　　　　　　　　　　　　　　　　　　　10 000
　　贷：营业外收入　　　　　　　　　　　　　　　　　　　　　　　10 000

五、营业外支出的核算

营业外支出是企业发生的与其日常经营活动无直接关系的各项经济利益的净流出，主要包括处置非流动资产损失、非货币性资产交换损失、债务重组损失、盘亏损失、公益性捐赠支出、非常损失等。

为了核算营业外支出，企业需要设置"营业外支出"科目。

（1）发生营业外支出业务时的会计分录：

借：营业外支出
　　贷：无形资产
　　　　原材料
　　　　固定资产清理
　　　　库存商品
　　　　待处理财产损益
　　　　银行存款等

（2）期末将营业外支出结转到本年利润时的会计分录：

借：本年利润
　　贷：营业外支出

例题【11-3】 2019 年 5 月 10 日，WXR 有限责任公司通过银行转账向希望小学捐款 100 000 元。

发生营业外支出业务时的会计分录如下：

借：营业外支出　　　　　　　　　　　　　　　　　　　　　　　　100 000
　　贷：银行存款　　　　　　　　　　　　　　　　　　　　　　　　100 000

六、政府补助

(一) 政府补助概述

1. 政府补助的定义

政府补助是企业无偿地从政府获取货币性资产或非货币性资产。政府补助不包括政府认投资者身份投入的资本。这里所指的"政府"包括各级政府及其所属机构,如财政、卫生、税务、环保部门等;联合国、世界银行等国际类似组织也视同为政府。

政府补助分为与资产相关的政府补助和与收益相关的政府补助。其中,与资产相关的政府补助是指企业取得的、用于购建或以其他方式形成长期资产的政府补助;与收益相关的政府补助是指除与资产相关的政府补助之外的政府补助。不管是哪个方式的政府补助,都具有无偿性。

根据政府补助准则规定,与企业日常活动相关的政府补助,应当按照经济业务实质,计入其他收益或冲减相关成本费用;与企业日常活动无关的政府补助,应当计入营业外收支。一般而言,如果政府补助的成本费用项目是营业利润之中的项目,或政府补助与日常销售等经营行为密切相关(如增值税即征即退等),就认为该政府补助与日常活动相关,该政府补助即计入其他收益。

2. 政府补助的特征

(1) 政府补助是免费的。

政府是公共职能的管理机构和服务机构,为了地区的经济发展、解决就业问题等,政府会向特定的企业提供补助,这种补助是免费的,不需要企业偿还或者提供抵押。

(2) 政府补助带有限制条件。

政府补助一般带有限制性,主要体现在以下几个方面。

① 政策条件。不是所有的企业都能获取政府的补助,只有符合政府相关扶持政策的企业才有机会获得政府补助。

② 使用条件。企业已获批准取得政府补助的,应当按照政府相关文件等规定的用途使用政府补助,如果企业获取政府补助后,违规使用政府补助资产,将会受到相应的处罚。

③ 政府补助不包括政府作为投资者投入的资本。政府补助是免费的,政府把补助发给企业,政府不能插手企业的管理和决策。政府如果作为投资者将资本投入企业,其就是企业的所有者,享有相应的决策权和经营管理权。

3. 应设置的会计科目

企业选择总额法对与日常活动相关的政府补助进行会计处理的,应设置"其他收益"科目。该科目属于损益类科目,贷方表示增加,借方表示减少,期末结转后无余额。

(二) 政府补助的主要形式

政府补助主要表现为政府免费地将资产转移给企业,一般转移的是货币性资产,转移非货币性资产的情况非常少。政府补助主要包括财政拨款、财政贴息、税收返还三种形式。

1. 财政拨款

财政拨款是政府为了支持企业而无偿拨付的款项,一般在拨款之前就明确了资金的用途，企业拿到资金后，必须按照政府规定的用途使用，否则，政府有权将资金强制性收回。

2. 财政贴息

财政贴息主要是企业向银行贷款后，符合享受政府补助的企业可以得到政府的贷款利息补贴，降低企业的成本。

3. 税收返还

税收返还是政府按照先征后返（退）、即征即退等办法向企业返还的税款，属于以税收优惠形式给予的一种政府补助。增值税出口退税不属于政府补助。除税收返还外，税收优惠还包括直接减征、免征税额，增加计税抵扣额，抵免部分税额等形式。

例题【11-4】 下列项目中，属于政府补助形式的有（ ）。

A. 财政拨款　　　　　　　　　　B. 财政贴息
C. 先征后返的所得税　　　　　　D. 增值税出口退税

（三）与资产相关的政府补助的业务处理

与资产相关的政府补助是为了构建企业的长期资产，因此，与资产相关的政府补助应当先确认为递延收益，并在构建资产的使用寿命内平均分摊，分期转入"其他收益"科目。如果构建的长期资产在使用寿命结束前被处置，应将尚未分摊的递延收益余额一次性转入资产处置当期的"营业外收入"科目。

（1）获得与资产相关的政府补助时的会计分录：

借：银行存款等
　　贷：递延收益

（2）构建长期资产时的会计分录：

借：在建工程
　　固定资产
　　研发支出
　　无形资产等
　　贷：银行存款

（3）分摊递延收益时的会计分录：

借：递延收益
　　贷：其他收益

例题【11-5】 2016年1月1日，WXR有限责任公司获得政府拨付396万元财政拨款（同日到账），按政府要求用于购买大型科研设备1台；并规定若有结余，留归企业自行支配。2016年2月1日，WXR有限责任公司购入1台大型科研设备（假定不需安装），实际成本为360万元，使用寿命为10年。2019年2月1日，出售了这台科研设备。假定该设备预计净残值为零，WXR有限责任公司采用直线法计提折旧，不考虑其他因素。

① 收到财政拨款时的会计分录如下：

借：银行存款　　　　　　　　　　　　　　　　　　　　　　　　3 960 000
　　贷：递延收益　　　　　　　　　　　　　　　　　　　　　　　　　3 960 000

② 购入设备时的会计分录如下：

借：固定资产　　　　　　　　　　　　　　　　　　　　　　　　3 600 000

　　　　贷：银行存款　　　　　　　　　　　　　　　　　　　　3 600 000
③ 每个月计提折旧和分配递延收益时的会计分录如下：
借：研发支出　　　　　　　　　　　　　　　　　　　　30 000
　　　　贷：累计折旧　　　　　　　　　　　　　　　　　　　　　　30 000
借：递延收益　　　　　　　　　　　　　　　　　　　　33 000
　　　　　　　　　　　　　　　　　　　　　　（3 960 000÷10÷12）
　　　　贷：其他收益　　　　　　　　　　　　　　　　　　　　　33 000
④ 出售该设备时的会计分录如下：
借：固定资产清理　　　　　　　　　　　　　　　　　720 000
　　累计折旧　　　　　　　　　　　　　　　　　　2 880 000
　　　　　　　　　　　　　　　　　　　　　　　（3 600 000÷10×8）
　　　　贷：固定资产　　　　　　　　　　　　　　　　　　　3 600 000
借：递延收益　　　　　　　　　　　　　　　　　　　　792 000
　　　　　　　　　　　　　　　　　　　　　　　（3 960 000÷10×2）
　　　　贷：营业外收入　　　　　　　　　　　　　　　　　　　792 000

例题【11-6】 2018 年 1 月 1 日，WXR 有限责任公司为建造一项环保工程向银行贷款 300 万元，期限 2 年，年利率 6%。当年 12 月 31 日，WXR 有限责任公司向当地政府提出财政贴息申请。经审核，当地政府批准按照实际贷款额 300 万元给予 WXR 有限责任公司年利率为 5% 的财政贴息，共计 30 万元，分两次支付。2019 年 1 月 15 日，第一笔财政贴息资金 15 万元到账。2019 年 7 月 1 日，工程完工，第二笔财政贴息资金 15 万元到账，该工程预计使用寿命 10 年，不考虑其他因素。

① 2019 年 1 月 15 日实际收到财政贴息时的会计分录如下：
借：银行存款　　　　　　　　　　　　　　　　　　　150 000
　　　　贷：递延收益　　　　　　　　　　　　　　　　　　　　150 000
② 2019 年 7 月 1 日实际收到财政贴息时的会计分录如下：
借：银行存款　　　　　　　　　　　　　　　　　　　150 000
　　　　贷：递延收益　　　　　　　　　　　　　　　　　　　　150 000
③ 2019 年 7 月 1 日工程完工开始分摊递延收益，每月分摊的递延收益 = 300 000÷10÷12 = 2 500（元）。

每月分摊收益时的会计分录如下：
借：递延收益　　　　　　　　　　　　　　　　　　　　2 500
　　　　贷：其他收益　　　　　　　　　　　　　　　　　　　　　2 500

（四）与收益相关的政府补助的业务处理

与收益相关的政府补助用于补偿企业以后期间的相关费用或损失的，先确认为递延收益，并在以后确认相关费用的期间分摊计入"其他收益"科目；用于补偿企业已发生的相关费用或损失的，取得时直接计入"其他收益"科目。

（1）收到与收益相关的政府补助时的会计分录：
借：银行存款

贷：其他收益（补偿已发生的相关费用）

或

　　借：银行存款
　　　贷：递延收益（补偿未来期间发生的相关费用）

（2）分期摊销递延收益时的会计分录：

　　借：递延收益
　　　贷：其他收益

例题【11-7】 WXR 有限责任公司生产一种世界先进的机器模具产品，按照国家产业规定，WXR 有限责任公司生产的该种产品适用增值税先征后返政策，即先按规定征收增值税，然后按实际缴纳的增值税税额返还 70%。2019 年 1 月，甲企业实际缴纳的增值税税额为 200 万元。2019 年 2 月，WXR 有限责任公司实际收到返还的增值税税额 140 万元。

实际收到返还的增值税税额时的会计分录如下：

借：银行存款　　　　　　　　　　　　　　　　　　　1 400 000
　　　　　　　　　　　　　　　　　　　　　　　　　（2 000 000×70%）
　贷：其他收益　　　　　　　　　　　　　　　　　　1 400 000

例题【11-8】 U 公司是一家粮食储备企业，2019 年实际粮食储备量为 6 000 万千克。根据国家有关规定，财政部门按照企业的实际储备量给予每千克 0.04 元/季的粮食保管费补贴，于每个季度初支付。

① 每季度收到财政拨付的补贴款时的会计分录如下：

借：银行存款　　　　　　　　　　　　　　　　　　　600 000
　贷：递延收益　　　　　　　　　　　　　　　　　　600 000

② 每月分摊递延收益时的会计分录如下：

借：递延收益　　　　　　　　　　　　　　　　　　　200 000
　　　　　　　　　　　　　　　　　　　　　　　　　（600 000÷3）
　贷：其他收益　　　　　　　　　　　　　　　　　　200 000

（五）与资产和收益均相关的政府补助

企业取得与资产和收益均相关的政府补助时，应当将其分解为与资产相关的部分和与收益相关的部分，分别进行业务处理，如果不能区分与资产相关的政府补助和与收益相关的政府补助，企业可以将整项政府补助归类为与收益相关的政府补助。

例题【11-9】 Y 公司 2016 年 12 月申请某国家级研发补贴。申报书中的有关内容如下：本公司于 2016 年 1 月启动航天技术开发项目，预计总投资 4 800 万元（其中，购置固定资产 1 600 万元、场地租赁费 800 万元、人员费 2 000 万元、市场营销费 400 万元）、为期 3 年，已投入资金 1 200 万元。项目还需新增投资 3 600 万元，计划自筹资金 1 800 万元、申请财政拨款 1 800 万元。

2017 年 1 月 1 日，主管部门批准了 Y 公司的申报，签订的补贴协议规定：批准 Y 公司补贴申请，共补贴款项 1 800 万元，分两次拨付。合同签订日拨付 900 万元，结算验收时支付 900 万元（如果不能通过验收，则不支付第二笔款项），不考虑其他因素。

① 2017 年 1 月 1 日实际收到拨款时的会计分录如下：

```
借：银行存款                                          9 000 000
    贷：递延收益                                              9 000 000
```
② 自 2017 年 1 月 1 日至 2019 年 1 月 1 日，每月月末分摊递延收益时的会计分录如下：
```
借：递延收益                                            375 000
    贷：其他收益                                                375 000
```
③ 2019 年项目完工通过验收收到拨款时的会计分录如下：
```
借：银行存款                                          9 000 000
    贷：其他收益                                              9 000 000
```

任务三 所得税费用的认知与核算

一、所得税费用概述

确认和计量企业所得税，是为了确定当期应当交纳的所得税税额和利润表中的所得税税额，进而准确地计量各个会计期间实现的净利润。解决不同会计期间所得税的分配问题需要通过确认递延所得税资产和递延所得税负债来实现。按照资产负债表债务法进行核算时，利润表中的所得税费用由两个部分组成，即当期所得税和递延所得税费用（或收益）。

二、暂时性差异

（一）暂时性差异概述

暂时性差异是指资产、负债的账面价值与其计税基础不同所产生的差额。其中，账面价值是指按照会计准则规定确定的有关资产、负债在资产负债表中应列示的金额。由于资产、负债的账面价值与其计税基础不同，产生了在未来收回资产或清偿负债的期间内，应纳税所得额增加或减少并导致未来期间应交所得税增加或减少的情况，在这些暂时性差异发生的当期，一般应当确认相应的递延所得税负债或递延所得税资产。

（二）暂时性差异的分类

1. 应纳税暂时性差异

（1）资产的账面价值大于其计税基础。一项资产的账面价值代表的是企业在持续使用或最终出售该项资产时会取得的经济利益的总额，而计税基础代表的是一项资产在未来期间可予税前扣除的总金额。资产的账面价值大于其计税基础，该项资产未来期间产生的经济利益不能全部税前抵扣，两者之间的差额需要交纳所得税，产生应纳税暂时性差异，符合条件的应确认为递延所得税负债。

（2）负债的账面价值小于其计税基础。一项负债的账面价值为企业预计在未来期间清偿该项负债时的经济利益流出，而其计税基础代表的是账面价值在扣除税法规定未来期间允许税前扣除的金额之后的差额。因负债的账面价值小于其计税基础不同产生的暂时性差异，实质上是税法规定就该项负债在未来期间可以税前扣除的金额为负数，即应在未来期间应纳税所得额的基础上调增，增加应纳税所得额和应交所得税金额；产生应纳税暂时性差异，符合条件的应确认递延所得税负债。

2. 可抵扣暂时性差异

（1）资产的账面价值小于其计税基础。从经济含义来看，资产在未来期间产生的经济利益少，按照税法规定允许税前扣除的金额多，则企业在未来期间可以减少应纳税所得额并减少应交所得税；产生可抵扣暂时性差异，符合条件的应确认为递延所得税资产。

（2）负债的账面价值大于其计税基础。由于负债账面价值大于其计税基础而产生的暂时性差异实质上是税法规定就该项负债可以在未来期间税前扣除的金额。一项负债的账面价值大于其计税基础，意味着未来期间按照税法规定构成负债的全部或部分金额可以自未来应税经济利益中扣除，减少未来期间的应纳税所得额和应交所得税；产生可抵扣暂时性差异，符合条件的应确认为递延所得税资产。

三、当期所得税

当期所得税是指企业按照税法规定计算确定的针对当期发生的交易或事项应缴纳给税务机关的所得税税额，即应交所得税。当期所得税应当以适用的税收法规为基础来计算确定。

企业在确定当期所得税时，对于当期发生的交易或事项，会计处理与税收处理不同的，应在会计利润的基础上，按照适用税收法规的要求进行调整（即纳税调整），计算出当期应纳税所得额，按照应纳税所得额与适用所得税税率的乘积计算确定当期应交所得税。一般情况下，应纳税所得额在会计利润的基础上经过调整得来，调整公式如下：

应纳税所得额 = 利润总额 + 纳税调整增加额 - 纳税调整减少额

应交所得税 = 应纳税所得额 × 所得税税率

例题【11-10】 WXR 有限责任公司 2019 年度的税前会计利润为 40 万元，适用的所得税税率为 25%。本年度取得的国债利息收入为 1 万元。WXR 有限责任公司对固定资产折旧采用直线法，本年计提折旧额为 6 万元；按照税法规定应采用双倍余额递减法，本年应计提折旧额为 8 万元，不考虑其他因素。则 WXR 有限责任公司 2019 年度应交的所得税计算如下。

应纳税所得额 = 40 - 1 - (8 - 6) = 37（万元）；本年应交所得税 = 37 × 25% = 9.25（万元）。

例题【11-11】 WXR 有限责任公司 2019 年度按企业会计准则计算的税前会计利润为 1 970 000 元，所得税税率为 25%。当年按税法核定的全年计税工资为 200 000 元，WXR 有限责任公司全年实发工资为 220 000 元，经查 WXR 有限责任公司当年营业外支出中有 10 000 元为税收滞纳金，不考虑其他因素。WXR 有限责任公司 2019 年度应交的所得税计算如下。

应纳税所得额 = 1 970 000 + (220 000 - 200 000) + 10 000 = 2 000 000（元）；当期应交所得税额 = 2 000 000 × 25% = 500 000（元）。

例题【11-12】 WXR 有限责任公司全年利润总额（即税前会计利润）为 1 020 000 元，其中包括本年收到的国库券利息收入 20 000 元，所得税税率为 25%，不考虑其他因素。

应交的所得税计算如下。

应纳税所得额 = 1 020 000 - 20 000 = 1 000 000（元）；当期应交所得税额 = 1 000 000 × 25% = 250 000（元）

四、递延所得税

递延所得税是指按照会计准则规定应予确认的递延所得税资产和递延所得税负债在会计期末应有的金额相对于原已确认金额之间的差额,即递延所得税资产和递延所得税负债的当期发生额,但不包括计入所有者权益的交易或事项对所得税影响。递延所得税的计算公式如下:

递延所得税 = 当期递延所得税负债的增加 + 当期递延所得税资产的减少 –
当期递延所得税负债的减少 – 当期递延所得税资产的增加

例题【11-13】 WXR 有限责任公司 2019 年 9 月取得的某项其他权益工具投资,成本为 2 000 000 元,2019 年 12 月 31 日,其公允价值为 2 400 000 元。WXR 有限责任公司适用的所得税税率为 25%,不考虑其他因素。

① 期末确认该其他权益工具投资公允价值变动时的会计分录如下:

借:其他权益工具投资——公允价值变动　　　　　　　　400 000
　　贷:其他综合收益　　　　　　　　　　　　　　　　　　　　400 000

② 确认应纳税暂时性差异时的会计分录如下:

借:其他综合收益　　　　　　　　　　　　　　　　　　100 000
　　　　　　　　　　　　　　　　　　　　　　　(400 000×25%)
　　贷:递延所得税负债　　　　　　　　　　　　　　　　　　　100 000

五、所得税费用

计算确定了当期应交所得税及递延所得税以后,利润表中应予确认的所得税费用就是两者之和。所得税费用的计算公式如下:

所得税费用 = 当期所得税 + 递延所得税

例题【11-14】 WXR 有限责任公司 2019 年度利润表中利润总额为 1 200 000 元,该公司适用的所得税税率为 25%。递延所得税资产及递延所得税负债不存在期初余额。

该公司 2019 年发生的有关交易和事项中,会计处理与税收处理存在差别的事项有以下几项。

(1) 2018 年 12 月 31 日取得的一项固定资产,成本为 600 000 元,使用年限为 10 年,预计净残值为零。会计处理按双倍余额递减法计提折旧,税收处理按直线法计提折旧。假定税法规定的使用年限及预计净残值与会计规定相同。

(2) 向关联企业捐赠现金 200 000 元。

(3) 支付违反环保法规定罚款 100 000 元。

(4) 期末对持有的存货计提 30 000 元的存货跌价准备。

2019 年度当期应交所得税计算如下:

应纳税所得额 = 1 200 000 + 60 000 + 200 000 + 100 000 + 30 000 = 1 590 000(元);应交所得税 = 1 590 000 × 25% = 397 500(元)。

例题【11-15】 WXR 有限责任公司 2019 年度当期应交所得税为 30 000 元,递延所得税负债年初数为 40 000 元,年末数为 50 000 元;递延所得税资产年初数为 25 000 元,年末数为 20 000 元。WXR 有限责任公司适用的所得税税率为 25%，不考虑其他因素。

WXR 有限责任公司所得税计算如下：

递延所得税 = (50 000 - 40 000) + (25 000 - 20 000) = 15 000（元）；所得税费用 = 30 000 + 15 000 = 45 000（元）。

确认所得税费用时的会计分录如下：

借：所得税费用　　　　　　　　　　　　　　　　　　　　　45 000
　　贷：应交税费——应交所得税　　　　　　　　　　　　　　　　30 000
　　　　递延所得税负债　　　　　　　　　　　　　　　　　　　10 000
　　　　递延所得税资产　　　　　　　　　　　　　　　　　　　 5 000

任务四　本年利润的核算

为了进行利润的核算，企业应当设置"本年利润"科目，核算企业实现的利润或发生的亏损。期末结转利润的方法有账结法和表结法两种。

一、账结法

账结法是企业每月结账时，将损益类科目的余额，全部转入"本年利润"科目，通过"本年利润"科目结出本月的利润总额或亏损总额，以及本年累计损益。采用账结法核算本年利润，月末，企业应将各损益类科目的余额转入"本年利润"科目，结转以后，"本年利润"科目余额如在借方，则表示企业发生的亏损总额；余额如在贷方，则反映企业本年度累计实现的利润总额。

结转损益时的会计分录：

借：主营业务收入
　　其他业务收入
　　投资收益
　　营业外收入等
　　贷：本年利润

同时

借：本年利润
　　贷：主营业务成本
　　　　税金及附加
　　　　其他业务成本
　　　　销售费用
　　　　管理费用
　　　　财务费用
　　　　营业外支出等

例题【11-16】WXR 有限责任公司 2016 年 2 月损益类科目结转前的余额如下：主营业务收入贷方 300 000 元，其他业务收入贷方 50 000 元，投资收益贷方 30 000 元，营业外收入贷方 20 000 元，主营业务成本借方 220 000 元，税金及附加借方 20 000 元，其他业务成本借方 20 000 元，管理费用借方 3 800 元，销售费用借方 10 000 元，财务费用借方 2 000 元，营业外支出借方 8 000 元。

结转损益时的会计分录如下：

借：主营业务收入	300 000
其他业务收入	50 000
投资收益	30 000
营业外收入	20 000
贷：本年利润	400 000

同时

借：本年利润	283 800
贷：主营业务成本	220 000
税金及附加	20 000
其他业务成本	20 000
管理费用	3 800
销售费用	10 000
财务费用	2 000
营业外支出	8 000

月末经过以上结转后，2 月"本年利润"科目贷方余额增加 116 200 元（400 000 - 283 800）。

二、表结法

表结法是企业每月结账时，不需要把损益类各科目的余额转入"本年利润"科目，而是通过结出各损益类科目的本年累计余额，据以逐项填制"利润表"，通过"利润表"计算出从年初到本月止的本年累计利润，然后减去截至上月末的本年累计利润，得出本月的利润或亏损。

企业采用表结法进行利润核算的情况下，年终时仍需采用账结法，将损益类各科目的全年累计余额转入"本年利润"科目，在"本年利润"科目集中反映本年的全年利润及其构成情况。

三、本年利润的结转

年终，企业计算出本年利润的余额后，不管是盈利还是亏损，均应按照国家税收的有关规定进行账务处理，并将"本年利润"科目的最终余额（即净利润）转入"利润分配"科目。结转后"本年利润"科目没有余额。

结转本年利润时的会计分录：

借：利润分配——未分配利润
　　贷：本年利润（结转净亏损）
借：本年利润（结转净收益）
　　贷：利润分配——未分配利润

项目小结

利润是企业在一定期间从事生产经营活动所形成的最终经营成果，主要体现为盈利和亏损两种情况。利润是分析、考核和评价企业经营成果的一项直观的、重要的综合性指标，也是评价管理层业绩的重要指标。

利润由企业的收入减去费用后的净额加上直接计入当期利润的利得减去直接计入当期利润的损失构成。

企业利润包括营业利润、利润总额和净利润。

营业利润＝营业收入－营业成本－税金及附加－销售费用－管理费用－研发费用－财务费用－资产减值损失－信用减值损失＋其他收益＋公允价值变动收益（－公允价值变动损失）＋投资收益（－投资损失）＋资产处置收益（－资产处置损失）。

利润总额＝营业利润＋营业外收入－营业外支出。

净利润＝利润总额－所得税费用。

利润的核算主要依赖收入、费用、利得和损失的确认和计量。只有正确地核算收入、费用、利得和损失，利润的计算才会准确。

政府补助是指企业无偿地从政府获取货币性资产或非货币性资产。政府补助不包括政府以投资者身份投入的资本。

确认和计量企业所得税，是为了确定当期应当交纳的所得税税额和利润表中的所得税税额，进而准确地计量各个会计期间实现的净利润。

所得税费用包括当期所得税和递延所得税两部分。

递延所得税是指按照会计准则规定应予确认的递延所得税资产和递延所得税负债在会计期末应有的金额相对于原已确认金额之间的差额，即递延所得税资产和递延所得税负债的当期发生额，但不包括计入所有者权益的交易或事项对所得税影响。

结转利润的方法有账结法和表结法两种。

习题与实训

一、思考题

1. 什么是利润？利润有哪些表现形式？
2. 企业的利润包括哪些内容？如何计算企业的利润？
3. 什么是暂时性差异？暂时性差异包括哪些内容？
4. 什么是递延所得税资产？什么是递延所得税负债？

二、单选题

1. 下列各项业务中，不应确认为营业外收入的是（   ）。

   A. 接受捐赠利得　　　　　　　　　　B. 罚没利得
   C. 出售无形资产净收益　　　　　　　D. 出租固定资产的收益

2. WXR 有限责任公司因债权人撤销而转销无法支付的应付账款,应将所转销的应付账款计入( )。
   A. 其他业务收入 B. 其他应付款
   C. 营业外收入 D. 主营业务收入

3. WXR 有限责任公司于 2019 年 5 月 1 日以 25 000 元的价格购入一项摊销期限为 5 年的专利权。2020 年 5 月 1 日,WXR 有限责任公司将其转让,取得转让收入 28 500 元,不考虑相关税费。则转让该项专利权应计入营业外收入的金额为( )元。
   A. 20 000 B. 8 500 C. 15 000 D. 5 000

4. WXR 有限责任公司 2019 年度的利润总额为 1 000 万元,其中包括本年收到的国库券利息收入 20 万元;假定业务招待费税法规定的扣除标准为 400 万元,企业全年实际发生的业务招待费为 350 万元,企业所得税税率为 25%。WXR 有限责任公司 2019 年所得税费用为( )万元。
   A. 260 B. 232.5 C. 245 D. 255

5. WXR 有限责任公司 2019 年度利润总额为 315 万元,其中国债利息收入为 15 万元。假定该企业无其他纳税调整项目,适用的所得税税率为 25%。WXR 有限责任公司 2019 年所得税费用为( )万元。
   A. 65 B. 75 C. 80 D. 85

6. 根据税法规定,下列各项中,应予免征所得税的项目是( )。
   A. 股票转让净收益 B. 国债利息收入
   C. 公司债券的利息收入 D. 国债转让净收益

7. M 企业本期营业利润为 100 万元,资产减值损失为 15 万元,公允价值变动收益为 30 万元,营业外收入为 20 万元,营业外支出为 10 万元,所得税税率为 25%。假定不考虑其他因素,该企业本期净利润为( )万元。
   A. 82.5 B. 75 C. 93.75 D. 110

8. M 企业 2019 年度主营业务收入为 300 万元,营业成本为 250 万元,其他业务收入为 2 万元,其他业务成本为 1 万元,财务费用为 1 万元,营业外收入为 2 万元,营业外支出为 1 万元,所得税税率为 25%。假定不考虑其他因素,该企业 2019 年度的净利润应为( )万元。
   A. 37.5 B. 38.25 C. 38.62 D. 39

9. Y 企业 2019 年度利润总额为 60 万元,其中本年度国债利息收入为 0.6 万元,企业所得税税率为 25%。假定不考虑其他因素,该企业 2019 年度所得税费用为( )万元。
   A. 40.08 B. 14.85 C. 15.2 D. 49.82

10. Y 企业于 2019 年 8 月接受一项产品安装任务,安装期 5 个月,合同总收入 30 万元,年度预收款项 12 万元,余款在安装完成时收回,当年实际发生成本 15 万元,预计还将发生成本 3 万元。2019 年末请专业测量师测量,产品安装程度为 60%。该项劳务收入影响 2019 年度利润总额的金额为( )万元。
    A. 0 B. 当年利润增加 7.2
    C. 当年利润增加 15 D. 当年利润增加 30

三、多选题

1. 下列各项中，期末结转后应当无余额的有（　　）。
   A. 所得税费用　　　　　　　　B. 营业外收入
   C. 制造费用　　　　　　　　　D. 资产减值损失

2. 下列各项中，需调整增加企业应纳税所得额的项目有（　　）。
   A. 已计入投资收益的国库券利息收入
   B. 已超过税法规定扣除标准，但已计入当期费用的业务招待费
   C. 支付并已计入当期损失的各种税收滞纳金
   D. 未超标的业务招待费支出

3. 下列各项中，会计上和税法上核算不一致，需要进行纳税调整的项目有（　　）。
   A. 超标的业务招待费　　　　　B. 国债利息收入
   C. 公司债券的利息收入　　　　D. 公司债券转让净收益

4. 下列各项中，影响当期利润表中净利润的有（　　）。
   A. 对外捐赠无形资产　　　　　B. 确认所得税费用
   C. 固定资产盘亏　　　　　　　D. 固定资产出售利得

5. 下列各项中，影响企业利润总额的有（　　）。
   A. 资产减值损失　　　　　　　B. 公允价值变动损益
   C. 所得税费用　　　　　　　　D. 营业外支出

四、判断题

1. 管理费用、资产减值损失、税金及附加和营业外收入都会影响企业的营业利润。（　　）
2. 企业出售不动产计算应交的增值税应直接计入"营业外支出"科目。（　　）
3. 企业只能用税后利润弥补亏损。（　　）
4. 企业获得的捐赠利得应该计入营业外收入中，影响利润总额。（　　）
5. 企业的所得税费用一定等于企业当年实现的利润总额乘以所得税税率。（　　）

五、业务题

1. WXR有限责任公司2017年"未分配利润"年初贷方余额10万元，每年按10%提取法定盈余公积，企业所得税税率为25%，2017年至2019年的有关资料如下。
   （1）2017年实现净利润20万元；提取法定盈余公积后，宣告派发现金股利15万元。
   （2）2018年发生亏损50万元（假设无以前年度未弥补亏损）。
   （3）2019年实现利润总额60万元。

   要求：
   （1）编制WXR有限责任公司2017年有关利润分配的会计分录。
   （2）编制WXR有限责任公司2018年结转亏损的会计分录。
   （3）计算WXR有限责任公司2019年应交的企业所得税。
   （4）计算WXR有限责任公司2019年"利润分配——未分配利润"科目的余额。

2. WXR有限责任公司2019年年终结账前有关损益类科目的年末余额如表11-1所示。

表11-1 WXR有限责任公司2019年年终结账前有关损益类科目的年末余额

单位：元

收入类科目	结账前期末余额	费用类科目	结账前期末余额
主营业务收入	980 000	主营业务成本	685 000
其他业务收入	200 000	其他业务成本	150 000
投资收益	100 000	税金及附加	20 060
营业外收入	20 000	销售费用	20 000
		管理费用	70 000
		财务费用	12 000
		营业外支出	35 000

其他相关资料如下：

(1) 公司营业外支出中有5 000元为罚款支出。

(2) 本年国债利息收入20 000元已入账。

要求：

(1) 根据表中给出资料将表中损益类科目余额结转到"本年利润"科目。

(2) 计算WXR有限责任公司当年应纳所得税，并编制确认及结转所得税费用的会计分录。

(3) 计算WXR有限责任公司2019年的净利润。

项目十二

财务会计报告的认知与应用

学习目标

> 掌握资产负债表、利润表、现金流量表、所有者权益变动的编制原理及编制方法。
> 理解财务会计报告的定义、作用、内容。
> 了解财务会计报告披露的要求及作用。

引例

新会计的困惑

小米大学毕业后几经波折,终于在一个大公司上班,一直处于兴奋状态的她埋头苦干,兢兢业业,按照要求把会计工作做得很好。转眼几个月过去了,公司还不发工资,小米觉得奇怪,不断地思索原因。从公司的财务会计报告看,公司赚了很多钱,可为什么拖欠员工工资呢?钱哪里去了?你知道答案吗?

任务一 认识财务会计报告

一、财务会计报告概述

(一) 财务会计报告的定义

财务会计报告是企业对外提供的反映企业某一特定日期财务状况和某一会计期间经营成果、现金流量等会计信息的文件。财务会计报告由财务报表及其他应当在财务会计报告中披露的相关信息构成。

(二) 财务会计报告的目标

财务会计报告的目标是向财务会计报告使用者提供与企业财务状况、经营成果和现金流量等有关的会计信息，反映企业管理层受托责任履行情况，有助于财务会计报告使用者作出正确的经济决策。

企业财务会计报告应当首先满足投资者的信息需要，将投资者作为企业财务会计报告的首要使用者，凸显出投资者的地位和价值，体现保护投资者相关利益的真实要求。如果企业在财务会计报告中提供的会计信息与投资者的经济决策没有关系，那么财务会计报告就失去了其存在的意义。除了投资者之外，企业财务会计报告的使用者还有债权人、政府及有关部门、社会公众等。因此，增强会计信息的相关性，为财务会计报告使用者提供相关的会计信息，有助于财务会计报告使用者进行正确的决策。

二、财务会计报告的构成

根据企业会计准则规定，一套完整的财务会计报告至少应当包括资产负债表、利润表、现金流量表、所有者权益（或股东权益）变动表以及财务报表附注。

（一）财务报表

财务报表是企业财务会计报告的核心部分，它根据账簿记录和有关资料综合编制而成，主要反映企业某一特定日期财务状况和某一会计期间经营成果、现金流量等会计信息；财务报表包括资产负债表、利润表、现金流量表和所有者权益变动表。

（二）财务报表附注

财务报表附注简称附注，是财务会计报告不可缺少的重要组成部分，是对资产负债表、利润表、现金流量表和所有者权益变动表所列示项目的文字描述或提供更明细的资料，以及对未能在这些报表中列示项目的说明等。

三、财务报表的分类

财务报表按照不同的标准，可以分为以下几类。

（一）按编制范围分类

财务报表按编制范围不同，可以分为个别财务报表和合并财务报表。

（1）个别财务报表由编制企业根据自身的账簿及有关资料编制而成，单独反映企业本身的财务状况、经营成果和现金流量等信息的财务报表。

（2）合并财务报表是指由母公司编制，综合反映以母公司为首的具有控股关系的多个公司组成的集团的财务状况、经营成果和现金流量等信息的财务报表。

（二）按编报期间分类

财务报表按编报期间不同，可以分为年度财务报表和中期财务报表。

（1）年度财务报表简称年报，是企业按年度数据编制的财务报表，以每年的1月1日至12月31日的数据为基础编制。年度财务报表应当包括资产负债表、利润表、现金流量表、所有者权益变动表以及财务报表附注。

（2）中期财务报表是短于一个完整会计年度的财务报表，包括月报、季报和半年报。中期财务报表至少应当包括资产负债表、利润表、现金流量表和财务报表附注，披露的信息与年度财务报表相比，可适当简略。

（三）按反映财务活动的方式

财务报表按反映财务活动的方式不同，可以分为静态财务报表和动态财务报表。

（1）静态财务报表是反映企业在某一特定日期财务状况的财务报表，如资产负债表。

（2）动态财务报表是反映企业一定会计期间经营成果、现金流量的报表，如利润表、现金流量表和所有者权益变动表。

（四）按报送的对象

财务报表按报送的对象不同，可以分为对外财务报表和对内财务报表。

（1）对外财务报表是指企业为满足外部会计信息使用者对会计信息的需求，根据企业会计准则的要求编制，定期对外提供的财务报表。对外财务报表是按企业会计准则的要求编制的，具有统一的格式和编制要求。

（2）对内财务报表是指企业为了满足单位内部经营管理的需求而编制的报表。对内财务报表没有统一的格式和编制要求。

任务二 资产负债表的认知与应用

一、资产负债表的定义

资产负债表是指反映企业在某一特定日期财务状况的报表。资产负债表是根据"资产＝负债＋所有者权益"这一会计恒等式，把企业在某一特定日期的资产、负债、所有者权益项目按照流动性强弱由强到弱排序，并根据账簿资料和其他相关资料编制而成的。资产负债表集中反映了企业在特定日期所拥有或控制的全部经济资源、所承担的全部债务以及所有者对企业净资产要求权的会计信息。

二、资产负债表的作用

资产负债表反映企业某一特定日期的财务状况会计信息，对会计信息使用者有很大的作用，主要体现在以下几方面。

（一）反映企业拥有或控制的全部经济资源及其分布情况

资产负债表把企业所拥有或控制的全部资产清晰地划分为若干种类别，如按流动性分为流动资产和非流动资产，按是否具有实物形态分为有形资产和无形资产等。每一个项目都能清晰地反映某一类型的资产，报表的使用者可以一目了然地从报表上了解到企业在某一特定日期所拥有或控制的资产总量及其分布情况。

（二）反映企业承担的债务总额及其分布情况

资产负债表把企业所承担的全部债务清晰地划分为若干种类别，如按流动性分为流动负债和非流动负债。每一个项目都能清晰地反映某一类型的负债，报表的使用者可以一目了然地从报表上了解到企业在某一特定日期所承担的债务总量及其分布情况。

(三) 反映企业所有者权益总额及其分布情况

资产负债表把企业所有者权益清晰地划分为若干种类别，如实收资本、资本公积、盈余公积等。每一个项目都能清晰地反映某一类型的所有者权益，报表的使用者可以一目了然地从报表上了解到企业在某一特定日期的所有者权益的总量及其情况。

(四) 反映企业偿债能力

通过对资产负债表上有关项目进行对比，可以判断企业短期偿债能力、长期偿债能力等，为信息使用者提供决策的有用信息。如通过计算流动比率、速动比率等，可以判断企业的短期偿债能力；通过计算资产负债率，可以判断企业的长期偿债能力；并根据短期偿债能力、长期偿债能力进行投资和融资决策。

三、资产负债表的结构与内容

资产负债表的结构，包括表首标题、报表主体和附注三部分。表首标题列示资产负债表的名称、编制单位、编制日期、货币单位等；报表主体包括资产、负债和所有者权益各项目的期初数和期末数，是资产负债表的主要部分，反映企业在某一特定日期的资产、负债和所有者权益的状况；附注是对报表中没有列示项目和列示不够详细的项目进行补充，包括报表数据解释和重大项目数据变动解释等。

资产负债表中的资产类项目至少应当单独列示反映下列信息的项目：货币资金、交易性金融资产、应收票据及应收账款、预付款项、其他应收款、存货、合同资产、持有待售资产、一年内到期的非流动资产、其他流动资产、债权投资、其他债权投资、长期应收款、长期股权投资、其他权益工具投资、投资性房地产、固定资产、在建工程、无形资产、开发支出、长期待摊费用、递延所得税资产等。资产负债表中的资产类项目至少应当包括流动资产和非流动资产的合计项目。

资产负债表中的负债类项目至少应当单独列示反映下列信息的项目：短期借款、交易性金融负债、应付票据及应付账款、预收款项、合同负债、应交税费、应付职工薪酬、其他应付款、持有待售负债、一年内到期的非流动负债、长期借款、长期应付款、应付债券、预计负债、递延所得税负债。资产负债表中的负债类项目至少应当包括流动负债和非流动负债的合计项目。

资产负债表中的所有者权益类项目至少应当单独列示反映下列信息的项目：实收资本（或股本）、其他权益工具、资本公积、其他综合收益、盈余公积、未分配利润。

资产负债表应当列示资产总计项目、负债和所有者权益总计项目。资产负债表中资产类项目金额总计与负债类和所有者权益类项目金额总计必须相等。另外，资产负债表除了列示各项资产、负债和所有者权益项目的期末余额外，通常还应列示这些项目的年初余额。

四、资产负债表的格式

我国企业一般采用账户式资产负债表。账户式资产负债表一般是在报表左方列示资产类项目，右方列示负债类和所有者权益类项目，从而使资产负债表左右两方平衡。

资产负债表的格式如表12-1所示。

表 12-1 资产负债表

编制单位：　　　　　　　　　　　　　年　月　日　　　　　　　　　　　　　单位：元

资产	期末余额	年初余额	负债和所有者权益（或股东权益）	期末余额	年初余额
流动资产：			流动负债：		
货币资金			短期借款		
交易性金融资产			交易性金融负债		
衍生金融资产			衍生金融负债		
应收票据及应收账款			应付票据及应付账款		
预付款项			预收款项		
其他应收款			合同负债		
存货			应付职工薪酬		
合同资产			应交税费		
持有待售资产			其他应付款		
一年内到期的非流动资产			持有待售负债		
其他流动资产			一年内到期的非流动负债		
流动资产合计			其他流动负债		
非流动资产：			流动负债合计		
债权投资			非流动负债：		
其他债权投资			长期借款		
长期应收款			应付债券		
长期股权投资			其中：优先股		
其他权益工具投资			永续债		
其他非流动金融资产			长期应付款		
投资性房地产			预计负债		
固定资产			递延收益		
在建工程			递延所得税负债		
生产性生物资产			其他非流动负债		
油气资产			非流动负债合计		
无形资产			负债合计		
开发支出			所有者权益：		
商誉			实收资本		
长期待摊费用			其他权益工具		
递延所得税资产			其中：优先股		
其他非流动资产			永续债		
非流动资产合计			资本公积		
			减：库存股		
			其他综合收益		
			盈余公积		
			未分配利润		
			所有者权益合计		
资产总计			负债和所有者权益总计		

五、资产负债表编制的基本方法

(一)"年初余额"栏填列方法

资产负债表"年初余额"栏的各项数字应根据上年度年末资产负债表"期末余额"栏内所列数字填列。如果本年度资产负债表各项目的名称和内容与上年度资产负债表所列项目不一致,应对上年度年末资产负债表各项目的名称和数字按本年度的要求进行调整,填入"年初余额"栏。

(二)"期末余额"栏填列方法

资产负债表"期末余额"栏的各项数字应根据有关账簿余额分析填列,主要有以下几种方式。

1. 根据总账账户余额填列

资产负债表中的部分项目,可以根据相应的总账账户余额直接填列,如"交易性金融资产""短期借款""应付职工薪酬""实收资本""资本公积"等项目,分别根据"交易性金融资产""短期借款""应付职工薪酬""实收资本""资本公积"等总账账户的余额直接填列。资产负债表中的部分项目,需要根据几个总账账户余额计算填列,如"货币资金"项目需要根据"库存现金""银行存款""其他货币资金"三个总账账户余额计算填列。

2. 根据明细账户余额计算填列

资产负债表中某些项目不能根据总账账户的期末余额,或若干个总账账户的期末余额简单计算填列,而是需要根据有关账户所属的相关明细账户的期末余额计算填列,如"应付票据及应付账款"项目,应根据"应付账款""预付账款"账户的所属相关明细账户的期末贷方余额与"应付票据"期末贷方余额计算填列;"应收票据及应收账款"项目,应根据"应收账款""预收账款"账户的所属相关明细账户的期末借方余额与"应收票据"期末借方余额计算填列;"预付账款"项目,应根据"应付账款""预付账款"账户的所属相关明细账户的期末借方余额计算填列;"预收账款"项目,应根据"应收账款""预收账款"账户的所属相关明细账户的期末贷方余额计算填列。

3. 根据总账账户和明细账户余额分析计算填列

资产负债表中的某些项目需要根据总账账户和明细账户的余额分析计算填列,如"长期借款"项目,需要根据"长期借款"总账账户余额扣除"长期借款"账户下属的明细账户中反映的将于一年内到期的长期借款部分计算填列。长期待摊费用中将于一年内(含一年)摊销完毕的部分,应当在流动资产下"一年内到期的非流动资产"项目中反映。

4. 根据有关账户余额减去其备抵项目后的净额填列

资产负债表中有些项目,需要根据该账户的有关期末余额,减去其所计提的各种减值准备后的净额填列。如"固定资产"项目,应当根据"固定资产"账户的期末余额减去"累计折旧""固定资产减值准备"备抵账户余额后的净额填列;"无形资产"项目,应当根据"无形资产"账户的期末余额,减去"累计摊销""无形资产减值准备"备抵账户余额后的净额填列。

5. 综合运用上述方法填列

资产负债表中的"存货"项目,需要根据"原材料""委托加工物资""周转材料""材料采购""在途物资""发出商品""材料成本差异"等总账账户期末余额的分析汇总数,再减去"存货跌价准备"账户余额后的净额填列。

资产负债表"期末余额"栏各项目填列的具体方法如下。

(1)"货币资金"项目,应根据"库存现金""银行存款""其他货币资金"账户的期末借方余额合计数填列。

(2)"交易性金融资产"项目,应根据"交易性金融资产"账户的期末余额填列。

(3)"应收票据及应收账款"项目,应根据"应收账款"和"预收账款"账户所属明细账账户的期末借方余额与"应收票据"账户的期末借方余额合计数,减去"坏账准备"账户中有关应收票据及应收账款计提的坏账准备期末余额后的净额填列。

(4)"预付账款"项目,应根据"预付账款"和"应付账款"账户所属明细账户的期末借方余额合计,减去"坏账准备"账户中有关预付账款计提的坏账准备期末余额后的净额填列。

(5)"其他应收款"项目,应根据"其他应收款""应收利息""应收股利"账户的期末余额合计,减去"坏账准备"账户中有关其他应收款、应收利息、应收股利计提的坏账准备期末余额后的净额填列。

(6)"存货"项目,应根据"在途物资(材料采购)""原材料""低值易耗品""库存商品""周转材料""委托加工物资""委托代销商品"和"生产成本"等账户的期末余额合计,减去"存货跌价准备"账户期末余额后的净额填列。

(7)"合同资产"项目,应根据"合同资产"账户所属明细账户的期末余额分析填列。

(8)"持有待售资产"项目,应根据"持有待售资产"账户的期末余额,减去"坏账准备"账户中有关持有待售资产计提的坏账准备期末余额后的净额填列。

(9)"一年内到期的非流动资产"项目,应根据一年内到期的"债权投资""其他债权投资",一年内摊销的"长期待摊费用"和一年内可收回的"长期应收款"账户余额之和分析计算后填列。

(10)"债权投资"项目,应根据"债权投资"账户期末借方余额减去一年内到期的投资部分和"债权投资减值准备"账户期末贷方余额后的净额填列。

(11)"其他债权投资"项目,应根据"其他债权投资"账户所属明细账账户期末余额分析填列。

(12)"长期应收款"项目,应根据"长期应收款"账户期末余额,减去一年内到期的部分、"未确认融资收益"账户期末余额、"坏账准备"账户中按长期应收款计提的坏账准备后的净额填列。

(13)"长期股权投资"项目,应根据"长期股权投资"账户的期末借方余额减去"长期股权投资减值准备"账户期末贷方余额后的净额填列。

(14)"其他权益工具投资"项目,应根据"其他权益工具投资"账户的期末余额填列。

(15)"固定资产"项目,应根据"固定资产"账户期末借方余额,减去"累计折旧"和"固定资产减值准备"账户期末贷方余额,以及"固定资产清理"账户的余额填列。

(16)"在建工程"项目,应根据"在建工程"账户期末余额减去"在建工程减值准备"账户期末余额,以及"工程物资"账户期末余额减去"工程物资减值准备"账户期末余额后的金额填列。

(17)"生产性生物资产"项目,应根据"生产性生物资产"账户期末余额,减去"生产性生物资产累计折旧"和"生产性生物资产减值准备"账户期末贷方余额后的净额填列。

(18)"油气资产"项目,应根据"油气资产"账户的期末余额减去"累计折耗"账户期末余额和相应减值准备后的净额填列。

(19)"无形资产"项目,应根据"无形资产"账户期末借方余额,减去"累计摊销"和"无形资产减值准备"账户的期末贷方余额后的净额填列。

(20)"开发支出"项目,应根据"研发支出"账户中所属的"资本化支出"明细账户期末余额填列。

(21)"商誉"项目,应根据"商誉"账户期末余额减去相应减值准备后的净额填列。

(22)"长期待摊费用"项目,应根据"长期待摊费用"账户的期末余额减去将于一年内(含一年)摊销的数额后的净额填列。

(23)"递延所得税资产"项目,应根据"递延所得税资产"账户期末余额填列。

(24)"其他非流动资产"项目,应根据有关账户的期末余额填列。

(25)"短期借款"项目,应根据"短期借款"账户的期末贷方余额填列。

(26)"交易性金融负债"项目,应根据"交易性金融负债"账户期末余额填列。

(27)"应付票据及应付账款"项目,应根据"应付票据"账户的期末贷方余额以及"应付账款"和"预付账款"账户所属各明细账户的期末贷方余额合计填列。

(28)"预收款项"项目,应根据"预收账款"和"应收账款"账户所属各明细账户的期末贷方余额合计填列。

(29)"合同负债"项目,应根据"合同负债"账户所属的明细账户期末余额分析填列。

(30)"应付职工薪酬"项目,应根据"应付职工薪酬"账户的期末贷方余额填列。

(31)"应交税费"项目,应根据"应交税费"账户的期末贷方余额填列;如"应交税费"账户期末为借方余额,以"-"号填列。

(32)"其他应付款"项目,应根据"其他应付款""应付利息""应付股利"账户的期末余额合计数填列。

(33)"一年内到期的非流动负债"项目,应根据一年内到期的长期借款、长期应付款和应付债券、预计负债账户分析计算后填列。

(34)"长期借款"项目,应根据"长期借款"账户的期末余额减去一年内到期部分的净额填列。

(35)"应付债券"项目,应根据"应付债券"账户期末贷方余额减去一年内到期部分的净额填列。

(36)"长期应付款"项目,应根据"长期应付款"账户的期末余额,减去"未确认融资费用"账户期末余额,以及专项应付款的余额,减去一年内到期部分的长期应付款后的净额填列。

(37)"预计负债"项目,应根据"预计负债"账户期末贷方余额填列。

(38)"递延所得税负债"项目,应根据"递延所得税负债"账户期末贷方余额填列。

(39)"其他非流动负债"项目,应根据除长期借款、应付债券等以外的其他非流动负债有关账户的期末余额填列。

(40)"持有待售负债"项目,应根据"持有待售负债"账户的期末贷方余额填列。

(41)"实收资本(或股本)"项目,应根据"实收资本(或股本)"账户的期末贷方余额填列。

(42)"其他权益工具"项目,应根据"其他权益工具"账户所属明细账户期末余额分析填列。

(43)"资本公积"项目,应根据"资本公积"账户的期末贷方余额填列。

(44)"其他综合收益"项目,应根据"其他综合收益"账户期末贷方余额填列。

(45)"盈余公积"项目,应根据"盈余公积"账户的期末贷方余额填列。

(46)"未分配利润"项目,根据"本年利润"账户和"利润分配"账户的期末余额计算填列,如为未弥补的亏损;在本项目内以"-"号填列。

例题【12-1】 WXR有限责任公司2019年11月30日有关总账和明细账账户的余额如表12-2所示。

表12-2 有关总账和明细账账户的余额　　　　　　　　　单位:元

资产账户	借或贷	余额	负债和所有者权益账户	借或贷	余额
库存现金	借	21 500	短期借款	贷	250 000
银行存款	借	800 000	应付票据	贷	25 500
其他货币资金	借	155 800	应付账款	贷	71 000
交易性金融资产	借	110 000	——丙企业	贷	91 000
应收票据	借	25 000	——丁企业	借	20 000
应收账款	借	75 000	预收账款	贷	14 700
——甲公司	借	80 000	——C公司	贷	14 700
——乙公司	贷	5 000	其他应付款	贷	12 000
坏账准备	贷	2 000	应交税费	贷	28 000
预付账款	借	36 100	长期借款	贷	506 000
——A公司	借	31 000	应付债券	贷	563 700
——B公司	借	5 100	其中一年到期的应付债券	贷	230 000
其他应收款	借	8 500	实收资本	贷	4 125 800
原材料	借	774 400	盈余公积	贷	158 100
生产成本	借	265 400	利润分配	贷	1 900
库存商品	借	193 200	——未分配利润	贷	1 900
固定资产	借	2 888 000	本年利润	贷	36 700
累计折旧	贷	4 900			
在建工程	借	447 400			
资产合计	借	5 793 400	负债及所有者权益合计	贷	5 793 400

要求:根据以上材料编制2019年度11月份的资产负债表。

WXR 有限责任公司编制的资产负债表如表 12-3 所示。

表 12-3 资产负债表

编制单位：WER 有限责任公司　　　　2019 年 11 月 30 日　　　　　　　　　　单位：元

资产	期末余额	年初余额	负债和所有者权益（或股东权益）	期末余额	年初余额
流动资产：		略	流动负债：		略
货币资金	977 300		短期借款	250 000	
交易性金融资产	110 000		交易性金融负债		
衍生金融资产			衍生金融负债		
应收票据及应收账款	103 000		应付票据及应付账款	116 500	
预付款项	56 100		预收款项	19 700	
其他应收款	8 500		合同负债		
存货	1 233 000		应付职工薪酬		
合同资产			应交税费	28 000	
持有待售资产			其他应付款	12 000	
一年内到期的非流动资产			持有待售负债		
其他流动资产			一年内到期的非流动负债	230 000	
流动资产合计	2 487 900		其他流动负债		
非流动资产：			流动负债合计	656 200	
债权投资			非流动负债：		
其他债权投资			长期借款	506 000	
长期应收款			应付债券	333 700	
长期股权投资			其中：优先股		
其他权益工具投资			永续债		
其他非流动金融资产			长期应付款		
投资性房地产			预计负债		
固定资产	2 883 100		递延收益		
在建工程	447 400		递延所得税负债		
生产性生物资产			其他非流动负债		
油气资产			非流动负债合计	839 700	
无形资产			负债合计	1 495 900	
开发支出			所有者权益：		
商誉			实收资本	4 125 800	
长期待摊费用			其他权益工具		
递延所得税资产			其中：优先股		
其他非流动资产			永续债		
非流动资产合计	3 330 500		资本公积		
			减：库存股		
			其他综合收益		
			盈余公积	158 100	
			未分配利润	38 600	
			所有者权益合计	4 322 500	
资产总计	5 818 400		负债和所有者权益总计	5 818 400	

任务三 利润表的认知与应用

一、利润表的定义

利润表是指反映企业在一定会计期间的经营成果的财务报表。利润表属于动态财务报表,主要依据会计的收入实现原则和配比原则编制,即把一定时期的营业收入与同一会计期间相关的费用(成本)进行配比,从而计算出企业一定时期的净利润或净亏损。

二、利润表的作用

利润表是反映一定会计期间经营成果的报表,有以下四方面的作用。

(一) 有利于分析企业的获利能力

通过利润表各项目的数据显示,可以看出企业在一定会计期间总体的收入、费用、盈利状况,进而分析企业的获利能力。企业盈利越多,表示获利能力越强;反之,就越弱。信息使用者通过比较同一企业在不同时期或同一行业中不同企业在相同时期的有关指标,就可以分析企业今后的利润发展趋势,评价和预测企业的获利能力,并据此作出相关决策。

(二) 有利于考核企业管理层的业绩

在所有权与经营权相分离的现代企业中,可以通过利润表显示的数据来考核企业管理层的受托责任履行情况,评价管理层的经营业绩。企业的利润达到预期目标,并且稳中有升,表明企业管理层的经营业绩好;反之,表明企业管理层的经营业绩差。股东会可以根据利润实现的情况考核管理层的经营业绩。

(三) 有利于预测企业未来获利能力

通过对同一个企业不同时期的利润表相关项目进行比较,找出利润表中相关项目变动的数据,分析企业获利能力的变化,有利于预测企业未来的获利能力。信息使用者通过利润表提供的关于过去经营活动收益水平的客观记录和历史反映,判断企业未来的利润状况和发展趋势,正确地进行决策。

(四) 有利于企业提高管理水平

企业管理层通过比较和分析利润表中的各个项目,可以总体把握各项收入、费用与利润之间的关系,发现工作中存在的问题,采取措施,改善经营管理,提高管理水平。

三、利润表的内容及基本格式

(一) 利润表的内容

根据企业会计准则规定,利润表至少应当单独列示反映下列信息的项目:营业收入、营业成本、税金及附加、管理费用、销售费用、研发费用、财务费用、资产减值损失、信用减值损失、其他收益、投资收益、公允价值变动收益、资产处置收益、营业外收入、营业外支出、所得税费用和净利润。

(二) 利润表的基本格式

利润表常见的格式有两种：单步式利润表和多步式利润表。我国规定采用多步式利润表。

多步式利润表中的当期净利润，是通过多步计算确定的，通常分为以下几步。

第一步，反映营业收入，在主营业务收入的基础上加上其他业务收入。计算出营业收入。

第二步，反映营业利润，即在营业收入的基础上减去营业成本、税金及附加、管理费用、销售费用、研发费用、财务费用、资产减值损失、信用减值损失，加上其他收益、投资收益（亏损用负数）、公允价值变动收益（亏损用负数）、资产处置收益（亏损用负数），计算得出营业利润。

第三步，反映利润总额，在营业利润的基础上加上营业外收入，减去营业外支出，计算得出本期实现的利润总额，即税前的会计利润。

第四步，反映净利润，在利润总额的基础上减去所得税费用，计算得出本期的净利润（或净亏损）。

第五步，反映其他综合收益的税后净额，在其他综合收益总额的基础上减去所得税的影响，计算得出其他综合收益的税后净额。

第六步，反映综合收益，在净利润的基础上加上其他综合收益的税后净额，计算得出综合收益总额。

第七步，反映每股收益，在综合收益的基础上除以普通股的加权平均股数，计算得出每股收益。

利润表的格式如表12-4所示。

表12-4 利润表

编制单位：　　　　　　　　　　　___年___月　　　　　　　　　　　单位：元

项目	本期金额	上期金额
一、营业收入		
减：营业成本		
税金及附加		
销售费用		
管理费用		
研发费用		
财务费用		
其中：利息费用		
利息收入		
资产减值损失		
信用减值损失		
加：其他收益		

续表

项目	本期金额	上期金额
投资收益（损失以"-"号填列）		
其中：对联营企业和合营企业的投资收益		
公允价值变动收益（损失以"-"号填列）		
资产处置收益（损失以"-"号填列）		
二、营业利润（亏损以"-"号填列）		
加：营业外收入		
减：营业外支出		
三、利润总额（亏损总额以"-"号填列）		
减：所得税费用		
四、净利润（净亏损以"-"号填列）		
（一）持续经营净利润（净亏损以"-"号填列）		
（二）终止经营净利润（净亏损以"-"号填列）		
五、其他综合收益的税后净额		
（一）不能重分类进损益的其他综合收益		
1. 重新计量设定受益计划变动额		
2. 权益法下不能转损益的其他综合收益		
3. 其他权益工具投资公允价值变动		
4. 企业自身信用风险公允价值变动		
……		
（二）将重分类进损益的其他综合收益		
1. 权益法下可转损益的其他综合收益		
2. 其他债权投资公允价值变动		
3. 金融资产重分类计入其他综合收益的金额		
4. 其他债权投资信用减值准备		
5. 现金流量套期储备		
6. 外币财务报表折算差额		
……		
六、综合收益总额		
七、每股收益		
（一）基本每股收益		
（二）稀释每股收益		

四、利润表的编制方法

利润表反映企业在一定期间内实现利润（或亏损）的情况，利润表中"本期金额"栏内各项数据，除每股收益项目外，应当按照相关账户的发生额列示；利润表中"上期金额"栏内各项数据，在编报中期财务会计报告时，填列上年同期实际发生数，在编报年度财务会计报告时，填列上年全年实际发生数。如果上年度利润表的项目名称和内容与本年度利润表不一致，应对上年度利润表项目的名称和数字按本年度的规定进行调整，并按调整后的数字填入利润表的"上期金额"栏。

利润表"本期金额"栏内具体项目的填列方法如下。

（1）"营业收入"项目，应根据"主营业务收入"和"其他业务收入"账户的发生额分析填列。

（2）"营业成本"项目，应根据"主营业务成本"和"其他业务成本"账户的发生额分析填列。

（3）"税金及附加"项目，应根据"税金及附加"账户的发生额分析填列。

（4）"销售费用"项目，应根据"销售费用"账户的发生额分析填列。

（5）"管理费用"项目，应根据"管理费用"账户的发生额分析填列。

（6）"研发支出"项目，应根据"研发支出"所属明细账户费用化支出的发生额分析填列。

（7）"财务费用"项目，应根据"财务费用"账户的发生额分析填列。

（8）"资产减值损失"项目，应根据"资产减值损失"账户的发生额分析填列。

（9）"信用减值损失"项目，应根据"信用减值损失"账户的发生额分析填列。

（10）"其他收益"项目，应根据"其他收益"账户的发生额分析填列。

（11）"投资收益"项目，应根据"投资收益"账户的发生额分析填列，如为投资损失本项目以负数填列。

（12）"公允价值变动收益"项目，应根据"公允价值变动损益"账户的发生额分析填列，如为净损失本项目以负数填列。

（13）"资产处置收益"项目，应根据"资产处置收益"账户的发生额分析填列，如为净损失本项目以负数填列。

（14）"营业利润"项目，应根据（1）~（13）项目计算填列，如为亏损本项目以负数填列。

（15）"营业外收入"项目，应根据"营业外收入"账户的发生额分析填列。

（16）"营业外支出"项目，应根据"营业外支出"账户的发生额分析填列。

（17）"利润总额"项目，应根据（14）~（16）项目计算填列，如为亏损本项目以负数填列。

（18）"所得税费用"项目，应根据"所得税费用"账户的发生额分析填列。

（19）"净利润"项目，应根据（17）~（18）项目计算填列，如为亏损本项目以负数填列。

(20) "其他综合收益的税后净额"项目,应根据企业会计准则规定未在损益中确认的各项利得和损失扣除所得税影响后的净额填列。

(21) "综合收益总额"项目,应根据(19)~(20)项目计算填列。

(22) "每股收益"项目,应根据"综合收益总额"项目除以普通股股数后的净额填列。

例题【12-2】 WXR 有限责任公司适用的所得税税率为 25%,公司 2019 年 1—11 月的利润数据如表 12-5 所示。

表 12-5 利润数据 单位:元

项目	累计金额
营业收入	1 200 000
营业成本	800 000
税金及附加	20 400
销售费用	20 000
管理费用	40 000
财务费用	1 000
资产减值损失	3 000
营业利润	略
营业外收入	5 000
营业外支出	2 000
利润总额	略
所得税费用	略

WXR 有限责任公司 2019 年 12 月发生以下经济业务。

(1) 对外销售甲商品 1 000 件,单价为 135 元,增值税税率为 16%,收到对方开来的一张金额为 156 600 元的商业汇票。

(2) 接受 A 公司捐赠现金 7 000 元存入银行。

(3) 计算分配本月应付职工工资共计 45 000 元,其中管理部门人员工资 30 000 元,专设销售机构人员工资 15 000 元。

(4) 计提本月办公用固定资产折旧 1 200 元。

(5) 结转已销售的 1 000 件甲商品的销售成本 87 000 元。

(6) 将本月实现的损益结转至"本年利润"账户。

要求:根据上述资料,完成会计分录编制并编制 2019 年度的利润表。

WXR 有限责任公司编制的会计分录如下。

(1) 借:应收票据 156 600
     贷:主营业务收入 135 000
       应交税费——应交增值税(销项税额) 21 600

(2) 借:银行存款 7 000
     贷:营业外收入 7 000

（3）借：管理费用　　　　　　　　　　　　　　　　30 000
　　　　销售费用　　　　　　　　　　　　　　　　15 000
　　　　　贷：应付职工薪酬　　　　　　　　　　　　　　　　45 000
（4）借：管理费用　　　　　　　　　　　　　　　　1 200
　　　　　贷：累计折旧　　　　　　　　　　　　　　　　　1 200
（5）借：主营业务成本　　　　　　　　　　　　　　87 000
　　　　　贷：库存商品　　　　　　　　　　　　　　　　　87 000
（6）借：主营业务收入　　　　　　　　　　　　　　135 000
　　　　营业外收入　　　　　　　　　　　　　　　　7 000
　　　　　贷：本年利润　　　　　　　　　　　　　　　　　142 000
　　借：本年利润　　　　　　　　　　　　　　　　　133 200
　　　　　贷：主营业务成本　　　　　　　　　　　　　　　87 000
　　　　　　　管理费用　　　　　　　　　　　　　　　　31 200
　　　　　　　销售费用　　　　　　　　　　　　　　　　15 000

WXR 有限责任公司编制的利润表如表 12-6 所示。

表 12-6　利润表

编制单位：WXR 有限责任公司　　　　　2019　年　　　　　　　　　　单位：元

项目	本期金额	上期金额
一、营业收入	1 335 000	
减：营业成本	887 000	
税金及附加	20 400	
销售费用	35 000	
管理费用	71 200	
研发费用		
财务费用	1 000	
其中：利息费用	1 000	
利息收入		
资产减值损失	3 000	
信用减值损失		
加：其他收益		
投资收益（损失以"-"号填列）		
其中：对联营企业和合营企业的投资收益		
公允价值变动收益（损失以"-"号填列）		
资产处置收益（损失以"-"号填列）		
二、营业利润（亏损以"-"号填列）	317 400	
加：营业外收入	12 000	

续表

项目	本期金额	上期金额
减：营业外支出	2 000	
三、利润总额（亏损总额以"-"号填列）	327 400	
减：所得税费用	81 850	
四、净利润（净亏损以"-"号填列）	245 550	
（一）持续经营净利润（净亏损以"-"号填列）	245 550	
（二）终止经营净利润（净亏损以"-"号填列）		
五、其他综合收益的税后净额		
（一）不能重分类进损益的其他综合收益		
1. 重新计量设定受益计划变动额		
2. 权益法下不能转损益的其他综合收益		
3. 其他权益工具投资公允价值变动		
4. 企业自身信用风险公允价值变动		
……		
（二）将重分类进损益的其他综合收益		
1. 权益法下可转损益的其他综合收益		
2. 其他债权投资公允价值变动		
3. 金融资产重分类计入其他综合收益的金额		
4. 其他债权投资信用减值准备		
5. 外币财务报表折算差额		
……		
六、综合收益总额	245 550	
七、每股收益		
（一）基本每股收益		
（二）稀释每股收益		

任务四　现金流量表的认知与应用

一、现金流量表概述

（一）现金流量表定义

现金流量表是反映企业在一定会计期间现金和现金等价物流入和流出情况的报表。现金流量表可以反映企业在一段时间内的现金和现金等价物流入企业、流出企业和期末净现金流量增加额，体现企业获取现金和现金等价物的能力。

（二）现金流量表的作用

现金流量表可以为报表使用者提供企业一定会计期间内现金和现金等价物流入和流出情况的信息，便于信息使用者了解和评价企业获取现金和现金等价物的能力，据以预测企业未来现金流量。编制现金流量表有利于会计信息使用者评价企业的支付能力、偿债能力和周转能力；有利于会计信息使用者预测企业未来产生的现金流量；有利于会计信息使用者评价企业收益的质量和分析现金流量差异的原因。

二、现金流量及其分类

现金流量是一定会计期间内企业现金和现金等价物的流入和流出。但是，企业从银行提取现金、用现金购买短期到期的国库券等现金和现金等价物之间的转换不影响现金流量。

这里的"现金"是企业库存现金以及可以随时用于支付的存款，包括库存现金、银行存款和其他货币资金（如外埠存款、银行汇票存款、银行本票存款等）等。不能随时用于支付的存款不属于现金流量表中所说的现金。

现金等价物是企业持有的期限短、流动性强、易于转换为已知金额现金、价值变动风险很小的投资。期限短，一般是指从购买日起三个月内到期。现金等价物通常包括三个月内到期的债券投资等。权益性投资变现的金额通常不确定，因而不属于现金等价物。企业应当根据具体情况，确定现金等价物的范围，一经确定不得随意变更。

企业的经营管理活动可以分为三类。

（一）经营活动

经营活动是企业投资活动和筹资活动以外的所有交易和事项。经营活动主要包括销售商品或提供劳务、购买商品、接受劳务、支付工资和交纳税款等流入和流出现金和现金等价物的活动或事项。

（二）投资活动

投资活动是企业长期资产的购建和不包括在现金等价物范围内的投资及其处置活动。投资活动主要包括购建固定资产、处置子公司及其他营业单位等流入和流出现金和现金等价物的活动或事项。

（三）筹资活动

筹资活动是导致企业资本及债务规模和构成发生变化的活动。筹资活动主要包括吸收投资、发行股票、分配利润、发行债券、偿还债务等流入和流出现金和现金等价物的活动或事项。偿付应付账款、应付票据等商业应付款属于经营活动，不属于筹资活动。

三、现金流量表的结构和内容

我国企业现金流量表采用报告式结构，分类反映经营活动产生的现金流量、投资活动产生的现金流量和筹资活动产生的现金流量，最后汇总反映企业某一期间现金及现金等价物的净增加额。我国企业现金流量表的格式如表12-7所示。

表 12-7 现金流量表

编制单位：　　　　　　　　　　　　　　年　　月　　　　　　　　　　　　　　单位：元

一、经营活动产生的现金流量		
销售商品、提供劳务收到的现金		
收到的税费返还		
收到其他与经营活动有关的现金		
经营活动现金流入小计		
购买商品、接受劳务支付的现金		
支付给职工以及为职工支付的现金		
支付的各项税费		
支付其他与经营活动有关的现金		
经营活动现金流出小计		
经营活动产生的现金流量净额		
二、投资活动产生的现金流量		
收回投资收到的现金		
取得投资收益收到的现金		
处置固定资产、无形资产和其他长期资产收回的现金净额		
处置子公司及其他营业单位收到的现金净额		
收到其他与投资活动有关的现金		
投资活动现金流入小计		
购建固定资产、无形资产和其他长期资产支付的现金		
投资支付的现金		
取得子公司及其他营业单位支付的现金净额		
支付其他与投资活动有关的现金		
投资活动现金流出小计		
投资活动产生的现金流量净额		
三、筹资活动产生的现金流量		
吸收投资收到的现金		
取得借款收到的现金		
收到其他与筹资活动有关的现金		
筹资活动现金流入小计		
偿还债务支付的现金		
分配股利、利润或偿付利息支付的现金		
支付其他与筹资活动有关的现金		

续表

筹资活动现金流出小计		
筹资活动产生的现金流量净额		
四、汇率变动对现金及现金等价物的影响		
五、现金及现金等价物净增加额		
加：期初现金及现金等价物余额		
六、期末现金及现金等价物余额		

四、现金流量表的编制方法

企业应当采用直接法列示经营活动产生的现金流量。直接法是通过现金收入和现金支出的主要类别列示经营活动的现金流量。采用直接法编制经营活动的现金流量时，一般以利润表中的营业收入为起算点，调整与经营活动有关的项目的增减变动，然后计算出经营活动的现金流量。采用直接法具体编制现金流量表时，可以采用工作底稿法或 T 型账户法，也可以根据有关账户记录分析填列。

现金流量表各项目的填列方法如下。

（一）经营活动产生的现金流量的编制方法

1. "销售商品、提供劳务收到的现金"项目

本项目可根据"主营业务收入""其他业务收入""应收账款""应收票据""预收账款"及"库存现金""银行存款"等账户分析填列。

本项目的现金流入可用以下公式计算求得。

销售商品、提供劳务收到的现金 = 本期营业收入净额 + 本期应收账款减少额（ - 应收账款增加额）+ 本期应收票据减少额（ - 应收票据增加额）+ 本期预收账款增加额（ - 预收账款减少额）

注：上述公式中，如果本期有实际核销的坏账损失，也应减去（因核销坏账损失减少了应收账款，但没有收回现金）。如果有收回前期已核销的坏账金额，应加上（因收回已核销的坏账，并没有增加或减少应收账款，却收回了现金）。

2. "收到的税费返还"项目

该项目反映企业收到返还的各种税费。本项目可以根据"库存现金""银行存款""应交税费""税金及附加"等账户的记录分析填列。

3. "收到其他与经营活动有关的现金"项目

本项目反映企业除了上述各项目以外收到的其他与经营活动有关的现金，如罚款收入、流动资产损失中由个人赔偿的现金收入等。本项目可根据"营业外收入""营业外支出""库存现金""银行存款""其他应收款"等账户的记录分析填列。

4. "购买商品、接受劳务支付的现金"项目

本项目可根据"应付账款""应付票据""预付账款""库存现金""银行存款""主营业务成本""其他业务成本""存货"等账户的记录分析填列。

本项目的现金流出可用以下公式计算求得。

购买商品、接受劳务支付的现金 = 营业成本 + 本期存货增加额(– 本期存货减少额) + 本期应付账款减少额(– 本期应付账款增加额) + 本期应付票据减少额(– 本期应付票据增加额) + 本期预付账款增加额 (– 本期预付账款减少额)

5. "支付给职工以及为职工支付的现金"项目

本项目反映企业实际支付给职工以及为职工支付的工资、奖金、各种津贴和补贴等(含为职工支付的养老、失业等各种保险和其他福利费用),但不含为离退休人员支付的各种费用和固定资产购建人员的工资。

本项目可根据"库存现金""银行存款""应付职工薪酬""生产成本"等账户的记录分析填列。

6. "支付的各项税费"项目

本项目反映企业按规定支付的各项税费和有关费用,但不包括已计入固定资产原价而实际支付的耕地占用税和本期退回的企业所得税。

本项目应根据"应交税费""库存现金""银行存款"等账户的记录分析填列。

7. "支付其他与经营活动有关的现金"项目

本项目反映企业除上述各项外,支付的其他与经营活动有关的现金,包括罚款支出、差旅费、业务招待费、保险费支出及支付的离退休人员的各项费用等。本项目应根据"管理费用""销售费用""营业外支出"等账户的记录分析填列。

(二) 投资活动产生的现金流量的编制方法

1. "收回投资收到的现金"项目

本项目反映企业出售、转让和到期收回的除现金等价物以外的交易性金融资产、长期股权投资而收到的现金,以及收回债权投资本金而收到的现金;不包括债权投资收回的利息以及收回的非现金资产。本项目应根据"交易性金融资产""长期股权投资""库存现金""银行存款"等账户的记录分析填列。

2. "取得投资收益收到的现金"项目

本项目反映企业因股权性投资而分得的现金股利、分回利润所收到的现金,以及债权性投资取得的现金利息。本项目应根据"投资收益""库存现金""银行存款"等账户的记录分析填列。

3. "处置固定资产、无形资产和其他长期资产收回的现金净额"项目

该项目反映处置各项长期资产所取得的现金,减去为处置这些资产所支付的有关费用后的净额。本项目可根据"固定资产清理""库存现金""银行存款"等账户的记录分析填列。

如该项目所收回的现金净额为负数,应在"支付其他与投资活动有关的现金"项目中填列。

4. "收到其他与投资活动有关的现金"项目

本项目反映除上述各项目以外,收到的其他与投资活动有关的现金。本项目应根据"库存现金""银行存款"和其他有关账户的记录分析填列。

5. "购建固定资产、无形资产和其他长期资产支付的现金"项目

本项目反映企业购买、建造固定资产,取得无形资产和其他长期资产所支付的现金。企业为购建固定资产支付的现金，包括购买固定资产支付的价款及增值税款、固定资产购建支付的现金，但不包括购建固定资产的借款利息支出和融资租入固定资产的租赁费。

本项目应根据"固定资产""无形资产""在建工程""库存现金""银行存款"等账户的记录分析填列。

6. "投资支付的现金"项目

本项目反映企业在现金等价物以外进行交易性金融资产、长期股权投资、债权投资所实际支付的现金，包括佣金手续费所支付的现金；但不包括企业购买股票和债券时，实际支付价款中包含的已宣告但尚未领取的现金股利或已到付息期但尚未领取的债券利息。

本项目应根据"交易性金融资产""长期股权投资""债权投资""库存现金""银行存款"等账户记录分析填列。

7. "支付其他与投资活动有关的现金"项目

本项目反映企业除了上述各项以外，支付的与投资活动有关的现金，包括企业购买股票和债券时实际支付价款中包含的已宣告但尚未领取的现金股利或已到付息期但尚未领取的债券利息等。本项目应根据"库存现金""银行存款""应收股利""应收利息"等账户的记录分析填列。

（三）筹资活动产生的现金流量的编制方法

1. "吸收投资收到的现金"项目

本项目反映企业收到投资者投入的现金，包括以发行股票、债券等方式筹集资金实际收到的款项净额（即发行收入减去支付的佣金等发行费用后的净额）。本项目应根据"实收资本（或股本）""应付债券""库存现金""银行存款"等账户的记录分析填列。

2. "取得借款收到的现金"项目

本项目反映企业举借各种短期借款、长期借款而收到的现金。本项目应根据"短期借款""长期借款""银行存款"等账户的记录分析填列。

3. "收到其他与筹资活动有关的现金"项目

该项目反映企业除上述各项以外，收到的其他与筹资活动有关的现金。本项目应根据"库存现金""银行存款"和其他有关账户的记录分析填列。

4. "偿还债务支付的现金"项目

本项目反映企业以现金偿还债务的本金，包括偿还金融机构的借款本金、偿还到期的债券本金等。本项目应根据"短期借款""长期借款""应付债券""库存现金""银行存款"等账户的记录分析填列。

5. "分配股利、利润或偿付利息支付的现金"项目

本项目反映企业实际支付的现金股利、支付给投资人的利润或用现金支付的借款利息、债券利息等。本项目应根据"应付股利""财务费用""长期借款""应付债券""库存现金""银行存款"等账户的记录分析填列。

6. "支付其他与筹资活动有关的现金"项目

本项目反映除了上述各项目以外，支付的与筹资活动有关的现金，如发行股票、债券所支付的审计、咨询等费用。本项目应根据"库存现金""银行存款"和其他有关账户的记录分析填列。

（四）"汇率变动对现金及现金等价物的影响"的编制方法

本项目反映企业的外币现金流量发生日所采用的汇率与期末汇率的差额对现金的影响数额。（编制方法略）。

（五）"现金及现金等价物净增加额"的编制方法

"现金及现金等价物的净增加额"是由本表中"经营活动产生的现金流量净额""投资活动产生的现金流量净额""筹资活动产生的现金流量净额"和"汇率变动对现金及现金等价物的影响"四个项目相加得出的。

（六）"期末现金及现金等价物余额"的填列

本项目是由计算出来的现金及现金等价物净增加额加上期初现金及现金等价物金额求得。它应该与企业期末的全部货币资金与现金等价物的合计余额相等。

五、工作底稿法和"T"型账户法

（一）工作底稿法

采用工作底稿法编制现金流量表，就是以工作底稿为手段，以利润表和资产负债表数据为基础，对每一项目进行分析并编制调整分录，从而编制现金流量表。

在直接法下，整个工作底稿纵向分成三段，第一段是资产负债表项目，其中又分为借方项目和贷方项目两部分；第二段是利润表项目；第三段是现金流量表项目。工作底稿横向分为五栏，在资产负债表部分，第一栏是项目栏，填列资产负债表各项目名称；第二栏是期初数，用来填列资产负债表项目的期初数；第三栏是调整分录的借方；第四栏是调整分录的贷方；第五栏是期末数，用来填列资产负债表项目的期末数。在利润表和现金流量表部分，第一栏也是项目栏，用来填列利润表和现金流量表项目名称；第二栏空置不填；第三栏、第四栏分别是调整分录的借方和贷方；第五栏是本期数，利润表部分这一栏数字应和本期利润表数字核对相符，现金流量表部分这一栏的数字可直接用来编制正式的现金流量表。

采用工作底稿法编制现金流量表的程序分为五步。

第一步，将资产负债表的期初数和期末数过入工作底稿的期初数栏和期末数栏。

第二步，对当期业务进行分析并编制调整分录。调整分录大体有三类。

① 涉及利润表中的收入、成本和费用项目以及资产负债表中的资产、负债及所有者权益项目，通过调整，将权责发生制下的收入费用转换为现金基础；

② 涉及资产负债表和现金流量表中的投资、筹资项目，反映投资和筹资活动的现金流量；

③ 涉及利润表和现金流量表中的投资和筹资项目，目的是将利润表中有关投资和筹资方面的收入和费用列入现金流量表的投资、筹资活动产生的现金流量中去。此外，还有一些调整分录并不涉及现金收支，只是为了核对资产负债表项目的期末、期初变动。

在调整分录中，有关现金和现金等价物的事项，并不直接借记或贷记现金，而是分别计入"经营活动产生的现金流量""投资活动产生的现金流量""筹资活动产生的现金流量"

有关项目，借记表明现金流入，贷记表明现金流出。

第三步，将调整分录过入工作底稿中的相应部分。

第四步，核对调整分录，借贷合计应当相等，资产负债表项目期初数加减调整分录中的借贷金额以后，应当等于期末数。

第五步，根据工作底稿中的现金流量表项目部分编制正式的现金流量表。

(二)"T"型账户法

采用"T"型账户法，就是以"T"型账户为手段，以利润表和资产负债表数据为基础，对每一项目进行分析并编制调整分录，从而编制现金流量表。采用"T"型账户法编制现金流量表的程序如下。

第一步，为所有的非现金项目（包括资产负债表项目和利润表项目）分别开设"T"型账户，并将各自的期末、期初变动数过入各账户。

第二步，开设一个大的"现金及现金等价物""T"型账户，两边各分为经营活动、投资活动和筹资活动三个部分，左边记现金流入，右边记现金流出。与其他账户一样，过入期末、期初变动数。

第三步，以利润表项目为基础，结合资产负债表分析每一个非现金项目的增减变动，并据此编制调整分录。

第四步，将调整分录过入各"T"型账户，并进行核对，该账户借贷相抵后的余额与原先过入的期末、期初变动数应当一致。

第五步，根据大的"现金及现金等价物""T"型账户编制正式的现金流量表。

例题【12-3】 WXR 有限责任公司 2019 年有关资料如下。

本期产品销售收入为 80 000 元；应收账款期初余额为 10 000 元，期末余额为 34 000 元；本期预收的货款为 4 000 元；本期用银行存款支付购买原材料货款为 40 000 元；用银行存款支付工程用物资货款为 81 900 元；本期购买原材料预付货款为 15 000 元；本期从银行提取现金 33 000 元，用于发放工资；本期实际支付工资 30 000 元、各种奖金 3 000 元，其中经营人员工资 18 000 元、奖金 2 000 元，在建工程人员工资 12 000 元、奖金 1 000 元；期初未交所得税为 1 600 元，本期发生的应交所得税为 6 600 元，期末未交所得税为 600 元。

要求：根据上述资料，计算"销售商品、提供劳务收到的现金"项目、"购买商品、接受劳务支付的现金"项目、"支付给职工以及为职工支付的现金"项目、"支付的各项税费"项目、"购建固定资产、无形资产和其他长期资产支付的现金"项目的金额。

各项目计算过程如下。

"销售商品、提供劳务收到的现金"项目 = 80 000 + (10 000 - 34 000) + 4 000 = 60 000（元）。

"购买商品、接受劳务支付的现金"项目 = 40 000 + 15 000 = 55 000（元）。

"支付给职工以及为职工支付的现金"项目 = 18 000 + 2 000 = 20 000（元）。

"支付的各项税费"项目 = 1 600 + 6 600 - 600 = 7 600（元）。

"购建固定资产、无形资产和其他长期资产支付的现金"项目 = 12 000 + 1 000 + 81 900 = 94 900（元）。

任务五　所有者权益变动表的认知与应用

一、所有者权益变动表概述

（一）所有者权益变动表的定义

所有者权益变动表是反映构成所有者权益的各组成部分当期的增减变动情况的报表。所有者权益变动表可以全面反映企业在一定会计期间所有者权益的增减变动情况，不仅包括总量的变动，还包括具体构成项目的变动。

（二）所有者权益变动表的作用

所有者权益变动表反映一定会计期间所有者权益构成及其变动情况，属于动态会计报表。编制所有者权益变动表有利于会计信息使用者了解所有者权益增减变动情况，有利于反映企业综合收益，有利于比较不同时期所有者权益的信息。所有者权益变动表既可以为会计信息使用者提供所有者权益总量增减变动的信息，也能为其提供所有者权益增减变动的结构性信息，特别是能够让会计信息使用者理解所有者权益增减变动的根源。

二、所有者权益变动表的内容和结构

在所有者权益变动表上，企业至少应当单独列示反映下列信息的项目：综合收益总额、会计政策变更和差错更正的累积影响金额、所有者投入资本和向所有者分配利润、提取的盈余公积、实收资本（或股本）、资本公积、盈余公积、未分配利润的期初和期末余额及其调节情况。

所有者权益变动表以矩阵的形式列示：一方面，列示导致所有者权益变动的交易或事项，即所有者权益变动的来源，对一定时期所有者权益的变动情况进行全面反映；另一方面，按照所有者权益各组成部分（即实收资本、其他权益工具、资本公积、其他综合收益、盈余公积、未分配利润和库存股）列示交易或事项对所有者权益各部分的影响。

所有者权益变动表的格式如表 12-8 所示。

表 12-8　所有者权益变动表

编制单位：　　　　　　　　　　　　　　　　　年度　　　　　　　　　　　　　　　　单位：元

项目	本年金额								上年金额							
	实收资本（或股本）	其他权益工具	资本公积	减：库存股	其他综合收益	盈余公积	未分配利润	所有者权益合计	实收资本（或股本）	其他权益工具	资本公积	减：库存股	其他综合收益	盈余公积	未分配利润	所有者权益合计
一、上年年末余额																
加：会计政策变更																

续表

项目	本年金额								上年金额						
	实收资本（或股本）	其他权益工具	资本公积	减:库存股	其他综合收益	盈余公积	未分配利润	所有者权益合计	实收资本（或股本）	其他权益工具	资本公积	减:库存股	其他综合收益	盈余公积	未分配利润	所有者权益合计
前期差错更正															
其他															
二、本年年初余额															
三、本年增减变动金额（减少以"-"号填列）															
（一）综合收益总额															
（二）所有者投入和减少资本															
1. 所有者投入的普通股															
2. 其他权益工具持有者投入的资本															
3. 股份支付计入所有者权益的金额															
4. 其他															
（三）分配利润															
1. 提取盈余公积															
2. 对所有者（或股东）的分配															
3. 其他															
（四）所有者权益内部结转															
1. 资本公积转增资本（或股本）															
2. 盈余公积转增资本（或股本）															

续表

项目	本年金额							上年金额						
	实收资本（或股本）	其他权益工具	资本公积	减:库存股	其他综合收益	盈余公积	未分配利润	所有者权益合计	实收资本（或股本）	其他权益工具	资本公积	减:库存股	其他综合收益	盈余公积	未分配利润	所有者权益合计
3. 盈余公积弥补亏损														
4. 设定受益计划变动额结转留存收益														
5. 其他综合收益结转留存收益														
6. 其他														
四、本年年末余额														

三、所有者权益变动表的编制

所有者权益变动表各项目均需填列"本年金额"和"上年金额"两栏。

（一）所有者权益变动表"上年金额"栏的填列方法

所有者权益表变动表"上年金额"栏内各项数字，应根据上年度所有者权益变动表"本年金额"内所列数字填列。上年度所有者权益变动表规定的各个项目的名称和内容同本年度不一致的，应对上年度所有者权益变动表各项目的名称和数字按照本年度的规定进行调整，填入所有者权益变动表的"上年金额"栏内。

（二）所有者权益变动变"本年金额"栏的填列方法

所有者权益变动表"本年金额"栏内各项数字一般应根据"实收资本（或股本）""其他权益工具""资本公积""库存股""其他综合收益""盈余公积""利润分配"账户的发生额分析填列。

各项目的填列说明如下：

（1）上年年末余额：反映企业上年资产负债表中实收资本（或股本）、其他权益工具、资本公积、其他综合收益、盈余公积、利润分配等的年末余额，直接根据上年年末资产负债表的相关数据填列。

① 会计政策变更：反映企业采用追溯调整法处理的会计政策变更的累积影响金额。

② 前期差错更正：反映企业采用追溯重述法处理的会计差错更正的累积影响金额。

（2）本年年初余额：反映企业为体现会计政策变更和前期差错更正的影响，而在上年年末所有者权益余额的基础上进行调整得出的本年年初所有者权益余额。应根据"实收资本（或股本）""其他权益工具""资本公积""其他综合收益""盈余公积""利润分配"账户的发生额分析填列。

（3）本年增减变动金额：

① 综合收益总额：反映企业当年实现的净利润（或净亏损）金额与其他综合收益扣除所得税影响后的净额的合计数。

② 所有者投入和减少资本：反映企业当年所有者投入的资本和减少的资本。其中：

a. 所有者投入的普通股：反映企业接受投资者投入形成的实收资本（或股本）和资本溢价或股本溢价，对应列在"实收资本"和"资本公积"栏。

b. 股份支付计入所有者权益的金额：反映企业处于等待期中的权益结算的股份支付当年计入资本公积的金额，对应列在"资本公积"栏。

③ 分配利润：反映按照规定提取的盈余公积金额和当年对所有者（或股东）分配的利润（或股利）金额，对应列在"盈余公积"和"未分配利润"栏。

a. 提取盈余公积：反映企业按照规定提取的盈余公积、储备基金、企业发展基金项目、中外合作经营在合作期间归还投资者的投资等项目。

b. 对所有者（或股东）的分配：反映对所有者（或股东）分配的利润（或股利）金额。

④ 所有者权益内部结转：反映不影响当年所有者权益总额的所有者各组成部分之间当年的增减变动。

a. 资本公积转增资本（或股本）：反映企业以资本公积转增资本（或股本）的金额。

b. 盈余公积转增资本（或股本）：反映企业以盈余公积转增资本（或股本）的金额。

c. 盈余公积弥补亏损：反映企业以盈余公积弥补亏损的金额。

任务六　财务报表附注的认知与应用

一、财务报表附注的定义及作用

财务报表附注是对资产负债表、利润表、现金流量表和所有者权益变动表等报表中列示项目的文字描述或明细资料，以及对未能在这些报表中列示项目的说明等。财务报表中的数据具有很强的逻辑关系，数据是经过多次提炼得来的，因此有必要对财务报表相关项目的数据进行补充和说明；另外，有一部分经济业务是不能通过财务报表数据反映出来的，为了全面、完整地反映企业真实的财务状况、经营成果、现金流量等会计信息，有必要通过财务报表附注进行补充说明。

编制财务报表附注，有利于会计信息使用者全面、正确地理解和使用会计报表，有利于会计信息使用者进行正确决策。通过财务报表附注与资产负债表、利润表、现金流量表和所有者权益变动表列示项目的相互参照，以及对未能在报表中列示项目的说明，可以使报表使用者全面了解企业的财务状况、经营成果和现金流量。

二、财务报表附注的主要内容

财务报表附注是财务会计报告的重要组成部分。企业的年度财务报表附注至少应披露以下内容，法律、行政法规等另有规定的除外。

(1) 不符合会计核算前提的说明。
(2) 重要会计政策和会计估计的说明。
(3) 重要会计政策和会计估计变更的说明，以及重大会计差错更正的说明。
(4) 或有事项的说明。
(5) 资产负债表日后事项的说明。
(6) 关联方关系及其交易的说明。
(7) 重要资产转让及其出售的说明。
(8) 企业合并、分立的说明。
(9) 会计报表重要项目的说明。

项目小结

财务会计报告是企业对外提供的反映企业在某一特定日期的财务状况、某一会计期间的经营成果和现金流量等会计信息的文件。

企业将一定期间会计确认、计量的结果通过报告的形式对外提供，可提供信息使用者所需要的会计信息，为会计信息使用者提供服务；财务会计报告属于会计核算的最后一个环节，是会计工作的重要组成部分。

财务会计报告包括财务报表及其他应当在财务会计报告中披露的相关信息。其中，资产负债表是反映企业在某一特定日期财务状况的报表，其编制的理论依据是"资产＝负债＋所有者权益"这一会计恒等式；利润表是反映企业在某一会计期间经营成果的报表，其编制依据是"收入－费用＝利润"这一会计等式；现金流量表是反映企业某一定会计期间现金及现金等价物流进、流出企业情况的报表，其编制依据是"现金及现金等价物流进－现金及现金等价物流出＝现金及现金等价物净增加额"；所有者权益变动表是反映企业所有者权益的构成及其增减变动情况的报表；财务报表附注是为了便于财务报表使用者理解财务报表的内容而对财务报表的编制基础、编制依据、编制原则和方法及主要项目等所进行的解释。

财务会计报告关系到企业信息使用者的决策，企业提供的财务会计报告是否真实、完整、及时，会直接影响到信息使用者的决策。财务会计报告编制的要求有：编制真实可靠、全面完整、编报及时、便于理解。

习题与实训

一、思考题

1. 什么是财务会计报告？财务会计报告由哪些内容构成？
2. 什么是资产负债表？怎么编制资产负债表？
3. 什么是利润表？怎么编制利润表？

二、单选题

1. 我国的利润表采用（　　）。
   A. 单步式　　　　B. 多步式　　　　C. 账户式　　　　D. 报告式

2. 下列各项中，关于资产负债表"预收账款"项目的填列方法，表述正确的是（　　）。
   A. 根据"预收账款"账户的期末余额填列
   B. 根据"预收账款"和"应收账款"账户所属各明细账户的期末贷方余额合计数填列
   C. 根据"预收账款"和"预付账款"账户所属各明细账户的期末借方余额合计数填列
   D. 根据"预收账款"和"应付账款"账户所属各明细账户的期末贷方余额合计数填列

3. WXR 有限责任公司 2019 年 12 月 31 日生产成本借方余额为 500 万元，原材料借方余额为 300 万元，材料成本差异贷方余额为 20 万元，工程物资借方余额为 200 万元。资产负债表"存货"项目的金额为（　　）万元。
   A. 880　　　　B. 780　　　　C. 1 000　　　　D. 980

4. WXR 有限责任公司"应收账款"账户月末借方余额为 10 万元，其中："应收 A 公司账款"明细账户借方余额为 8 万元，"应收 B 公司账款"明细账户借方余额为 2 万元；"预收账款"账户月末贷方余额为 5 万元，其中"预收 C 工厂账款"明细账户贷方余额为 8 万元，"预收 D 工厂账款"明细账户借方余额为 3 万元，"应收票据"期末借方余额为 5 万元。月末资产负债表中"应收票据及应收账款"项目的金额为（　　）万元。
   A. 15　　　　B. 18　　　　C. 13　　　　D. 16

5. 下列资产负债表项目中，应根据多个总账账户余额计算填列的是（　　）。
   A. 实收资本　　　　B. 盈余公积　　　　C. 货币资金　　　　D. 长期借款

6. 下列各项中，属于企业现金流量表"经营活动产生的现金流量"的是（　　）。
   A. 收到的现金股利
   B. 支付的银行借款利息
   C. 收到的设备处置价款
   D. 支付的经营租赁租金

7. 企业资产负债表中的"存货"项目，应根据（　　）。
   A. "存货"账户的期末借方余额直接填列
   B. "原材料"账户的期末借方余额直接填列
   C. "原材料""生产成本"和"库存商品"等账户的期末借方余额之和减去"存货跌价准备"等账户期末余额后的金额填列
   D. "原材料""工程物资"和"库存商品"等账户的期末借方余额之和填列

8. 以下项目中，属于资产负债表中流动负债项目的是（　　）。
   A. 长期借款　　　　B. 长期应付款　　　　C. 应付票据　　　　D. 应付债券

9. 下列各项中，不应列入利润表"营业成本"项目的是（　　）。
   A. 已销商品的实际成本
   B. 在建工程领用产品的成本
   C. 对外提供劳务结转的成本
   D. 投资性房地产计提的折旧额

10. 下列各项中，应列入利润表"营业收入"项目的是（　　）。
    A. 销售材料取得的收入
    B. 接受捐赠收到的现金
    C. 出售专利权取得的净收益
    D. 出售自用房产取得的净收益

三、多选题

1. 以下资产负债表项目中,根据总账账户余额直接填列的有（　　）。
   A. 实收资本　　　　　　　　　B. 资本公积
   C. 短期借款　　　　　　　　　D. 应收票据及应收账款

2. 以下各项资产中,属于流动资产的有（　　）。
   A. 工程物资　　　　　　　　　B. 一年内到期的非流动资产
   C. 应收利息　　　　　　　　　D. 商誉

3. 以下各项目中,影响营业利润的项目有（　　）。
   A. 营业收入　　　　　　　　　B. 营业外收入
   C. 营业成本　　　　　　　　　D. 营业外支出

4. 以下各项目中,影响现金流量表中现金流量增减变动的有（　　）。
   A. 用银行存款购买两个月内到期的国债
   B. 收回应收账款存入银行
   C. 用银行存款购入股票作为长期股权投资
   D. 用银行存款偿还应付账款

5. 以下各项目中,应当在所有者权益变动表中反映的项目有（　　）。
   A. 综合收益总额　　　　　　　B. 对所有者（或股东）的分配
   C. 提取盈余公积　　　　　　　D. 盈余公积转增股本

四、判断题

1. 资产负债表中确认的资产都是企业拥有的资产,不包括企业没有拥有权但能够实施控制的资产。（　　）
2. 购买商品支付货款取得的现金折扣列入利润表"财务费用"项目。（　　）
3. 利润表中"税金及附加"项目包括增值税。（　　）
4. "应付职工薪酬"项目,反映企业根据有关规定应付给职工的工资、职工福利、社会保险费、住房公积金、工会经费、职工教育经费,但不包括非货币性福利、辞退福利等薪酬。（　　）
5. "利润分配"总账账户的年末余额不一定与相应的资产负债表中"未分配利润"项目的数额一致。（　　）

五、业务题

1. WXR 有限责任公司 2019 年 4 月 30 日有关总账和明细账账户的余额如表 12-9 所示。

表 12-9　有关总账与明细账账户余额　　　　　　　　单位:元

资产类账户	借或贷	余额	负债和所有者权益类账户	借或贷	余额
库存现金	借	31 500	短期借款	贷	250 000
银行存款	借	800 000	应付票据	贷	25 500
其他货币资金	借	90 000	应付账款	贷	71 000
交易性金融资产	借	110 000	——丙企业	贷	91 000
应收票据	借	30 000	——丁企业	借	20 000

续表

资产类账户	借或贷	余额	负债和所有者权益类账户	借或贷	余额
应收账款	借	75 000	预收账款	贷	14 700
——甲公司	借	80 000	——C公司	贷	14 700
——乙公司	贷	5 000	其他应付款	贷	12 000
坏账准备	贷	5 000	应交税费	贷	28 000
预付账款	借	36 100	长期借款	贷	506 000
——A公司	借	31 000	应付债券	贷	563 700
——B公司	借	5 100	其中一年到期的应付债券	贷	230 000
其他应收款	借	8 500	实收资本	贷	4 040 000
原材料	借	778 800	盈余公积	贷	158 100
生产成本	借	265 400	利润分配	贷	1 900
库存商品	借	193 200	——未分配利润	贷	1 900
固定资产	借	2 888 000	本年利润	贷	73 100
累计折旧	贷	4 900			
在建工程	借	447 400			
资产合计	借	5 744 000	负债及所有者权益合计	贷	5 744 000

要求:

1. 为 WXR 有限责任公司编制 4 月 30 日的资产负债表。

2. WXR 有限责任公司适用的所得税税率为 25%,该公司 2019 年 1—11 月的利润表相关数据如表 12 – 10 所示。

表 12 – 10 利润表(简表)　　　　　　　　　　　　　　　单位:元

项目	本期金额	本年累计金额
一、营业收入	略	4 500 000
减:营业成本		3 000 000
税金及附加		120 000
销售费用		300 000
管理费用		380 000
财务费用		6 000
二、营业利润(损失以"-"号填列)		694 000
加:营业外收入		6 000
减:营业外支出		4 000
三、利润总额(损失以"-"号填列)		696 000
减:所得税费用		174 000
四、净利润(亏损以"-"号填列)		522 000

WXR 有限责任公司 12 月份发生了以下经济业务。

（1）对外销售甲商品 5 000 件，单价为 80 元，增值税税率为 16%，已办妥银行托收货款手续。

（2）经批准处理财产清查中的盘亏设备一台，估计原价为 20 000 元，七成新。

（3）计算分配本月应付职工工资共计 45 000 元。其中管理部门人员工资 25 000 元，专设销售机构人员工资 20 000 元。

（4）结转已销售的 5 000 件甲商品的销售成本 300 000 元。

（5）根据销售收入的 3% 计算应交纳已销售的甲商品的消费税 12 000 元。

（6）将本月实现的损益结转至"本年利润"账户。

要求：

根据上述资料，编制 WXR 有限责任公司 2019 年年度利润表。

参 考 文 献

[1] 中华人民共和国财政部. 企业会计准则 [M]. 北京：经济科学出版社，2006.
[2] 企业会计准则编审委员会. 企业会计准则案例讲解（2014年版）[M]. 上海：立信会计出版社，2014.
[3] 财政部会计资格评价中心. 初级会计实务 [M]. 北京：经济科学出版社，2018.
[4] 财政部会计资格评价中心. 中级会计实务 [M]. 北京：经济科学出版社，2018.
[5] 向兆礼，黄若男. 财务会计 [M]. 北京：北京交通大学出版社，2011.
[6] 白雪丽. 财务会计学 [M]. 北京：清华大学出版社，2012.
[7] 戴德明，林钢，赵西卜. 财务会计学 [M]. 第7版. 北京：中国人民大学出版社，2014.
[8] 小企业会计准则编审委员会. 小企业会计准则讲解（2016年版）[M]. 上海：立信会计出版社，2016.